Franz Preissler

POSITIONSVERTEIDIGUNG, IMPERIALISMUS ODER IRREDENTISMUS?

Russland und die „Russischsprachigen",
1991–2015

ibidem-Verlag
Stuttgart

Bibliografische Information der Deutschen Nationalbibliothek
Die Deutsche Nationalbibliothek verzeichnet diese Publikation in der Deutschen Nationalbibliografie; detaillierte bibliografische Daten sind im Internet über http://dnb.d-nb.de abrufbar.

Bibliographic information published by the Deutsche Nationalbibliothek
Die Deutsche Nationalbibliothek lists this publication in the Deutsche Nationalbibliografie; detailed bibliographic data are available in the Internet at http://dnb.d-nb.de.

∞

Gedruckt auf alterungsbeständigem, säurefreien Papier
Printed on acid-free paper

ISSN: 1614-3515

ISBN-13: 978-3-8382-1262-3

© *ibidem*-Verlag
Stuttgart 2018

Printed in the EU

Soviet and Post-Soviet Politics and Society (SPPS)   Vol. 194
ISSN 1614-3515

Soviet and Post-Soviet Politics and Society (SPPS)

ISSN 1614-3515

Founded in 2004 and refereed since 2007, SPPS makes available affordable English-, German-, and Russian-language studies on the history of the countries of the former Soviet bloc from the late Tsarist period to today. It publishes between 5 and 20 volumes per year and focuses on issues in transitions to and from democracy such as economic crisis, identity formation, civil society development, and constitutional reform in CEE and the NIS. SPPS also aims to highlight so far understudied themes in East European studies such as right-wing radicalism, religious life, higher education, or human rights protection. The authors and titles of all previously published volumes are listed at the end of this book. For a full description of the series and reviews of its books, see www.ibidem-verlag.de/red/spps.

Editorial correspondence & manuscripts should be sent to: Dr. Andreas Umland, Institute for Euro-Atlantic Cooperation, vul. Volodymyrska 42, off. 21, UA-01030 Kyiv, Ukraine

Business correspondence & review copy requests should be sent to: *ibidem* Press, Leuschnerstr. 40, 30457 Hannover, Germany; tel.: +49 511 2622200; fax: +49 511 2622201; spps@ibidem.eu.

Authors, reviewers, referees, and editors for (as well as all other persons sympathetic to) SPPS are invited to join its networks at www.facebook.com/group.php?gid=52638198614 www.linkedin.com/groups?about=&gid=103012 www.xing.com/net/spps-ibidem-verlag/

Recent Volumes

184 Leonid Luks
A Fateful Triangle
Essays on Contemporary Russian, German and Polish History
ISBN 978-3-8382-1143-5

185 John B. Dunlop
The February 2015 Assassination of Boris Nemtsov and the Flawed Trial of his Alleged Killers
An Exploration of Russia's "Crime of the 21st Century"
With a foreword by Vladimir Kara-Murza
ISBN 978-3-8382-1188-6

186 Vasile Rotaru
Russia, the EU, and the Eastern Partnership
Building Bridges or Digging Trenches?
ISBN 978-3-8382-1134-3

187 Marina Lebedeva
Russian Studies of International Relations
From the Soviet Past to the Post-Cold-War Present
With a foreword by Andrei P. Tsygankov
ISBN 978-3-8382-0851-0

188 George Soroka,
Tomasz Stepniewski (eds.)
Ukraine after Maidan
Revisiting Domestic and Regional Security
ISBN 978-3-8382-1075-9

189 Petar Cholakov
Ethnic Entrepreneurs Unmasked
Political Institutions and Ethnic Conflicts in Contemporary Bulgaria
ISBN 978-3-8382-1189-3

190 A. Salem, G. Hazeldine, D. Morgan (eds.)
Higher Education in Post-Communist States
Comparative and Sociological Perspectives
ISBN 978-3-8382-1183-1

191 Igor Torbakov
After Empire
Nationalist Imagination and Symbolic Politics in Russia and Eurasia in the Twentieth and Twenty-First Century
With a foreword by Serhii Plokhy
ISBN 978-3-8382-1217-3

192 Aleksandr Burakovskiy
Jewish-Ukrainian Relations in Late and Post-Soviet Ukraine
Articles, Lectures and Essays from 1986 to 2016
ISBN 978-3-8382-1210-4

193 Olga Burlyuk, Natalia Shapalova (eds.)
Civil Society in Post-Euromaidan Ukraine
From Revolution to Consolidation
With a foreword by Richard Youngs
ISBN 978-3-8382-1216-6

I

Vorwort des Autors in eigener Sache

Die vorliegende Studie stellt eine Zusammenfassung, vor allem aber eine thematische Ausweitung meiner Dissertation über die Politik Russlands in der Frage der russischsprachigen Minderheiten im Baltikum, 1991-2004, dar. Mit jener Qualifikationsarbeit wurde ich im Dezember 2012 an der J. W. Goethe-Universität Frankfurt am Main promoviert. Die Arbeit erschien im Januar 2014 im LIT Verlag Berlin als Buch.[1]

Die thematische Ausweitung ist zweifacher Natur: Zum einen untersuche ich mittels des in der Dissertation entwickelten Modells auswärtiger Minderheitenpolitik auch die Politik Russlands in (und mit) der Frage der „Russen" bzw. „Russischsprachigen" in der Ukraine in den Jahren 2014/2015.[2] Zum anderen untersuche ich die Besetzung und den Anschluss der Republik Krim sowie den militärischen Konflikt in der Südostukraine im Licht der Literatur über Irredentismus, stelle insbesondere die Frage, ob die Faktoren, die als irredentismusförderlich gelten, in diesen beiden Fällen vorgelegen haben.

Unter Irredentismus wird „jeder von einem souveränen Nationalstaat gemachte Anspruch auf Gebiete (lands) innerhalb eines anderen" verstanden. Diese Ansprüche werden in der Regel mit historischen und/oder ethnischen Argumenten untermauert, denen zufolge ein rechtmäßiger Teil des Landes oder der Nation ungerechtfertigterweise abgetrennt wurde.[3] Irredentistisch können aber nicht nur Staaten bzw. Regierungen, sondern auch Minderheiten(vertreter) sein, die das Gebiet, das sie

---

1 Preissler, Franz (2014): Bestimmungsfaktoren auswärtiger Minderheitenpolitik: Russland und die Frage der Russischsprachigen im Baltikum, 1991-2004 (unter besonderer Berücksichtigung Lettlands). Berlin u. a.: LIT Verlag (Studien zu Konflikt und Kooperation im Osten, Bd. 20).

2 Das Adjektiv "russischsprachig" wird in vorliegender Studie des Öfteren in Anführungszeichen gesetzt, da es sich vor allem im Falle der Ukraine um einen politisch aufgeladenen Terminus handelt: Russland sprach/spricht von den "Russischsprachigen" (oder gar nur "Russen") im Osten und Süden der Ukraine, lenkt damit aber davon ab, dass es sich bei den betreffenden Menschen um Staatsbürger der Ukraine handelt(e).

3 Mayall 1990, S. 57.

II

bewohnen, an einen anderen Staat, in ihren Augen das „Mutterland", anschließen wollen.[4]

Mit Irredentismus bzw. breiter zwischenstaatlichen gewaltsamen Konflikten, bei denen es zumindest vordergründig um eine Minderheit geht, welche eine der Konfliktparteien als „eigene" betrachtet, hatte ich mich bereits im Zusammenhang mit meiner Dissertation beschäftigt. Im Jahr 2007 bewarb ich mich um ein Forschungsstipendium des *United States Institute of Peace* in Washington. In dem Forschungsprojekt wollte ich das irredentistische Krisenpotential zwischen Russland und seinen postsowjetischen Nachbarstaaten mit russischsprachiger Bevölkerung, d.h. Estland, Lettland, der Ukraine, Kasachstan und Georgien[5], untersuchen:

"Which factors could contribute to Russia becoming an irredentist state or at least becoming involved in a serious minority-related conflict, in an (unintended) crisis or even war with a neighbouring state with Russian-speaking population?"[6]

Diese Stipendiumsbewerbung war aber nicht von Erfolg gekrönt. Ein Grund könnte darin gelegen haben, dass sich nach den Anschlägen vom 11. September 2001 und dem Irakkrieg vieles, ja fast alles in der US-Außenpolitik und der US-amerikanischen Forschung zur internationalen Politik um den internationalen Terrorismus und die Lage im Mittleren, später dann auch noch im Nahen Osten drehte. Ein größerer Konflikt in Europa mit Russland als einem der Hauptbeteiligten erschien kaum vorstellbar.

Der Georgienkrieg im August 2008 stellte hier ein erstes, von einigen vielleicht übersehenes Alarmsignal dar. Ende 2011 – die Fertigstellung meiner Dissertation rückte näher – bewarb ich mich für das akademische Jahr 2012/2013 um ein Postdoc-Forschungsstipendium des *Harriman Institute* an der Columbia University in New York. Dieses einjährige Stipendium ermöglicht es dem Forscher bzw. der Forscherin, frei von allen

---

4 Chazan 1991, S. 140.
5 Die Abchasen und Nordosseten im Norden Georgiens konnten schon damals als auch russischsprachige und nach Russland orientierte, diesem verbundene Minderheiten angesehen werden.
6 Preissler, Franz: Application for the Jennings Randolph Program for International Peace Senior Fellowship, Project Description, September 2007, S. 1.

sonstigen Verpflichtungen die eigene Dissertation zu einem Buch zu überarbeiten. Im theoretischen Teil meiner Arbeit hatte ich ein Modell auswärtiger Minderheitenpolitik entwickelt. Die Politik in der Frage der auswärtigen Minderheit war dabei die abhängige, zu erklärende Variable, deren Ausprägung von vier unabhängigen Variablen beeinflusst wird. Deren wichtigste ist das Ausmaß der Konflikte (hier vor allem in Sicherheitsfragen) zwischen dem „Mutterland" und dem Nachbarstaat mit einer inneren Minderheit, im Hinblick auf welche das „Mutterland" eine Schutzrolle beansprucht.[7] In der Stipendiumsbewerbung schrieb ich unter anderem:

"The model I have developed also sheds light on the Russian-Georgian war in 2008 and can be applied to other instances of interstate minority conflicts worldwide."[8]

Zu genau einem solchen Fall von „zwischenstaatlichem Minderheiten-konflikt" kam es dann im Jahr 2014, nicht außerhalb Europas, sondern zwischen Russland und der Ukraine, den von der Einwohnerzahl und Wirtschaftskraft größten Ländern im postsowjetischen Raum. Aber auch die Bewerbung beim *Harriman Institute* war nicht als förderungswürdig erachtet worden.[9]

Im Oktober 2012 reichte ich die Doktorarbeit bei der Fakultät für Sozial-wissenschaften der Goethe-Universität Frankfurt am Main ein und vertei-digte sie im Dezember erfolgreich. Schon einige Zeit davor hatte ich die Entscheidung getroffen, den Aspekt des Irredentismus aus Gründen des Umfangs nicht in die Arbeit aufzunehmen. Irredentismus schien im russisch-lettischen bzw. -estnischen Verhältnis auch nicht wahrscheinlich zu sein. Anfang Januar 2014 erschien die Arbeit leicht überarbeitet als

---

7 Preissler 2014, S. 33-91, insbesondere S. 50 f., 91.
8 Preissler, Franz: Application for the Postdoctoral Fellows Program, The Harriman Institute, Columbia University, New York, December 2011, S. 1.
9 Im Mai 2012 äußerte ich auch gegenüber dem EuroCollege der Universität Tartu in Estland Interesse an einem PostDoc-Forschungsprojekt zu den Themen Russland, Minderheitenfrage und Irredentismus. Man teilte mir mit, dass man fakultätsintern über meine Interessenbekundung diskutieren und mich über das Ergebnis dann in Kenntnis setzen werde. Dies geschah aber nicht. Immerhin schaffte die Bibliothek der Universität Tartu (https://utlib.ut.ee/en) im Jahr 2014 dann gleich zwei Exemplare meiner Dissertation an. Vgl. http://www.ester.ee/record=b4438069*eng, Seite besucht am 14.5.2018.

Buch im LIT Verlag Berlin. Nur sieben Wochen später, d.h. Ende Februar, besetzte Russland die überwiegend von Russen besiedelte ukrainische Halbinsel Krim und gliederte sie nach einem eilig angesetzten, zweimal vorgezogenen und nicht freien Referendum in die Russländische Föderation ein. Und schon bald darauf begann Russland, die russischsprachige Südostukraine militärisch zu destabilisieren und ebenfalls von der Ukraine abzuspalten.

Nicht wenige der theoretischen Bemühungen, Hypothesen und Voraussagen bzw. Warnungen, die in meiner Dissertation enthalten waren, scheinen durch die Ereignisse seitdem, hier insbesondere die Besetzung und den Anschluss der Krim und die mehr oder weniger verdeckte militärische Intervention Russlands in der Südostukraine, angeblich zum Schutz der dortigen „Russen" bzw. „Russischsprachigen", bestätigt worden zu sein. So hatte ich am Ende der Einleitung dazu geraten, den Wert der russischsprachigen Minderheiten „als (potentielles) Instrument zur Durchsetzung *sicherheitspolitisch-strategischer* Interessen" nicht zu unterschätzen.[10] Und an den Anfang des Schlusskapitels hatte ich eine längere Äußerung von Wladimir Putin gestellt, die dieser laut Presseberichten auf der Tagung des NATO-Russland-Rats einen Tag nach dem Bukarester NATO-Gipfel, d.h. am 4. April 2008 gemacht hatte. Putin hatte gegenüber dem damaligen US-Präsidenten George W. Bush damit gedroht, dass Russland die Krim und weitere, vor allem östliche und südliche Gebiete der Ukraine abspalten würde, sollte die NATO die Ukraine aufnehmen wollen.[11] Genau diese Aufnahme hatte die NATO am Tag davor im Prinzip, aber ohne festen Zeitplan beschlossen.

Freilich, eine unmittelbare „Gefahr" einer Aufnahme der Ukraine in die NATO bestand Ende Februar 2014, nach dem Sturz Janukowitschs, nicht. Trotzdem schien das russische Vorgehen erneut die zentrale Hypothese in meiner Dissertation zu bestätigen, dass nämlich das Ausmaß der außenpolitischen Instrumentalisierung der Minderheitenfrage durch Russland eine Funktion des Ausmaßes der Konflikte Russlands mit dem betref-

---

10   Preissler 2014, S. 30 (Hervorhebung im Original).
11   Ebd., S. 375. Dieses längere Zitat findet sich auch am Ende von Abschnitt 4.1.4 der vorliegenden Studie.

fenden Staat ist.[12] Nicht zuletzt angesichts des russisch-georgischen Krieges (August 2008) hatte ich im Schlussteil der Dissertation als Ergebnis festgehalten:

> „Wenn es tiefer gehende Konflikte in außenpolitischen Fragen, hier vor allem im Bereich Sicherheit gibt, ist eine starke Instrumentalisierung einer auswärtigen Minderheit(enfrage) zu erwarten."[13]

Diese „tiefer gehende(n) Konflikte in außenpolitischen Fragen" lagen zwischen Russland und der Ukraine vor, hier vor allem über die außenwirtschaftliche, außenpolitische und mittelfristig wahrscheinlich auch sicherheitspolitische Orientierung letzterer: Russland unter Putin wollte ab Mitte 2013 eine Orientierung der Ukraine hin zur EU (dies in Form einer Assoziierung mit der EU) verhindern. Nach dem Kiewer Machtwechsel im Februar 2014 ging es Russland in einem ersten Schritt darum, den Marinestützpunkt in Sewastopol zu sichern, ja die gesamte Halbinsel zu besetzen, d.h. einen mittelfristigen Konflikt mit der Ukraine über die Stationierung der russischen Schwarzmeerflotte (und vielleicht auch die zunehmende Präsenz von US- bzw. NATO-Schiffen in Häfen der Krim) auszuschließen.

Ein weiteres wichtiges, von mir postuliertes Handlungskalkül Russlands wurde nach einiger Zeit auch von anderen Politikexperten angeführt. So betonte ich im Schlussteil der Arbeit, dass Russland im August 2008 in Georgien eine Situation schuf, die gleich zwei Bedingungen für eine Einladung dieses Staates in die NATO widerspricht, nämlich das Fehlen interner jurisdiktioneller oder externer territorialer Streitigkeiten.[14] Auf dieses Handlungsmotiv Russlands wies ich Anfang März 2014, d.h. zu Beginn der Krimkrise auch in einem Interview hin:

> „Moskau ist an einem langfristigen Territorialkonflikt interessiert, um die Aussichten der Ukraine auf eine Aufnahme in die NATO zu zerstören.

---

12 Vgl. Preissler 2014, S. 50 f., 91.
13 Ebd., S. 395.
14 Ebd., S. 393.

Die NATO nimmt ja bekanntlich keine Länder auf, die Territorialkonflikte mit anderen Staaten haben."[15]

Diese Deutung führte ein Jahr später auch der Kriegstheoretiker Herfried Münkler in einem Aufsatz über die Hintergründe des russischen Vorgehens gegen die Ukraine an:

> „... die defensive Variante der auf Rationalität der Kremlpolitiker rekurrierenden Interpretationen [geht] davon aus ..., dass das Ziel lediglich sei, einen NATO-Beitritt der Ukraine zu verhindern. Da Länder mit ungeklärten Territorialfragen nicht in die NATO aufgenommen werden, würde Putin hier wiederholen, was ihm bereits im Fall von Georgien gelungen ist: Er schafft offene territoriale Fragen, um der Ukraine die Tür zur NATO zu verschließen."[16]

Auch in einem anderen, damit eng zusammenhängenden Punkt fühle ich mich durch den Gang der wissenschaftlichen Diskussion bestätigt. Angesichts des Georgienkriegs hatte ich in meiner Dissertation konstatiert, dass mit der zweiten NATO-Erweiterungsrunde im Jahr 2004, welche die baltischen Staaten eingeschlossen hatte, „definitiv das Ende der (NATO-)Fahnenstange erreicht" worden sei – jedenfalls im postsowjetischen Raum.[17] Die entsprechende Schlussfolgerung aus dieser Feststellung scheint Michael E. O'Hanlon, Forschungsdirektor in der Washingtoner Denkfabrik *Brookings Institution* gezogen zu haben, der ein Konzept für eine neue Sicherheitsarchitektur in Osteuropa entwickelt hat. Es sieht einen vertraglich abgesicherten, dauerhaft neutralen Status für Finnland, Schweden, die Ukraine, Moldau, Belarus, die drei südkaukasischen Staaten (d.h. unter anderem für Georgien) und Serbien vor. Im Gegenzug müßte Russland die „eingefrorenen" bzw. „kochenden" Konflikte in etlichen dieser Staaten einer Lösung zuführen.[18]

---

15 Preissler, Franz (Interview, 5. März 2014): Die Krim ist Putins Rache, https://www.n-tv.de/politik/Die-Krim-ist-Putins-Rache-article12398991.html, Seite besucht am 6.3.2014.

16 Münkler 2015, Chamäleon Krieg, S. 182. Um wessen Interpretation es sich dabei handelte, erschließt sich nicht, da das Buchkapitel Münklers keine Literaturangaben enthält.

17 Preissler 2014, S. 394.

18 O'Hanlon 2017 (Klappentext auf der Rückseite des Buches). Vgl. in Kurzform und auf deutsch O'Hanlon 2018. Vgl. zu dieser Diskussion auch den Schlussteil der vorliegenden Studie.

VII

Interessanterweise wurde meine Anfang 2014 erschienene Arbeit in noch keinem der nicht wenigen, dem russländisch-ukrainischen Gewaltkonflikt gewidmeten Artikel in der Fachzeitschrift *Osteuropa*, herausgegeben von der Deutschen Gesellschaft für Osteuropakunde (DGO), zitiert. Es gab in dieser einschlägigen Zeitschrift damit noch keinerlei Auseinandersetzung mit den (Hypo-)Thesen, Erkenntnissen und Argumenten meiner Dissertation.[19] Dies obwohl ein Rezensent in einer außenpolitischen Fachzeitschrift zusammenfassend festgestellt hatte:

„Insgesamt handelt es sich hier um eine auch methodisch über-zeugende, vielschichtige und ausgewogene, dabei aber die Dinge ‚beim Namen nennende' Analyse mit überzeugenden Ergebnissen (S. 375–409), die man durchgehend mit Gewinn liest."[20]

Und dies obwohl sich die Doktorarbeit auch theoretisch-verallgemeinernd dem Thema widmete, das während des ganzen Jahres 2014 und darüber hinaus die Schlagzeilen der deutschen und internationalen Presse beherr-schte, nämlich die Politik Russlands in, vor allem aber *mit* der Frage der „Russischsprachigen", d.h. der Instrumentalisierung dieser Frage. In der Arbeit hatte ich das Phänomen auswärtige Minderheitenpolitik (ein von mir geprägter Ausdruck) in seine Bestandteile zerlegt, d.h. durch ein Modell

---

19 Die Arbeit wurde aber sehr positiv in den „aktuellen ostinformationen" (2014, Nr. 3/4, S. 99-101), der monatlichen Radiosendung „Baltische Stunde" („Radioweser.TV", 10. Februar 2015) sowie in der „Zeitschrift für Außen- und Sicherheitspolitik" (2015, Nr. 3, S. 437 f.) besprochen (Malek 2015). Und sie steht, für eine deutschsprachige Dissertation eher unüblich, in den Bibliotheken der US-Universitäten Harvard und Stanford. Vgl. z.B. https://searchworks.stanford.edu/view/10593991, Seite besucht am 28.5.2018. Die dortige bibliographische Information enthält auch einen (englisch-sprachigen) Abstract, d.h. eine Inhaltsangabe der Dissertation. In der Zeitschrift *Osteuropa* gibt es seit dem Jahr 2015 keinen Rezensionsteil mehr. Da meine Dissertation aber schon Anfang Januar 2014 erschienen und die Politik Russlands in (und mit) der Frage der „Russischsprachigen" in der Ukraine dann *das* Thema des Jahres 2014 war, wäre bei entsprechendem (politischen) Willen eine Rezension im Laufe des Jahres 2014 durchaus möglich, ja naheliegend gewesen (vgl. auch die oben genannte Rezension in den „aktuellen ostinformationen", die in der zweiten Jahreshälfte 2014 erschien). Hier gilt vielleicht der Befund eines deutschen Historikers über den Beitrag der historischen Zeitschriften zur Wissens-kommunikation im 19. und 20. Jahrhundert: „Zeitschriften dienten nicht nur der Kommunikation, sondern vielmehr der Nichtkommunikation. Die *gatekeeper* verhinderten Wissensdistribution." Vgl. Blaschke 2013, S. 51. Ich danke Rüdiger K. für den Hinweis auf diesen Aufsatz.
20 Malek 2015, S. 438.

verständlich gemacht und analysiert. Ich hatte mich um Genauigkeit im weiten Sinn bemüht – auf die zwei deutsche Journalisten in einem Buch ein Loblied angestimmt haben:

„Genauigkeit heißt dranbleiben, Widerstände überwinden, Wissen aufbauen und nicht mehr verlieren. Genauigkeit bedeutet, die Wahrheit festzustellen und festzuhalten, aber ohne jedes Geschwätz, sondern nach der Methode Onkel Sundermann: in Einzelteile zerlegen, sortieren, Mechanismen erkennen – und eine Lösung finden."[21]

Widerstände bzw. Hindernisse hatte es vor allem bei der Konzeptualisierung des Untersuchungsgegenstandes der Arbeit gegeben: Ein nicht geringer Teil der (meist englischsprachigen) Sekundärliteratur konzeptualisierte die Politik Russlands im untersuchten Bereich *transnational*, d.h. als „Diasporapolitik", als Beziehung zwischen Russland und den russischsprachigen Minderheiten (und konstatierte für die 1990er Jahre den Nichtaufbau, das Fehlen solcher Beziehungen), kaum jedoch als Funktion der zwischenstaatlichen Beziehungen und von Vorgängen auf der internationalen Ebene. Meine zentrale Erkenntnis lautete (und lautet), dass bei einem tiefgreifenden Konflikt zwischen dem „Mutterland" und dem Staat mit einer inneren Minderheit, zu der ersteres eine besondere Beziehung postuliert, eine starke Instrumentalisierung dieser auswärtigen Minderheitenfrage (bzw. sogar der Minderheit selbst) wahrscheinlich ist. Diese Erkenntnis scheint, wie oben schon ausgeführt, durch die tatsächliche Politik Russlands gegenüber der Ukraine ab dem Februar 2014 erneut bestätigt worden zu sein.

Die Gründe für die Nichterwähnung der Arbeit in der Fachzeitschrift *Osteuropa* können unterschiedlicher Natur sein. Zum einen schien vielleicht ein zentraler, NATO- bzw. USA-kritischer Befund nicht in eine Zeit zu passen, in welcher Russland gegenüber einem Nachbarstaat eine expansionistische Politik verfolgte (Krim) und einen weiteren Teil dieses Landes militärisch destabilisierte (Südostukraine).[22] Grundsätzlich widersprach die

---

21   Lebert/Lebert 2007, S. 75.
22   Auch die konzeptionell und theoretisch anspruchsvolle, empirische und durchaus kritikwürdige (vgl. dazu Fussnote 253 vorliegender Untersuchung) Studie von Norbert Eitelhuber über die strategische Kultur Russlands (Eitelhuber 2015), die sich sowohl dem Georgienkrieg (S. 286-297) als auch dem russländisch-

in der Dissertation enthaltene Kritik am Bukarester NATO-Beschluss, ja das Aufzeigen, zumindest Postulieren eines Zusammenhangs zwischen diesem Beschluss einerseits und der russischen Intervention in Georgien andererseits der herrschenden sicherheitspolitischen Meinung. In einem 2013 erschienenen Buch über Meinungsmacht wurde diese anhand von vier außenpolitisch tonangebenden Journalisten der FAZ, der SZ, der „Welt" und der Wochenzeitung „Die Zeit" bestimmt.[23] Diese herrschende Meinung, darunter bezüglich der Erweiterungspolitik der NATO, dürfte auch bei nicht wenigen (Vorstands-)Mitgliedern der Deutschen Gesellschaft für Osteuropakunde (DGO) verbreitet (gewesen) sein.[24] Bei etlichen Wissen-schaftlerInnen mag es also folgende Überlegung gegeben haben: „Besser nicht über ein wissenschaftliches Buch reden, in dem Russlands Außen-politik (zumindest bis zum Jahr 2008) als defensiv und status quo-orientiert

---

ukrainischen Gewaltkonflikt (S. 297-321) widmet, wurde in der Zeitschrift *Osteuropa*, soweit dem Autor bekannt, bisher noch nicht zitiert. Eitelhuber fordert in seiner Untersuchung eine konfliktsensible Außen- und Sicherheitspolitik gegenüber Russland ein.

23 Vgl. Krüger 2013. Krüger zufolge sind diese vier außenpolitisch tonangebenden Journalisten (Klaus-Dieter Frankenberger von der FAZ, Stefan Kornelius von der SZ, Michael Stürmer von der „Welt" und Josef Joffe von der „Zeit") „in Organisationen und Elitenzirkeln involviert, die sich mit Außen- und Sicherheitspolitik befassen und eine Schlagseite zu den USA und zur NATO aufweisen." Vgl. ebd., S. 150. Hierbei handelt es sich z.B. um die Bundesakademie für Sicherheitspolitik, die Deutsche Gesellschaft für Auswärtige Politik oder die Münchner Sicherheitskonferenz. Eine Frame-Analyse der Kommentare und Leitartikel der vier Journalisten „zeigte eine Korrelation zwischen den Nato- und US-nahen Netzwerken und der Argumentation. Sie verwendeten unkritisch den ‚erweiterten Sicherheitsbegriff' und argumentierten für ein stärkeres militärisches Engagement Deutschlands v.a. in Afghanistan, das von der Nato und den USA gewünscht, von der deutschen Bevölkerung jedoch mehrheitlich abgelehnt wird. ... In den Kommentaren selbst fanden sich Elemente von Propaganda; eine Auseinandersetzung mit Einwänden und Kritik fand nicht statt." Vgl. ebd., S. 257. Zwar ist es nicht grundsätzlich zu kritisieren, wenn Journalisten sich für Positionen stark machen, die der Einstellung einer Mehrheit der Bevölkerung widersprechen. Problematisch wird es aber, wenn diese Journalisten beständig und unkritisch im Sinne der außen- und sicherheitspolitischen Agenda z.B. eines US- und NATO-geprägten Milieus argumentieren.

24 Vgl. als Indiz den Aufruf „Friedenssicherung statt Expansionsbelohnung", http://w ww.zeit.de/politik/2014-12/aufruf-friedenssicherung-statt-expansionsbelohnung, Seite besucht am 10.2.2017. Dieser Aufruf kann als Position einer Mehrheit der deutschen OsteuropaexpertInnen, von denen viele der DGO angehören, wahr-genommen werden. Vgl. zu diesem Aufruf die Einleitung vorliegender Studie.

charakterisiert wird und in welchem die NATO und vor allem die USA unter der Administration von G. W. Bush zumindest indirekt mitverantwortlich für die Eskalation der Gewalt im Frühjahr und Sommer 2008 in Georgien gemacht werden. Jedenfalls nicht jetzt über dieses Buch reden, wo ein weiterer osteuropäischer Staat von Russland angegriffen wird!"

Ein zweiter Grund für die Nichterwähnung meiner theoriegeleiteten Arbeit könnte des Weiteren darin liegen bzw. gelegen haben, dass Teile der Osteuropaforschung stark „idiographisch"-beschreibend sind, nicht oder kaum „nomothetisch"-verallgemeinernde Zielsetzungen verfolgen.[25] Die genaue Erfassung eines einmaligen, mehr oder weniger ausgedehnten Ereignisraums oder Sachverhalts, z.B. der interethnischen bzw. regionalen Beziehungen in der Ukraine, wird der Herausarbeitung oder Überprüfung allgemeingültiger Zusammenhänge (Regelmäßigkeiten, „Gesetze") vorgezogen. Es wird beispielsweise nicht gefragt: „Welche Faktoren führen dazu, dass ein Konflikt zwischen einer Zentralregierung und einer Grenzregion eine gewaltsame Form annimmt?" Oder: „Welche Faktoren führen dazu, dass es zwischen einem „Mutterland" und einem benachbarten Minderheitenstaat zu einem gewaltsamen Konflikt über die Behandlung der dortigen Minderheit kommt?" Infolge der genannten idiographischen „Schlagseite" von Teilen der Osteuropaforschung gerät dann eine Arbeit, die sich nicht in erster Linie der Untersuchung des zeitlich und räumlich einzigartigen Gegenstandes widmet, der gerade in den Schlagzeilen ist (im Jahr 2014 waren das die inneren Entwicklungen in der Ukraine und die Politik Russlands gegenüber diesem Staat), sondern die nach allgemeingültigen Regelmäßigkeiten forscht und/oder solche an einem oder mehreren konkreten Fällen, darunter aber nicht dem gerade aktuellen, überprüft, aus dem Blickfeld.

Eine Rolle bei der Nichterwähnung der Dissertation könnte auch gespielt haben, dass Dissertationen nur mehr wenig gelesen werden. Mit dieser Ansicht wurde im Oktober 2017 zumindest ein Doktorand der Philosophie in einem Artikel in einer großen deutschen Tageszeitung zitiert:

---

25 Vgl. zu dieser Unterscheidung Berg-Schlosser/Stammen 1995, S. 114. Nomothetische Arbeiten, die empirisch-analytische Methoden anwenden, schließen dabei durchaus (mehr oder weniger theoriebildende) (Einzel-)Fallstudien („case studies") ein. Vgl. ebd., S. 131.

„Für eine Uni-Karriere ist es entscheidend, in den bestmöglich platzierten internationalen Zeitschriften zu publizieren. Das Endprodukt Dissertation wird wenig gelesen und zählt als Einstellungskriterium kaum. Wichtiger sind quantitative Kriterien: Wie viele Artikel hat man geschrieben, wo sind sie erschienen, wie oft wurden sie zitiert?'. Während der Promotion werde man, so Barbi, schrittweise vom kreativ denkenden Jungakademiker zu einer Publikationsmaschine umtrainiert."[26]

Bei einigen wenigen ExpertInnen spielte vielleicht auch eine Rolle, dass ich, anders als sie, ein Szenario (nämlich die Annexion bzw. Abspaltung von Teilen der Ukraine durch Russland) für möglich, ja unter bestimmten Bedingungen für wahrscheinlich gehalten hatte, welches dann flugs Wirklichkeit wurde. Welcher etablierte Experte, welche Expertin thematisiert schon, dass jemand anderer, der noch dazu nicht über dieselben administrativen, personellen und finanziellen Ressourcen verfügt, scharfsinniger, klarsichtiger und phantasiereicher als er bzw. sie war? WissenschaftlerInnen, d.h. Menschen geht es nicht nur um Wahrheit, sondern auch bzw. nicht selten in erster Linie um die „Appropriation von Erwerbschancen" (Max Weber), um Stellen, Einkommen, Ansehen und Bekanntheit, um den Erwerb und die Bewahrung dieser Güter. Eine probate Strategie gegen (potentielle) Konkurrenten um diese irdischen Güter ist bekanntlich das Nicht-Erwähnen, das Totschweigen.

Die systematische Gliederung vorliegender Arbeit, hier vor allem von Kapitel 5 über den russländisch-ukrainischen Konflikt, führte dazu, dass eine Darstellung der Ereignisse in zeitlicher Reihenfolge nicht immer möglich war. Wer auf eine solche z.B. im Falle der Besetzung und des Anschlusses der Krim Wert legt, möge daher mit dem Abschnitt 4.1.5 beginnen und von dort aus über die Abschnitte 5.3.2.1 bis 5.3.2.3 zu Abschnitt 5.3.5 und dann zu Abschnitt 5.6 gehen.

---

26 SZ. 2017, 20.10. Die Aussage stammt von dem Philosophie-Doktoranden Guido Barbi, der in München und Berkeley studierte und seit Herbst 2017 an einer Dissertation über das Thema Technokratie arbeitet. Vgl. ebd.

Inhaltsverzeichnis

Abkürzungsverzeichnis

DNR	Donezkaja Narodnaja Respublika (Donezker Volksrepublik)
FRJ	Föderative Republik Jugoslawien („Restjugoslawien", bestehend aus den Republiken Serbien und Montenegro)
FSB	Federalnaja Sluschba Besopasnosti (Föderaler Sicherheitsdienst) (Inlandsgeheimdienst der Russländischen Föderation)
GRU	Glawnoje Raswedywatelnoje Uprawlenije (Generalnogo Schtaba Wooruschonnych Sil RF), Hauptverwaltung Aufklärung (des Generalstabs der Streitkräfte der RF) (Militärischer Nachrichtendienst)
HKNM	Hoher Kommissar für Nationale Minderheiten (der OSZE)
KP	Kommunistische Partei
KSZE	Konferenz für Sicherheit und Zusammenarbeit in Europa
LNR	Luganskaja Narodnaja Respublika (Lugansker Volksrepublik)
MAP	Membership Action Plan (Aktionsplan zur Mitgliedschaft in der NATO)
MID	Ministerstwo Inostrannych Del (Ministerium für Auswärtige Angelegenheiten, d.h. Außenministerium Russlands)
OSZE	Organisation für Sicherheit und Zusammenarbeit in Europa
RF	Russländische Föderation
RSFSR	Russländische Sozialistische Föderative Sowjetrepublik (RSFSR)

Abstract in English Language

Defense of its power position, imperialism or irredentism? Russia and the "Russian speakers", 1991-2015

With Russia's annexation of Crimea and its intervention in the Donbass fears have become reality which were strong right after the dissolution of the Soviet Union: that Russia would use the new Russian-speaking minorities for expansionist policies, at least for severely meddling in neighbouring states' internal affairs.

Defense of its power position, imperialism or irredentism? Russia and the "Russian speakers", 1991-2015 examines Russia's policy on the issue of the Russian-speaking minorities in the neighbouring states. Building on the literature on ethnic groups in international relations, interstate minority problems and external minority policy, the author first develops a model of external minority policy comprising four independent variables. This model is then used to analyse Russia's policy on the issue of the Russian speakers in Latvia and Estonia (1991-2004), Georgia (2008) and Ukraine (2013-2015).

In a second step, the author uses the literature on irredentism to examine the factors which have shaped Russia's policy towards Ukraine from 2013 to 2015 in more detail. Irredentism, i.e. the aim to join territory and its people from one state to another using historical and/or national(ist) arguments, is an extreme form of external minority policy. The book asks whether the Russian leadership under Putin had irredentist goals towards eastern and southern Ukraine, whether Russia's policy towards Ukraine has to be interpreted as strategically defensive or offensive and to what extent it has to be seen in connection with Russia's domestic political system. Preissler draws a parallel between Serbia's political transformation and irredentism under Milosevic and that of Russia under Putin since 2012.

Overall, this study offers a new approach towards analysing external minority policy, often too narrowly, i.e. with a heavy transnational bias conceptualized as „diaspora politics". In the case of middle and great powers, external minority policy is „played" more on the stages of international, interstate and of domestic politics, than between governments and their „diasporas". Preissler's systematization of factors influencing external minority policy and irredentist moves can be applied to the analysis of such conflicts worldwide.

The author:

Franz Preissler, PhD has published in German, English, and Russian on different aspects of post-Soviet Russia's domestic and foreign policy, espe-cially on the chances of democratization and on Russian nationalism. In his doctoral thesis (Goethe University Frankfurt am Main, 2012), published in 2014, he developed a model of external minority policy and used it to ex-amine Russia's policy on the issue of the Russian-speaking minorities in Latvia and Estonia (1991-2004). Preissler has worked as a lecturer and as a freelance editor since then. He currently plans to write a biography on a post-Soviet jack of all trades with a military intelligence background.

1 Einleitung

„... ein zentrales Puzzle bleibt ungelöst, nämlich warum ethnische Gruppen, die zumindest in der Theorie auf Unterstützung seitens großer ethnisch verwandter Gruppen jenseits der Grenze zählen könnten, oft überraschend friedlich geblieben sind, wie die gestrandeten russischen Bevölkerungen im ‚nahen Ausland'. (...) ... große ethnisch verwandte Gruppen jenseits der Grenze haben einen konfliktdämpfenden Effekt, sofern sie ihren Staat kontrollieren."[1]

„Alle diese Beispiele zeigen das Potential nicht-dominanter ethnischer Gruppen als Instrumente und als Druckmittel in Verhandlungen in der Außenpolitik einiger Staaten und als Schwachpunkte für die Außenbeziehungen und die innere Sicherheit anderer ..."[2]

Die Politik Russlands in der Frage der russischsprachigen Minderheiten rückte durch die Annexion der mehrheitlich russisch bevölkerten Krim und die militärischen Auseinandersetzungen im Südosten der Ukraine ins Zentrum der Aufmerksamkeit der internationalen Öffentlichkeit und der politikwissenschaftlichen Forschung.[3] Bis März 2015 waren bei den Kämpfen schon über 6.000, bis Mai 2016 knapp 9.400 Menschen ums Leben gekommen. Die Zahl der Verletzten ging in die Zehntausende und ca. 1.500.000 Menschen sind 2014/2015 aus dem Kriegsgebiet Südostukraine geflüchtet.[4]

Fünfeinhalb Jahre vor dem Krieg in der Südostukraine war eine andere Minderheitenfrage im postsowjetischen Raum eskaliert: Nach monatelangen Spannungen ließ der georgische Präsident Michail Saakaschwili

---

1 Cederman u.a. 2013, S. 389. Vgl. zu diesem Artikel Abschnitt 5.1 der vorliegenden Arbeit.
2 Suppan 1990, S. 333.
3 Vgl. zum Konfliktverlauf von Ende Februar bis Juli 2014 insbesondere: Der Neue Fischer Weltalmanach 2015, S. 472-476, 379-381.
4 FAZ.NET. 2015, 9.4.; Der Neue Fischer Weltalmanach 2017, S. 474.

Anfang August 2008 Zchinwali, die Hauptstadt der im Norden des Landes gelegenen abtrünnigen Republik Südossetien, angreifen. Russische Streitkräfte überschritten daraufhin von Norden her die Grenze Georgiens und vertrieben die georgischen Truppen aus Südossetien, ja drangen auf georgisches Kerngebiet vor. Drei Wochen später erklärten Südossetien sowie auch Abchasien im Nordwesten Georgiens ihre Unabhängigkeit. Russland erkannte diese an.

Welche Ziele verfolgt Russland mit seiner Politik in der Frage der russischsprachigen bzw. prorussländischen (z.B. südossetischen) Minderheiten? Instrumentalisiert Russland diese Minderheiten jenseits seiner Grenzen vor allem für seine außenpolitischen Interessen, wie es der Georgien- und vor allem der Ukrainekrieg zu zeigen scheint? Oder setzt(e) es sich (auch) für diese Minderheiten ein, versucht es sie vor Ungleichbehandlung zu schützen? Auch wenn ersteres der Fall sein sollte, d.h. Russland die russischsprachigen Minderheiten überwiegend instrumentalisiert, ist zu fragen: Geht es Russland dabei um den Ausbau der eigenen Machtposition, um die Schaffung einer hegemonialen Position, handelt es sich gar um eine imperialistische Politik, wie es ein nicht geringer Teil der Forschung und viele Stimmen in Osteuropa behaupte(te)n? Unter Imperialismus versteht die Politikwissenschaft

„das Streben politischer Mächte, über die eigenen Staatsgrenzen hinaus territorial zu expandieren oder ihren politischen, wirtschaftlichen, militärischen und/oder kulturellen Einflussbereich auf Kosten der unterworfenen bzw. penetrierten Gesellschaften auszudehnen."[5]

Oder versucht Russland primär, eine (wahrgenommene, befürchtete) *Minderung* seiner Sicherheit, einen Macht-, Status-, Einfluss-, Autonomie- und/oder Wohlfahrts*verlust* in seinem regionalen Umfeld, in Europa und/oder auf der internationalen Ebene abzuwenden?[6] In letzterem Fall würde dies den defensiven (Neo-)Realismus, d.h. die These von Kenneth

---

5 Nohlen/Grotz 2011, S. 259.
6 Vgl. zu diesen zwei Interpretationsmöglichkeiten russischer Außenpolitik Knudsen 1999, S. 5-13. Knudsen unterschied dort zwischen Großmachtrivalität, die mit Positionsverteidigung einhergeht, und Imperialismus.

Waltz bestätigen, „dass das Hauptanliegen von Staaten nicht darin besteht, Macht zu maximieren, sondern ihre Positionen im System beizubehalten".[7] Die genannten gegensätzlichen Interpretationen der russischen Außenpolitik, nämlich Hegemoniestreben, Expansionismus und im Extremfall Imperialismus einerseits, Verteidigung des Status quo andererseits waren und sind auch in der politischen und publizistischen Auseinandersetzung über die Ukrainepolitik Russlands zu finden. Die erste Richtung („Russlandkritiker") machte sich gleich nach der beginnenden Besetzung der Halbinsel Krim Ende Februar 2014 hörbar. Ihre Vertreter warfen Russland unter Putin einen Bruch des Völkerrechts, Aggression, ja Kolonialismus und Neoimperialismus vor.[8] Einige Autoren dieser Interpretationsrichtung vertraten die These, dass die Putin-Führung stark aus innenpolitischen Gründen gehandelt habe.[9]

Die zweite Interpretationsrichtung („Russlandversteher"), unter ihnen der Altbundeskanzler Helmut Schmidt, brachte demgegenüber Verständnis für die Besetzung und den Anschluss der Krim durch Russland auf.[10] Breiter vertraten die Anhänger dieser Richtung die Auffassung, dass sich Russland verständlicherweise gegen das weitere Eindringen der EU (und ihrer Werte und Praktiken) und zukünftig möglicherweise sogar der NATO in den postsowjetischen Raum, hier vor allem gegen die Heranführung des Flächenstaates Ukraine an den Westen, wehre.[11] Westliche Politik habe we-

---

7 Waltz 1979, S. 126.
8 Vgl. Joffe 2014, Snyder 2014, Schoch 2015, Shuster 2014, The Imperialist. Im Untertitel des betreffenden *Time*-Artikels von Simon Shuster war von Putins Mission die Rede, „das verlorene Imperium seines Landes wiederherzustellen". Argumente für diese These waren aber im Text nicht zu finden: Der US-Journalist wies zwar auf die Annexion der Krim (und weniger auf Russlands Destabilisierung und Intervention in der Südostukraine) hin, betonte aber vor allem, dass sich Russland als Alternative zum westlichen liberalen Demokratiemodell positionieren wolle. Vgl. als jüngeres Beispiel für die Imperialismus-Interpretation Grigas 2016.
9 Heinemann-Grüder 2014, Meister 2015.
10 Die Zeit. 2014, Nr. 14 (27.3.), S. 9; Pradetto 2014.
11 Vgl. exemplarisch Mearsheimer 2014. Vgl. des Weiteren Krone-Schmalz 2014. Laut dem Online-Unternehmen Amazon war das Buch von Krone-Schmalz (Russland verstehen. Der Kampf um die Ukraine und die Arroganz des Westens. München 2014) ein Bestseller. Im Oktober 2015 erschien bereits die 15. Auflage. Unter den Büchern in der Rubrik „Politik und Geschichte" zur Ukraine bzw. zu Russland nahm es jeweils Platz 1 ein – dies obwohl es vielen UkrainerInnen überhaupt nicht gefallen (haben)

der die Bedeutung der Ukraine für Russland, die engen Bande zwischen diesen beiden Staaten berücksichtigt noch die regionalen Spaltungslinien in der Ukraine verstanden.[12]

Zum Ausdruck kamen diese gegensätzlichen Interpretationen und Positionen auch am Ende des Jahres 2014, als 69 Vertreter der zweiten Richtung, unter ihnen vor allem Vertreter des (nicht zuletzt: ost-)deutschen Kulturlebens, bekannte SPD-, aber auch CDU-Altpolitiker wie Gerhard Schröder, Roman Herzog und Hans-Jochen Vogel, frühere Sicherheitsexperten wie Walther Stützle und Horst Teltschik, des Weiteren Eckhard Cordes (Ostausschuss der deutschen Wirtschaft) und die aktive Politikerin Antje Vollmer vor dem Hintergrund der Diskussion über eine mögliche militärische Unterstützung für die Ukraine in einem Aufruf mit der Überschrift „Wieder Krieg in Europa? Nicht in unserem Namen!" in der Online-Ausgabe der Wochenzeitung *Die Zeit* vom 5. Dezember 2014 vor einem Krieg des Westens mit Russland warnten und zu einem Dialog mit dem Nachfolgestaat der Sowjetunion aufriefen.[13] Der Ukraine-Konflikt zeige, dass die Sucht nach Macht und Vorherrschaft nicht überwunden sei. Sowohl in Ost als auch in West sei „der Leitgedanke, Krieg aus ihrem Verhältnis dauerhaft zu verbannen, verloren gegangen." Die Verfasser verwiesen hierbei zum einen auf „die für Russland bedrohlich wirkende Ausdehnung des Westens noch Osten ohne gleichzeitige Vertiefung der Zusammenarbeit mit Russland", zum anderen auf „die völkerrechtswidrige Annexion der Krim durch Putin".

Die Unterzeichner appellierten im Weiteren an die Bundesregierung, ihrer Verantwortung für den Frieden in Europa gerecht zu werden. Man dürfe Russland nicht aus Europa hinausdrängen. An die Medien wurde appelliert, überzeugender als bisher ihrer Pflicht zur vorurteilsfreien Berichterstattung nachzukommen: „Jeder außenpolitisch versierte Journalist wird die Furcht

---

dürfte. Die Bewertungen des Buches waren dementsprechend gegensätzlich: 283 Personen gaben dem Buch die Note 1; 66 Personen die Note 5 (schlechtestmögliche Bewertung). Nur 23 Personen vergaben eine 2, 3, oder 4. Vgl. www.amazon.de, Seite besucht am 14.1.2016.

12 Baberowski 2014.

13 „Wieder Krieg in Europa? Nicht in unserem Namen!" (Aufruf), http://www.zeit.de/politik/2014-12/aufruf-russland-dialog, Seite besucht am 9.2.2017.

der Russen verstehen, seit NATO-Mitglieder 2008 Georgien und die Ukraine einluden, Mitglieder im Bündnis zu werden." Abschließend hieß es in dem Aufruf, man stünde vor der klaren Alternative, „Europa zu einigen oder gemäß leidvollen historischen Beispielen wieder in nationalistische Gegensätze zurückzufallen."[14]

In Reaktion hierauf erschien knapp eine Woche später unter der Überschrift "Friedenssicherung statt Expansionsbelohnung" ein von mehr als 100 Personen, darunter vielen deutschsprachigen OsteuropaexpertInnen unterzeichneter Gegenaufruf.[15] Im ersten Absatz wurde darauf hingewiesen, dass sich die überwältigende Mehrheit der sich mit dem Ukrainekonflikt beschäftigenden Personen in ihrem Urteil einig sei: „... es gibt in diesem Krieg einen eindeutigen Aggressor, und es gibt ein klar identifizierbares Opfer." Gemeint waren damit Russland und die Ukraine. Im Anschluss hieß es:

> „Wenn sich Moskau von der EU und/oder NATO bedroht fühlt, sollte es diesen Streit mit Brüssel austragen. Die Ukraine ist weder Mitglied dieser Organisationen, noch führt sie Beitrittsverhandlungen mit ihnen. Nichtsdestoweniger führt Russland mit Hinweis auf eine angebliche Gefahr aus dem Westen einen bereits tausende Todesopfer, Verstümmelte, Traumatisierte und Vertriebene fordernden ‚hybriden Krieg' im Donezbecken."[16]

Im Weiteren erinnerten die VerfasserInnen an das von der EU vermittelte russisch-georgische Friedensabkommen vom August 2008. Moskau habe dessen wichtigsten Punkt, die Rückführung seiner Truppen aus den georgischen Regionen Abchasien und Südossetien, nicht erfüllt. Dasselbe gelte für die russischen Truppen in der moldauischen Region Transnistrien.

Was die Frage einer Aufnahme Georgiens und der Ukraine in die Nato betraf, verwiesen die Verfasser des Gegenaufrufs darauf, dass im Jahr 2008 nur ca. drei Prozent der Bevölkerung Russlands die NATO als Hauptgefahr für ihr Land ansahen. Die NATO habe auf ihrem Bukarester Gipfel im April

---

14 Ebd.
15 „Friedenssicherung statt Expansionsbelohnung" (Aufruf), http://www.zeit.de/politik/ 2014-12/aufruf-friedenssicherung-statt-expansionsbelohnung, Seite besucht am 10.2.2017.
16 Ebd.

2008 die Mitgliedsanträge Georgiens und der Ukraine zunächst abgelehnt. Im Anschluss hieß es: „Beiden Staaten ist seither von Moskau die territoriale Integrität aberkannt worden."

Deutsche Osteuropapolitik solle auf Erfahrungswerten und Analyseergebnissen, nicht auf Pathos, Geschichtsvergessenheit und Pauschalurteilen basieren. „Niemand ist auf militärische Konfrontation mit Russland aus oder möchte den Dialog mit dem Kreml abbrechen. Die territoriale Integrität der Ukraine, Georgiens und Moldaus kann jedoch nicht der ‚Besonnenheit' deutscher (und österreichischer) Russlandpolitik geopfert werden."[17]

Diesem Gegenaufruf vieler OsteuropaforscherInnen sekundierten am 16. Dezember 2014, d.h. wiederum ca. eine Woche später unter der Überschrift „Détente without Illusions" („Entspannung ohne Illusionen") 50 Personen, überwiegend deutschsprachige HochschullehrerInnen aus dem Bereich der „Internationalen Beziehungen" (IB).[18] Verfasser der Erklärung waren die beiden Frankfurter Politikwissenschaftler Gunther Hellmann und Reinhard Wolf. Nach der Wiedergabe zentraler Aussagen aus dem Erstappell wurde festgestellt, dass dieser konkrete Politikvorschläge vermissen lasse; auch stelle er die Hauptursachen der gegenwärtigen Krise falsch dar. Zwar räumten die Verfasser ein, dass sich der Westen sicherlich fragen müsse, „ob westliche Handlungen unnötigerweise ihren Teil zu den laufenden Spannungen … beigetragen haben, insbesondere was Russlands Empfindlichkeiten in Bezug auf das Assoziierungsabkommen zwischen der EU und der Ukraine" betreffe. Die Unterstellung der Unterzeichner, dass „obsessives Macht- und Dominanzstreben"[19] und aggressive Politiken von beiden Seiten verfolgt worden seien, ignoriere aber nicht nur die legitimen Interessen und Anliegen der Ukraine, sondern gebe auch falsch wieder, was die Nato gemacht habe und worauf Russland ziele.

Der Westen bedrohe nicht die Sicherheit Russlands, sondern höchstens Moskaus Bestrebungen nach einer exklusiven Einflusssphäre. Der sich

---

17 Ebd.

18 „Détente without Illusions", http://www.aicgs.org/issue/detente-without-illusions/, Seite besucht am 10.2.2017.

19 Genau genommen war in dem Erstaufruf von der „Sucht nach Macht und Vorherrschaft" die Rede gewesen. Vgl. die Wiedergabe der zentralen Aussagen weiter oben.

ausdehnende Einfluss der Europäischen Union und der Nato gefährde Russlands Anspruch auf Großmachtprivilegien, bedrohe aber nicht Russlands physische Sicherheit. Die Verfasser verwiesen in diesem Zusammenhang auf mehrere Entwicklungen und Entscheidungen, infolge derer das militärische Engagement der USA in Europa in den letzten Jahren zurückgegangen sei.

Im Weiteren hieß es in der Erklärung der WissenschaftlerInnen, dass die EU- und NATO-Erweiterung in der Tat den russischen Einfluss verringert und Moskaus Stolz verletzt habe. Könne dies aber eine Politik legitimieren, die das Selbstbestimmungsrecht negiere? Partner einer Entspannungspolitik auf der russischen Seite könne nicht Gorbatschow oder das russische Volk, sondern nur Putin sein. Dieser sei aber unter anderem dafür bekannt, dass er die Auflösung der Sowjetunion als „die größte geopolitische Katastrophe des 20. Jahrhunderts" bezeichnet habe. Darüber hinaus habe er sich auch mehr als einmal als unwillig oder unfähig erwiesen, die eklatanten Brüche der Minsker Vereinbarungen (Minsk I vom September 2014 – F.P.) zu beenden.

Der Appell der 69 komme daher, so hieß es abschließend und streng, einem „hilflosen Schnappen nach Luft" gleich: „Er ist kontraproduktiv, weil er auf falschen Prämissen beruht, Deutschlands Partner in Osteuropa weiter irritiert und die Hardliner in Russland stärkt." Glücklicherweise schienen aber Kanzlerin Merkel und Außenminister Steinmeier so wie Willy Brandt in den 1960er Jahren zu verstehen, dass eine effektive Strategie auf „Entspannung ohne Illusionen" beruhen müsse.[20]

In allen drei Aufrufen spielten Fragen der Macht, des Einflusses und des Status Russlands eine wichtige Rolle. Während im „Entspannungs"-Aufruf kritisch auf die Ausdehnung von EU und NATO nach Osteuropa hingewiesen wurde, monierte der Gegenaufruf Moskaus nicht selten gewaltsame Militärpolitik in der Republik Moldau, in Georgien und im Donbass. Die Stellungnahme der deutschen IB-WissenschaftlerInnen nahm dabei eine Mittelposition ein, indem sie zwar einen Einfluss- und Prestigeverlust Russlands in Osteuropa einräumte, darin aber keinen hinreichenden Grund

---

20 Vgl. ebd.

für die Anwendung militärischer Gewalt, hier vor allem gegen die Ukraine sah.

Ein wichtiges Mittel (auch der Rechtfertigung) der Politik Russlands ist jedenfalls die Frage der russischsprachigen Minderheiten – bzw. mittlerweile von Angehörigen dieser Minderheiten selbst. Sind diese wirklich Russlands „fünfte Kolonne" in den Nachbarstaaten, die Russland über die Krim hinaus aufstachelt, wie es Ende 2014 in einem US-Nachrichtenmagazin hieß?[21] In politischer Hinsicht ist eine Analyse der Politik Russlands in (und mit) der Minderheitenfrage gerade deshalb von Interesse, weil sich mehrere Staaten mit russischsprachigen bzw. prorussländischen Minderheiten (Republik Moldau, Georgien, Ukraine) weiter der EU und vielleicht auch der NATO annähern bzw. diesen Organisationen sogar beitreten wollen. In politikwissenschaftlicher Hinsicht sind natürlich die Gründe für Moskaus Ukrainepolitik von Interesse: sind dafür überwiegend systemische, externe Faktoren verantwortlich (und wenn ja, welche?) oder spielten in starkem Maß innenpolitische bzw. innerstaatliche Faktoren eine Rolle?

In einem ersten Schritt wird auf die Hintergründe der Frage der russischsprachigen Minderheiten im postsowjetischen Raum und auf die Entwicklung der Forschung zur Politik Russlands in dieser Frage, hier vor allem in den 1990er Jahren eingegangen, da vor allem im Jahrzehnt nach der Auflösung der Sowjetunion wichtige Forschungsarbeiten zum Thema erschienen sind. Kritisiert wird dabei eine als transnational zu bezeichnende Richtung, welche die zwischenstaatlichen und internationalen Dimensionen der Politik Russlands in (und mit) der Frage vernachlässigt. In Kapitel 3 entwickle ich aus der Sekundärliteratur sowie der Literatur über ethnische Gruppen in den internationalen Beziehungen ein Modell auswärtiger Minderheitenpolitik, das aus der abhängigen Variable (Politik in der auswärtigen Minderheitenfrage) sowie vier unabhängigen, d.h. determinierenden Variablen besteht. Die entsprechenden Hypothesen für diese vier Variablen überprüfe ich dann am Beispiel der Politik Russlands in der Frage der russischen Minderheiten in Lettland und Estland (1991-2004), gegenüber Georgien im Jahr 2008, d.h. in der Südossetien- und Abchasienfrage, und gegenüber der Ukraine in den Jahren 2014/15. Abgesehen von Kasachstan

---

21 Shuster 2014, Russia's Fifth Column.

werden damit alle an Russland angrenzenden postsowjetischen Nachfolgestaaten mit nennenswerten russischsprachigen bzw. prorussländischen Bevölkerungsgruppen berücksichtigt.[22] Da es sich bei der Ukrainepolitik Russlands seit dem Jahr 2014 um eine extreme Form auswärtiger Minderheitenpolitik handelt(e) – Russland besetzte die Krimhalbinsel und schloss sie an Russland an, es erhob mehr als implizite Territorialforderungen („Neurussland") und unterstützte, ja organisierte in Teilen des Nachbarlandes einen Aufstand, intervenierte dort schließlich – wird sie in Kapitel 5 ausführlich unter der Fragestellung abgehandelt, ob es sich dabei um Irredentismus, d.h. um ein Streben nach Anschluss von Territorien handelte, die aus historischen und/oder nationalen Gründen als zugehörig betrachtet werden. Bei der Analyse der Politik Russlands stütze ich mich unter anderem auf offizielle Dokumente des russischen Außenministeriums, Stellungnahmen der Präsidenten Russlands, Artikel aus der russischen Presse sowie eine Vielzahl von Onlinemedien.

In der russischen Sprache gibt es für das Adjektiv *russisch* zwei Wörter: *rossijskij* bezieht sich auf den Staat (von *Rossija* – Russland), während *russkij* sich auf die russische Sprache, Kultur usw. bezieht. Der besseren Lesbarkeit wegen wird in vorliegender Studie das Wort *rossijskij* in der Regel (nur) dann mit dem Wort *russländisch* wiedergegeben, wenn dies zwecks Klarstellung angebracht erscheint. Zur Wiedergabe russischer Namen, Ausdrücke usw. wird nicht die wissenschaftliche Transliteration, sondern die leserfreundliche aussprachenahe Transkription verwendet.

---

22 Vgl. zur geographischen Veranschaulichung der postsowjetischen Gewaltkonflikte die Karte „Osteuropa – Konflikt (2014)" im Diercke Weltatlas, https://www.diercke.de/content/osteuropa-konflikt-2014-978-3-14-100800-5-281-4-1, Seite besucht am 11.3.2018. Eine Nutzung dieser anschaulichen Karte auf dem Cover oder den Buchseiten vorliegender Studie wurde dem Autor von der BMS Bildungsmedien Service GmbH (Westermanngruppe) mit der Begründung untersagt, dass es sich beim Diercke-Atlas um ein Schulbuch handle; die Präsentation der Karte „in einem politischen Zusammenhang" könne man nicht gestatten. Auf meinen Einwand, dass die Präsentation der Karte vor allem „in einem politikwissenschaftlichen Zusammenhang" erfolgen würde, gab es keine Antwort mehr. Auf der genannten Karte erstreckt sich über den Süden der Ukraine der Schriftzug „Ostukraine"; in vorliegender Studie wird zwischen der Ost-, der Südost- (u.a. Donbass) und der Südukraine unterschieden. Des Weiteren hieß die am Dnipro gelegene Großstadt nicht Dnipopetrowsk, sondern Dnipropetrowsk. Seit 2016 heißt sie Dnipro.

2 Forschungsstand

Was die russischsprachigen Bevölkerungsgruppen, d.h. die potentiellen, teilweise schon eingesetzten Instrumente russischer Außenpolitik in den postsowjetischen Staaten betrifft, so wurden sie zu Minderheiten als Resultat der Auflösung der UdSSR Ende 1991, der Aufwertung innerstaatlicher zu zwischenstaatlichen Grenzen. Laut der letzten sowjetischen Volkszählung lebten im Jahr 1989 25,3 Millionen ethnische Russen außerhalb der Russländischen Sowjetrepublik (RSFSR). Den höchsten Anteil an der Bevölkerung stellten sie in der Kasachischen (37,8 Prozent), der Lettischen (34 Prozent) und der Estnischen (30,3 Prozent) Sozialistischen Sowjetrepublik (SSR). In der Ukrainischen und der Kirgisischen SSR betrug ihr Anteil an der Gesamtbevölkerung etwas über 20 Prozent.[23] Berücksichtigte man auch die russifizierten Ukrainer, Weißrussen usw., so stieg ihr Anteil jeweils noch einmal um vier bis zehn Prozent an. Damit handelt es sich bei diesen Russen bzw. Russischsprachigen nicht nur um eine historisch neue, sondern auch um die zahlenmäßig größte Minderheitengruppe in Europa bzw. im OSZE-Raum insgesamt, die aber auf eine Reihe von Staaten verteilt ist.[24] Die baltischen Staaten Estland und Lettland schlossen die während der sowjetischen Besatzung in den Jahren 1944-1991 zugewanderten Einwohner sowie deren Nachkommen von der automatischen Gewährung der Staatsbürgerschaft und damit von politischer Teilhabe vorerst aus.[25] Schon unmittelbar nach dem Zerfall der Sowjetunion nahmen diese Minderheiten in Arbeiten zu neuen Sicherheitsproblemen in Osteuropa einen prominenten Platz ein. Viele Beobachter sahen in ihnen ein konfliktträchtiges Problem für die neu entstandenen Staaten selbst sowie für ihre Beziehungen zu Russland. Verstärkend wirkte hier der Transnistrienkonflikt im

---

23 Melvin 1995, S. 134.
24 Der russische Präsident Wladimir Putin erklärte in seiner Krim-„Anschlussrede" am 18. März 2014, „das russische Volk" sei mit dem Zerfall der Sowjetunion „zu einem der größten, wenn nicht das größte durch Staatsgrenzen geteilte Volk der Welt" geworden. Vgl. Putin 2014, Obraschtschenije … In dieser Äußerung kam ein für das offizielle postsowjetische Russland eigentlich untypisches ethnisches Nationsverständnis zum Ausdruck.
25 Kolstoe 1995, S. 120-127.

Osten der Republik Moldau, wo im Frühjahr 1992 die ehemalige 14. sowjetische Armee die prorussisch-sowjetnostalgischen Separatisten gegen moldauische Streitkräfte unterstützte. Dabei kamen ca. 1.000 Menschen ums Leben. Auch die großserbische Politik Miloševićs in Jugoslawien ab dem Jahr 1991 beeinflusste die Wahrnehmung des Konfliktpotentials der Frage der russischen Minderheiten. In Russland führte der Wahlerfolg des Radikalnationalisten Wladimir Schirinowski im Dezember 1993 zu einem erhöhten *commitment* der russischen Führung in der Minderheitenfrage. Unter anderem dies trug in den Jahren 1994/95 zu zwei überzogenen Interpretationen der Politik Russlands bei: der These der direkten Instrumentalisierung, d.h. Steuerung dieser Minderheiten durch Russland und der These, dass Russland als Mutterland („kin state") Beziehungen zu ihnen aufbaute, sie (direkt) unterstützte.[26]

Schon 1996 nahm das Interesse der Forschung an dem Thema aber wieder deutlich ab. Es gab nun zwei Richtungen: Die transnationale Richtung sprach von einer Abschwächung der „Diasporapolitik" Russlands. Insbesondere habe Russland keine Beziehungen zu den Minderheiten aufgebaut.[27] Die andere Richtung, oft Arbeiten zu den russisch-baltischen Beziehungen, vertrat die These der Instrumentalisierung der russischen Minderheiten für Hegemonialinteressen, hier vor allem zur Verhinderung einer Aufnahme der baltischen Staaten in die NATO.[28] Die Autoren der ersten, transnationalen Richtung konzeptionalisierten die auswärtige Minderheitenpolitik im postsowjetischen Raum dabei als (direkte) Unterstützung für die jeweilige Minderheit, als den Aufbau von Beziehungen zu ihr – wozu es selten gekommen sei. Damit vernachlässigten diese Autoren aber den wichtigen Bereich der zwischenstaatlichen Beziehungen und der Politik in und gegenüber inter- und supranationalen Organisationen wie dem Europarat, der EU und der NATO. Diese Bereiche waren und sind gerade für die Politik Russlands in der Frage der russischen Minderheiten in Estland und Lettland sehr wichtig.[29] Die zweite Richtung konzeptionalisierte den

---

26 Beissinger 1995; Melvin 1995, S. 18-22, 127 f.
27 King/Melvin 1999, S. 122-124.
28 Malek 1999.
29 Das bestätigt auch eine Untersuchung über den Einsatz russischer Machtmittel im postsowjetischen Raum. Ihr zufolge hat Moskau die russischen Minderheiten im Bal-

Untersuchungsgegenstand damit mehr der Realität entsprechend, lieferte aber keinen systematischen Nachweis der Instrumentalisierung der russischsprachigen Minderheiten durch Russland, vor allem nicht über einen längeren Zeitraum. Sie unterschied auch nicht zwischen einer Instrumentalisierung der Minderheiten selbst (zumindest von Vertretern oder Angehörigen von ihnen) und der Frage, des Themas. Sie stellte nicht die Frage, ob Russland dieses Instrument nicht primär für defensive Zwecke, d.h. den Erhalt des (sicherheitspolitischen usw.) Status quo einsetzt. Und dass Russland diese Minderheiten vielleicht (auch) gegen Diskriminierung, einen Statusverlust verteidigte, war ebenfalls außerhalb der Vorstellungwelt dieser Interpretationsrichtung.

Zusammenfassend ist damit festzustellen, dass eine systematische, d.h. theorie- bzw. hypothesengeleitete, die Politik auf der zwischenstaatlichen und auf der internationalen Ebene sowie einen längeren Zeitraum abhandelnde Untersuchung der Politik Russlands in der Minderheitenfrage lange Zeit nicht vorlag – angesichts der Bedeutung der Außenpolitik Russlands für den postsowjetischen Raum und ihrer Weiterungen hin zur europäischen Ebene eigentlich erstaunlich.[30]

tikum kaum in direkter Form als Druckmittel eingesetzt, sondern vor allem mit der *Frage*, dem *Thema* auf der internationalen Ebene Politik gemacht. Vgl. Hedenskog/Larsson 2007, S. 42 unter Verweis auf Malmlöf 2006.

30 Vgl. als Ausnahme Rupp 2007. David Rupps Monographie, die auf eine Magisterarbeit zurückgeht, stellt die Frage, ob sich Russland als Anwalt für die Russischsprachigen in Lettland betätigt hat. Er charakterisiert die Anwaltsrolle der RF als „zweifelhaft". Schlüssig und fundierter könne behauptet werden, so Rupp in der Einleitung, die RF „habe im Rahmen des Möglichen lediglich versucht, eigene machtpolitische Interessen durchzusetzen." Vgl. ebd., S. 123 und S. 29. Vorliegende Studie wird aber eine gewisse „Anwaltsrolle" feststellen. Des Weiteren wird gezeigt werden, *welche* machtpolitischen (und anderen) Interessen Russland mittels der Minderheitenfrage durchgesetzt hat. Vermerkt sei hier, dass in einem Sammelband über Internationale Studien in Russland die Minderheitenfrage und die Politik Russlands nicht vorkommen. Vgl. Tsygankov/Tsygankov 2005. Teilweise dürfte dies damit zusammen hängen, dass sich die Internationalen Beziehungen mit so etwas „Kleinem" wie der Außenpolitik in einem bestimmten Bereich nicht befassen. Die konstatierte Forschungslücke wurde dann durch Preissler 2014 mehr oder weniger gefüllt. Die vorliegende Studie stellt eine Zusammenfassung und Weiterführung dieser Arbeit dar.

3 Analyserahmen und Hypothesen: Auswärtige Minderheiten(fragen) als außenpolitisches Instrument, Anliegen und innenpolitische Ressource

Hans J. Morgenthau ging in seinem Standardwerk „Macht und Frieden" im Kapitel über das ideologische Element in der internationalen Politik auf die Instrumentalisierung auswärtiger Minderheiten ein. Grundsätzlich unterschied er zwischen Ideologien des Status quo, des Imperialismus sowie mehrdeutigen Ideologien. Zu letzteren gehörte ihm zufolge die Ideologie der nationalen Selbstbestimmung, da sie im 20. Jahrhundert sowohl von den Verteidigern des Status quo als auch den Vertretern des Imperialismus als ideologische Waffe gebraucht worden sei. Als Beispiele nannte er Woodrow Wilson und Adolf Hitler. Morgenthau bezeichnete es als genialen Propagandastreich Hitlers, das Prinzip der nationalen Selbstbestimmung als Vorwand und als Rechtfertigung für seine Politik der territorialen Expansion verwendet zu haben.[31]

Während Hans J. Morgenthau auswärtige Minderheiten im Zusammenhang mit staatlicher Macht-, ja Expansionspolitik abhandelte, fasst sie ein anderer Wissenschaftler stark als Objekte des Schutzes. So führt Kalevi J. Holsti in seinem Standardwerk *International Politics. A Framework for Analysis* den „Schutz ethnischer, ideologischer oder religiöser Brüder und Schwestern" als ein mögliches Ziel staatlicher Außenpolitik an – dies allerdings erst nach den Zielen Sicherheit, Autonomie, Wohlfahrt und Status bzw. Prestige. Gleichzeitig entstanden Holsti zufolge nicht wenige der Kriege des 19. und 20. Jahrhunderts aus dem Versuch, als unterdrückt wahrgenommenen ethnischen Verwandten in Nachbarstaaten militärisch zu Hilfe zu kommen bzw. das betreffende Territorium zu annektieren.[32]

Insgesamt spielen aber auswärtige Minderheiten als Instrument oder Adressat von staatlicher Außenpolitik in der angloamerikanischen und deut-

---

31 Morgenthau 1963, S. 121.
32 Holsti 1992, S. 109.

schen Außenpolitik- und IB-Literatur keine nennenswerte Rolle.[33] Dies dürfte damit zusammenhängen, dass weder die USA noch Großbritannien
noch Deutschland nach dem Zweiten Weltkrieg über außen- und sicherheitspolitisch relevante auswärtige Minderheiten verfügten. Wenn in der
Außenpolitik- und IB-Literatur auf die Themen Minderheiten, ethnische
Konflikte usw. eingegangen wird, geht es in der Regel um Probleme wie
innere Instabilität, staatliche Desintegration und/oder grenzüberschreitende
Migration/Flucht, nicht aber um die Bedeutung von Minderheiten(fragen) für
die Macht und die außenpolitischen Strategien von Staaten.[34] Auswärtige
Minderheiten(fragen) gelten nicht als Machtressource.[35] Der Grund hierfür
dürfte sein, dass sie kein allgemeines, d.h. von der Mehrzahl der Staaten
benutztes, kein zentrales und daher auch kein häufiges Mittel zur Errei-
chung der staatlichen Kernziele Sicherheit, Macht und Wohlfahrt sind.
Genauere Erkenntnisse über die auswärtige Minderheitenpolitik von Staaten, hier insbesondere über die unterschiedlichen Ziele einer solchen Politik und deren Bestimmungsfaktoren können zum einen der Literatur über
ethnische Gruppen in den internationalen Beziehungen entnommen werden. An erster Stelle ist hier ein im Jahr 1990 von Paul Smith herausgege-
bener Sammelband über den Zeitraum 1850-1940, d.h. die Hochzeit nationaler Konflikte in Europa, zu nennen. Smith zufolge sind zwischen einem
Mutterland und "seiner" Minderheit in einem anderen Staat instrumentelle
und nichtinstrumentelle Formen der Beziehung möglich.[36] Des Weiteren
erschien 1992 in einem deutschsprachigen Sammelband ein Aufsatz über
zwischenstaatliche Minderheitenkonflikte auf dem Balkan. Darin wird betont, dass Mutterländer auswärtige Minderheitenfragen sowohl für außen-
als auch für innenpolitische Zwecke instrumentalisieren.[37] Auf die Bedeu-

---

33 Vgl. z.B. Baylis/Smith/Owens 2008. Dort taucht im Index aber noch nicht einmal der
   Begriff „foreign policy" auf. Immerhin wird im Kapitel über die Humanitäre Intervention auf das Problem des Missbrauchs hingewiesen: „ ... Staaten könnten ... für humanitäre Motive eintreten, um die Verfolgung des nationalen Eigeninteresses zu ka-
   schieren." Ebd., S. 527.
34 Vgl. als Beispiel Kegley/Blanton 2012, S. 171-174, 400-403, 435 f.
35 Vgl. exemplarisch Pfetsch 1989, S. 58 f.
36 Smith 1990, S. 8.
37 Reuter-Hendrichs 1992.

tung der Innenpolitik wird auch in der Literatur über die Politik Russlands in der Minderheitenfrage hingewiesen.[38] Als weitere Form der Beziehung zwischen Mutterland und externer Minderheit nennt der Soziologe und Nationalismusforscher Friedrich Heckmann (dies sogar an erster Stelle) „'Irredentismus', verstanden als politische Bewegung innerhalb einer nationalen Minderheit wie innerhalb des ethnisch ,zugehörigen' Nationalstaats mit dem Ziel, einen ,Anschluss' der Minderheit an den ,zugehörigen' Nationalstaat zu erreichen".[39] Sieht man einmal von diesem Sonder- und Extremfall ab[40], kann damit zwischen drei Arten der Politik in einer auswärtigen Minderheitenfrage unterschieden werden:

- die außenpolitische Instrumentalisierung der Frage (bzw. der Minderheit selbst)
- „Patronagepolitik", d.h. ein Eintreten für die Minderheit (bilateral und/oder international), ihre Unterstützung/Förderung sowie
- die innenpolitische Instrumentalisierung der Minderheitenfrage

Diese drei Politikarten können, wie die folgende Diskussion der Sekundär- und theoretischen Literatur zeigen wird, auf vier Variablen zurückgeführt werden:

- das Ausmaß der Konflikte zwischen „Mutterland"[41] und Minderheitenstaat (d.h. Staat mit innerer Minderheit) bzw. zwischen „Mutterland" und Staatenzusammenschlüssen, denen der Minderheitenstaat angehört bzw. sich annähert (Konflikte in anderen Fragen als der Minderheitenfrage, insbesondere in Sicherheitsfragen)
- das Ausmaß der Verschlechterung der Lage und des Status der auswärtigen Minderheit
- das Ausmaß der Zuwanderung von Angehörigen der Minderheit ins Mutterland

---

38 Melvin 1995, S. 10-24; Kolstoe 1995, S. 286, 288; Zevelev 2001, S. 157 f.
39 Heckmann 1992, S. 219.
40 Irredentismus als Sonder- bzw. Extremform auswärtiger Minderheitenpolitik wird in der vorliegenden Studie am Beispiel der Annexion der Krim und der Politik Russlands gegenüber der Ost- und Südukraine in den Jahren 2014/15 in Kapitel 5 behandelt.
41 Hier in Anführungszeichen, da die auswärtige Minderheit(enfrage) dann als Mittel (Instrument) benutzt wird, um den Konflikt mit dem Minderheitenstaat für sich zu entscheiden, d.h. der instrumentelle Aspekt überwiegt.

- das Ausmaß des Drucks oppositioneller, insbesondere nationalistischer Kräfte auf die außenpolitischen Entscheidungsträger des Mutterlandes (Druck vor allem in der Minderheitenfrage)

Im Folgenden sollen die genannten drei Politikarten näher dargestellt und für die vier Variablen die entsprechenden Hypothesen hergeleitet werden.[42]

3.1 Auswärtige Minderheiten(fragen) als außenpolitisches Instrument (Hypothese 1)

Eine der zentralen Arten der Politik in einer auswärtigen Minderheitenfrage besteht darin, eine ethnisch zugehörige Minderheit in einem anderen Staat als Instrument der Außenpolitik einzusetzen.[43] „Instrumentalisieren" hat laut Wörterbuch die Bedeutung, „als Instrument benutzen, missbrauchen". Interessanterweise folgt als Beispielsatz: „eine Minorität für machtpolitische Zwecke instrumentalisieren".[44]

Eine der harmloseren Instrumentalisierungsformen besteht darin, dass das Mutterland über Beziehungen zur Minderheit und ihre Unterstützung seinen kulturellen und wirtschaftlichen Einfluss auf die betreffende, meist angrenzende Region aufrechterhält oder verstärkt. In zwischenstaatlichen Verhandlungen wird eine auswärtige Minderheit von der Regierung des „Mutterlandes" oft als *bargaining counter*, d.h. als taktisches Druckmittel bzw. Schachfigur benutzt.[45] Ein solcher *bargaining counter* wird definiert als

„eine Tatsache oder Ding, welches eine Person oder Personengruppe benutzen kann, um sich einen Vorteil zu verschaffen, wenn sie versucht,

---

42 Vgl. zu dieser wissenschaftstheoretischen Vorgehensweise Welzel 2016, S. 400. Vgl. zum Folgenden ausführlich Preissler 2014, S. 33-91.

43 Heckmann 1992, S. 219.

44 Duden, Deutsches Universalwörterbuch, 2007, S. 888. Zu Beispielen der Instrumentalisierung auswärtiger Minderheiten seit 1914 vgl. jüngst Die Welt. 2017, 26.8., S. 6. Der Anlass des Artikels wurde im Untertitel wiedergegeben: „Der türkische Präsident Erdogan hetzt Türken in Deutschland auf." Die beiden letzten Beispiele in dem Artikel waren die Politik Putins gegenüber der Ukraine und der „Fall Lisa", mit dem russische Medien und Politiker einige Tausend Russlanddeutsche in Deutschland gegen die offiziellen Stellen Deutschlands mobilisiert hatten.

45 Smith 1990, S. 8.

mit einer anderen Gruppe eine Vereinbarung zu treffen."[46]

Die auswärtige Minderheit, d.h. Forderungen zu ihren Gunsten werden damit zur Karte im Verhandlungspoker, d.h. sie dienen dazu, um Forderungen der Gegenseite abzuwehren bzw. Konzessionen in *anderen*, für das „Mutterland" wichtigeren Fragen zu erreichen, wenn die eigenen Forderungen im Hinblick auf die auswärtige Minderheit fallen gelassen werden. Neben der Frage einer auswärtigen Minderheit kann auch diese selbst bzw. können zumindest Angehörige von ihr vom „Mutterland" für eigene Zwecke eingesetzt werden. Eine schon ziemlich weitgehende Form der Instrumentalisierung besteht dabei darin, die auswärtige Minderheit zu politischer Illoyalität gegenüber ihrem Heimatstaat, d.h. dem Staat, in dem sie wohnt, zu ermuntern. Wird die Minderheit durch das „Mutterland" (bzw. Akteure in ihm) dazu ermuntert oder dabei unterstützt, sich bei der Verfolgung ihrer Ziele nicht an die Gesetze des betreffenden Staates zu halten, so kann dies dessen Regierung vor große Probleme stellen.[47] Das Ausmaß externer Unterstützung für eine Minderheit gilt als ein Faktor bei der Erklärung ethnopolitischer Gewalt. Eine solche Unterstützung kann von verbaler Ermutigung und Rat, finanzieller Hilfe, Rückzugsgebieten für Exilanten und Flüchtlinge über nachrichtendienstliche Informationen bis hin zu Militärberatern oder Söldnern und die Lieferung von Nachschub oder Waffen reichen.[48] Ein Staat ermutigt eine auswärtige Minderheit bzw. Angehörige von ihr, gegen ihren Heimatstaat aktiv zu werden, in der Regel nur dann, wenn er diesem Staat machtpolitisch überlegen ist und wenn dieser Staat nicht in ähnlicher Weise reagieren kann, d.h. wenn der "Zielstaat" über keine "eigene" auswärtige Minderheit in ersterem Staat verfügt.[49]

Im vorhergehenden Abschnitt wurde Irredentismus als ein Sonder- und Extremfall auswärtiger Minderheitenpolitik bezeichnet und als eine Bewegung

---

46 Oxford Advanced Learner's Dictionary of Current English, 2005, S. 110. Im amerikanischen Englisch heißt es *bargaining chip*. Vgl. ebd.
47 Smith 1990, S. 8 f.
48 Gurr/Harff 2004, S. 111, 106. Dem Autorenpaar geht es dabei um ethnische Gruppen generell und weltweit, nicht speziell um auswärtige Minderheiten. Vielleicht fehlt in ihrer Aufzählung deshalb das diplomatische Eintreten (seitens eines Staates) für eine ethnische Gruppe bzw. (auswärtige) Minderheit.
49 Smith 1990, S. 8.

zum Anschluss eines Territoriums an das Mutterland beschrieben. Nach Auffassung eines griechischen Autors – und auch die Ausführungen zu Irredentismus in Kapitel 5 werden dies zeigen – kann Irredentismus eine instrumentelle, ja „expansionistische Komponente" aufweisen.[50] Wenn letztere deutlich stärker als die der nationalen Affinität ist, wird die auswärtige Minderheit zur „reinen Schachfigur im irredentistischen Spiel". Dem irredentistischen Staat geht es dann kaum um das Wohlergehen der Minderheit. Vielmehr kann er so weit gehen, die auswärtige Minderheit als „destabilisierendes Mittel" zu benutzen.[51] In einem solchen Fall erscheint es aber sinnvoller, nicht von einem „irredentistischen Spiel", sondern von Machtpolitik zu sprechen – die aber auch der Verteidigung der eigenen Position gegenüber einem anderen Staat oder einem gegnerischen Bündnis dienen kann. Die auswärtige Minderheit ist dann ein zu diesem Zweck eingesetztes Mittel, eine „Waffe im geopolitischen Wettstreit".[52]

Im Extremfall können insbesondere Grenzlandminderheiten als Speerspitze einer auf territoriale Revision zielenden Politik, ja als Ansatzpunkt zur Schwächung oder gar Zerstörung eines anderen Staates dienen. Das bekannteste Beispiel hierfür ist Hitlers Instrumentalisierung der Sudetendeutschen zur Verkleinerung und damit entscheidenden Schwächung der Tschechoslowakei, d.h. für die expansiven Pläne des nationalsozialistischen Deutschland.[53]

Insgesamt verfügt ein "Mutterland" damit über zahlreiche Möglichkeiten der Instrumentalisierung einer auswärtigen Minderheit(enfrage). Dementsprechend ist in der Literatur vom „Potential nichtdominanter ethnischer Gruppen als Instrumenten und als Druckmittel in Verhandlungen in der Außenpolitik einiger Staaten" die Rede.[54] Die „Schutzmacht" habe es „jederzeit in der Hand, die Frage einer numerisch auch noch so kleinen Minderheit hochzuspielen – ... (unter anderem – F.P.) aus außenpolitischen Motiven als Instrument in einer größer angelegten Kontroverse mit dem Nachbar-

---

50 Yacioglu 1996, S. 4.
51 Ebd.
52 Lindhoff 2015.
53 Smith 1990, S. 8.
54 Suppan 1990, S. 333.

land." Alle Balkanstaaten hätten es verstanden, Minderheitenfragen „im Kontext anderer Konflikte" zu instrumentalisieren.[55] Eine solche Instrumentalisierung erfolge "mehr oder weniger zynisch"[56], d.h. geht in der Regel auf Kosten der auswärtigen Minderheit. Die Interessen des Mutterlandes und der Minderheit können aber auch zumindest teilweise übereinstimmen.[57] Auch eine wechselseitige Instrumentalisierung ist möglich. Das Mutterland ist aber in der Regel der machtpolitisch überlegene Akteur.[58]

Der von Reuter-Hendrichs genannte Faktor – Konflikte in *anderen* Fragen – dürfte im Falle Russlands und seinen Beziehungen zu den Minderheitenstaaten im postsowjetischen Raum des Öfteren vorgelegen haben. Des Weiteren sind die beiden oben genannten Bedingungen gegeben: Russland ist den beiden Kleinstaaten Estland und Lettland sowie auch Georgien und der Ukraine machtpolitisch (weit) überlegen. Und während es in Lettland, Estland und der Ukraine zahlenmäßig starke russischsprachige Minderheiten gibt, gibt es in Russland keine nennenswerten estnischen, lettischen oder ukrainischen Minderheiten. Zu erwarten ist des Weiteren, dass Russland die Minderheiten(frage) nicht nur gegenüber diesen Staaten, sondern auch gegenüber der NATO, der EU, dem Europarat usw. instrumentalisiert hat. Deshalb erweitern wir den Geltungsbereich unserer Hypothese über den Bereich der bilateralen Beziehungen hinaus und formulieren folgende Ausgangshypothese über die Politik Russlands im Problemfeld:

Russlands Politik in der Frage der russischsprachigen/prorussländischen Minderheit im Minderheitenstaat X verhärtet (entspannt) sich, d.h. Russlands Kritik an der Politik der Regierung des betreffenden Staates gegenüber der Minderheit wird schärfer (schwächer) und die von Russland angedrohten oder eingesetzten Mittel des Konfliktaustrags nähern sich dem Pol Gewaltanwendung an (entfernen sich von ihm)

---

55 Reuter-Hendrichs 1992, S. 427.
56 Smith 1990, S. 8.
57 Vgl. Büscher 2004, S. 352 am Beispiel der russischen Staatsduma und dem abgespaltenen Transnistrien in der Republik Moldau.
58 Smith 1990, S. 7, 10.

- wenn zwischen Russland und dem Minderheitenstaat X (bzw. zwischen Russland und einer Staatengruppe, welcher der Minderheitenstaat X angehört bzw. sich annähert, hier insbesondere der NATO, der EU, der OSZE, dem Europarat usw.) die Konflikte (in *anderen* Fragen als der Minderheitenfrage) zunehmen (abnehmen).

3.2 Patronagepolitik/Eintreten: Auswärtige Minderheiten als Anliegen bzw. Zweck (Hypothese 2 und 3)

Auswärtige Minderheiten sind nicht immer ein Instrument, sondern können durchaus auch der Zweck der Politik „ihrer" Mutterländer sein. Wie bereits erwähnt, führt der Außenpolitik-Experte Kalevi J. Holsti den „Schutz ethnischer, ideologischer oder religiöser Brüder und Schwestern" als ein mögliches Ziel staatlicher Außenpolitik an – dies allerdings erst nach den Zielen Sicherheit, Autonomie, Wohlfahrt und Status bzw. Prestige. Er fährt dann aber fort:

> „Regierungen repräsentieren in der Öffentlichkeit verbreitete Einstellungen und gewähren ethnisch Verwandten oder Bevölkerungsgruppen mit ähnlichen politischen, gesellschaftlichen und religiösen Überzeugungen häufig ... Unterstützung oder Schutz. Besonders stark sind ethnische Affinitäten. Wenn es die Überzeugung gibt, dass ethnisch Verwandte in einem benachbarten Staat verfolgt oder unterdrückt werden, wird eine Regierung oft versuchen, sie zu schützen oder ihnen zu helfen. ... Nicht selten ist das Mitgefühl so stark, dass eine Regierung zugunsten der Unterdrückten militärisch interveniert oder versucht, das Gebiet, auf dem sie wohnen, zu annektieren. Viele der Kriege des 19. und 20. Jahrhunderts entstanden aus diesen ‚Sympathie'-Fragen."[59]

Ob hinter einer solchen Politik der Unterstützung bis hin zum Irredentismus nicht auch strategische oder wirtschaftliche Interessen stecken – diese Frage stellt Holsti nicht. Immerhin spricht aber auch Paul Smith neben instrumentellen von nichtinstrumentellen Formen der Beziehung zwischen einem Mutterland und „seiner" externen Minderheit. Das Mutterland kann die ethnische Gruppe im anderen Staat zum Beispiel moralisch und wirt-

---

59 Holsti 1992, S. 109.

schaftlich unterstützen.[60] Ulrich Schneckener fasst Schutz/Eintreten und Förderung unter dem Begriff der „Patronage" zusammen und zählt dazu „jede Form der (materiellen) Unterstützung sowie der Interessenvertretung der co-nationals gegenüber dem Wohnstaat und auf internationaler Ebene".[61]

Vor allem die Stärke des Ethnonationalismus im Mutterland bestimmt den Stellenwert des Minderheitenthemas in dessen Innenpolitik – und damit auch das Ausmaß und die Art des Engagements für die auswärtige Minderheit. So ist ein Staat, der seine nationalstaatliche Legitimation stark auf eine (Ethno-)Nation stützt, von denen Angehörige andernorts (zumeist in einem Nachbarland) in einer Minderheitenposition sind, definitionsgemäß in die Angelegenheiten "seiner" Minderheit im anderen Staat involviert – und damit auch in deren Konflikte.[62] Eine auswärtige Minderheit(enfrage) kann daher Ressourcen binden, von wichtigen inneren Aufgaben ablenken und zur Verkomplizierung der Beziehung zum betreffenden Staat beitragen (und damit außenpolitische Optionen beschränken). Möglich ist schließlich auch, dass nicht geringe Teile der Minderheit in das Mutterland zuwandern (bzw. im Konfliktfall dorthin fliehen), ja das Mutterland in einen militärischen Konflikt hineingezogen wird – bis hin zu einem Krieg mit dem anderen, meist benachbarten Staat.[63] Den Sicherheits-, Macht- und Wohlfahrtsgewinnen, die sich für ein „Mutterland" aus der Existenz einer auswärtigen Minderheit ergeben können, stehen damit auch potentielle Gefahren und Kosten gegenüber.

Das Ausmaß des Eintretens für eine auswärtige Minderheit wird darüber hinaus auch von externen Faktoren beeinflusst. So dämpfen eine machtpolitische Unterlegenheit, des Weiteren ein starkes Interesse an und reale Chancen auf Integration in die EU und die NATO die Politik eines osteuropäischen Staates in einer auswärtigen Minderheitenfrage.[64] Russland ist aber den Klein- und Minderheitenstaaten in seiner Umgebung machtpoli-

---

60 Smith 1990, S. 8.
61 Schneckener 2002, S. 54.
62 Bartsch 1995, S. 18.
63 Ebd., S. 51 f..
64 Schneckener 2002, S. 221 f.

tisch überlegen und hat kein Interesse an einem EU- oder NATO-Beitritt, weshalb seine Patronagerolle kaum abgeschwächt werden dürfte. Wir formulieren daher folgende Alternativhypothese (Hypothese 2): Russlands Politik in der Frage der russischsprachigen/prorussländischen Minderheit im Staat X verhärtet (entspannt) sich
- wenn sich die Lage und der Status dieser Bevölkerungsgruppe infolge staatlicher Politiken verschlechtern (verbessern).

Auswärtige Minderheiten sind schließlich noch aus einem anderen Grund ein wirkliches Anliegen für die Entscheidungsträger und für gesellschaftliche Kräfte im Mutterland: Massenhafte Zuwanderung kann eine Gefahr für die soziale und politische Stabilität eines Staates darstellen.[65] Angehörige von ethnischen Minderheiten wandern nach Möglichkeit in Regionen aus, die nicht weit entfernt sind und deren Bevölkerung ethnisch mit ihnen verwandt ist.[66] Von daher müssen gerade Mutterländer mit starker Zuwanderung rechnen, wenn sich die Lage ihrer koethnischen Bevölkerungsgruppen deutlich verschlechtert oder diese gar in einen gewaltsamen Konflikt verwickelt werden. Um die Zuwanderung zu begrenzen, drängt ein Mutterland deshalb in der Regel auf die Beachtung der grundlegenden Rechte und Interessen „seiner" Minderheit im betreffenden Staat.

Wir formulieren deshalb folgende weitere Alternativhypothese (Hypothese 3): Russlands Politik in der Frage der russischsprachigen bzw. prorussländischen Minderheit im Minderheitenstaat X verhärtet (entspannt) sich
- wenn die Minderheitenpolitik des Minderheitenstaates X zu einer signifikanten Zunahme (Abnahme) der Zuwanderung von Russischsprachigen nach Russland führt bzw. eine solche erwarten lässt.

---

65 Waever u.a. 1993, S. 148 ff.
66 Newland 1993, S. 148 f.

3.3 Auswärtige Minderheitenfragen als innenpolitische Ressource (Hypothese 4)

Eine auswärtige Minderheitenfrage kann nicht nur für außenpolitische Zwecke, sondern auch in der Innenpolitik des Mutterlandes instrumentalisiert werden. So dienen ethnisch verwandte Gruppen in Nachbarstaaten dem Mutterland oft zur Symbolisierung und zur Stimulierung seines Nationalgefühls.[67] Die „Schutzmacht" kann die Frage einer numerisch auch noch so kleinen auswärtigen Minderheit aus innenpolitischen Gründen zu jeder Zeit hochspielen. Regierungen scheinen dies vor allem während Wahlkämpfen zu tun.[68]

Handelt es sich hierbei dann aber um substantielle Politik? In der Sekundärliteratur zur Politik Russlands in der Minderheitenfrage werden dem Druck der Nationalisten und Kommunisten auf die Jelzinführung in den 1990er Jahren unterschiedliche Wirkungen zugeschrieben: Für die einen führte er zu bloßer Rhetorik in der Frage, für die anderen zu einem substantiellen Eintreten für die Russischsprachigen. Die verbreitete Kritik an der Minderheitenpolitik Estlands und Lettlands habe es der Jelzinführung auch erschwert, ja unmöglich gemacht, auf die Regierungen dieser Länder zuzugehen.[69]

Wie ist aber die Beziehung zwischen Innenpolitik und Außenpolitik genau beschaffen? Einer der führenden Experten für diese Frage, der US-amerikanische Politikwissenschaftler Joe D. Hagan führt den Einfluss der Innenpolitik auf die Außenpolitik darauf zurück, dass die außenpolitischen Entscheidungsträger, die meist auch an der Spitze des politischen Systems stehen, zwei innenpolitische Spiele spielen, nämlich *policy*-Koalitionen zu bauen und die politische Macht zu behalten. Die Entscheidungsträger haben es dabei mit Opposition unterschiedlicher Verortung im politischen System, Stärke und Intensität zu tun. Idealtypisch kann hier unterschieden werden zwischen gemäßigter Opposition (meist innerhalb des Regimes), die sich nur gegen bestimmte *policies* der außenpolitischen Entscheidungsträger richtet einerseits (Typ 1), starker und kompetitiver Opposition ande-

---

67 Smith 1990, S. 8.
68 Reuter-Hendrichs 1992, S. 427 f.; Braun/Rösel 1988, S. 42.
69 Kreikemeyer/Zagorski 1997, S. 61 f., 214; Kolstoe 1995, S. 286, 288;

rerseits (meist außerhalb des Regimes), welche die Machtposition der außenpolitischen Entscheidungsträger bedroht, d.h. sich gegen die politische
Führung oder gar das politische System insgesamt richtet (Typ 2).[70]
Natürlich kann die Außenpolitik oft von innenpolitischen Einflüssen isoliert
werden. Ist dies aber nicht der Fall, verfügen die Entscheider über drei
mögliche Strategien:[71]

- Strategie 1: Aushandeln mit dem Ziel der Schaffung von *policy-
  Koalitionen* (Außenpolitik als Intraregime- oder innenpolitischer
  Kompromiss)
- Strategie 2: das Vermeiden von heftigen innenpolitischen Kontro-
  versen über die Außenpolitik (Außenpolitik als Stillhalten gegenüber
  Opposition im Innern)
- Strategie 3: die Instrumentalisierung der Außenpolitik zur Generierung
  von Zustimmung und zur Zurückdrängung von Opposition, d.h. zur
  Machterhaltung (Außenpolitik als innenpolitisches (Kampf-)Instrument)

Die Differenzierung nach Oppositionstypen und unterschiedlichen Strategien der außenpolitischen Entscheidungsträger im Umgang damit lässt
zum einen erwarten, dass es sich bei der Politik Russlands in der Frage
der russischsprachigen bzw. prorussländischen Minderheit im Staat X um
einen Kompromiss zwischen den zentralen, am außenpolitischen Entscheidungsprozess beteiligten Akteuren handelt. Des Weiteren dürfte es
sich bei dieser Politik – hier vor allem in den 1990er Jahren – nicht selten
um eine Reaktion auf (nationalistischen) Druck von außerhalb des Regimes (Druck insbesondere in der Minderheitenfrage) auf die außenpolitischen Entscheidungsträger gehandelt haben – und zwar in Form einer
mehr oder weniger substantiellen Anpassung der Entscheidungsträger an
diese (nationalistische) Opposition. Bei sehr starker Opposition dürfte die
Politik die Form der Vermeidung innenpolitischer Kontroversen über die
Politik in der Frage oder die Form der Instrumentalisierung dieses außenpolitischen Themas zur Erzeugung von Zustimmung und damit zur Sicherung der Machtposition der Führung annehmen.[72]

---

70 Hagan 1995, S. 135.
71 Ebd., S. 122-132, 135.
72 Vgl. ausführlicher Preissler 2014, S. 73-84.

Abschließend stellen wir bezüglich der Politik Russlands in der Minderheitenfrage folgende Alternativhypothese (Hypothese 4), basierend auf dem Faktor Innenpolitik, auf:

Russlands Politik in der Frage der russischsprachigen/prorussländischen Minderheit im Minderheitenstaat X verhärtet (entspannt) sich
- wenn sich die außenpolitischen Entscheidungsträger Russlands (Präsident, Außenminister) zunehmendem (abnehmendem) Druck von Seiten oppositioneller, insbesondere nationalistischer Kräfte ausgesetzt sehen (Druck insbesondere in der Minderheitenfrage), vor allem wenn dieser Druck so stark wird, dass er ihre Machtposition gefährdet.[73]

3.4 Zusammenfassung

Auswärtige Minderheiten(fragen) haben für Regierungen drei Funktionen: Sie können ein außenpolitisches Instrument, tatsächliches Anliegen und/oder eine innenpolitische Ressource sein. Sie stellen ein außenpolitisches Gut dar (Sicherheit/Macht, Einfluss, Wohlfahrt), können aber auch mit Kosten, ja Gefahren verbunden sein. Regierungen müssen diese Chancen und Risiken abwägen.

„Mutterländer" instrumentalisieren auswärtige Minderheiten(fragen) – dies bei anderweitigen Konflikten mit dem Staat, in dem die Minderheit wohnt. Sie benutzen sie als Druckmittel in Verhandlungen (bargaining counter). In manchen Fällen instrumentalisiert ein „Mutterland" die Minderheit selbst (zumindest Angehörige von ihr), um den anderen Staat stark unter Druck zu setzen, ihn zu schwächen, ja im Extremfall territorial zu verkleinern oder sogar seine Existenz zu beenden. Über kulturelle und wirtschaftliche Beziehungen zur auswärtigen Minderheit kann ein Mutterland aber auch auf eher kooperative Weise Einfluss ausüben und seine Wohlfahrt steigern.

---

73 Das Ausmaß des Drucks oppositioneller, insbesondere nationalistischer Kräfte auf die politische Führung (Variable 3) kann natürlich *auch* eine Funktion des Ausmaßes des Statusverlusts der russischsprachigen Minderheit in einem Nachbarstaat (Variable 2) sein. In einem solchen Fall wäre Variable 3 nur eine Art Transmissionsriemen, würde sie von Variable 2 abhängen. Trotzdem wird hier nicht zuletzt aus theoretischen Gründen postuliert, dass die Innenpolitik die Politik in der Minderheitenfrage auch unabhängig von der Entwicklung des Status der Russischsprachigen beeinflusst.

In nicht wenigen Fällen treten Regierungen aber auch für „ihre" auswärtige Minderheiten ein, verlangen die Beachtung ihrer grundlegenden Rechte und Interessen – aus ideologisch-ideellen, wirtschaftlichen oder humanitären Motiven, nicht selten auch aus innenpolitischen Erwägungen, d.h. um die eigene Außenpolitik zu legitimieren und oppositionellen Kräften keine zu große Angriffsfläche zu bieten. Eine starke Patronagepolitik belastet in der Regel die Beziehung zu dem betreffenden Staat, da dieser sie als Einmischung in seine inneren Angelegenheiten auffasst. Mutterländer haben auch deshalb ein Interesse an der Sicherheit und dem Wohlergehen „ihrer" koethnischen Minderheiten, um ihre massenhafte Zuwanderung ins eigene Land abzuwenden oder zumindest zu begrenzen. Gleichzeitig kann ein Engagement für eine auswärtige Minderheit auch dazu dienen, sich diese als politischen Einflusskanal, ja als Druckmittel in der Zukunft zu erhalten.

Die dritte Art der Politik besteht in der innenpolitischen Instrumentalisierung einer auswärtigen Minderheitenfrage. Vor allem in Wahlzeiten kann sie dazu dienen, um von anderen Themen abzulenken, Zustimmung zu erzeugen und so die eigenen Wahlchancen zu erhöhen.

Idealtypisch formuliert kann die Politik in einer auswärtigen Minderheitenfrage damit drei unterschiedlichen Zielen dienen: erstens den außenpolitischen Interessen des „Mutterlandes", insbesondere seiner Sicherheit und Machtstellung, zweitens der Sicherheit, dem Status und dem wirtschaftlichen Wohlergehen der Minderheit und drittens schließlich der innenpolitischen Position der Regierenden des Mutterlandes.

Instrumentalisierung und Eintreten stehen in einem Spannungsverhältnis zueinander. So gibt es insbesondere einen Zielkonflikt zwischen einem aktuellen Bedarf an der Instrumentalisierung einer auswärtigen Minderheitenfrage bzw. Minderheit und dem mittel- und langfristigen Interesse am Erhalt der Position dieser Minderheit. Die zynische Instrumentalisierung einer auswärtigen Minderheit(enfrage) hat in der Regel zur Folge, dass die Minderheit auf Distanz zum „Mutterland" geht, sich ihm entfremdet. Minderheiten können sich aber auch bereitwillig für eine Manipulation durch auswärtige Staaten hergeben, z.b. um die Wahrscheinlichkeit zu erhöhen, ihre Ansprüche innerhalb des Staates, in dem sie leben, durchzusetzen.[74]

---

74 Smith 1990, S. 7.

4 Empirische Überprüfung der Hypothesen

Bei der folgenden empirischen Überprüfung der hergeleiteten Hypothesen stehen die baltischen Staaten Lettland und Estland im Mittelpunkt. In den Beziehungen Russlands zu diesen beiden Staaten spielte die Minderheitenfrage von 1992 bis 2004, d.h. ihrem Beitritt zur EU und zur NATO eine wichtige Rolle. Da die in der Sowjetzeit zugewanderten Russischsprachigen und deren Nachkommen nicht automatisch die Staatsbürgerschaft bekamen, ist auch eine besondere Lage dieser Bevölkerungsgruppe zu konstatieren, auf die Russland je nach ihrer Entwicklung mehr oder weniger stark reagierte. Was die Politik Russlands in der Frage der prorussländischen bzw. russischsprachigen Minderheiten in Georgien und der Ukraine anbelangt, so konzentriert sich die folgende Analyse aus Platzgründen auf den russisch-georgischen Krieg im Jahr 2008 sowie den nicht erklärten russisch-ukrainischen Krieg in den Jahren 2014/15.

4.1 Überprüfung von Hypothese 1: Instrumentalisierung der Minderheiten(frage) bei Konflikten zwischen Russland und den Minderheitenstaaten bzw. der NATO, der EU usw. in *anderen* Fragen?

4.1.1 Die Instrumentalisierung der Minderheitenfrage in Estland und Lettland zur Durchsetzung eines Bleiberechts und sozialer Garantien für die dort lebenden 33.000 Militärpensionäre (1993/94)

Bei den Verhandlungen über den Abzug der ehemaligen sowjetischen Streitkräfte stritten sich Russland und die baltischen Staaten 1993/1994 über den Verbleib der ca. 23.000 (Lettland) bzw. 11.000 (Estland) überwiegend russischsprachigen Militärpensionäre, d.h. früheren Offiziere der Sowjetischen Streitkräfte, die in der Lettischen bzw. Estnischen Sowjetrepublik stationiert gewesen waren. In Lettland waren das zusammen mit ihren Familienangehörigen ca. 87.000 Personen. Während die lettische Seite diese Personengruppe aus Sicherheitsgründen am liebsten außer Landes gehabt hätte, bestand Russland auf einem Bleiberecht und sozialen Garantien für diese Pensionäre, d.h. neben Eigentumsrechten (Woh-

nungen, Häuser/Villen) insbesondere auf medizinischer Versorgung (die
Russland bezahlte) und der Sicherstellung von Rentenzahlungen aus
Russland an sie. Da es sich bei ihnen überwiegend um Russischsprachige
handelte, lag eine Instrumentalisierung der Minderheitenfrage nahe: So
verknüpfte Verteidigungsminister Pawel Gratschow im Herbst 1993 den
Abzug der Truppen dreimal mit der Lage der „Russischsprachigen". Zur
Durchsetzung eines Bleiberechts für diese Militärpensionäre warnte Außenminister Kosyrew Lettland Anfang 1994 zweimal vor einer „Deportation" und erhob zweimal den Vorwurf der „ethnischen Säuberung". Gegenüber Estland, das sich am stärksten gegen ein Verbleiben dieser ehemaligen Sowjetoffiziere im Land sperrte, wurde das Problem als eines der
„Menschenrechte" und „sozialen" Rechte der „Russischsprachigen" ge-
fasst. Russische Offizielle griffen hier mehrmals zu massiven Vorwürfen
(„Apartheid", „Rassismus", „Genozid") und drohten im Juli 1994 schließlich
sogar mit der Entstehung territorialer Autonomien, um Estland in der Frage
zum Nachgeben zu bewegen. Estland und Lettland gewährten den Militärpensionären schließlich ein Bleiberecht und soziale Garantien.[75]
Um den Status und die Privilegien dieser Militärpensionäre war es Russland auch schon im Juni 1993 gegangen, als es sich in scharfen Worten
gegen das Ausländergesetz Estlands wandte. Dieses sah nämlich keine
Registrierung für Militärpensionäre vor, so dass Russland ihre Abschiebung
befürchtete. Von Juni 1993 bis Juli 1994 agierte Russland damit vor allem
als Schutzmacht für die Militärpensionäre – und instrumentalisierte hierfür
die Minderheitenfrage. Die teilweise massive und von der Forschung oft
nicht als solche erkannte Druckausübung in dieser speziellen Frage trug
1994/95 zur Überinterpretation der Politik Russlands in der Minderheitenfrage, ja der Außenpolitik Russlands allgemein bei.[76]

---

75 Preissler 2014, S. 163-195, 205 f.; FAZ. 1994, 2.2., S. 1.
76 Preissler 2014, S. 156-162, 376 f.

4.1.2 Die Instrumentalisierung der Minderheitenfrage zur Abschreckung der NATO von einer Heranführung Estlands und Lettlands (insbesondere 1995/96)

Ab Herbst 1993 entwickelte sich die Diskussion über eine Erweiterung der NATO nach Mittel- und Osteuropa zu einer Streitfrage zwischen Russland und der NATO. Nach anfänglicher Indifferenz wandte sich der russische Präsident Jelzin auf Druck des russischen Militärs hin gegen eine solche Entwicklung. Auch der Wahlerfolg des Radikalnationalisten Schirinowski bei den Dumawahlen im Dezember 1993 ließ eine Verhärtung der Außenpolitik Russlands erwarten. Auf ihrem Gipfeltreffen in Brüssel am 10. Januar 1994 beschloss die NATO daher zwar, sich mittel- und langfristig für Staaten in Mittel- und Osteuropa zu öffnen. Sie bot aber allen mittel- und osteuropäischen Staaten (darunter auch Russland) vorerst nur eine sogenannte Partnership for Peace, d.h. eine engere Zusammenarbeit im militärischen Bereich und in sicherheitspolitischen Fragen an. Zu Ersterem gehörten vor allem eine gemeinsame Truppenausbildung und gemeinsame Manöver.[77]

Im Dezember 1994 gaben die NATO-Außenminister dann aber eine Studie über die Erweiterung in Auftrag, die vor allem die Kriterien für einen Beitritt klären sollte. Ende Mai 1995 legte die betreffende Arbeitsgruppe der Nordatlantischen Versammlung den Entwurf hierfür vor. Die Parlamentarier plädierten darin für eine zügige Eingliederung der Staaten Mittel- und Osteuropas in das Bündnis bei einem gleichzeitigen Kooperationsangebot an Russland.[78] Das russische Militär suchte die Entscheidungen der NATO früh zu beeinflussen: Schon Mitte Mai, d.h. zwei Wochen davor hatte der russische Generalstab über eine angesehene russische Tageszeitung die Drohung lanciert, zum Schutz der russischsprachigen Bevölkerung Truppen in die baltischen Staaten zu entsenden, sollte die NATO letztere aufnehmen.[79] Mitte Juni erschien in zwei weiteren russischen Zeitungen ein (identischer) anonymer Artikel, in dem für den Fall eines NATO-Beitritts der

---

77 Ebd., S. 174.
78 NATO 1995, Entwurf des Sonderberichts der Arbeitsgruppe des Verteidigungs- und Sicherheitsausschusses der Nordatlantischen Versammlung ...
79 Russian Press Digest. 1995, 17 May.

baltischen Staaten mit einem Einmarsch regulärer Truppen oder größerer Freiwilligenverbände in Lettland und Estland sowie der Vertreibung eines Großteils der dortigen lettischen und estnischen Bevölkerung gedroht wurde. Der Artikel bezog sich dabei auf ein Szenario einer bis dahin kaum bekannten „Forschungsgruppe ‚Feliks'".[80] Dahinter verbarg sich Anton Surikow, Berater des überwiegend vom russischen Verteidigungsministerium finanzierten Instituts für Verteidigungsstudien (Institut Oboronnych Issledowanij/INOBIS) und Experte für Militärstrategie am USA- und Kanadainstitut in Moskau. Surikow war darüber hinaus auch Oberst in aktiver Reserve der Hauptverwaltung Aufklärung (GRU) des Generalstabs der Streitkräfte der Russländischen Föderation, d.h. des militärischen Nachrichtendienstes.[81]

In der Ende September 1995 vorgestellten NATO-Erweiterungsstudie hieß es dann, es sei wichtig, dass die Streitkräfte anderer Verbündeter auf dem Territorium neuer NATO-Mitglieder stationiert werden könnten. Eine Stationierung von Atomwaffen wurde für die absehbare Zukunft als nicht nötig bezeichnet.[82] Drei Wochen darauf erschien in einer weiteren russischen (liberalen) Zeitung ein von Anton Surikow für die Presse vorbereitetes umfangreiches Strategiepapier des oben genannten GRU-nahen Instituts für Verteidigungsstudien, in dem einer isolationistischen und antiamerikanischen Außenpolitik das Wort geredet wurde. Für den Fall einer NATO-Aufnahme der baltischen Staaten und unter Verweis auf deren Minderheitenpolitik wurde erneut mit einem Einmarsch in diese Länder gedroht.[83]

Im Frühjahr 1996, als die NATO an die Auswahl der Beitrittskandidaten ging, wiederholte Anton Surikow seine Drohungen mit einem Einmarsch, ja warnte sogar vor einem weltweiten Atomkrieg, wobei er Estland und Lettland als „kleine faschistische Staaten" bezeichnete.[84] In der zweiten Junihälfte 1996 reisten die Präsidenten der drei baltischen Staaten in Sachen NATO-Beitritt nach Washington. Wenige Tage davor rief der russische Präsident Boris Jelzin den US-Präsidenten Bill Clinton in einem zuerst geheimgehaltenen Brief dazu auf, in der Minderheitenfrage Druck auf Estland

80 Nielsen-Stokkebye 1995.
81 Herd/Rongelep/Surikov 1995; Clark 1995; Hettena 2009.
82 NATO 1995. Study on NATO-Enlargement, S. 356, 358.
83 Russische Außen- und Sicherheitspolitik der Zukunft ..., S. A 278-285.
84 Baltic News Service. 1996, May 9.

und Lettland auszuüben. Jelzin übte des Weiteren Kritik an den Territorialforderungen Estlands. Abschließend bezeichnete er eine Aufnahme der
baltischen Staaten in die NATO als nicht hinnehmbar.[85] Die Präsidenten
der drei baltischen Staaten kamen bei ihrem Besuch in Washington ihrem
Wunsch auch nicht näher.

Moskau thematisierte damit gegenüber den USA sofort die Minderheitenpolitik Estlands und Lettlands sowie die ungelöste Grenzfrage mit Estland,
als sich eine Situation ergab, bei der die NATO-Vormacht USA den baltischen Staaten die Tür zur Aufnahme in das westliche Verteidigungsbünd-
nis öffnen konnte. Jelzin drohte dabei (anders als der GRU-Oberst in aktiver Reserve Surikow) nicht mit einem Einmarsch, sondern übte psycholo-
gisch-moralischen Druck auf die Clinton-Administration aus. Des Weiteren
spielte er mit dem Hinweis auf Estlands Territorialforderungen auf eines der
Beitrittskriterien in der NATO-Erweiterungsstudie an. Dort hieß es unter
anderem, dass die friedliche Lösung externer territorialer Streitigkeiten ein
Faktor bei der Entscheidung sein würde, ob ein Staat eingeladen werde,
der Allianz beizutreten.[86]

Auf ihrem Gipfeltreffen in Washington im April 1999 offerierte die NATO
neun ost- und südosteuropäischen Staaten, darunter den drei baltischen
einen Membership Action Plan (MAP). Mittelfristig war bei dessen Erfüllung
mit der Aufnahme dieser Staaten zu rechnen. Interessanterweise führte
dies zu keiner Verschärfung der Politik Russlands in der Minderheitenfrage.
Ein Grund für die Zurückhaltung könnte – neben der Schwächung durch
die Finanz- und Wirtschaftskrise ab dem Frühjahr 1998 und der sich daraus
ergebenden Abhängigkeit vom IWF – darin gelegen haben, dass Moskau
im Frühjahr 1999 stark durch den Krieg der NATO gegen Serbien und Montenegro absorbiert war. Trotz dieses Krieges der NATO gegen ein Partner-
land rückte Russland im Verlauf des Jahres 1999 von seiner harten Ableh-

---

85 Jelzin 1996. Estland bestand gegenüber Russland auf einer Anerkennung des est-
nisch-sowjetrussischen Friedensvertrages aus dem Jahr 1920. Am Ende des 2.
Weltkriegs, d.h. nach der Wiederbesetzung Estlands durch die Rote Armee hatte
aber die sowjetische Regierung estnisches Gebiet der RSFSR zugeschlagen. Unter
anderem aus diesem Grund war die russische Regierung nach 1991 nicht bereit,
den Vertrag von 1920 anzuerkennen.
86 NATO 1995. Study on NATO Enlargement, S. 345.

nung einer Aufnahme der baltischen Staaten ab. Dies wurde ihm dadurch erleichtert, dass sich die NATO in der NATO-Russland-Grundakte vom Mai 1997 darauf festgelegt hatte, in den neuen Mitgliedstaaten keine Atomwaffen zu stationieren. Zusätzlich hatte das Bündnis mit Einschränkungen erklärt, „in dem gegenwärtigen und vorhersehbaren Sicherheitsumfeld" nicht zusätzlich und dauerhaft substantielle Kampftruppen zu stationieren.[87] Durch diese sicherheitspolitisch beruhigenden Schritte, durch die Beschränkung der ersten Erweiterungsrunde auf Polen, Tschechien und Ungarn[88] sowie die Schaffung des konsultative Funktionen innehabenden Ständigen Gemeinsamen Rats (PJC) konnte die NATO den Widerstand Russlands gegen die erste Erweiterungsrunde, die im Juli 1997 beschlossen und Ende März 1999 vollzogen wurde, abbauen.[89]

Mit dem Amtsantritt der neuen Bush-Administration Anfang 2001 wurde eine Aufnahme der baltischen Staaten in die NATO immer wahrscheinlicher. Die Putin-Führung sah darin aber keine substantielle Bedrohung der Sicherheitsinteressen Russlands – weshalb sie auch nicht die russischsprachigen Minderheiten in Estland und Lettland instrumentalisierte. Zu berücksichtigen ist hier auch die besondere internationale Lage der Jahre 2001/2002: Nach den Terroranschlägen vom September 2001 arbeiteten die führenden westlichen Staaten und Russland bei der Terrorismusbekämpfung zusammen. Darüber hinaus beschlossen die NATO und Russland im Mai 2002 die Einrichtung eines neuen NATO-Russland-Rats („Rat der 20"), der einen Mechanismus für Beratungen, Konsensfindung, gemeinsame Entscheidungen und gemeinsames Handeln zu einem breiten Spektrum von Sicherheitsfragen des euroatlantischen Raums bieten sollte. Auf dem Prager NATO-Gipfel im November 2002 wurden dann sieben osteuropäische Staaten, darunter die drei baltischen sowie Rumänien und Bulgarien, zu Beitrittsverhandlungen eingeladen. Auch die zweite, Ende März 2004 vollzogene Erweiterungsrunde sollte, jedenfalls was das

---

87 Grundakte über Gegenseitige Beziehungen, Zusammenarbeit und Sicherheit zwischen der Nordatlantikvertrags-Organisation und der Russischen Föderation. Paris, 27 May 1997, S. 9.

88 Von diesen drei Staaten grenzt(e) nur Polen an Russland, und zwar an die russische Exklave Kaliningrad an.

89 Terlinden 1999, S. 9-10.

Baltikum betraf, vor allem (sicherheits-)politischen, weniger militärischen Charakter haben.

4.1.3 Die Instrumentalisierung der Minderheitenfrage in Lettland und Estland zur Abwehr westlichen Drucks in Menschenrechts- und Demokratiefragen (insbesondere 1999/2000 und ab Herbst 2003)

Ab 1999 instrumentalisierte Moskau die Minderheitenfrage im Baltikum kaum mehr für Sicherheitsinteressen, sondern bei Konflikten vor allem mit der EU in Menschenrechts- und Demokratiefragen. So setzte Russland im Dezember 1999 der massiven europäischen Kritik an den Menschenrechtsverletzungen durch russische Truppen im zweiten Tschetschenienkrieg eine völlig überzogene Kritik an der Minderheitenpolitik Lettlands entgegen. Besonders deutlich wurde dieses Muster dann von Herbst 2003 bis Frühjahr 2004 in den Verhandlungen Russlands mit der EU über eine Ausweitung des Partnerschafts- und Kooperationsabkommens auf die neuen EU-Staaten, unter ihnen Lettland und Estland. Russland gelang es hier, über eine hartnäckige Thematisierung der Minderheitenfrage vor allem in Lettland die Kritik insbesondere der Europäischen Kommission an den Menschenrechtsverletzungen in Tschetschenien und an der immer deutlicher werdenden Abkehr von der Demokratie in Russland abzuwehren. Im Ergebnis fand sich in der am 27. April 2004 unterzeichneten Gemeinsamen Erklärung zur EU-Erweiterung weder ein Hinweis auf die Menschenrechtslage in Tschetschenien noch auf die zunehmenden Demokratiedefizite. Die Minderheitenfrage fungierte in diesen Verhandlungen damit als klassischer *bargaining counter*.[90]

In diesem Aspekt der Politik Russlands *mit* der Minderheitenfrage kommt zum Ausdruck, dass internationale Politik nicht nur aus dem Streben politisch-territorialer Einheiten nach Sicherheit, Macht, Einfluss und Wohlfahrt besteht. Staaten bzw. Regierungen, d.h. Personengruppen streben darüber hinaus auch nach Anerkennung und Legitimität bzw. versuchen, einen Anerkennungs- und Legitimitätsverlust abzuwenden. Internationale Politik

---

90 MID RF. 2004, 5.3.; Joint Statement on EU Enlargement and EU-Russia Relations. Brussels, 27 April 2004, eeas.europa.eu/russia/docs/js_eu-russia_2004_en.pdf, Seite besucht am 2.12.2014.

ist damit auch eine soziale, eine Inter-Gruppen-, vielleicht sogar zwischen-
menschliche „Veranstaltung". Begreift man Legitimität als „die Rechtmäßigkeit einer Herrschaftsordnung im Sinne ihrer durch allgemein verbindliche
Prinzipien begründeten Anerkennungswürdigkeit"[91], so haben Regierungen
ein Anerkennungsproblem, wenn sie gegen diese Normen verstoßen. Dies
ist insbesondere der Fall, wenn sie sich Kriegsverbrechen, Verbrechen gegen die Menschlichkeit oder eines Genozids schuldig machen. Aber auch
gravierende Demokratiedefizite machen Regierungen für Kritik von außen
anfällig. Die betreffenden (meist autoritären) Regime reagieren darauf unter
anderem damit, dass sie versuchen, die Kritiker im Ausland (sowie auch im
Inland) zu diskreditieren.[92] Eine auswärtige Minderheitenfrage ist ein solches potentielles Mittel, um die Legitimität anderer Regierungen in Zweifel
zu ziehen. (Angebliche) „Menschenrechtsverletzungen" anderer sollen die
Schwere der eigenen Verstöße mindern.

Mit einem Teil seiner Politik in bzw. genauer *mit* der Minderheitenfrage versucht das Putinregime damit, Vorwürfe und Forderungen demokratischer
Drittstaaten und internationaler Organisationen abzuwehren, d.h. seine au-
toritär-illiberale Innenpolitik gegen westliche Kritik abzuschirmen. Es verteidigt damit nicht die Interessen Russlands oder der Russischsprachigen,
sondern seine Eigeninteressen, *sich*.[93]

---

91 Schmidt, M. 2010, S. 462.
92 Risse/Jetschke/Schmitz 2002, S. 39.
93 Preissler 2014, S. 387-391.

4.1.4 Die Instrumentalisierung des Minderheitenkonflikts in Georgien zur Verhinderung einer Heranführung Georgiens und der Ukraine an die NATO (Frühjahr/Sommer 2008)

> „Die NATO-Ausdehnung war ein politischer Akt, nicht eine sorgfältig überlegte militärische Verpflichtung. Sie unterminierte so den Zweck der Allianz und ignorierte leichtsinnig, was die Russen als ihre eigenen vitalen nationalen Interessen betrachteten."[94]

> „Vor der Höhle des russischen Bären ist ein Sicherheitsabstand einzuhalten, sonst greift er an."[95]

Dass Russland auswärtige Minderheiten(fragen) bei Konflikten im Sachbereich Sicherheit mit hoher Wahrscheinlichkeit tendenziell gewaltsam instrumentalisiert, zeigte der russisch-georgische Krieg vom August 2008.[96] Dieser fand nur vier Monate nach dem auf dem NATO-Gipfel von Bukarest gefassten Beschluss statt, dereinst Georgien, ja sogar die Ukraine in die NATO aufzunehmen.[97] Der betreffende Absatz im Gipfelkommunique hatte folgenden Wortlaut:

> „Die NATO begrüßt die euro-atlantischen Bestrebungen der Ukraine und Georgiens, die dem Bündnis beitreten wollen. Wir sind heute übereingekommen, dass diese Länder Mitglieder der NATO werden. ... Der MAP-Status ist für die Ukraine und Georgien der nächste Schritt auf ihrem direkten Weg zur Mitgliedschaft. Heute machen wir deutlich, dass wir die MAP-Anträge dieser Länder unterstützen. ... Wir haben die Außenminister gebeten, bei ihrer Tagung im Dezember 2008 eine erste Einschäz-

---

94 Gates, Robert: Duty: Memoirs of a Secretary at War. New York: Alfred Knopf, S. 157 f., zit. nach Trenin 2016, S. 17. Der parteilose Gates war von 2007 bis Mitte 2011 US-Verteidigungsminister. Davor hatte er 26 Jahre der CIA angehört, 14 Monate davon (ab November 1991) als deren Direktor.
95 Holm 2014, Putins Stellenbeschreibung.
96 Vgl. ausführlich Preissler 2014, S. 375, 391-397, 408.
97 Dem Beschluss gingen außergewöhnlich harte Auseinandersetzungen zwischen den USA, Polen und Georgien einerseits, die sich für einen MAP für Georgien und die Ukraine aussprachen, Deutschland, Frankreich und weiteren westeuropäischen Staaten andererseits, die sich dagegen wandten, voraus. Vgl. hierzu Stent 2015, S. 164-167.

zung der Fortschritte zu geben. Die Außenminister sind befugt, über die MAP-Anträge der Ukraine und Georgiens zu entscheiden."[98]

Nach dem Bukarester Beschluss stiegen Russlands Befürchtungen deshalb sehr stark an: Wenn es nichts unternahm, würden Georgien und sogar die Ukraine, die an wichtige Regionen Russlands und darüber hinaus an strategisch wichtige Weltregionen angrenzten, vielleicht schon in wenigen Jahren Mitglieder der mächtigsten Militärallianz der Welt werden.[99] Russland hatte ab Ende 2006 verstärkt vor einer Aufnahme weiterer postsowjetischer Staaten (nach den drei baltischen im Jahr 2004) gewarnt – auf dem NATO-Gipfel in Riga im November 2006 hatte sich die Bush-Administration erstmals und ohne Erfolg für einen MAP für die Ukraine und Georgien eingesetzt.[100] Eine Woche nach dem Beschluss der NATO in Bukarest drohte der russische Generalstabschef für den Fall eines NATO-Beitritts Georgiens und der Ukraine mit „militärischen und anderen Maßnahmen" zur Sicherung der Interessen Russlands.[101] Und wiederum eine Woche später intensivierte Russland seine Beziehungen zu den abtrünnigen Republiken Abchasien und Südossetien, d.h. löste diese noch mehr aus dem georgischen Staatsverband.[102] Die dann zunehmenden innerge-

---

98 NATO 2008. Bucharest Summit Declaration, 3 April.
99 Zur Problematik der NATO-Erweiterung für Russland vgl. grundsätzlich Terlinden 1999, eine der besten Arbeiten zum Thema.
100 „Unausgereifte Expansionsgedanken" konstatierte Anfang Oktober 2007 Lothar Rühl in einem FAZ-Artikel. Er schrieb dort unter anderem, dass die optimistischen Annahmen hinsichtlich der Schutzwirkung der Allianz im Kaukasus gegenüber Russland „nicht auf festen Boden gegründet" seien, da diese Wirkung von den fernen USA und der Türkei abhängen würde. Vgl. Rühl 2007. Vgl. in diese Richtung auch O'Hanlon 2018.
101 FAZ. 2008, 12.4., S. 5, Anführungszeichen im Original. Auf den Beschluss der NATO in Bukarest folgte nicht nur ein Anstieg der Spannungen in Georgien und zwischen Russland und Georgien, sondern auch zwischen Russland und der Ukraine, hier vor allem um den Marinehafen in Sewastopol. Vgl. FAZ. 2008, 19.6., S. 5 und 3.7., S. 10. Vgl. grundsätzlicher und breiter Trenin 2011, S. 90-92. Nach dem Waffengang zwischen Russland und Georgien setzten sich die ukrainisch-russischen Spannungen fort. Vgl. FAS. 2008, 31.8., S. 6; Der Spiegel. 2008, Nr. 40 (29.9.), S. 116-118.
102 In den Jahren davor hatte Russland an viele der Einwohner der beiden Republiken russische Pässe ausgegeben, d.h. diese zu Staatsbürgern der RF gemacht. Vgl.: Independent International Fact-Finding Mission on the Conflict in Georgia. Report (2009). Vol. 1, S. 18 (Punkt 12).

orgischen Spannungen gipfelten Anfang August 2008 im untauglichen Versuch der georgischen Zentralregierung, Südossetien mit seinen ca. 70.000 Einwohnern militärisch unter Kontrolle zu bekommen. Auf den Beschuss der südossetischen Hauptstadt Zchinwali und des dort stationierten russischen Bataillons der Gemeinsamen Friedenschaffenden Streitkräfte in der Nacht vom 7. auf den 8. August folgten zur Verhinderung eines „Genozids" der Einmarsch russischer Truppen, die Vertreibung der georgischen Truppen aus Südossetien und darüber hinaus sowie die Zerstörung eines großen Teils der militärischen Infrastruktur Georgiens. Am 12. August trat ein von Nikolas Sarkozy, dem damaligen EU-Ratspräsidenten ausgehandelter Waffenstillstand in Kraft. Zwei Wochen später erklärten Südossetien und Abchasien ihre Unabhängigkeit von Georgien. Russland erkannte diese am 26. August an[103] und stationierte dauerhaft russische Truppen in den beiden Republiken.[104] Damit schuf Russland in Georgien eine Situation, die fundamental einer zentralen Bedingung für eine Einladung in die Allianz widerspricht, wie sie in der Erweiterungsstudie der NATO vom September 1995 festgelegt worden war:

„Staaten, die ethnische Streitigkeiten oder externe territoriale Streitigkeiten einschließlich irredentistischer Ansprüche oder interne jurisdiktionelle Streitigkeiten haben, müssen diese Streitigkeiten mit friedlichen Mitteln entsprechend OSZE-Prinzipien beilegen. Eine Lösung solcher Streitig-

---

103 Zu fragen wäre, ob diese Anerkennung auch im Zusammenhang mit der Bekräftigung des Bukarester NATO-Beschlusses durch die deutsche Bundeskanzlerin Angela Merkel eine Woche davor stand, Georgien werde eines Tages Mitglied der NATO. Vgl. zu dieser Erklärung Merkels FAZ. 2008, 18.8., S. 1. Am 25. August sprachen sich die beiden Kammern des russischen Parlaments in Sondersitzungen – die Abgeordneten hatten erst aus der Sommerpause zurückgeholt werden müssen – einstimmig für die Anerkennung der beiden von Georgien abtrünnigen Provinzen als eigenständige Staaten aus. Am Tag darauf brachte die russische Regierung eine entsprechende Gesetzesvorlage in beide Parlamentskammern ein, die sofort verabschiedet wurde. Indem Präsident Medwedew sie unterzeichnete, erlangte sie Gesetzeskraft. Vgl.: Moskau anerkennt Südossetien und Abchasien. http://www.faz.net/aktuell/politik/ausland/krise-im-kaukasus-moskau-anerkennt-suedossetien-und-abchasien-1679211.html, 26.8.2008. Seite besucht am 16.3.2018.
104 Mouritzen/Wivel 2012, S. 83 f.

keiten würde ein Faktor bei der Entscheidung sein, ob ein Staat eingeladen wird, der Allianz beizutreten."[105]

Russland benutzte den Minderheitenkonflikt in Georgien dazu, um seine mittel- und langfristigen Sicherheitsinteressen in der Region zu verteidigen, d.h. die USA von einer Aufnahme Georgiens (sowie der Ukraine) in die NATO abzuschrecken, die amerikanische Militärpräsenz in Georgien zu beschränken und die USA auf diese Weise davon abzuhalten, südlich des Kaukasus, in den Regionen des Schwarzen und des Kaspischen Meeres und in Zentralasien deutlich an Einfluss und Macht zu gewinnen.[106] Aller Wahrscheinlichkeit nach provozierte Russland den georgischen Präsidenten zu einem Angriff auf Südossetien, weil es sich von dem Beschluss der NATO, Georgien, ja sogar die Ukraine in die NATO aufzunehmen, provoziert fühlte. Bei dem Vorgehen Russlands gegen Georgien handelte es sich damit um eine klassische Eindämmungsstrategie mit dem Ziel, eine Machtsteigerung des (potentiellen) Rivalen USA zu verhindern, um die Auflösung einer Machtkonkurrenz durch Krieg.[107] Im Ergebnis entstand im Süden des Kaukasus eine geopolitische Spaltungslinie.

Die Reaktion Russlands kam nicht wirklich überraschend. Ähnlich wie schon die Militärdoktrin des Jahres 1993 hatte auch das Nationale Sicherheitskonzept der Russischen Föderation vom 10. Januar 2000 „die Festigung der militär-politischen Blöcke und Bündnisse, vor allem die Erweiterung der NATO nach Osten", des Weiteren „die Möglichkeit des Erscheinens von ausländischen Militärstützpunkten und großen Truppen-

---

105 NATO 1995, Study on NATO Enlargement, S. 345.
106 Dass es im August 2008 nicht nur darum ging, russische Staatsbürger in Südossetien vor einem Angriff Georgiens zu retten, brachte Präsident Medwedew im November 2011 in einer Ansprache vor Offizieren des im Herbst 2010 geschaffenen Südlichen Militärbezirks, der den nordkaukasischen Militärbezirk, die Schwarzmeerflotte und die Kaspische Flottille umfasst, zum Ausdruck: „Wenn wir 2008 gezögert hätten, wäre das geopolitische Arrangement jetzt anders und eine Reihe von Ländern, bezüglich derer Versuche unternommen wurden, sie künstlich in die Nordatlantische Allianz zu ziehen, wären jetzt wahrscheinlich [in der NATO] gewesen." Vgl.: Medvedev gets caught telling the truth, RFE/RL, 22 Nov 2011, zit. nach Allison 2014, S. 1270.
107 Vgl. zu dieser und weiteren Strategien von Staaten zur Gewährleistung ihrer Sicherheit und zur Verteidigung bzw. Stärkung ihrer Machtposition im internationalen System Hellmann 2006, S. 66-68.

kontingenten in unmittelbarer Nähe der russischen Grenzen" als dritte und vierte der acht wesentlichen Bedrohungen im internationalen Bereich bezeichnet.[108] Ungeachtet dieser Bestimmungen hatte Russland in den Jahren 2002/2004 eine zum Teil militärische zweite NATO-Erweiterungsrunde, welche die baltischen Staaten sowie die am Schwarzen Meer gelegenen Staaten Rumänien und Bulgarien einschloss, noch hingenommen. Damit war aber – jedenfalls im postsowjetischen Raum – definitiv das Ende der (NATO-)Fahnenstange erreicht.[109] So hieß es in der Konzeption der Außenpolitik der RF vom Juli 2008 (einen Monat später kam es zum Georgienkrieg):

„Russland steht der Ausweitung der NATO ... ablehnend gegenüber. Das betrifft insbesondere Pläne zur Aufnahme der Ukraine und Georgiens ... sowie das Vorrücken der militärischen Infrastruktur der NATO an die russischen Grenzen. Dies zerstört das Prinzip der gleichen Sicherheit, ..."[110]

Dass Russland eine weitere sicherheitspolitisch-militärische Positionsverschlechterung in Europa nicht mehr hinzunehmen bereit ist, war dann auch der Militärdoktrin der RF aus dem Jahr 2010 zu entnehmen. Als grundlegende äußere militärische Gefahren wurden dort an erster Stelle zum einen out-of-area-Einsätze der NATO ohne Mandat des UN-Sicherheitsrats, zum anderen das Streben bezeichnet, „die militärische Infrastruktur der NATO-

---

108 Das Nationale Sicherheitskonzept der Russischen Föderation, Januar 2000, in: Internationale Politik, 55. Jg., 2000, Nr. 5 (Mai), S. 85.

109 Vgl. zu dieser Argumentation schon Preißler 2014, S. 391-397. Vgl. ähnlich auch Stent 2015, Kapitel 5, Kapitel 7, dort insbesondere S. 163 ff. sowie Kapitel 11, S. 263 ff.

110 Konzeption der Außenpolitik der Russischen Föderation, 2008, S. 28. Es sind diese Realien, die in der sicherheitspolitischen Diskussion berücksichtigt werden müssen. Stattdessen wenden nicht wenige Autoren viel Zeit, Platz und Kraft auf, um nachzuweisen, dass die USA und/oder die NATO der Sowjetunion nicht versprachen, dass sich die NATO nicht nach Osteuropa ausdehnen werde. Vgl. jüngst Quiring 2017, S. 102-111, des Weiteren Creuzberger 2015. Die Tatsache, dass sich Gorbatschow anfangs gegen eine NATO-Mitgliedschaft eines vereinten Deutschlands, d.h. auch Ostdeutschlands wandte, verwies schon auf die russische Interessenlage ab dem Jahr 1993: Russland ist gegen eine weitere Ausdehnung der NATO nach Osten – dies vor allem, wenn sie einen deutlich militärischen Charakter hat.

Mitgliedstaaten an die Grenzen der RF heranzurücken, darunter durch die Erweiterung des Blockes".[111]

Nach der eingangs schon angeführten Studie des norwegischen Russland- und Sicherheitsexperten Olav Knudsen über die Situation von Kleinstaaten, die an eine Großmacht angrenzen, sind die zwei offensichtlichsten Fälle von hastiger Großmachtintervention anscheinend solche, „die ein Zuvorkommen oder Prävention erfordern." Der zweite Fall ist hierbei „die plötzliche Verschlechterung der Großmachtbeziehungen, wenn alles andere Intervention nahe legt".[112] Diese Großmachtbeziehungen – zwischen Russland und den USA – hatten sich durch den Beschluss der NATO in Bukarest deutlich verschlechtert.

Die im April 2008 in Aussicht gestellte weitere Erhöhung des militärischen Engagements vor allem der USA in Georgien (und mittelfristig auch in der Ukraine) trug zur Spannungseskalation in Georgien, vor allem aber zwischen Russland und Georgien bei.[113] Die Verschärfung des Konflikts im Sachbereich Sicherheit zog die Instrumentalisierung der südossetischen (und abchasischen) Minderheitenfrage durch Russland nach sich. Nicht zuletzt infolge der Gewaltanwendung Russlands gegen die Ukraine geriet diese Erkenntnis bei etlichen Osteuropaexperten in Vergessenheit.[114]

---

111 Militärdoktrin der Russischen Föderation, 2010, S. 10.
112 Knudsen 1992, S. 26.
113 Donaldson/Nogee 2009, S. 375. Vgl. ausführlicher zum russisch-georgischen Krieg Eitelhuber 2015, S. 286-297.
114 Vgl. als Beispiel Quiring 2017, S. 172. Dagegen hatte ein anderer Russlandexperte im Jahr 2008 eine „Chronologie des russisch-georgischen Konflikts" mit dem 3. April 2008 beginnen lassen: „Auf dem Nato-Gipfel in Bukarest wird der Ukraine und Georgien eine Beitrittsperspektive zugebilligt, ein Zeitplan ... wird jedoch nicht festgelegt." Vgl. Schröder 2008, S. 15. Genau genommen wurden aber die Außenminister befugt, im Dezember 2008 über die MAP-Anträge der Ukraine und Georgiens zu entscheiden. Vgl. das Zitat ziemlich am Anfang des vorliegenden Abschnitts. Bei Quiring heißt es kaum den Tatsachen entsprechend: „Die Nato ... hielt sich auf ihrem Gipfeltreffen ...mit Zusagen an Georgien und an die Ukraine zurück." Vgl. Quiring 2017, S. 172. Andreas Umland und andere vertreten in der sicherheitspolitischen Diskussion die These, dass ein MAP für Georgien (und die Ukraine) schon in Bukarest Russland vorsichtig gemacht hätte. Dies erscheint zweifelhaft, denn NATO-Sicherheitsgarantien wären damit noch keine verbunden gewesen.

Der russisch-georgische Krieg vom August 2008 bestätigt damit unsere Ausgangshypothese: Wenn es zwischen dem Mutterland und dem Minderheitenstaat (bzw. zwischen dem Mutterland und einer Staatengruppe, welcher der Minderheitenstaat angehört bzw. sich annähert) einen ernsthaften Konflikt, hier vor allem im Bereich Sicherheit gibt, ist eine starke Instrumentalisierung der auswärtigen Minderheitenfrage (bzw. in diesem Fall sogar der Minderheit selbst) zu erwarten. Bestätigt wird diese Hypothese aufs Beste durch die Drohungen Putins Anfang April 2008 auf der Sitzung des NATO-Russland-Rats einen Tag nach dem Bukarester NATO-Gipfel, dass Russland im Falle eines MAP der NATO für Georgien Abchasien und Südossetien anerkennen werde. Im Hinblick auf die Ukraine wurde Putin noch drastischer: Russland werde die Ukraine zerschlagen, jedenfalls die Krim und die Ostukraine annektieren, sollte die NATO diesen Staat aufnehmen wollen. Laut einem Bericht der russischen Tageszeitung *Kommersant* trug sich all dies folgendermaßen zu:

„Der Präsident Russlands deutete an, dass, sollte die NATO Georgien einen Aktionsplan für eine NATO-Mitgliedschaft gewähren, Russland Abchasien und Südossetien gestützt auf den Präzedenzfall Kosovo anerkennen und so eine Pufferzone zwischen den NATO-Kräften und seinen Grenzen schaffen werde. ‚Übrigens, über Georgien sprach der russländische Präsident völlig ruhig...', erzählt die Quelle des Kommersant-Daily in der Delegation eines der NATO-Länder. Als aber das Gespräch auf die Ukraine kam, geriet Putin in heftige Erregung. An Bush gewandt sagte er: ‚Du verstehst doch, George, dass die Ukraine nicht einmal ein Staat ist! Was ist die Ukraine? Ein Teil ihrer Territorien ist Osteuropa und ein Teil, und zwar ein beträchtlicher, wurde von uns geschenkt!' Und sogleich gab er sehr deutlich zu verstehen, dass, sollte man die Ukraine trotzdem in die NATO aufnehmen, dieser Staat einfach aufhören werde zu existieren. D.h. faktisch drohte er damit, dass Russland die gewaltsame Abtrennung der Krim und der Ostukraine beginnen könne."[115]

---

115 Kommersant. 2008, 7.4. Laut der Zeitung sagte Putin dies auf der geschlossenen Sitzung des Rates. Angela Stent übersetzt eine wichtige Stelle dieses Zitats falsch mit „Part of its territory is in Eastern Europe and the greater part was given to us." Vgl. Stent 2015, S. 168. Im Original heißt es aber *nami* (durch uns/von uns, d.h. Kasus Instrumental, der das Mittel oder Werkzeug, den Verursacher bezeichnet), nicht *nam* (uns, d.h. Dativ). Stent gibt auch die Überschrift des Artikels

4.1.5 Die Instrumentalisierung der Frage der russisch(sprachig)en Ukrainer auf der Krim und in der Ost- und Südukraine zur Sicherung des
Marinehafens in Sewastopol, zur Vorbeugung gegen eine Annäherung der Ukraine an die NATO sowie zur Schwächung des Landes
und seiner neuen proeuropäischen Regierung

Die genannte Drohung Putins vom April 2008 im Hinblick auf die Ukraine
wurde mit der Annexion der Krim im März 2014, dem vom russischen Präsidenten im Monat darauf propagierten Konzept eines „Neurussland" und
der militärischen Destabilisierung der Südostukraine, die sich im Sommer
2014 und Anfang 2015 zu einem unerklärten russisch-ukrainischen Krieg
auswuchs, in hohem Maße Wirklichkeit. Moskau rechtfertigte diese Schritte
mit der Gefahr, dass sich die Unruhen und die Gewalt in Kiew und anderen
Städten auf die Krim und die Ostukraine ausbreiten und die Rechte, ja die
Sicherheit und das Leben der dortigen Russ(ischsprachig)en durch radikale
ukrainische Nationalisten gefährdet würden (vgl. ausführlich den Abschnitt
5.2.10). In der vorliegenden Studie wird argumentiert, dass das Putinregime weniger um die Russen in der Ukraine besorgt war als dass es die
Minderheitenfrage vor allem für seine außen- und innenpolitischen Interes-
sen instrumentalisierte.[116]
Der Sturz des Janukowitschregimes in Kiew am 22. Februar 2014 und der
Machtantritt der neuen, europäisch und prowestlich ausgerichteten Jazen-
juk-Regierung entschied den schon davor existierenden Konflikt zwischen
Russland und der Ukraine über deren außenwirtschaftliche und politische
Orientierung (Assoziierungs- und Freihandelsabkommen mit der EU vs.
Beitritt zu der von Russland dominierten Zollunion, zumindest Ausbau der
wirtschaftlichen Zusammenarbeit mit Russland) eindeutig zugunsten letzterer. Die Ukraine machte sich auf den Weg in Richtung Europa und EU, und
das hieß eher weg von Russland. Hinzu kam ein mittelfristig nicht unwahr-
scheinlicher Konflikt über die sicherheitspolitische Orientierung der politisch

---

falsch wieder (s. ebd., S. 342, Anm. 34; zur richtigen Übersetzung s. das
Literaturverzeichnis der vorliegenden Studie). Putins Äußerungen über die Ukraine
finden sich auch im Text der offiziellen Ansprache Putins vor dem NATO-Russland-
Rat (unian.net. 2008, 18. April). Vgl. hierzu ausführlicher Abschnitt 5.3.2.5 der
vorliegenden Arbeit.
116 Vgl. zu diesen beiden wichtigen Funktionen der auswärtigen Minderheitenpolitik
Russlands ausführlich Preissler 2014, S. 376-397, 404-409.

gewendeten Ukraine. Der neuen Übergangsregierung gehörten nicht nur keine Vertreter der eher russlandfreundlichen und natokritischen „Partei der Regionen" von Ex-Präsident Janukowitsch an. Vielmehr hatte sich der neue Regierungschef Arseni Jazenjuk schon Anfang 2008, im Vorfeld des NATO-Gipfels in Bukarest, in seiner damaligen Funktion als Außenminister für eine Heranführung der Ukraine an die NATO ausgesprochen. Vor allem aber erschien angesichts der politischen Orientierung der neuen Regierung in Kiew eine Aufkündigung des im Jahr 2010 von 2017 auf mindestens 2042 verlängerten Stationierungsabkommens über die russische Schwarz-meerflotte in Sewastopol, das die damalige Opposition heftig kritisiert hatte, nicht ausgeschlossen. Die Annexion der Krim hatte daher vor allem den Zweck, den Flottenstützpunkt und die Halbinsel insgesamt für Russland zu sichern.

Moskaus Besetzung und Anschluss der Krim und die Destabilisierung der Südostukraine bestätigt die im theoretischen Teil dieser Studie hergeleitete Ausgangshypothese: Bei einem starken Konflikt zwischen „Mutterland" und Minderheitenstaat, sei es im Sachbereich Sicherheit, sei es in anderen wichtigen Fragen, ist mit einer starken Instrumentalisierung der Frage der auswärtigen Minderheit, ja der Minderheit selbst (zumindest von Angehöri-gen/Vertretern) zu rechnen. Der mit der Annexion der Krim entstandene langfristige ukrainisch-russische Territorialkonflikt macht eine zukünftige Aufnahme der Ukraine in die NATO noch weniger wahrscheinlich. Dies gilt noch mehr für die beiden neuen, durch starke militärische Unterstützung Russlands entstandenen Donetzker und Luhansker „Volksrepubliken" in der Südostukraine.[117] Moskau hat – wie auch endgültig im Jahr 2008 im

---

117 Zu fragen wäre, ob der zweite Höhepunkt des russisch-ukrainischen Krieges An-fang 2015 im Zusammenhang mit der Wiederaufnahme der NATO-Aspirationen seitens der Ukraine stand. In dem Mitte November 2014 unterzeichneten Koaliti-onsvertrag hatte sich das zukünftige ukrainische Regierungsbündnis auf einen NATO-Beitritt als Ziel festgelegt. Zu diesem Zweck sollte frühestens in sechs Jah-ren ein Referendum stattfinden. Aus dem Moskauer Außenministerium hieß es hierzu, die Hinwendung der Ukraine zur NATO könne „zu einer Eskalation des Konflikts im Osten" (der Ukraine) führen. Vgl. FAZ. 2014, 26.11., S. 2 (Zitat dort). Am 23.12.2014 votierte das ukrainische Parlament mit 303 gegen nur acht Stim-men für die Aufhebung der Bündnisfreiheit, die zu Beginn der Präsidentschaft von Wiktor Janukowitsch im Jahr 2010 in der Verfassung verankert worden war. Ab An-fang Januar 2015 verstärkten sich dann in der Südostukraine die von Artillerie- und

Norden Georgiens – eine russländisch kontrollierte Zone geschaffen, von der aus es die ukrainische Innen- und Außenpolitik beeinflussen und stören kann. Russland hat nun einen Militärstiefel nicht nur in der ukrainischen Tür, sondern auf ukrainischem Festlandsboden. Der militärische Ausbau der Krim verfolgt das Ziel, gegenüber einer politisch, wirtschaftlich oder gar sicherheitspolitisch stärker an der EU und der NATO orientierten Ukraine ein Drohpotential aufzubauen. Die neue russische Machtposition im Süden (Krim) und Südosten der Ukraine dient dazu, um starke ukrainische, nicht zuletzt aber auch US- und/oder NATO-Streitkräfte von Russlands Grenzen fernzuhalten.

Der russisch-ukrainische Konflikt und die Instrumentalisierung der Minderheitenfrage in diesem Zusammenhang sind auch Ausdruck der verschärften Integrationskonkurrenz, des Ringens um Einfluss und Absatzmärkte zwischen Russland und der EU bzw. breiter dem Westen in diesem Teil Osteuropas.[118] Da nach dem Machtwechsel in Kiew ein zentrales strategisches Ziel Russlands, nämlich „den früheren GUS-Bereich als exklusive

---

Raketenbeschuss geprägten Kämpfe. Mit direkter Unterstützung durch russische Streitkräfte vertrieben im Februar militärische Einheiten der beiden „Volksrepubliken" die ukrainischen Truppen aus Debalzewe, einem Eisenbahnknotenpunkt ca. 60 Kilometer nordöstlich von Donezk. Sie „begradigten" so den Frontverlauf zwischen der „Donezker Volksrepublik" und dem von Kiew kontrollierten Territorium. Vgl.: Der Neue Fischer Weltalmanach 2016, S. 472, 474; Strategic Survey 2015, S. 167-170.

118 Adomeit 2012. Vgl. auch Zevelev 2001, S. 164-176, der in einer wirtschaftlichen Integration der GUS-Staaten (darunter auch der Ukraine) das beste Gegenmittel gegen russischen Imperialismus sah. Die Entscheidung einer Mehrheit der Bevölkerung der Ukraine für eine Verstärkung der wirtschaftlichen und politischen Zusammenarbeit mit der EU, nicht mit Russland, löste eine Gewaltpolitik Russlands aus. Was den Begriff Integrationskonkurrenz betrifft, wäre im Hinblick auf die Entwicklungen zwischen Russland und einigen Staaten des postsowjetischen Raums mittlerweile zu fragen, ob diese mit dem Begriff „Integration" richtig beschrieben werden. So wollte Armenien wie Georgien, Moldau und die Ukraine ein ausgehandeltes Assoziierungsabkommen mit der EU unterzeichnen, verzichtete dann aber Anfang September 2013 infolge Drucks von Seiten Russlands darauf und kündigte an, zum 1.1.2015 der russisch dominierten Eurasischen Wirtschaftsunion beizutreten. War das freiwillige zwischenstaatliche Integration oder nicht vielmehr Zwang, eine gewaltlose Form russischer Machtpolitik? Im Hinblick auf die Ukraine geht es Russland wohl kaum mehr darum, dieses Land für Staatenzusammenschlüsse des postsowjetischen Raums, d.h. für eine Integration zu gewinnen.

russische Einflusszone intakt zu halten"[119] im Hinblick auf die Ukraine nicht mehr realistisch war, entschloss sich die russische Führung wie auch im Jahr 2008 gegenüber Georgien zu einer De-facto-Teilung des Nachbarstaates. Im Falle Georgiens dauerte dieser Souveränitätsverlust fast 20 Jahre (1989-2008, wobei Tiflis aber schon 1992 bzw. 1993 seine Hoheit über Südossetien und Abchasien verloren hatte), im Falle der Ukraine weniger als ein Jahr, herbeigeführt durch eine massive gewaltsame Einmischung von außen.

Neben den genannten sicherheitspolitisch-strategischen und wirtschaftlichen Interessen spielte aber auch der innenpolitische bzw. Regimefaktor eine wichtige Rolle für die Ukrainepolitik der Putin-Führung ab dem Februar 2014 bzw. schon ab Mitte 2013 (vgl. zu diesem Faktor insbesondere die Abschnitte 4.4.2 und 5.4.5; zum russisch-ukrainischen Konflikt insgesamt und ausführlich das Kapitel 5, dort insbesondere die Abschnitte 5.3.2-5.3.5, 5.3.10 und 5.4.3-5.4.6).

4.1.6 Resümee zu Hypothese 1 (Variable: Ausmaß der Konflikte zwischen Russland und dem Minderheitenstaat bzw. der NATO, der EU usw.)

Zusammenfassend ist festzustellen, dass Russland die Minderheitenfrage bei Konflikten über die sicherheitspolitische Orientierung der Minderheitenstaaten Lettland, Estland und Georgien, genauer: zur Verhinderung einer Ausdehnung der NATO auf diese Staaten mit militärischem Charakter instrumentalisiert hat. Es ist wahrscheinlich, dass diese Überlegung auch beim Anschluss der Krim und der Destabilisierung der Südostukraine eine Rolle spielte. Im Einzelnen handelte es sich bei der Besetzung und dem Anschluss der Krim um eine Instrumentalisierung der Frage der dortigen Russen für außen- und innenpolitische Zwecke. Das Ziel bestand in der Sicherung des militärisch, aber auch symbolisch wichtigen Hafens in Sewastopol, in der Annexion der strategisch über das Schwarze Meer hinaus bedeutsamen Halbinsel sowie in der Festigung der innenpolitischen Position (Ansehen, Zustimmung, Legitimität) der russischen Führung auf Jahre hinaus. Diese Instrumentalisierung war aber durchaus gepaart mit „ech-

---

119 Hedenskog/Larsson 2007, S. 9.

tem" Irredentismus auf Seiten Russlands und bei einem Teil der Krimbe-völkerung. Im Falle der Ost- und Südukraine setzte der Kreml zuerst auf eine breite, vorzugsweise gewaltlose irredentistische, zumindest sezessio-nistische Welle, die den ukrainischen Staat territorial deutlich verkleinert hätte. Als sich dies als unrealistisch erwies, griff der Kreml in der Südostuk-raine zu einer zynisch-gewaltsamen Instrumentalisierung der Frage der dortigen Russen bzw. Russischsprachigen. Das Ziel bestand in der Schaf-fung eines Territorialkonfliktes – dies um mittel- und langfristig eine Auf-nahme der Ukraine in die NATO (und auch die EU) auszuschließen –, in der vielfachen Schwächung des politisch gewendeten Nachbarstaates, sei-ner Übergangsregierung und politisch aktiven Gesellschaft. Diese Politik geschah stark auf Kosten der dortigen, zu einem Großteil russischsprachi-gen und russlandfreundlichen Bevölkerung. Die Ukrainepolitik der russi-schen Führung hatte darüber hinaus auch einen innenpolitischen Hinter-grund, hing mit dem Charakter des Putinschen Herrschaftssystems zu-sammen (vgl. hierzu ausführlicher die Abschnitte 4.4.2 und 5.4.5).

Die Minderheitenfrage in Lettland und Estland instrumentalisierte Russland ab Ende 1999 vor allem, wenn es sich Kritik und Druck der EU und interna-tionaler Organisationen in Menschenrechts- und Demokratiefragen aus-gesetzt sah, d.h. zur Abwehr entsprechender Forderungen. Russland in-strumentalisierte die Minderheitenfrage im Baltikum damit vor allem bei Konflikten in politischen und Sicherheits-, weniger in wirtschaftlichen Fra-gen.

Auswärtige Minderheiten(fragen) eignen sich gut für die Durchsetzung von Sicherheits- und Machtinteressen, da ein Minderheitenkonflikt weit-reichende Implikationen für die politische und wirtschaftliche Stabilität, den Zusammenhalt, die Souveränität und im Extremfall die Integrität, ja die Existenz des betreffenden Staates haben, d.h. dieser sehr stark unter Druck gesetzt werden kann. Und es ist dieser instrumentelle Charakter auswärtiger Minderheiten(fragen), der dazu beiträgt, dass sie öfter eskalieren, als dies konstruktivistische Analysen[120] voraussag(t)en.

Die Fälle Südossetien, Abchasien und eingeschränkt Krim (und nur in Ansätzen die Gebiete Luhansk und Donezk) bestätigen die Definition einer

120 Saideman/Ayres 2008, S. 174-201; Cederman u.a. 2013.

idealtypisch macht- und sicherheitsrelevanten Minderheit, nämlich als „eine in ihrer nationalen Identität von der Mehrheitsbevölkerung unterschiedene, zahlenmäßig große Gruppe, ... die einen ... geographisch relativ klar abgrenzbaren, grenznahen Raum besiedelt, deren Identität als Gruppe sehr stark ausgeprägt ist, und die die Bildung eines eigenen Staates oder die Vereinigung mit einem anderen Staat anstrebt".[121] Letzteres traf unter den Russen im postsowjetischen Raum aber nur auf die Russen auf der Krim (und hier nur für die erste Hälfte der 1990er Jahre) zu:

> „In nur einem Fall, der Krim, mobilisierte eine Bevölkerung von selbst, definierte sie sich als russische (gegen die dominante ukrainische) und verlangte territoriale Wiedervereinigung mit dem Mutterland ... Selbst dann wich Russland zurück und zog eine Abmachung mit der Ukraine über andere Fragen der Verlockung wiedervereinigten Gebiets vor ...".[122]

Unter veränderten internationalen, regionalen, zwischenstaatlichen und innenpolitischen Bedingungen änderte die Führung Russlands im Februar 2014 ihre Haltung.

Dass in der Südostukraine ein militärischer Konflikt entstand, obwohl die Region kaum die genannten Bedingungen erfüllte, deutet darauf hin, dass die obige Definition einer macht- und sicherheitsrelevanten Minderheit zu eng sein dürfte. Wie der Fall Südossetien zeigt auch das Beispiel Südostukraine bzw. Donbass, dass Minderheitenfragen nicht nur die zwischenstaatliche und internationale Politik beeinflussen, sondern umgekehrt auch von der Außenpolitik anderer Staaten, von der internationalen Politik beeinflusst, ja überhaupt erst geschaffen werden (können). Regierungen und auch gesellschaftliche Akteure können dazu beitragen, dass Minderheitenfragen in *anderen* Staaten friedlich geregelt werden oder gewaltsam eskalieren.

Die politisch (noch) nicht integrierten russischsprachigen Zuwanderer und deren Nachkommen in Lettland können eher nicht als macht- und sicherheitsrelevante Minderheit gelten: Zwar unterscheiden sie sich in ihrer ethnischen Identität von der Mehrheitsbevölkerung und streben nach einer Aufwertung ihrer Sprache. Sie besiedeln aber keinen geographisch klar

---

121 Bartsch 1995, S. 53 f.
122 Saideman/Ayres 2008, S. 199. Vgl. zur Krim ebd. auch S. 179-181, 197.

abgrenzbaren und grenznahen Raum, sondern sind auf die großen Städte Lettlands verteilt. Des Weiteren tragen der höhere Lebensstandard in Lettland sowie der wachsende Anteil von in Lettland geborenen Russen dazu bei, dass diese sich stärker mit Lettland (und der EU) als mit Russland identifizieren.[123] Auch wenn die ersten der hier genannten Faktoren nicht ausreichend sein dürften, um die russische Bevölkerungsgruppe in Lettland als macht- und sicherheits*irr*elevante Minderheit zu charakterisieren, dürfte Russland durch die EU- und NATO-Mitgliedschaft Lettlands von einer Instrumentalisierung der dortigen Russischsprachigen (nicht aber des Themas) abgeschreckt werden. Die Macht- und Sicherheitsrelevanz der russischsprachigen Zuwanderer und ihrer Nachkommen in *Estland* ist zwar als etwas höher (bzw. nicht so niedrig wie im Falle Lettlands) einzustufen, da ein Teil von ihnen territorial

---

123 Vgl. dagegen anders und vor dem Hintergrund der Annexion der Krim und der russischen Intervention in der Südostukraine warnend-alarmistisch der Moskau-korrespondent des Nachrichtenmagazins *Time* am Ende des Jahres 2014: „Heute empfinden selbst die Kinder und Enkel dieser russischen Zuwanderer oft eine größere Verbundenheit zu Moskau als zu ihrem baltischen Geburtsland. Und sie haben vielleicht einen Grund zum Klagen: den Russen wurde ... nicht die automatische Staatsbürgerschaft gewährt." Vgl. Shuster 2014, Russia's Fifth Column, S. 24. Auch auf der Folgeseite bescheinigt Shuster den ethnischen Russen in den Städten im Baltikum ein Gefühl „tiefer Verbundenheit mit Moskau". Shuster vermittelt hier einen falschen Eindruck: Die russischsprachigen Zuwanderer und ihre Nachkommen in Lettland und Estland sind eine heterogene Gruppe. Von den 1,1 Millionen Nichtstaatsbürgern Anfang der 1990er Jahre haben mittlerweile ca. 400.000 die estnische bzw. lettische Staatsbürgerschaft erworben, ca. 150.000 die russländische. Über 500.000 Menschen sind auch infolge eigener Entscheidung weiter Nichtstaatsbürger. Diese ungefähren Angaben basieren auf Preissler 2014, S. 414 f. Indem Shuster von „Moskau" spricht, insinuiert er eine politische Loyalität der russischsprachigen Zuwanderer und ihrer Nachkommen zum Russland Putins, die er aber an konkreten Beispielen aufzeigen müßte. Shuster verweist auf einen Bericht der Sicherheitsbehörden Lettlands vom Mai 2014, dem zufolge man vom Kreml unterstützten Organisationen lokale Agenten und Gruppen benutze, um „die Loyalität der jüngeren Generation zu Moskau zu entwickeln" (d.h. sie scheint noch nicht sehr ausgeprägt zu sein – F.P.) und bei den russischsprachigen Einwohnern das „Gefühl der Zugehörigkeit zu Lettland" zu verringern (d.h. ein solches scheint es zu geben – F.P.). Vgl. ebd., S. 24 (Zitate aus dem Bericht im Original).

konzentriert im Nordosten des Landes lebt, aber auch hier dürfte Russland aus denselben Gründen Zurückhaltung an den Tag legen.[124]

4.2 Überprüfung von Hypothese 2: Patronagepolitik in Reaktion auf eine Verschlechterung der Lage und des Status der Russischsprachigen?

4.2.1 Russland-Estland/Lettland (1991-2004)

Den Schwerpunkt der Politik Russlands in der Frage der russischsprachigen Minderheiten nach der Auflösung der Sowjetunion bildeten die baltischen Staaten Estland und Lettland. Im Oktober bzw. November 1991, d.h. unmittelbar nach der Unabhängigkeit verabschiedeten die Parlamente beider Länder Beschlüsse über die Wiederherstellung der Rechte der Bürger der Republiken der Zwischenkriegszeit und die Grundvoraussetzungen der Einbürgerung.[125] Damit zeichnete sich ab, dass ca. 750.000 (Lettland) bzw. bis zu 500.000 (Estland) russischsprachige Personen, d.h. jeweils ca. 30 Prozent der Einwohner nicht automatisch die Staatsbürgerschaft bekommen und damit vorerst auch kein Wahlrecht haben würden.[126]

Was die russischsprachigen Zuwanderer und deren Nachkommen in Estland und Lettland sowie große Teile der politischen Klasse in Russland als Statusverlust und Diskriminierung empfanden, war in den Augen vieler Letten und Esten die Korrektur eines historischen Unrechts. Das Extrembeispiel stellte hier Lettland dar: Infolge von stalinistischem Terror und Deportationen, den Kriegshandlungen NS-Deutschlands und der Sowjetunion auf lettischem Territorium, der Flucht Hunderttausender, des Weiterem dem massiven Zuzug von russischsprachigen Arbeitskräften nach 1944 war der Bevölkerungsanteil der Letten von 1935 bis 1989 von 77 auf 52 Prozent gefallen. Der Anteil der ostslawischen Bevölkerung (Russen, Ukrainer,

---

124 Eine Sicherheitsexpertin schreibt hierzu: „Russlands Absicht, eine hybride Kriegsführungsoperation wie in der Ukraine gegen ein NATO-Land durchzuführen ist ungewiß; seine Absicht, die NATO davon abzuschrecken, Russlands Sicherheitsinteressen zu verletzen, ist es nicht." Vgl. Bruusgaard 2016, S. 7 f.

125 Beschluss über die Wiederherstellung der Rechte der Bürger der Lettischen Republik und die Grundvoraussetzungen der Naturalisierung, 15.10.1991 ...

126 Kolstoe 1995, S. 120-127.

Weißrussen) war dagegen von 10,3 auf 41,9 Prozent angestiegen. Russischsprachige waren in den Spitzenpositionen von Partei und Staat überrepräsentiert und die russische Sprache hatte das Lettische aus der politischen und in nicht geringem Maße auch aus dem wirtschaftlichen und gesellschaftlichen Bereich verdrängt.[127]

Im Februar 1992 setzte das estnische Parlament das Staatsangehörigkeitsgesetz von 1938 wieder in Kraft. Die Zuwanderer der Sowjetzeit und deren Nachkommen waren damit von der automatischen Gewährung der Staatsbürgerschaft ausgeschlossen. Voraussetzung für die Einbürgerung waren unter anderem Kenntnisse der estnischen Sprache (ca. 1.500 Wörter). In Reaktion hierauf entwickelte Russland ab Frühjahr 1992 auf bilateraler, dann verstärkt auf europäischer Ebene (Konferenz für Sicherheit und Zusammenarbeit in Europa/KSZE, Europarat) eine Politik des Eintretens für die russischsprachigen Zuwanderer.[128] Im Europarat hatte Russland bis 1995 aber nur einen Gaststatus inne. Im September 1992 konnten die russischsprachigen Zuwanderer nicht an den Parlamentswahlen in Estland teilnehmen. Gleichzeitig nahm in Russland der Druck nationalistischer Kräfte auf Jelzin und Außenminister Kosyrew zu. Russland verstärkte deshalb seine Bemühungen in der Minderheitenfrage, im Herbst 1992 im betreffenden Ausschuss der UN-Generalversammlung.[129]

Im Juni 1994 kritisierten Russland sowie auch der Hohe Kommissar für Nationale Minderheiten (HKNM) der KSZE, der Europarat und viele westliche Regierungen das in dritter Lesung verabschiedete Staatsbürgerschaftsgesetz Lettlands, welches den Großteil der eigentlichen Zuwanderer von einer Einbürgerung zu Lebzeiten ausgeschlossen hätte. Russland kritisierte dann auch das in der Endfassung des Gesetzes enthaltene Fenstersystem, demzufolge die eigentlichen Zuwanderer erst in den Jahren 2001-2003 die Möglichkeit haben sollten, die Staatsbürgerschaft zu beantragen. Der Europarat, die KSZE und die westlichen Staaten akzeptierten dieses Gesetz aber (vorerst).[130]

---

127 Melvin 1995, S. 134, 29-34.
128 MID RF. 1992, 7.5.
129 Kolstoe 1995, S. 283-287.
130 MID RF. 1994, 22.6.; Dorodnova 2003, S. 33 f., 38 f.

Neben den „normalen" Zuwanderern und deren Nachkommen setzte sich Russland 1993/94 mit Erfolg vor allem für ein Bleiberecht und soziale Garantien für die ca. 33.000, überwiegend russischsprachigen Militärpensionäre, d.h. die pensionierten Offiziere der Sowjetischen Streitkräfte und deren Familienangehörige in Lettland und Estland, insgesamt deutlich über 100.000 Personen, ein. Russland verlangte hierzu die Einhaltung der „sozialen" Rechte der „Russischsprachigen", warnte vor einer „ethnischen Säuberung" bzw. einer „Deportation", warf Estland „Apartheid" und „Rassismus" vor, ja drohte sogar mit der Entstehung von Territorialautonomien. Russland instrumentalisierte damit die Minderheitenfrage für die Sicherstellung des Status und der Privilegien dieser Militärpensionäre.[131]

Von 1992-1997 stand Estland im Fokus der Baltikumspolitik Russlands – dies wegen seiner Pionierrolle in Sachen restriktiver Staatsbürgerschaftspolitik, einem restriktiven Ausländergesetz im Juni 1993, das nicht wenigen Nichtstaatsbürgern, darunter den Militärpensionären, eine Aufenthaltsgenehmigung vorenthalten wollte (in der Endfassung vom Juli dann aber entschärft wurde), Verzögerungen bei der Vergabe von Aufenthaltsgenehmigungen an die Nichtstaatsbürger in den Jahren 1994/95, seiner harten Haltung in der Frage der Militärpensionäre 1994 sowie der Grenzvertragsfrage. Anfang 1998 erfolgte aber ein Schwenk der besonders kritischen Haltung Russlands hin zu Lettland, ja es kam zu einer Krise in den Beziehungen. Der tiefere Grund hierfür waren Differenzen in außenwirtschaftlichen Fragen, ein nationalkonservativer Regierungschef in Riga sowie die weiter sehr niedrigen Einbürgerungszahlen. Auch Veränderungen im subregionalen Bereich spielten eine Rolle: Ende 1997 hatte der Europäische Rat auf Vorschlag der EU-Kommission vom Juli 1997 Estland als EU-Beitrittskandidaten nominiert, was Russland eine zurückhaltendere Politik gegenüber diesem Staat nahe legte. Dafür gab es auch Gründe: Bis Ende 1997 waren in Estland schon ca. 95.000 Zuwanderer, in Lettland dagegen erst ca. 7.000 Personen (bei ca. 650.000 Personen ohne Staatsbürgerschaft) eingebürgert worden. Trotzdem war die neue Regierung unter dem Nationalkonservativen-Nationalisten Krasts zu keiner Liberalisierung des Staatsbürgerschaftsgesetzes bereit. Ausgelöst wurde die Krise dann durch

---

131 Vgl. hierzu ausführlicher oben Abschnitt 4.1.1.

die erzwungene Auflösung einer unangemeldeten Demonstration überwiegend älterer Russen in Riga gegen ihre sozialen Nöte am 3. März 1998. Die Jelzinführung, die im April in der Duma eine Mehrheit für den neuen Regierungschef Kirijenko benötigte, verlangte im Anschluss die Abschaffung des Fenstersystems, d.h. der Begrenzung der Einbürgerungsmöglichkeit in Abhängigkeit vom Alter. Im Verein mit Druck von Seiten der EU und des HKNM setzte sich Russland in dieser Frage innerhalb eines halben Jahres durch. 1999 und 2000 wurden in Lettland dann jeweils deutlich mehr Personen eingebürgert als in den Jahren 1995-1998 zusammen, nämlich über 12.000 bzw. knapp 15.000.[132] Im Jahr 2001 fiel die Zahl der Einbürgerungen dann wieder auf unter 10.000 (bei noch ca. 535.000 Nichtstaatsbürgern). Unter anderem deshalb übte Russland ab Mitte 2002 verstärkt Druck auf Lettland aus, der Resolution 1236 der Parlamentarischen Versammlung des Europarats (PACE) vom Januar 2001 nachzukommen, d.h. insbesondere die Zahl der Einbürgerungen zu erhöhen sowie die Rahmenkonvention zum Schutz nationaler Minderheiten des Europarates zu ratifizieren.[133]

Russland wandte sich des Weiteren ab 1992 gegen die Herabsetzung des Status der russischen Sprache in Lettland. Im Zusammenhang mit der Novellierung des Sprachengesetzes im März 1992 drängte Moskau darauf, dass Kenntnisse des Lettischen nicht sofort zur Voraussetzung für eine Beschäftigung in staatlichen Institutionen, Behörden und in Unternehmen wurden, da nur ca. 20 Prozent der Russen über Lettischkenntnisse verfügten.[134] Es wandte sich daher gegen einen allzu schnellen Übergang zu einer Situation, in der Lettisch die einzige Amtssprache, d.h. in der ihre Beherrschung eine Voraussetzung für die Beschäftigung in öffentlichen Institutionen war. Moskaus Drängen in dieser Frage war aber kein nennenswerter Erfolg beschieden. Vielmehr hatten sich bis 1998 440.000 Personen einem Test ihrer Lettischkenntnisse zu unterziehen.[135] Ab dem Frühjahr 2003 wandte sich Moskau gegen die Pläne der lettischen Regierung, die rus-

---

132 Latvia. Office of Citizenship and Migration Affairs, 2014.
133 Preissler 2014, S. 340-346. Letzteres geschah dann mit Einschränkungen im Mai 2005.
134 MID RF. 1992, 7.5.
135 Dorodnova 2003, S. 98.

sischsprachigen Mittelschulen (10.-12. Klassen) ab dem Schuljahr 2004/2005 abzuschaffen. Die Proteste russischsprachiger SchülerInnen und LehrerInnen, an denen auch Akteure mit russischer Staatsbürgerschaft beteiligt waren, Einflussnahme des HKNM sowie Aktivitäten Russlands in der OSZE und im Europarat führten dazu, dass laut dem im Februar 2004 verabschiedeten Bildungsgesetz bis zu 40 Prozent des Unterrichts weiter in Russisch stattfinden konnte, allerdings nicht mehr in den naturwissenschaftlichen Fächern.[136]

4.2.2 Russland-Georgien Anfang der 1990er Jahre

Der unterdrückerische Charakter des georgischen Nationalismus, der sich in der Sowjetunion unterdrückt fühlte, hatte ab 1989 zu Sezessionsbestrebungen der Autonomen Republik Abchasien und des Autonomen Gebiets Südossetien im Norden Georgiens geführt. Südossetien hatte zumindest theoretisch eine Option auf Anschluss an die nördlich, im Süden Russlands gelegene Autonome Republik Nordossetien. Nach der Auflösung der Sowjetunion ging es im Verhältnis zwischen Russland und Georgien ab 1992 daher unter anderem um den Status der beiden Einheiten (die sich zu Republiken erklärten), um die Sicherheit und Wohlfahrt der dortigen, traditionell stark in den Nordkaukasus und breiter nach Russland orientierten Bevölkerung. Eine nicht geringe Rolle im russisch-südkaukasischen Konfliktgeflecht spielten transnationale Verbindungen: So unterstützten Vertreter der Ethnien im Nordkaukasus ihre „Brüder" jenseits des Kaukasuskammes. Mit nordkaukasischer und russischer Unterstützung eroberten abchasische Einheiten im September 1993 die im August 1992 von Truppen eines georgischen militärischen Machthabers besetzte Hauptstadt Suchumi zurück. Der georgische Präsident Schewardnadse erklärte sich daraufhin zu einem Beitritt zur GUS und zu einem Vertrag über die (weitere) Stationierung von russischen Streitkräften bereit. Im Gegenzug unterstützte Russland Schewardnadse in seiner Auseinandersetzung mit seinem innenpolitischen Widersacher, dem Ex-Präsidenten Gamsachurdia.[137]

---

136 MID RF. 2003, 28.5; RFE/RL Newsline. 2004, 11.2.
137 Evangelista 1996, S. 121-123; Mouritzen/Wivel 2012, S. 13.

4.2.3   Russland-Ukraine im Jahr 2014

Die Übernahme der Macht durch einen moskautreuen Regierungschef auf der Krim Ende Februar 2014, der sich auf „Selbstverteidigungskräfte", d.h. Soldaten ohne Hoheitszeichen stützte, sowie die Besetzung staatlicher Gebäude in mehreren südostukrainischen Gebieten durch prorussländische „Separatisten", tatsächlich oft Akteure aus Russland, rechtfertigte Moskau mit der Gefahr, dass sich die Gewalt und Unruhen in Kiew und anderen Städten auf die Krim und die Ostukraine ausbreiten und die Rechte, ja die Sicherheit der dortigen Russen durch die neue, nach Moskauer Darstellung nationalistische Regierung gefährdet würden.[138]

Hierbei handelte es sich aber zu einem großen Teil um Vorwände. Zwar schien den Russischsprachigen im Osten und Süden der Ukraine mit der Aufhebung des Gesetzes über die Regionalsprachen schon am Tag nach dem Sturz Janukowitschs ein Statusverlust zu drohen, aber als systematisch diskriminierend kann man die Minderheitenpolitik Kiews in den wichtigen Monaten Februar und März 2014 gewiss nicht bezeichnen. Der entsprechende Parlamentsbeschluss vom 23. Februar wurde am 2. März vom Übergangspräsidenten nicht unterzeichnet. Internationale Organisationen wie die UN und die OSZE stellten keine systematische Diskriminierung oder gar Gewaltanwendung gegen Russen oder Russisch in der Ukraine fest (vgl. ausführlicher den Abschnitt 5.2.10).

Russland hat die Minderheitenfrage seit Februar 2014 damit in sehr hohem Maße als Vorwand bzw. Druckmittel benutzt, um seine mittel- und langfristigen sicherheitspolitisch-strategischen und außenwirtschaftlichen Interessen in und gegenüber der Ukraine durchzusetzen (vgl. hierzu oben Abschnitt 4.1.5 sowie unten ausführlich die Abschnitte 5.3.2 und 5.3.4). Zum anderen dient(e) die nationalistisch-gewalttätige Politik gegenüber der Ukraine innenpolitischen Interessen, nämlich der mittel- und langfristigen Stabilisierung des Putinregimes (vgl. hierzu unten Abschnitt 4.4.2 sowie ausführlicher den Abschnitt 5.4.5).

---

138 Allison 2014, S. 1262 f.

4.2.4 Resümee zu Hypothese 2 (Variable: Ausmaß der Verschlechterung der Lage und des Status der Russischsprachigen im Minderheitenstaat)

Hypothese 2 kann in hohem Maße als bestätigt gelten: Die außenpolitischen Entscheidungsträger Russlands wandten sich – unter dem Druck nationalistischer Kräfte stehend – in der Regel gegen einen (zu erwartenden) Statusverlust der Russischsprachigen in Lettland und Estland. Mit einem gewissen Erfolg kritisierte Russland ab 1992 insbesondere einen grundsätzlichen Ausschluss der Zuwanderer und deren Nachkommen vom Erwerb der Staatsbürgerschaft sowie 2003/2004 die geplante Abschaffung des russischsprachigen Zweigs der Mittelschulen in Lettland (und davor schon in Estland). Was die anderen Nachfolgestaaten betraf, so griffen russische Streitkräfte, aber auch Söldner-/Freiwilligenverbände aus Russland in der Regel ein, wenn nichtrussische Streitkräfte die Sicherheitskräfte und/oder die politischen Institutionen, Infrastruktur usw. sezessionistischer russischsprachiger bzw. prorussländischer politischer Gebilde (Transnistrien 1992, Abchasien 1992/93, Südossetien 2008) angriffen. Die daraus entstandenen „eingefrorenen Konflikte" entsprachen auch den Stationierungsinteressen des russischen Militärs in diesen Staaten.[139]

Im Falle der Krim und der Südostukraine war das Putinregime weniger um die dortigen Russen besorgt als dass es die Minderheitenfrage vor allem für seine außen- und innenpolitischen Interessen instrumentalisierte. Wäre es Russland wirklich um die Sicherheit und den Status der dortigen russischen bzw. russischsprachigen Ukrainer gegangen, so hätte es diese über wirtschaftlichen Druck und die Einschaltung internationaler Organisationen

---

139 Hinter der politischen, phasenweise auch militärischen und materiellen Unterstützung der russischen Führung für die sezessionistische Führung Transnistriens in der Republik Moldau ab 1992 stand das Interesse an der Sicherung der dortigen russischen Militärpräsenz. Laut Klemens Büscher unterstützte Moskau dagegen nicht den vor allem 1994 starken Separatismus der Krim, da dies die Ukraine dazu bewegt hätte, Russland die (weitere) Stationierung von Schiffen der ehemaligen sowjetischen Schwarzmeerflotte in Sewastopol zu verweigern. Vgl. Büscher 2004, S. 350. Ein weiterer wichtiger Grund für die Zurückhaltung Russlands in den Jahren 1994/1995 dürfte gewesen sein, dass es in Bezug auf Tschetschenien um die Erhaltung der eigenen territorialen Integrität bemüht war.

wie der OSZE erreichen können. Gerade letzterer verweigerte es aber ab März 2014 den Zugang zur Krim.

4.3 Überprüfung von Hypothese 3: Eintreten für die russischsprachigen Minderheiten bei großem Ausmaß der Zuwanderung nach Russland?

Für das Jahr 1992, d.h. unmittelbar nach der Auflösung der Sowjetunion, war ein deutlicher Anstieg der Nettozuwanderung von Russen aus Lettland und Estland nach Russland festzustellen. Hatten 1991 5.200 ethnische Russen Lettland in Richtung Russland verlassen, so waren es 1992 bereits 19.700 Personen. In Estland war die Entwicklung ähnlich (3.600 vs. 18.700 Personen).[140]

Dieser Anstieg war einer der Gründe dafür, dass sich die außenpolitischen Entscheidungsträger Russlands gegen einen grundsätzlichen Ausschluss der Zuwanderer von der Staatsbürgerschaft und einschneidende Sprachengesetze aussprachen.[141] Insgesamt wanderten in den Jahren 1992/93 ca. 85.000 Personen aus Estland und Lettland nach Russland aus. Gleichzeitig sollte die ansteigende Migration (die aus Estland im Jahr 1993 bereits wieder auf 10.600 Personen zurückging) aber auch nicht überbewertet werden. Denn im Vergleich zur Zuwanderung aus den südkaukasischen und mittelasiatischen Nachfolgestaaten (und Krisengebieten), wo sie in die Hunderttausende ging, war sie gering.[142] Dass Russland vor allem 1994 das Projekt einer doppelten Staatsbürgerschaft für die „Landsleute" in den GUS-Staaten verfolgte, war nicht zuletzt mit der für dieses Jahr erwarteten hohen Migration aus diesen Ländern zu erklären. Die doppelte Staatsbürgerschaft, d.h. die juristische Anbindung an Russland mit Einwanderungsrecht sollte die Russischsprachigen gerade dazu bewegen, in den Ländern, in denen sie wohnten, zu bleiben. Aus Angst vor einer Einmischung Russ-

---

140 Sajontschkowskaja 1996, S. 9. Tatsächlich war die Zahl noch höher, da nicht nur ethnische Russen Lettland bzw. Estland in Richtung Russland verließen.
141 MID RF. 1992, 7.5.
142 So betrug im Jahr 1992 die Nettoimmigration von Russen aus Kasachstan 82.400 und aus Usbekistan 65.200 Personen. 1992 kamen (nur) ca. 10 Prozent der zugewanderten Russen aus Estland und Lettland, ein Wert, der bis 1994 auf 4,5 Prozent fiel. Vgl. Sajontschkowskaja 1996, S. 9.

lands war allerdings keiner der an Russland angrenzenden GUS-Staaten bereit, dieses Rechtsinstitut auf zwischenstaatlicher Ebene einzuführen. Mit dem Rückgang der Zuwanderung aus den GUS-Staaten nach 1995 verlor auch das „Landsleute"-Thema an Bedeutung.[143] Das Eintreten Russlands für die russischsprachigen Minderheiten im postsowjetischen Raum war damit unter anderem eine Funktion des Umfangs ihrer (erwarteten) Zuwanderung nach Russland.

Hypothese 3 kann in der Tendenz als bestätigt gelten. In der Tendenz: Es erfolgte kein Eintreten, wenn dies wichtigen außenpolitischen, insbesondere außenwirtschaftlichen Interessen Russlands widersprochen hätte. So nahm Russland die Ausweisung von Russischsprachigen aus dem diktatorisch regierten Turkmenistan hin, da der russische Konzern Gasprom bei seinen Gasleitungsprojekten durch Zentralasien auf dieses Land angewiesen war.

Der Faktor Zuwanderung war in keiner Weise ursächlich für die Besetzung der Krim und die Einmischung in der Ostukraine. Allerdings könnte die nicht geringe Zahl von Flüchtlingen aus der Südostukraine, die ab dem Frühjahr 2014 Sicherheit und Unterkunft in Russland suchten, dazu beigetragen haben, dass Russland eine starke geographische Ausweitung der Kampfhandlungen im Südosten der Ukaine zu vermeiden und eine relativ schnelle politisch-territoriale Konsolidierung der von den Besatzern und Aufständischen kontrollierten Gebiete herbeizuführen trachtete.

4.4 Überprüfung von Hypothese 4: Innenpolitische Instrumentalisierung der Minderheitenfrage bei starkem Druck oppositioneller, insbesondere nationalistischer Akteure?

4.4.1 Russland-Lettland/Estland (1991-2004)

In Situationen, in denen Präsident Jelzin innenpolitisch unter starkem Druck von Nationalisten und Kommunisten stand (Oktober 1992, Frühjahr 1993), verknüpfte er den Abzug der ehemaligen sowjetischen Streitkräfte aus Estland und Lettland überwiegend rhetorisch mit deren Minderheitengesetzgebung. Ende Oktober 1992, als der Druck besonders stark war,

---

143 Preissler 2014, S. 402-404.

verfügte er einen kurzzeitigen Stopp des Abzugs, was gegenüber der Öffentlichkeit mit der Verletzung der Rechte der Russischsprachigen begründet wurde. Das Außenministerium wurde angewiesen, den baltischen Staaten, den Vereinten Nationen, der KSZE und den westlichen Staaten die Position Russlands in der Truppenabzugs- und der Minderheitenfrage darzulegen.[144]

Das gute Abschneiden des Radikalnationalisten Wladimir Schirinowski sowie der Kommunisten bei den ersten postsowjetischen Dumawahlen im Dezember 1993 führte zu einem deutlich erhöhten rhetorischen *commitment* von Präsidialadministration und Regierung in der Minderheitenfrage. Dies kam im Projekt einer doppelten Staatsbürgerschaft sowie Ankündigungen und Programmen, die „Landsleute" insbesondere in den GUS-Staaten zu unterstützen, zum Ausdruck.[145] Nicht geringe Teile der Forschung nahmen diese Aktivitäten, die zu nichts Substantiellem führten, für bare außenpolitische Münze.[146]

Ab 1997 machte Russland die Unterzeichnung von Grenzverträgen mit Estland und Lettland von der Verbesserung der Lage der russischsprachigen Minderheiten abhängig. Dies geschah zum einen, um ihre Annäherung an die NATO zu behindern. Zum anderen hätte die Staatsduma Grenzverträge mit diesen Staaten wegen deren NATO-Aspirationen und Minderheitenpolitik auf keinen Fall ratifiziert. Die russische Führung hätte das Parlament und nicht geringe Teile der Öffentlichkeit gegen sich aufgebracht, hätte sie solche unterzeichnet.[147]

Eine nicht geringe Rolle spielte die Innenpolitik Russlands während der russisch-lettischen Krise im März und April 1998. Schon Anfang 1998 bahnte sich in Russland für die politisch Eingeweihten eine Regierungs-, Finanz- und Wirtschaftskrise an. Politische Spannungen mit Lettland stellten daher auch eine Ablenkungsstrategie dar.[148] Am 23. März 1998 entließ Jelzin überraschenderweise den langjährigen Regierungschef Wiktor Tschernomyrdin. Am 10. April sollte die Staatsduma über Jelzins neuen

---

144 Ebd., S. 143-155.
145 Melvin 1995, S. 18-20.
146 Vgl. exemplarisch Beissinger 1995.
147 Current Digest of the Post-Soviet Press. 1996, Nr. 46, S. 21 f.
148 Stranga 1999, S. 124-134.

Kandidaten, den über nur wenig Regierungserfahrung verfügenden Sergej Kirijenko abstimmen. Für Jelzin und die Interimsregierung war in dieser Situation die Ankündigung von „gerichteten wirtschaftlichen Maßnahmen" gegen Lettland am 8. und 9. April ein Mittel, um zumindest einige der nationalistischen und kommunistischen Dumaabgeordneten dazu zu bewegen, für bzw. nicht gegen Kirijenko zu stimmen.[149] Die Jelzinführung instrumentalisierte damit das Minderheitenthema, um die Bestätigung Kirijenkos wahrscheinlicher zu machen. Die nicht zuletzt parlamentspolitisch motivierte Ankündigung von wirtschaftlichen Maßnahmen gegen Lettland geschah aber auch, da andere Akteure die Frage der Russischsprachigen in Lettland bereits ausschlachteten. So sah der Moskauer Oberbürgermeister Juri Luschkow, dem Ambitionen auf das Präsidentenamt nachgesagt wurden, in der erzwungenen Auflösung einer Demonstration überwiegend älterer Russen in Riga gegen ihre sozialen Nöte am 3. März eine Gelegenheit, sich als Verteidiger der dortigen Russischsprachigen zu profilieren. Luschkow stand hinter den zwei Erklärungen, die der Föderationsrat, d.h. die Vertretung der Gebiete und Republiken Russlands, im März und im Juli verabschiedete. In ihnen wurde damit gedroht bzw. die russische Regierung dazu aufgerufen, wirtschaftliche Maßnahmen gegen Lettland zu ergreifen. Nach der Explosion eines Sprengsatzes vor der Botschaft Russlands in Riga am 6. April organisierte die Moskauer Stadtregierung einen Boykott vor allem von Fisch- und Milchprodukten aus Lettland. Diese von Luschkow angestoßenen Maßnahmen erhielten dann durch die von Jelzin angekündigten (höhere Zölle, Plan der Umleitung des russischen Ölexports) zusätzlichen Schwung.[150] Vor den Duma- und Präsidentschaftswahlen 1999/2000 und 2003/2004 dienten harte Vorwürfe vor allem des Außenministeriums und seitens Dumaabgeordneter gegen Lettland zur Wählermobilisierung und der Integration der Bevölkerung. Dasselbe geschah im (Dumawahl-)Jahr 2007 in Reaktion auf die Verlegung eines sowjetischen Soldatendenkmals aus dem Stadtzentrum Tallinns (Estland) auf einen Militärfriedhof am Stadtrand. In Russland führte dies auch in Folge einer teilweise nicht den Tatsachen

---

149 Jusin 1998.
150 Stranga 1999, S. 131, 133, 137 f.

entsprechenden Berichterstattung zu Empörung bei Teilen der Bevölkerung. Das Land stellte den Kohleexport über den Tallinner Hafen ein. Anfang Mai 2007 erfolgten systematische Angriffe auf die Websites estnischer
Regierungsstellen, Banken usw., die dadurch mehrere Tage lang lahmge-
legt wurden. Diese Angriffe gingen zumindest zum Teil von Servern der
russischen Präsidialverwaltung aus.[151]

4.4.2 Russland-Ukraine im Jahr 2014

Besetzung und Anschluss der Krim im Februar/März 2014: Hierbei handelte es sich kaum um ein Ablenkungsmanöver angesichts innenpolitischer
Probleme, nicht um ein außenpolitisches Abenteuer, in das das Regime
sich stürzte. Vielmehr ging es in erster Linie darum, den Hafen und die
Halbinsel insgesamt aus sicherheitspolitisch-strategischen und symbolischen Gründen ein für allemal für Russland zu sichern (vgl. oben Abschnitt
4.1.5 sowie unten ausführlich die Abschnitte 5.3.2.1 und 5.3.2.3). Dass die
erfolgreiche Umsetzung dieses Ziels das Putinregime im Innern für längere
Zeit stark legitimieren und Opposition zurückdrängen würde, bestärkte die
Putin-Führung nur in ihrem Vorhaben und ihrer Entschlossenheit (vgl. unten Abschnitt 5.3.2.2).
Irredentismus im Hinblick auf den Osten und Süden der Ukraine,
(verdeckte) Intervention in der Südostukraine ab April 2014: Das zentrale
Motiv der Putin-Führung für ihre Politik gegenüber der Ost- und Südukraine
dürfte weniger unmittelbar innenpolitischer als vielmehr außenpolitischer
Natur gewesen sein: Sie verfolgte das Ziel, die neue, proeuropäisch-
prowestlich ausgerichtete Regierung, ja die politisch gewendete Ukraine
als Staat insgesamt zu schwächen – bis hin zum Versuch ab April 2014,
ca. ein Drittel dieses Staates zum Abfall von der Zentralregierung in Kiew
zu bewegen (vgl. ausführlicher Abschnitt 5.3.2.5). Ein solcher Teilzerfall der
Ukraine hätte, da ein großer außenpolitischer Erfolg, das Putinregime im
Innern nach dem Anschluss der Krim ein weiteres Mal gestärkt. Es kam
dann aber „nur" zur Etablierung zweier „Volksrepubliken" im Südosten der
Ukraine. Aus innenpolitischen Gründen war Putin im Sommer 2014

---

151 Kempe 2008.

gezwungen, zugunsten der beiden „Volksrepubliken" in der Südostukraine mehr oder weniger verdeckt militärisch zu intervenieren. Denn hätte er einen Sieg der ukrainischen Truppen zugelassen, hätte dies seine Popularität, sein Ansehen, sein Charisma und seine Legitimität schwer beschädigt; er wäre vor der russischen Öffentlichkeit als Großmaul, Schwächling und Verlierer dagestanden.

Gleichzeitig gab es für das Anzetteln eines unerklärten Krieges in der Südostukraine auch einen innenpolitischen Grund struktureller Art: Das autoritär-plebiszitäre und korrupte Putinregime betrachtet(e) eine demokratische, rechtsstaatliche und wirtschaftlich erfolgreiche Ukraine als gefährliches Vorbild für die Gesellschaft Russlands und damit als zumindest mittelfristige Herausforderung für das eigene Herrschaftssystem (Vgl. unten Abschnitt 5.4.5). Diese Befürchtung ist nicht von der Hand zu weisen, da Russland und die Ukraine eine lange gemeinsame Grenze haben und die Ukraine zu nicht geringen Teilen russischsprachig, d.h. der Austausch von Informationen und Ideen, die Zusammenarbeit über die Grenze hinweg einfach ist. Eine wichtige Funktion des massiven Ukraine-Bashings ab Ende Februar 2014 (bzw. schon ab Ende November 2013 gegen den „Majdan") seitens der russischen Führung bestand deshalb darin, die Volksrevolution in der Ukraine, den dortigen demokratischen Aufbruch vor der russischen Öffentlichkeit schlechtzureden, ja zu verteufeln. Es ging und geht darum, Trennlinien zu schaffen: zwischen den Menschen der „russischen Welt" und den ukrainischen Nationalisten und "Faschisten".

4.4.3 Resümee zu Hypothese 4 (Variable: Ausmaß des Drucks in der Minderheitenfrage von Seiten oppositioneller, vor allem nationalistischer Akteure auf die außenpolitischen Entscheidungsträger)

Hypothese 4 kann vor allem für die Jelzinära (1992-1999) als bestätigt gelten: Wenn sich die außenpolitischen Entscheidungsträger Russlands (Präsident, Außenminister) starkem Druck von Seiten nationalistischer Kräfte ausgesetzt sahen, verhärtete sich zumindest ihr Tonfall in der Minderheitenfrage. Die Putin-Führung setzte das Thema der Russischsprachigen in Lettland ab Ende 1999 eher aktiv zur Mobilisierung und Integration der Bevölkerung bei Wahlen ein, d.h. sie war stärker Antreiber als Getriebene. In

Reaktion auf den Sturz des Janukowitschregimes in der Ukraine mit seinen
außenpolitischen, außenwirtschaftlichen und sicherheitspolitischen Implikationen und vor dem Hintergrund des autoritär-korrupten Charakters und
des latenten demokratischen Legitimationsdefizits des Regimes, das in der
Volksrevolution in der Ukraine eine Gefahr für seine eigene Stabilität sah,
lancierte die Putin-Führung im Frühjahr 2014 das irredentistische, jedenfalls sezessionistische und nationalistische „Neurussland"-Projekt, das sich
aber weder inhaltlich noch in dem ursprünglich erhofften territorialen Umfang verwirklichen ließ: Es entstand kein „Neurussland" mit Aussicht auf
Anschluss an Russland wie im Falle der Krim, sondern „nur" zwei „Volksrepubliken" im Donbass. Aus innenpolitischen Gründen, d.h. angesichts des
Drucks der (nationalistischen) Öffentlichkeit war Putin im Sommer 2014
gezwungen, zugunsten der beiden sezessionistischen Gebilde in der Südostukraine verdeckt militärisch zu intervenieren.

4.5 Resümee zur auswärtigen Minderheitenpolitik Russlands

Zusammenfassend kann unsere Ausgangshypothese (Hypothese 1) als
bestätigt angesehen werden, wenn wir sie spezifizieren: Russland instrumentalisiert die auswärtigen Minderheiten(fragen) in seinen Nachbarstaa-
ten tendenziell gewaltsam, wenn es durch den betreffenden Staat wichtige
Sicherheits- und Machtinteressen bedroht sieht. Dies zeigen die Beispiele
Baltikum Mitte der neunziger Jahre (hier blieb es bei Drohungen vor und
hinter den Kulissen) sowie der Südossetienkrieg im August 2008. In beiden
Fällen ging es Russland darum, eine Annäherung dieser Staaten an die
NATO bzw. genauer eine Ausdehnung der NATO auf diese Staaten, die an
Russland angrenzen, abzuwenden. Eine gewisse Rolle dürfte dies auch bei
der Politik Russlands gegenüber der Ukraine seit dem Jahr 2014 gespielt
haben: In Gestalt der annektierten Krimhalbinsel und der Luhansker und
Donetzker „Volksrepubliken" verfügt Moskau – wie seit spätestens 2008
auch im Norden Georgiens – über eine russisch kontrollierte (Konflikt-
)Zone, was eine Aufnahme der Ukraine in die NATO noch unwahrscheinli-
cher macht. Russland kann von seinen Positionen im Süden (Krim) und
Osten der Ukraine aus die ukrainische Politik weiter beeinflussen und stö-

ren. Darüber hinaus ging es Russland um die deutliche Schwächung der seit 2014 proeuropäisch und prowestlich ausgerichteten Ukraine – nicht ihr gesamtes wirtschaftliches, militärisches usw. Potential soll(te) in mittlerer und auch nicht in fernerer Zukunft Teil des Westens werden. In ihrer Selbstwahrnehmung ging die russische Führung 2008 in Georgien und 2014 gegenüber der Ukraine aus defensiven Gründen in die Offensive: um eine deutliche Positionsverschlechterung Russlands in der Zukunft, einen Macht-, Sicherheits-, Autonomie- und Prestigeverlust auszuschließen. Gegenüber der Ukraine dürfte aber die russische Führung zu weit gegangen sein, denn die Kosten dieser Politik für die außenpolitischen Beziehungen zu vielen Staaten sowie die eigene wirtschaftliche (und auch politische) Entwicklung sind sehr hoch.

Die Minderheitenfrage speziell in Estland und Lettland hat Russland in den 2000er Jahren oft instrumentalisiert, wenn es sich Kritik und Forderungen seitens der EU, westlicher Staaten und/oder internationaler Organisationen in Menschenrechts- (ab Ende 1999 insbesondere wegen des zweiten Tschetschenienkriegs) und Demokratiefragen (seit Herbst 2003) gegenüber sah. Zur Abschirmung von westlichen Menschenrechts- und Demokratieforderungen bedient sich die russische Führung seit ca. 2012 weniger des spezifischen Themas der russisch(sprachig)en Minderheiten (wenngleich dieses das Hauptrechtfertigungsmittel und ein wichtiges Instrument für seine gewaltsame Ukrainepolitik war), sondern des Konstrukts einer „russischen Welt", einer durch das Festhalten an traditionellen, d.h. vor allem konservativen und angeblich christlichen Werten und durch seine Kultur ausgezeichneten Großmacht, die souverän über ihre inneren Belange entscheiden will. Begriffe wie „Kultur", „Tradition", „Staat", „Zivilisation" und „Volk" werden dabei über das Recht, das Kollektiv über das Individuum gestellt.[152]

Insgesamt handelt es sich bei den russischsprachigen Minderheiten bzw. den betreffenden Fragen um ein außenpolitisches Mehrzweckinstrument, mit dem Russland seine Sicherheit, Macht und seinen Einfluss verteidigen bzw. stärken und westliche Kritik an Menschenrechtsverletzungen und Demokratiedefiziten abwehren kann. Zu den anderen, teilweise häufiger

---

152 Vgl. hierzu den Schlussteil vorliegender Studie.

eingesetzten Druck- und Machtmitteln Russlands gehören insbesondere Wirtschaftssanktionen, der Stopp von Gas-, Öl- oder Stromlieferungen sowie der Einsatz von Streitkräften.[153] Auswärtige Minderheiten(fragen) eignen sich gut für die Durchsetzung von Sicherheits- und Machtinteressen, da ein Minderheitenkonflikt weitreichende Implikationen für die politische und wirtschaftliche Stabilität, den Zusammenhalt, die Souveränität und im Extremfall die Integrität, ja die Existenz des betreffenden Staates haben, d.h. dieser sehr stark unter Druck gesetzt werden kann. Hinzu kommt, dass die NATO und die EU einer Aufnahme von Staaten mit ungelösten Minderheiten- und Territorialkonflikten skeptisch gegenüberstehen.

Auch Hypothese 2 kann in hohem Maße als bestätigt gelten: Russland reagierte in der Regel auch auf einen (zu erwartenden) Statusverlust „seiner" russischsprachigen Minderheiten, hier nicht zuletzt in Estland und Lettland. Mit Erfolg wandte sich Russland ab 1992 insbesondere gegen einen grundsätzlichen Ausschluss der sowjetischen Zuwanderer und deren Nachkommen vom Erwerb der estnischen bzw. lettischen Staatsbürgerschaft. Gegen einen solchen Ausschluss hatten sich aber auch der Europarat, die OSZE und eine Reihe westlicher Staaten gewandt. Was die anderen Nachfolgestaaten betraf, so griffen russische Streitkräfte, aber auch Söldner-/Freiwilligenverbände aus Russland in der Regel ein, wenn nichtrussische Streitkräfte russischsprachige prorussländische politische Gebilde (Transnistrien 1992, Abchasien 1992/93 und Südossetien 2008) angriffen. Die daraus entstandenen „eingefrorenen Konflikte" entsprachen auch den Stationierungsinteressen des russischen Militärs in diesen Staaten.

Hypothese 3 kann ebenfalls als bestätigt gelten: Das Eintreten Russlands für die russischsprachigen Minderheiten im postsowjetischen Raum war auch eine Funktion des Umfangs ihrer Zuwanderung nach Russland.

Hypothese 4 kann vor allem für die Jelzinära (1992-1999) als bestätigt gelten: Wenn sich die außenpolitischen Entscheidungsträger Russlands (Präsident, Außenminister) starkem Druck von Seiten nationalistischer Kräfte ausgesetzt sahen, verhärtete sich zumindest ihr Tonfall in der Minderheitenfrage. Die Putin-Führung setzte das Thema der Russischsprachigen in Lettland und Estland ab Ende 1999 schon eher aktiv zur Mobilisierung und

---

153 Hedenskog/Larsson 2007, S. 7.

Integration der Bevölkerung insbesondere in Wahlkämpfen ein, d.h. sie war stärker Antreiber als Getriebene. 2014 entschloss sich die Putin-Führung in Reaktion auf den Sturz des Janukowitschregimes in der Ukraine mit seinen außenpolitischen Implikationen und vor dem Hintergrund des latenten Legitimationsdefizits des Regimes zur Annexion der Krim, was die Zustimmungsrate zu Putin in die Höhe steigen ließ und sowohl nationalistische als auch liberale Kritiker des Regimes auf Jahre stark zurückdrängte. Die gewaltsame Politik in der Südostukraine seit April 2014, die sich der russischen Minderheit(enfrage) bedient(e) und das Ziel der Schwächung der Ukraine verfolgt, hat auch einen strukturellen innenpolitischen Hintergrund: Das Putinregime sieht in einer demokratischen und wirtschaftlich erfolgreichen Ukraine zumindest mittelfristig eine Herausforderung für das eigene Herrschaftssystem (vgl. hierzu ausführlich Abschnitt 5.4.5).

5 Der Anschluss der Krim und der verdeckte Krieg Russlands in der Südostukraine im Licht der Literatur über Irredentismus

Beim Anschluss der Krim und der Intervention Russlands in der Ostukraine handelt es sich um spezielle Fälle von auswärtiger Minderheitenpolitik – in dem einen Fall erfolgte die Besetzung des Gebiets eines anderen Staates, d.h. es wurde das Völkerrecht gebrochen, eine militärische Gewalteskalation war nicht ausgeschlossen und eine Staatsgrenze wurden einseitig geändert. Im anderen Fall erfolgte eine ebenfalls dem Völkerrecht widersprechende Einmischung gesellschaftlicher und staatlicher (die Grenze ist hier nicht immer eindeutig zu ziehen) Akteure aus Russland in einen Konflikt im Nachbarstaat Ukraine, die in eine verdeckte Intervention russischer Streitkräfte und die Anwendung umfassender militärischer Gewalt auf dem Territorium dieses Nachbarstaates mündete. Im Ergebnis entstanden zwei politische Gebilde („Volksrepubliken"), die der Kontrolle der Zentralregierung in Kiew entzogen sind. Auch wenn es hier zu keiner Änderung der Staatsgrenze kam, entstand *innerhalb* der Ukraine eine neue Grenzlinie, die sogenannte Kontaktlinie zwischen von Kiew kontrollierten Gebieten und den beiden „Separatisten"-Gebieten im Südosten des Landes.

Beim Anschluss der Krim handelte es sich um einen erfolgreichen Fall von Irredentismus: Territorium und die auf ihm lebende Bevölkerung wechselte von einem Staat zu einem anderen. In Bezug auf die Ost- und der Südukraine argumentierte die Putin-Führung im Jahr 2014 unter anderem irredentistisch – ein Anschluss von Territorium an Russland erfolgte aber nicht. Wie erscheinen diese beiden Fälle im Licht der Literatur über Irredentismus? Kamen sie völlig überraschend oder entsprechen sie den üblichen Mustern irredentistischer Politik? Welche Ziele und Interessen verfolgte die politische Führung Russlands mit ihrer Krim- bzw. Südostukrainepolitik?

5.1 Bürgerkrieg im Minderheitenstaat und ethnische Verwandte jenseits der Staatsgrenzen: Wie man diesen Zusammenhang besser nicht untersuchen soll

Am Anfang dieses Kapitels über den russisch-ukrainischen Konflikt im Licht der Irredentismusliteratur soll ein Beispiel schlechter Wissenschaft dargestellt werden. Es geht um den Artikel „Transborder Ethnic Kin and Civil War" („Grenzüberschreitende ethnische Verwandte und Bürgerkrieg") von Lars-Erik Cederman, Kristian Skrede Gleditsch und zwei weiteren Autoren. Dieser Artikel erschien im Frühjahr 2013, d.h. knapp ein Jahr vor dem Anschluss der Krim und dem Beginn des Krieges in der Südostukraine in der international renommierten IB-Fachzeitschrift „International Organization".[154] Bei dem Artikel handelt es sich um ein Kapitel (S. 119-142, identische Überschrift) aus dem im selben Jahr bei Cambridge University Press erschienenen Buch „Inequality, Grievances, and Civil War" über die Ursachen innerstaatlicher Gewalt, verfasst von Lars-Erik Cederman, Kristian Skrede Gleditsch und Halvard Buhaug. In dem Buchkapitel ging es um die zwischenstaatlichen Aspekte von innerstaatlicher Gewalt, was der Grund dafür gewesen sein dürfte, dass Cederman, Gleditsch und die beiden anderen Autoren es auch in der genannten IB-Fachzeitschrift veröffentlichten. Von einem Autor des Zeitschriftenaufsatzes, Idean Salehyan, war im Jahr 2011 ein Buch über die transnationalen Aspekte von innerstaatlichen Aufständen und Bürgerkriegen („Rebels without Borders: Transnational Insurgencies in World Politics") erschienen.

Cederman und seine Forscherkollegen untersuchen den Zusammenhang zwischen der relativen Größe der ethnischen Gruppe jenseits der Grenze, d.h. der „Mutternation" (relativ zur dominanten Gruppe im Minderheitenstaat) und der Wahrscheinlichkeit von Gewalt zwischen der dominanten Gruppe im Minderheitenstaat und der dortigen Minderheit, d.h. der auswärtigen Minderheit der „Mutternation". Ihrer (nicht falsifizierten) Hypothese zufolge ist die Konfliktwahrscheinlichkeit bei mittlerer Größe der Mutternation am größten. Diese Vermutung stützen sie auf die Überlegung, dass eine zahlenmäßig unterlegene „Mutternation" der dominanten Nation im ande-

---

154 Cederman/Gleditsch/Salehyan/Wucherpfennig 2013.

ren Staat ein Gefühl der Sicherheit gibt (so dass sie nicht gegen die Minderheit vorgeht), während eine zahlenmäßig überlegene „Mutternation" abschreckend auf sie wirkt. Aus ihrem Datensatz über grenzüberschreitende ethnische Bande folgern sie, dass ihre Hypothese haltbar ist, allerdings widersprechen die Fälle Moldau/Transnistrienkrieg (1992), Georgien/Südossetienkrieg (2008) und Ukraine/Südostukrainekrieg (2014/15) ihrer (Hypo-)These: Obwohl die Russen in Russland (und im Falle Moldaus zusätzlich noch die Ukrainer in der Ukraine) den Moldauern, Georgiern und den Ukrainern zahlenmäßig weit überlegen sind, kam es zwischen letzteren (genauer: den Zentralregierungen der Republik Moldau, Georgiens und der Ukraine) und den dortigen russischen bzw. russischsprachigen (im Falle Südossetiens: südossetischen) Minderheiten zu militärischen Auseinandersetzungen (Kriegen), ja sogar zu Interventionen Russlands.[155]

Ein Problem ihrer überwiegend quantitativen, kaum praktisch verwertbaren Untersuchung besteht darin, dass sie nur eine Variable, nämlich die relative Größe der Mutternation, untersuchen. Max Weber schrieb schon 1904 zur Leistungsfähigkeit sozialwissenschaftlicher Gesetze: „je allgemeiner, d.h. abstrakter, desto weniger leisten sie für die Bedürfnisse der kausalen Zurechnung *individueller* Erscheinungen."[156] Die Fokussierung auf nur eine Variable dürfte dabei aber noch nicht einmal der zentrale Schwachpunkt ihrer Herangehensweise sein: *Andere* Variablen dürften die Ausprägung ihrer abhängigen Variable (Konflikt/Bürgerkrieg im Minderheitenstaat ja/nein) auch, ja stärker beeinflussen, hier insbesondere politische und wirtschaftliche Ungleichheit entlang ethnischer Linien und/oder Unzufriedenheit/Klagen der Minderheit (vgl. in diese Richtung Cederman, Gleditsch und Buhaug in ihrem oben genannten Buch selbst). Und könnte nicht auch die außenpolitische Interessenlage des „Mutterlandes" gegenüber dem Min-

---

155 Man könnte hier auch noch den georgisch-abchasischen Krieg der Jahre 1992/1993 anführen. Obwohl die Einwohner Russlands, eine Art „Mutternation", zumindest Schutzmacht der Abchasen, den Georgiern zahlenmäßig weit überlegen waren, kam es zwischen den georgischen Streitkräften und der Minderheit der Abchasen zu einem Krieg. Die abchasischen Streitkräfte wurden dabei von kulturell verwandten Kämpfern aus dem russischen Nordkaukasus und russischen Streitkräften unterstützt. Zu diesem Krieg vgl. Abschnitt 4.2.2 der vorliegenden Arbeit.

156 Vgl. Weber 1968, S. 221, zit. nach Nohlen/Schultze 2002, S. 991 (Hervorhebung im Original).

derheitenstaat eine nicht geringe Rolle für die Vorgänge dort spielen? Ausgehend von den Überlegungen im theoretischen Teil (Kapitel 3) sowie in Kapitel 4 der vorliegenden Arbeit kann postuliert werden: Für die Wahrscheinlichkeit eines Konflikts zwischen der Minderheit (d.h. der auswärtigen Minderheit des "Mutterlandes") und der Zentralregierung bzw. dominanten Ethnie des betreffenden Staates dürfte das Ausmaß der Konflikte zwischen „Mutterland" und Minderheitenstaat ein besserer Indikator sein als die relative Größe der Mutternation. Gleich eine Reihe von Fällen (Moldau 1992, Georgien 2008 und Ukraine 2014/2015) widerspricht ja der zentralen Hypothese der Autoren – diese scheint damit wichtige(re) Zusammenhänge, d.h. Variablen nicht zu berücksichtigen. Wenn es im Klappentext ihres Buches heißt, die Autoren lieferten „neue Analysen der Effekte transnationaler ethnischer Verbindungen und der Dauer von Bürgerkriegen", so ist die Qualität der Analyse zumindest ersterer, d.h. der Effekte transnationaler ethnischer Verbindungen, anzuzweifeln.

Auf den Artikel von Cederman u.a. trifft die Kritik zu, die seit einigen Jahren gegen die dominante Version der gelehrten, d.h. akademischen Volkswirtschaftslehre vorgebracht wird: die Verbreitung von Modellen, die nichts oder nur wenig mit der (im Falle der VWL: wirtschaftlichen) Wirklichkeit zu tun haben sowie die zunehmende Mathematisierung und Quantifizierung. Wenn alle sich einer quantitativen Methode bedienenden Aufsätze in den sogenannten „quality peer review journals" von solcher Qualität und Revelanz sind, dann gnade Gott (oder wer auch immer: die Öffentlichkeit, die Gesellschaft) den „IR" („International Relations"), d.h. den „IB" („Internationalen Beziehungen") als Teilgebiet der Politikwissenschaft! Der Artikel von Cederman u.a. ist somit auch ein Beispiel für das Phänomen, das der amerikanische IB-Forscher Michael Desch Anfang 2015 in der amerikanischen Fachzeitschrift „Perspectives on Politics" so auf den Punkt gebracht hat: „Technique trumps relevance" („Technik schlägt Relevanz"). Im Untertitel des Artikels ist von der „Professionalisierung der Politikwissenschaft" und der „Marginalisierung der Sicherheitsstudien" die Rede. Desch zufolge setzt sich an den Universitäten in Friedenszeiten eine enge Defintion von wissenschaftlicher Strenge durch, die Relevanz ausschließe. Diese Tendenz marginalisiere ausgerechnet das politikwissenschaftliche Teilgebiet der Sicherheitsstudien, dem es in der Vergangenheit sowohl um wissenschaftliche Strenge als auch um Relevanz für die reale Welt gegangen sei.[157] Denn was ist die Relevanz und Validität des Artikels von Cederman u.a., wenn sie im Jahr 2013 auf das „puzzle" hinweisen, dass die russischen Minderheiten überraschend friedlich geblieben seien (was im Hinblick auf die Russen und russifizierten Ukrainer in Transnistrien (Republik Moldau) und die Südosseten und Abchasen, die man als russischsprachige Minderheiten verstehen kann, gar nicht stimmte), obwohl diese Minderheiten (laut Cederman u.a.) „zumindest in der Theorie auf Unterstützung seitens großer ethnisch verwandter Gruppen jenseits der Grenze zählen könnten" (nämlich seitens der russischen Regierung und/oder Bürgern Russlands – was 1992 in Transnistrien, 1992/1993 in Abchasien und 2008 in Südossetien und Abchasien ja auch geschehen war), Cederman u.a. dieses „puzzle" damit erklären, dass „große ethnisch verwandte Gruppen jenseits der Grenze (d.h. z.B. die Russen in Russland) ... einen konfliktdämpfenden Effekt (haben), sofern sie ihren Staat kontrollieren" – und ein Jahr nach Erscheinen ihres Artikels viele Russen in Sewastopol nach Anschluss an Russland rufen, Russland die ganze Halbinsel besetzt und diese nach einem nicht freien Referendum an Russland anschließt – und bald darauf prorussländisch eingestellte Staatsbürger der Ukraine in der Ost- und Südukraine demonstrieren, Bürger aus Russland im Donbass, d.h. in der Südostukraine einen Aufstand organisieren, der von russischen Regierungsstellen massiv unterstützt wird, ja es zu einem verdeckten Interventionskrieg Russlands kommt? Wo blieb hier und in den genannten anderen postsowjetischen Fällen der „konfliktdämpfende Effekt" der „großen ethnisch verwandten Gruppe jenseits der Grenze"? Anscheinend stimmt das verwendete Modell nicht mit der russisch-postsowjetischen Wirklichkeit überein.

---

157 Desch 2015, S. 377. Vgl. zu dieser Diskussion weitere Artikel in der betreffenden Nummer der Zeitschrift sowie Héritier 2016. Adrienne Héritier spricht sich jenseits der quantitativ-qualitativen Dichotomie für „substantive problem oriented, methodologically stringent research in a limited-scope theoretical context" aus. Vgl. ebd., S. 11. Diesem Ziel versucht sich auch vorliegende Untersuchung anzunähern.

Laut google war auf den Artikel von Cederman u.a. bis Ende 2017 schon 64mal in Büchern und Zeitschriftenartikeln verwiesen worden. Kritik an dem Artikel – dies nicht zuletzt vor dem Hintergrund des russisch-ukrainischen Krieges – scheint es bisher aber noch nicht gegeben zu haben.[158] Und dass vier Personen als Autoren des Artikels angegeben werden, verweist auf eine verbreitete Strategie im Wissenschaftsbetrieb, mit der die eigene Zitationshäufigkeit erhöht werden soll.

Die Problematik quantitativer Analysen des Irredentismusphänomens kommt auch in einer aktuellen „globalen empirischen Analyse" zum Ausdruck.[159] Die Grundlage bildet ein Datensatz über alle tatsächlichen *und möglichen* irredentistischen Aktionen von 1946 bis 2014. Nach der Erkenntnis der beiden Autoren, die an Universitäten in Alabama bzw. Arizona lehren und forschen, ist Irredentismus wahrscheinlicher,

„wenn die verwandtschafliche Gruppe (kin group) anderen Gruppen im irredentistischen Staat wirtschaftlich ungefähr gleichgestellt ist. Das Mißverhältnis zwischen der herausragenden demographischen Position der verwandschaftlichen Gruppe einerseits und ihrem mittelmäßigen ökonomischen Status andererseits schafft Statusinkonsistenz, was bei der Gruppe Klagen Vorschub leistet .... Wo dieser Groll mit Mehrheitswahlsystemen einhergeht, bei denen der Sieger alles bekommt, liegt es unseres Erachtens nahe, dass für politische Eliten die innenpolitischen Bedingungen vorliegen, Irredentismus als eine Ablenkung von Statusinkonsistenz durch die primordiale Befriedigung ethnischer Vereinigung zu verfolgen. Genauso wichtig ist, dass wir wenig oder keine Unterstützung für einige üblicherweise vorgebrachte Ursachen von Irredentismus finden wie z.B. ethnische Diskriminierung und ethnische Homogenität in der

---

158 Vgl. aber den Artikel von Mehmet Gurses von der Florida Atlantic University mit sehr ähnlichem Titel, der zu ganz anderen Schlussfolgerungen kommt: „Die Literatur über die transnationale Dimension von Bürgerkriegen verweist auf grenzüberschreitende ethnische Verwandte als einen wichtigen Katalysator, der Bürgerkriege beginnt und aufrechterhält ... Bürgerkriege, die von ethnisch mobilisierten Rebellengruppen geführt werden, werden mit größerer Wahrscheinlichkeit zugunsten von Rebellen ausgehandelt und geregelt werden, die ethnische Verwandte in einem Nachbarland haben." Gurses 2015, S. 142. Eine Seite weiter schreibt Gurses: „Ich behaupte, dass ...ethnische Verwandte in angrenzenden Ländern das ‚dritte Bein' im Kampf zwischen den Rebellen und der Regierung darstellen". Er verweist dabei u.a. auf den oben genannten Artikel von Cederman u.a., ohne sich mit ihm kritisch auseinanderzusetzen. Vgl. ebd., S. 143.
159 Siroky/Hale 2017.

koethnischen Enklave, die Vorteile einer größeren Ökonomie, relative Macht oder Wohlstand auf staatlicher Ebene."[160]

Besetzte die russische Führung also die Krim, weil sich viele Russen in Russland den Angehörigen von Minderheiten (Tataren usw.) wirtschaftlich (nur) ungefähr gleichgestellt, nicht besser gestellt fühlten? Die Autoren stellen hierzu nur fest, dass die entsprechende, hypothesenkonforme Ausprägung der Variable im Falle Russlands gegeben ist, d.h. dass die Russen in Russland den Minderheiten wirtschaftlich nicht besser, sondern ungefähr gleichgestellt sind. In erster Linie weisen sie aber einerseits auf Russlands Wahl- und politisches System hin, welches Appellen an den Nationalismus der ethnischen Russen kein Hindernis in den Weg lege. Auch seien sowohl Russland als auch die Ukraine „Anokratien" (d.h. eine Zwischenform zwischen Demokratie und Autokratie, charakterisiert durch unklare Machtverhältnisse) – und „anokratische Dyaden", d.h. Paare sind ihren Daten zufolge irredentismusanfälliger. Zum anderen verweist das Autorenpaar darauf, dass viele Beobachter hinter Moskaus humanitärer Begründung seiner Anerkennung Südossetiens und Abchasiens im Jahr 2008 sowie des Anschlusses der Krim im März 2014 „realpolitische Ziele" sehen. Auch sie selbst scheinen einer solchen Sichtweise nicht abgeneigt zu sein. Das Problem ist nur, dass solche „realpolitischen" (außen-politischen, strategischen) Ziele in ihrer Aufzählung der Faktoren, die am stärksten mit Irredentismus korrelieren, *nicht* vorkommen. Gleichzeitig bezeichnen sie die Annexion der Krim als „klassischen Fall von Irreden-tismus". Dies führt zu der Frage, ob die von ihnen genannten Faktoren wirklich die entscheidenden sind, d.h. es die Faktoren sind, die bei Irreden-tismus oft eine gewichtige Rolle spielen – oder ob es nur Faktoren sind, die statistisch positiv mit Irredentismus korrelieren. Vielleicht nicht von un-gefähr heißt es im Duden, eine Korrelation (im mathematischen Sinn) sei ein „nur statistisch, mit Hilfe der Wahrscheinlichkeitsrechnung zu erfas-sender [loser, zufälliger] Zusammenhang zwischen bestimmten Erschei-nungen."[161]

---

160 Ebd. (Onlineversion, ohne Seitenangaben).
161 Duden. Deutsches Universalwörterbuch. Mannheim u.a.: Dudenverlag 1989. Vgl. kritisch zur Vorgehensweise vieler „Variablenforscher" auch Welzel 2016, S. 407 f.

5.2 Definitionen von Irredentismus

Eine Definition von Irredentismus erfolgte bereits am Anfang des theoretischen Kapitels, als es um die verschiedenen Arten auswärtiger Minderheitenpolitik ging. Unter Irredentismus ist demnach zum einen eine politische Bewegung innerhalb eines Staates zu verstehen, die das Ziel hat, den Anschluss eines Gebiets mit einer ethnisch zugehörigen Minderheit in einem anderen, meist angrenzenden Staat zu erreichen. Eine etwas handfestere Definition bietet die liberale israelische Politikwissenschaftlerin und Afrika-Expertin Naomi Chazan an, die Anfang der 1990er Jahre einen Sammelband zum Thema herausgegeben hat. Sie versteht unter Irredentismus „Versuche seitens existierender Staaten, angrenzende Gebiete (lands) sowie die Menschen, die sie bewohnen, im Namen historischer, kultureller, religiöser, sprachlicher oder geographischer Affinität zu annektieren".[162] Neben einem „Mutterland", seiner Regierung oder politischen Gruppen in ihm kann auch eine Minderheit irredentistisch sein, d.h. das Ziel verfolgen, ihr Territorium an den "zugehörigen" Nationalstaat anzuschließen.[163] Im ersteren Fall bedeutet das einen – nicht selten gewaltsamen – Konflikt mit dem betreffenden, benachbarten Staat[164], im zweiten Fall entsteht in erster Linie ein Konflikt der betreffenden Minderheit mit der Regierung des Staates, in dem sie wohnt. Die Regierung des anderen (in der Regel angrenzenden) Staates, d.h. des „Mutterlandes" wird aber nicht selten in einen solchen Konflikt hineingezogen, muss zumindest Position zum Konflikt im Nachbarstaat beziehen, d.h. zum Wunsch der Minderheit im anderen Staat nach Abspaltung und Anschluss an das „Mutterland".[165] Der US-amerikanische Experte für ethnische Konflikte Donald L. Horowitz und die sich auf ihn stützende, bereits genannte Irredentismusforscherin Naomi Chazan unterscheiden verschiedene Fälle von Irredentismus aber nicht danach, wer die aktive(re) Rolle spielt, das Mutterland oder die Minderheit, sondern nach der strukturellen Position der grenzüberschreitenden Minderheit. Der bekannteste Fall besteht diesen Forschern zufolge darin,

---

162 Chazan 1991, S. 139. Vgl. ähnlich auch Mayall 1990, S. 57.
163 Chazan 1991, S. 140.
164 Horowitz 1985, S. 282, 287 f.
165 Bartsch 1995, S. 18.

dass die ethnische Gruppe eine Mehrheit in dem Staat darstellt, der irredentistische Forderungen stellt und eine Minderheit im Nachbarland. Bei Irredentismus handelt es sich in diesem Fall entweder um die von einer Regierung erhobene Forderung, ihre jenseits der Grenze befindlichen „Landsleute" und das Territorium, das sie bewohnen, in das Mutterland einzugliedern oder um die von einer Minderheit erhobene Forderung nach Vereinigung mit ihren „Landsleuten" jenseits der Grenze. Der zweite Grundtypus besteht darin, dass eine durch eine oder mehrere Grenzen getrennte ethnische Gruppe eine Minderheit in zwei oder mehr Staaten bildet, d.h. über kein Mutterland verfügt, wie das zum Beispiel bei den Kurden in der Türkei, im Irak und in Syrien der Fall ist.[166]

Dieser zweite Typus erscheint für unsere Diskussion von geringer Bedeutung, da es dabei nicht um (staatliche) auswärtige Minderheitenpolitik geht. Ohnehin gehen diese Minderheiten in Ermangelung eines Mutterlandes, das sie unterstützt, meist den Weg der (innerstaatlichen) Autonomie oder den der Sezession.[167] Letzteres mit geringer Aussicht auf Erfolg, denn es gibt viele Sezessionsbewegungen, aber nur wenige Beispiele für erfolgreichen Sezessionismus (und noch weniger für erfolgreichen Irredentismus), wie Horowitz gestützt auf seine Studien vieler ethnischer Gruppen in Afrika und Asien Anfang der 1990er Jahre betonte.[168] Horowitz' Befund darf aber nicht absolut gesetzt werden, denn im Zuge der Auflösung Jugoslawiens und der Sowjetunion in den Jahren 1991/1992 gab es viele Fälle von gelungenem Sezessionismus. Und im Jahr 1990 trat die DDR der Bundesrepublik Deutschland bei – eines der seltenen Beispiele für erfolgreichen Irredentismus.

Das Wort Irredentismus kommt von dem italienischen Schlagwort *Italia irredenta*, womit „unerlöstes", d.h. nicht unter italienischer Herrschaft stehendes, aber mehrheitlich italienisch besiedeltes Gebiet im damaligen Österreich-Ungarn gemeint war. Diese prägnante, leicht verständliche und stark an Emotionen appellierende Parole wurde dann zur Bezeichnung der politischen Bewegung, die den Anschluss dieses Gebiets an Italien an-

---

166 Chazan 1991, S. 2 f.
167 Ebd., S. 2.
168 Horowitz 1992, S. 120.

strebte. In dem im Jahr 1877 erstmals in dieser Bedeutung verwendeten Begriff kommt das starke religiöse Element im italienischen Nationalismus der damaligen Zeit zum Ausdruck. Der Irredentismus dieser Bewegung, die hauptsächlich von kulturpolitischen Organisationen und im Mutterland Italien von den Republikanern und den Radikalen, d.h. den Linksparteien getragen wurde, ging dann schon vor 1914 über sein ursprüngliches Ziel hinaus, als er für Italien die „natürlichen Grenzen" in den Alpen verlangte.[169] Naomi Chazan beschreibt Irredentismus in dem von ihr herausgegebenen Sammelband als eine „Form lokalisierten regionalen Konflikts, der durch Partikularismus und ein Streben nach der Wiederbelebung einer Art historischen Gemeinschaftsgefühls charakterisiert ist." Die zu „erlösenden", d.h. anzuschließenden Territorien werden dabei auf der Basis von Ethnizität, der unmittelbaren oder entfernteren Geschichte, der Sprache oder der Geographie definiert.[170] Die Wurzel des Irredentismus liegt daher in Gemeinschaftsgefühlen (communal feelings), die Staatsgrenzen überschreiten. Schriftsteller, Dichter, Sprachwissenschaftler und religiöse Führer, d.h. die kulturellen Eliten sind für die Schaffung dieser grenzüberschreitenden Identitäten sowie von Mitteln der Gruppenkommunikation zentral.[171]

Auch wenn bei Chazan von den „subjektiven Identitäten" die Rede ist, die bei Irredentismus eine Rolle spielen, betont sie in Anlehnung an Horowitz doch die „objektiven Bestrebungen", die hinter staatlichem Irredentismus stehen[172]: Zwar nehme Irredentismus häufig Bezug auf symbolische Identitäten ethnischer Art, aber es gehe ihm klar um konkrete territoriale Erfolge. Irredentismus leite sich nicht ausschließlich, wenn überhaupt, von ethnischen Überlegungen ab. Trotzdem basierten irredentistische Konflikte stark auf emotionalen Appellen. Chazans Ausführungen und Definitionen vermitteln den Eindruck, dass sie in Irredentismus kein Zwitterphänomen aus symbolischen und instrumentellen Elementen, aus Gefühl und Verstand sieht. Vielmehr betont sie die zentrale Rolle des Staates bei irredentisti-

---

169 Mayall 1990, S. 57; „Irredentismus", in: Brockhaus 2006.
170 Chazan 1991, S. 144.
171 Ebd., S. 146.
172 Ebd., S. 142.

schen Prozessen und definiert Irredentismus als „nationalistisch begründete (rationalized) staatlich-territoriale Expansion".[173]
Andere Autoren betonen stärker, dass beim Irredentismus Gebietsansprüche und Appelle an das Gefühl der Massen Hand in Hand gehen.[174] Konkrete Fälle von Irredentismus dürften sich jedenfalls unterscheiden: In dem
einen Fall steht stärker der Anschluss benachbarten, die Rückgewinnung
einst verlorenen Gebiets mit den sich daraus ergebenden strategischen,
wirtschaftlichen usw. Vorteilen, d.h. die territoriale bzw. expansionistische
Komponente, im anderen Fall die „Rückgewinnung" bzw. „Rettung" von
Landsleuten, ihr Anschluss an die „Mutternation", die Vereinigung mit
ihnen, d.h. die affektiv-„ethnobrüderliche"[175] Komponente im Mittelpunkt.[176]
Zwei Kernelemente bestimmen damit das Phänomen Irredentismus: zum
einen das Bestreben, Angehörige der eigenen ethnischen bzw. nationalen
Gruppe, des eigenen „Volkes", der eigenen Nation („Landsleute"), zum anderen Land (Territorium) außerhalb der eigenen Staatsgrenzen „zurück-
zugewinnen". Fehlt das erste Element, d.h. sind die ethnischen, kulturellen,
historischen usw. Bande zur betreffenden Gruppe nur schwach bzw. will
die betreffende Gruppe (mehrheitlich) gar nicht angeschlossen werden, so
handelt es sich nicht um Irredentismus, sondern im extremen Fall um Imperialismus, d.h. um ein Streben, über Angehörige einer *anderen* Nation (hier
nicht unbedingt ethnisch zu verstehen) zu herrschen. Wenn ethnisch russische oder russischsprachige Einwohner von Donezk mehrheitlich der Meinung sind, dass sie (wenn auch unzufriedene) Bürger der Ukraine sind, aus
Russland kommende Kämpfer/Gewaltakteure dies aber nicht anerkennen,
sondern dort ein „Neurussland" ausrufen, welches Russland angegliedert
werden soll, so handelt es sich bei diesen Bestrebungen weniger um Irredentismus als um Imperialismus.

---

173 Ebd., S. 141. Vgl. ähnlich James Mayall, dem zufolge unter Irredentismus heutzu-
    tage „jeder von einem souveränen Nationalstaat gemachte Anspruch auf Gebiete
    (lands) innerhalb eines anderen" verstanden wird. Diese Ansprüche würden allge-
    mein „mit historischen und/oder ethnischen Argumenten" untermauert, denen zu-
    folge ein rechtmäßiger Teil des Landes oder der Nation ungerechtfertigterweise
    abgetrennt worden sei. Mayall 1990, S. 57.
174 Ebd., S. 59.
175 Dieser Ausdruck („ethno-fraternal") findet sich bei Rothschild 1981, S. 186.
176 Mayall 1990, S. 57 f.

Irredentismus wird damit aus instrumentell-strategischen *und* wertrational-affektuellen Gründen verfolgt. Im Zusammenhang mit dieser Doppelnatur von Irredentismus stellen sich vor allem folgende Fragen: Wie ist die Beziehung zwischen Gefühlsappellen und dauerhaften Sicherheitsüberlegungen beschaffen? Wann schlägt ethnische Nachbarschaft in expansionistische Ansprüche um? Unter welchen Umständen nehmen regionale Spannungen irredentistischen Charakter an? Welche Faktoren beeinflussen den Verlauf von Selbstbestimmungsbestrebungen?[177]

In der jüngeren, seit den 1990er Jahren erschienenen Irredentismus-Literatur heißt es des Öfteren, dass sich die Entscheidungsträger potentiell irredentistischer Staaten zwei gegensätzlichen Faktoren gegenüber sehen: im Inneren nationalistischem Druck zu Irredentismus, d.h. nationaler Vereinigung und territorialer Vergrößerung, von außen dagegen Gegendruck seitens der internationalen Gemeinschaft und in Gestalt internationaler Normen.[178] Damit wird aber übersehen, dass es äußere (systemische) *Anreize* für Irredentismus geben kann, Irredentismus auch in außenpolitischer Hinsicht zumindest teilweise rational sein kann: Der Anschluss neuer Gebiete kann zu einer besseren strategischen Lage, d.h. erhöhter Sicherheit, zur Kontrolle über wertvolle Ressourcen und/oder zu einer größeren Bevölkerung führen. Gerade dies wird in der älteren Literatur richtigerweise betont: dass bei Irredentismus von staatlicher Seite nicht allein ethnonationale Gefühle, sondern immer auch zweckrationale Motive, d.h. strategische und/oder wirtschaftliche Interessen im Spiel sind. Das Vorhandensein einer ethnischen Gruppe, die von einer oder mehreren territorialen Grenzlinien geteilt wird, d.h. grenzüberschreitende ethnische Verwandtschaft ist für sich genommen noch kein hinreichender Grund für einen Kurs in Richtung staatlich-territorialer Vereinigung.[179] Ethnonationale Vorstellungen und die politischen Präferenzen der Eliten müssen zusammenfallen. Bei der Verfolgung irredentistischer Ziele werden daher Gefühle hoch gehalten, kaum

---

177 Chazan 1991, S. 144.
178 Ambrosio 2001. Vgl. in diese Richtung auch Saideman/Ayres 2008, S. 8 f., 12, 21.
179 Horowitz 1985, S. 282.

aber strategische oder wirtschaftliche Überlegungen ignoriert.[180] Naomi Chazan bringt diesen Mix aus Interessen und Gefühlen so auf den Punkt:

"Es ist die Kombination von Macht- und wirtschaftlichen Erwägungen (die häufig in militärischen Begriffen zum Ausdruck kommen) im Verein mit patriotischen Gefühlen und einer partikularistischen ideologischen Sprache, die dem Irredentismus sein einmaliges Flair als politisches Verbindungsstück zwischen staatlicher Expansion und nationalistischer Leidenschaft verleiht."[181]

In eine ähnliche Richtung argumentierte der 1931 in Fulda geborene, später an der Columbia University lehrende jüdischstämmige Osteuropaexperte und Politikwissenschaftler Joseph Rothschild in seiner Anfang der 1980er Jahre erschienenen anspruchsvollen Studie über Ethnopolitik samt ihrer zwischenstaatlichen und internationalen Weiterungen. Von zentraler Bedeutung bei der Entscheidung für Irredentismus ist Rothschild zufolge eine positive Kosten-Nutzen-Analyse sowohl des potentiell expandierenden Staates als auch der Minderheit, hier insbesondere der jeweiligen Eliten, wobei außen- und innenpolitische, strategische und ökonomisch-finanzielle Überlegungen eine Rolle spielen.[182] Regierungen machen diese Kalkulationen und treffen ihre Entscheidungen immer in einer vorherrschenden zwischenstaatlichen systemischen Umwelt und im Kontext innenpolitischen Drucks, von Gelegenheiten und Risiken.[183] Rothschild betonte dabei, dass Regierungen bei diesen Entscheidungen rational vorgehen:

"Keine Regierung handelt je ausschließlich aus affektiven ethnobrüderlichen Überlegungen bei der Lösung ihres Dilemmas, obwohl sie ihnen manchmal Priorität einräumen kann. Sie wägt diese Überlegungen immer mit zweckrationalen – strategischen, wirtschaftlichen, innenpolitischen und dergleichen – ab. Wenn die Gesamtbalance all dieser Überlegungen auch nur zweifelhaft erscheint, von negativ gar nicht zu reden, setzen sich die am Nutzen orientierten gegen die affektiven durch. ... Nur wenn die Nützlichkeitsüberlegungen die affektiven ethnobrüderlichen klar zu verstärken ... scheinen und die Intervention relativ wenig zu kosten scheint, wie in den Kalkulationen, die das Berlin der Zwischenkriegszeit

---

180 Chazan 1991, S. 146 f.; Rothschild 1981, S. 186 f.
181 Chazan 1991, S. 141.
182 Rothschild 1981, S. 184.
183 Ebd., S. 187.

bezüglich der Unterstützung des Irredentismus der ... Volksdeutschen gegen die Staaten Ostmitteleuropas vornahm ..., wird eine solche Intervention gewählt."[184]

Häufiger als Nützlichkeitsüberlegungen und nationalistische Gefühle, die in dieselbe Richtung, nämlich Intervention bzw. eine irredentistische Aktion weisen, nimmt eine Regierung, nehmen die politischen Eliten eines Landes einen Widerspruch oder einen negativen oder zweifelhaften Mix aus rationalen und emotionalen Elementen wahr.[185] Eine Fehlkalkulation kann sehr teuer zu stehen kommen.[186]

Joseph Rothschild vertrat damit die These, dass Regierungen bei irredentistischen Entscheidungen in der Regel ziemlich vorsichtig sind. Der Forscher selbst wies aber an anderer Stelle auf die manchmal irrationale Dynamik von Irredentismus hin, die meist innenpolitisch verursacht sei.[187] Naomi Chazan zufolge ist bei irredentistischen Aktionen oft staatliches Draufgängertum im Spiel. Auf diese irrationalen, zumindest riskanten Seiten von Irredentismus wird weiter unten einzugehen sein.

Wenngleich Irredentismus eine sehr spezielle Art, eine Extremform auswärtiger Minderheitenpolitik darstellt, kann er doch in hohem Maße auf die in Kapitel 3 herausgearbeiteten zentralen Variablen auswärtiger Minderheitenpolitik zurückgeführt werden. Ob sich eine Regierung für einen irredentistischen Kurs entscheidet, hängt damit von folgenden Faktorenbündeln ab: zum einen der international-regionalen Konstellation und dem zwi-

---

184 Ebd., S. 186 f.

185 Wladimir Putin befand sich in der zweiten Julihälfte 2014 laut einem Artikel in der FAZ, der mit „Im Zwiespalt" überschrieben war, „zwischen kühler Rationalität und allrussischem Pathos". Erstere beinhaltete die Distanzierung von den (pro)russländischen Besatzern in der Südostukraine, jedenfalls den Verzicht auf eine Intervention dort angesichts drohender Wirtschaftssanktionen des Westens. Dieser außenpolitischen Rationalität stand aber eine innenpolitische gegenüber: „Ungewiss ist, ob Putin wirklich die Aufständischen von Nachschub abschneiden und fallenlassen würde. Einerseits könnte ihm daraus eine neue innenpolitische Gefahr erwachsen." Vgl. FAZ. 2014, 21.7., S. 10. Um letzteres zu vermeiden, intervenierte Russland dann ab August mehr oder weniger verdeckt in der Südostukraine, um den Bestand der beiden „Volksrepubliken" zu sichern. Dafür nahm die russische Führung verschärfte Wirtschaftssanktionen westlicher Staaten in Kauf.

186 Rothschild 1981, S. 187.

187 Ebd., S. 198.

schenstaatlichen Verhältnis, hier insbesondere dem Ausmaß der Konflikte zwischen dem „Mutterland" und dem (meist benachbarten) Staat mit einer inneren Minderheit, zum anderen der Situation und den Charakteristika der „anzuschließenden" Minderheit (und nicht zuletzt dem strategischen usw. Wert ihres Territoriums) sowie schließlich der Innenpolitik des Mutterlandes, dem Grad des Ethnonationalismus, der innenpolitischen Lage seiner Regierung.

Im Folgenden sollen diese Faktoren, die einen Einfluss auf staatlichen Irredentismus haben, näher dargestellt werden, wobei von der internationalen, regionalen und bilateralen Ebene über die Ebene des Staates hin zur substaatlichen Ebene vorgegangen wird. Nach der Darstellung der einzelnen Analyseebenen, Untersuchungseinheiten und Variablen wird jeweils untersucht, ob die Ausprägung der Variable im Falle Russlands und der Krim bzw. der Südostukraine irredentismusförderlich war. Da für erfolgreichen Irredentismus vor allem das jeweilige Mutterland, d.h. der betreffende Staat mit seinem militärischen usw. Potential und erst in zweiter Linie die Minderheit, die ihren Staat „wechseln" will, von Bedeutung sind, werden zuerst die Faktoren dargestellt, die *staatlichen* Irredentismus befördern, wobei von den äußeren (systemischen) zu den innerstaatlichen Faktoren vorgegangen wird. In einem zweiten Schritt geht es dann um die Faktoren, die den Irredentismus einer Minderheit beeinflussen.

5.3 Systemisch-regionale und zwischenstaatliche Faktoren, die staatlichen Irredentismus befördern

5.3.1 Zerfall eines multinationalen Reiches, Neubestimmung politischer Grenzen?

Irredentistische Prozesse stellen ein Nebenprodukt von Übergang und Unsicherheit in der internationalen Ordnung dar.[188] Die Häufigkeit irredentistischer Prozesse ist deshalb historischen Schwankungen unterworfen. Irredentismus nimmt insbesondere in Perioden der Neubestimmung von Staatsgrenzen nach dem Zerfall von multinationalen Reichen zu.[189] So gingen die Auflösung des Osmanischen Reiches und Österreich-Ungarns und die Neuentstehung einer Vielzahl von Staaten im Europa der Zwischenkriegszeit mit Irredentismus einher.[190] Dagegen stellten während der Zeit des Ost-West-Konflikts der internationale Kontext, d.h. die politisch-militärischen Status quo-Interessen der beiden Supermächte eine Art Riegel gegen grenzüberschreitende ethnoterritoriale Forderungen in Europa dar. Mit der Auflösung des Ostblocks änderten sich diese Rahmenbedingungen wieder. In weiser Voraussicht schrieb die Politikwissenschaftlerin Naomi Chazan am Ende des von ihr herausgegebenen Sammelbandes über Irredentismus, der 1991 erschien:

„Der Zusammenbruch regionaler Hegemonie-Arrangements in Osteuropa, im Fernen Osten, Afrika und im Mittleren Osten zieht unvermeidlich die Aufmerksamkeit auf die Notwendigkeit, politische Grenzlinien neu zu bestimmen, ideologische Haltungen zu überprüfen und nationale Prioritäten zu überdenken. In dieser Situation ... vergrößert sich die Möglichkeit ... irredentischer Äußerungen und wird die Notwendigkeit der Regulierung der Interaktion zwischen angrenzenden Staaten deutlich."[191]

Ähnlich wie die Periode des Zerfalls der multinationalen Staaten Osmanisches Reich, Russisches Reich und Österreich-Ungarn und des Staaten- und Nationsbildungsprozesses im Anschluss daran war daher auch die Auflösung der multinationalen Staaten Sowjetunion und Jugoslawien ab

---

188 Chazan 1991, S. 143.
189 Ebd., S. 142 f.; Carment/James 1995, S. 85.
190 Rothschild 1981, S. 187.
191 Chazan 1991, S. 150.

Ende der 1980er Jahre und die Entstehung neuer Nationalstaaten in diesen Räumen von irredentistischen Bestrebungen begleitet. Zu nennen sind hier vor allem der Irredentismus der in der Sowjetrepublik Aserbaidschan gelegenen armenischen Enklave Nagorny Karabach, später auch Armeniens selbst ab dem Jahr 1988, der Irredentismus Serbiens gegenüber Kroatien und Bosnien-Herzegowina, sowie der Irredentismus Kroatiens gegenüber Bosnien-Herzegowina ab dem Jahr 1991.[192]

Ein Zerfall eines Imperiums, eines multinationalen Reiches erfolgte 2014 nicht. Wir wenden uns deshalb der nächstniederen (Analyse-)Ebene zu, wo wir erfahren werden, dass auch weniger große Auflösungsprozesse zu Irredentismus führen können.

5.3.2 Regionalkonflikt bzw. „Destabilisierung des zwischenstaatlichen Arrangements"?

Irredentistische Neigungen können jahrelang ruhen – und ausbrechen, wenn zwischenstaatliche Arrangements destabilisiert werden. Latente und offene Phasen von Irredentismus sind deshalb eng mit Vorgängen auf der internationalen Ebene im Allgemeinen und der regionalen Politik im Besonderen verbunden. Aber auch die Innenpolitik der beteiligten Staaten spielt eine Rolle: Während die regionale Umwelt das „Klima" für Irredentismus bestimmt, geben innerstaatliche Vorgänge den Anstoß für irredentistische Aktionen.[193] Chazan definiert Irredentismus zusammenfassend als „die po-

---

192 Ambrosio 2002, Saideman/Ayres 2008. Ambrosio hat dabei einen weltweiten Fokus; er geht neben den oben genannten Beispielen auch auf den Irredentismus Somalias, den Nordkoreas (Koreakrieg), auf Indiens Invasion von Goa und Indonesiens Einmarsch in Ost-Timor ein. Saideman und Ayres behandeln auch die Fälle Ungarn, Rumänien und Russland – Staaten mit Minderheiten jenseits der Landesgrenzen, die irredentistisch hätten werden können, es aber (zumindest bis zum damaligen Zeitpunkt) nicht wurden. Was russischen Irredentismus anbelangt, so konstatieren sie entsprechende Bestrebungen nur bei den Russen auf der Krim (dies in der ersten Hälfte der 1990er Jahre), auf die das Russland Jelzins aber nicht eingegangen sei. Vgl. Saideman/Ayres 2008, S. 179-181, 197, 199.

193 Chazan 1991, S. 144. Vgl. ähnlich Joseph Rothschild über die Entscheidung für eine Intervention zugunsten einer auswärtigen Minderheit: „Regierungen machen diese Kalkulationen und treffen ihre Entscheidungen immer im Kontext einer vorherrschenden zwischenstaatlichen systemischen Umwelt sowie im Kontext innenpolitischen Drucks, von Gelegenheiten und Risiken." Rothschild 1981, S. 187.

litische Kulmination von Ethnonationalismus, staatlicher Politik (statism) und Expansionismus in Situationen regionaler Unsicherheit und in Zeiten politischen Übergangs."[194]

Konkreter formuliert führen in der Regel regionale bzw. zwischenstaatliche Konflikte und bestimmte innenpolitische Entwicklungen in den beteiligten Staaten zu irredentistischen Tendenzen bzw. Prozessen.[195] Was die Reduzierung extremer irredentistischer Tendenzen angeht, weist Chazan dementsprechend auf die „zentrale Bedeutung von regionalem Ausgleich, von zwischenstaatlicher Interaktion sowie innenpolitischer Stabilität" hin.[196]

Irredentismus gilt, wie die obigen Definitionen gezeigt haben, als eine Form von expansiver und damit aggressiver Außenpolitik. Nach einer Richtung des Neorealismus werden aber selbst Staaten, die den Status quo erhalten wollen, manchmal zum Aggressor – dies aus zwei Gründen: Zum einen, um spätere Aggression gegen sich selbst oder ihre Verbündeten zu verhindern; zum anderen, „um zu vermeiden, später dazu gezwungen zu sein, aus einer Position der Schwäche zu verhandeln (to bargain from weakness)". Präventivkriege werden manchmal schon allein aus Angst vor zukünftigen Streitigkeiten mit dem potentiellen Gegner geführt.[197] Diese beiden Thesen sind aus der zentralen These des defensiven strukturellen Realismus von Kenneth Waltz abgeleitet, dass nämlich „das Hauptanliegen

---

194 Chazan 1991, S. 149. Chazan schwankt dabei etwas, ob Irredentismus ungeplant oder geplant ist. So schreibt sie auch, dass irredentistische Impulse in der Vergangenheit, d.h. vor 1991, als „die *unbeabsichtigten* Konsequenzen zwischenstaatlicher Spannungen und Konflikte" entstanden seien. Diese Impulse hätten sich in einer Atmosphäre „innenpolitischer Uneindeutigkeit und ideologischer Neubestimmung" vereinigt. Vgl. ebd., S. 150 (Hervorhebung durch F.P.).

195 Ebd., S. 148. Dies läßt sich in letzter Zeit am Beispiel der Türkei beobachten: Der staatliche Zerfall Syriens und teilweise des Iraks, der mit einer Neustrukturierung der Kurdenfrage in der Region einhergeht, sowie die Gefährdung der Alleinherrschaft der AKP durch die Parlamentswahlen des Jahres 2015 trugen dazu bei, dass der türkische Staatspräsident Erdogan seit Herbst 2016 irredentistische Töne im Hinblick auf die ölreichen Kurdengebiete im Nordirak und etliche griechische Inseln im Ägäischen Meer anschlägt. Damit soll der Einfluss der Türkei in angrenzenden Regionen gesichert und die zersplitterte Gesellschaft der Türkei nationalistisch integriert werden. Vgl. zu Erdogans Äußerungen und ihrem historischen Hintergrund SZ. 2016, 5.11., S. 53; Die Zeit. 2017, Nr. 16 (12.4.), S. 17.

196 Chazan 1991, S. 149.

197 van Evera 1999, S. 73 und S. 76 (Zitat). S. auch ebd., Anm. 7.

von Staaten nicht darin besteht, Macht zu maximieren, sondern ihre Positionen im System beizubehalten".[198] Präziser nennt Stephen van Evera, wie Waltz ein Vertreter des defensiven strukturellen Realismus, heraufziehende Machtverschiebungen, die (wahrgenommene) Fenster der Gelegenheit schaffen, d.h. Zeitpunkte bzw. kurze Zeiträume, in denen die eigenen Durchsetzungschancen noch relativ hoch sind, als Auslöser für militärische Gewaltanwendung, d.h. staatliche Aggression.[199] „Heraufziehende Machtverschiebungen" meint dabei drohende Macht*verluste*, die abgewendet bzw. verkleinert werden können, indem ein Staat aggressiv handelt.

In dieselbe Richtung weist auch der norwegische Russland- und Sicherheitsexperte Olav Knudsen in einer Studie über die Situation von Kleinstaaten, die an eine Großmacht angrenzen. Ihm zufolge sind die zwei offensichtlichsten Fälle von hastiger Großmachtintervention anscheinend solche, „die ein Zuvorkommen oder Prävention erfordern." Der erste Fall ist hierbei „der plötzliche innenpolitische Wechsel im Kleinstaat, der von der Großmacht dahingehend wahrgenommen wird, dass er Änderungen der Außenpolitik ankündigt, und wenn alles andere auf eine Notwendigkeit zu intervenieren hindeutet."[200] Die russischen Entscheidungsträger könnten im Februar 2014 im Hinblick auf die Ukraine genau eine solche Situation wahrgenommen haben. Ein anderer Autor macht aber eine solche macht- und statussichernde Intervention bzw. Aggresson von der politischen Ausrichtung der Führung abhängig: Wenn „nach außen orientierte Gruppen" wie zum Beispiel Nationalisten die Regierung dominieren, werden aufsteigende Staaten wahrscheinlich revisionistisch werden; absteigende Staaten werden wahrscheinlich den Status quo verteidigen, d.h. einen Machtverlust zu verhindern suchen.[201]

---

198 Waltz 1979, S. 126.
199 van Evera 1999, S. 73.
200 Knudsen 1992, S. 26. Zu Knudsens zweitem Fall, der Verschlechterung der Großmachtbeziehungen als Auslöser für die hastige Intervention einer Großmacht in einem benachbarten Kleinstaat, vgl. die Ausführungen zum russisch-georgischen Krieg des Jahres 2008 im Abschnitt 4.1.4.
201 Davidson 2006, S. 2.

Russlands Besetzung und Anschluss der Krimhalbinsel überrascht nicht wirklich, wenn man weitere Erkenntnisse der theoretischen Literatur berücksichtigt. So stellte der indische Konfliktforscher Abeysinghe M. Navaratna-Bandara in einer verdienstvollen Studie über die Politik „Großer Nachbarn" in Sezessionskonflikten in angrenzenden oder nahen Staaten folgende Hypothese auf:

> „In dem Maße, in dem ein Großer Nachbar (a) gemeinsame strategische Ressourcen, (b) eine gemeinsame Sicherheitszone, (c) eine gemeinsame territoriale Grenze und vor allem (d) ethnische Bande mit einem Teil des betroffenen Landes teilt ..., ist seine Verwicklung in den inneren Konflikt des letzteren praktisch unvermeidlich."[202]

Unter (a) versteht Navaratna-Bandara Häfen, militärische Installationen usw. innerhalb der Grenzen des betroffenen Staates, „die effektiv gegen die nationalen Sicherheitsinteressen des Großen Nachbarn eingesetzt werden könnten".[203] In diesem Fall „gefährdet ein sezessionistischer Konflikt, der externe Interessen anziehen könnte, die nationale Sicherheit des Großen Nachbarn und vergrößert seine potentielle Verwicklung." Unter (b) ist die Nähe des betroffenen Staates zur (within) regionalen Verteidigungszone des Großen Nachbarn zu verstehen.[204] Auch wenn man die Sezession der Krim im März 2014 als in hohem Maße von außen, nämlich durch Akteure aus Russland herbeigeführt bezeichnen muss, waren alle vier genannten Bedingungen im Falle der überwiegend russisch besiedelten (uk-

---

202 Navaratna-Bandara 1995, S. 36. Navaratna-Bandara entwickelte in seinem Buch ein Modell der Bedingungen, unter denen die Übertragung von Kompetenzen einer Regierung auf untere Ebenen (devolution of government) die präferierte Regelung eines ethnischen sezessionistischen Konflikts in einem modernen Staat, der dem Einfluss eines größeren benachbarten Staates – des Großen Nachbarn – unterliegt, sein kann. Er testet dieses Modell dann an fünf entsprechenden Fällen, darunter Indien/Ostpakistan (Bangladesh) und Indien/Sri Lanka.

203 Vgl. genau so der russische Präsident Wladimir Putin am 18. März 2014 in seiner Krim-Anschlussrede: „Was würde diese Perspektive (der Beitritt der Ukraine zur NATO – F.P.) für die Krim und Sewastopol bedeuten? Dass in der Stadt des russischen (russkogo) militärischen Ruhms eine NATO-Flotte erscheinen würde, dass eine Bedrohung für den ganzen Süden Russlands entstehen würde. ... Wir sind dagegen, dass eine Militärallianz ... an unserem Zaun, neben unserem Haus oder auf unseren historischen Territorien schaltet und waltet." Vgl. Putin 2014, Obraschtschenije ...

204 Navaratna-Bandara 1995, S. 36.

rainischen) Halbinsel mit ihren russländischen Militäranlagen, hier in erster Linie in Sewastopol gegeben.

Im Schlussteil seiner Untersuchung betont Navaratna-Bandara, dass es nicht allein ethnische Bande, sondern die von den Entscheidungsträgern des Großen Nachbarn wahrgenommenen unmittelbaren strategischen Bedrohungen sind, die ihr Verhalten bestimmen: Wenn sie überzeugt sind, „dass die Ereignisse, die sich in der (sezessionistischen – F.P.) Konfliktsituation ergeben, seine strategischen Interessen gefährden, (so) haben wir nachgewiesen ..., dass internationale Prinzipien wie ‚Nichtintervention‘, ‚territoriale Integrität‘ und ‚nationale Souveränität‘ womöglich wenig praktische Gültigkeit haben, um eine Intervention durch den Großen Nachbarn abzuwenden."[205] Auch dieses Ergebnis der Untersuchung Navaratna-Bandaras scheint durch Russlands Besetzung und Anschluss der zur Ukraine gehörenden Halbinsel Krim im Februar/März 2014 bestätigt worden zu sein.

Ist also breiter gefragt Russlands Politik gegenüber der Ukraine seit Februar 2014 vor allem als Positionsverteidigung zu verstehen? Diese These vertrat mit Verve der US-Politikwissenschaftler John J. Mearsheimer.[206] Russlands Führung hätte für eine solche Politik *nicht* eine (ohnehin nicht realistische) Aggression der Ukraine bzw. einer durch die Ukraine gestärkten NATO gegen ihr Land, sondern „nur" eine Kündigung des Vertrags aus dem Jahr 2010 über die Pacht des Marinehafens in Sewastopol bis mindestens 2042, des Weiteren stark verminderte Handlungsoptionen im regionalen Umfeld infolge einer stärker der EU und der NATO zugeneigten, oder gar diesem Militärbündnis beitretenden Ukraine, zusammengefasst einen mittel- und langfristig (deutlich) niedrigeren Status in der europäischen Politik befürchten müssen.

---

205 Ebd., S. 173.
206 Vgl. Mearsheimer 2014.

5.3.2.1 Das Ende des Janukowitschregimes am 22. Februar 2014 als Ende des bisherigen „zwischenstaatlichen Arrangements" und als Auslöser für die Verschärfung
eines Regionalkonflikts

> „... EU-Europa steht jetzt zwei Problemen gegen-
> über: ... (b) der Aussicht auf einen zukünftigen Riß (zwi-
> schen der GUS und EU-Europa – F.P.) über die Frage
> der Ukraine und der EU-Erweiterung."[207]

> „Und willst du nicht mein Bruder sein, so schlag ich dir
> den Schädel ein"
> Im Revolutionsjahr 1848 im Volksmund oft gebrauchter
> Spottvers, angelehnt an die in der Französischen Revo-
> lution entstandene, den Jakobinern zugeschriebene Pa-
> role „Brüderlichkeit oder Tod!"[208]

Die beiden oben von neorealistischen Autoren genannten Voraussetzungen für eine aggressive, interventionistische Außenpolitik scheinen
im russisch-ukrainischen Fall vorgelegen zu haben: Zum einen hatte mit
der Flucht von Staatspräsident Janukowitsch (und wichtiger Vertreter des
Regimes) in der Nacht vom 21. auf den 22. Februar 2014 und der Bestätigung einer (Übergangs-)Regierung durch das ukrainische Parlament ein
plötzlicher innenpolitischer Wechsel in der Ukraine stattgefunden. Da die
neue, zu 60 Prozent westukrainisch geprägte Regierung eindeutig proeuropäisch und prowestlich ausgerichtet war, musste Moskau mit Änderungen der ukrainischen Außenpolitik rechnen. Eine Assoziierung der
Ukraine mit der EU samt Freihandelsabkommen erschien in den Augen der

---

207 Buzan/Waever 2003, S. 436. Die beiden Autoren machten diese Aussage am Ende des Kapitels über den postsowjetischen Raum. Sie führten dann weiter aus,
dass es (angesichts der genannten Möglichkeit eines Risses zwischen der GUS
und EU-Europa) ratsam sein könnte, „Trennlinien abzuschwächen, indem man die
OSZE aufwertet und/oder andere gesamteuropäische Institutionen schafft." Vgl.
ebd.
208 Der Vers wurde in der Folgezeit immer wieder zur Kennzeichnung von Situationen
zitiert, in denen nicht Argumentation und Überzeugungskraft, sondern Indoktrinati-
on und Gewalt eingesetzt wurden, um jemanden auf die eigene Seite zu ziehen.
Vgl.: http://universal_lexikon.deacademic.com/313138/Und_willst_du_nicht_mein_
Bruder_sein,_so_schlag_ich_dir_den_Sch%C3%A4del_ein, Seite besucht am
14.6.2017.

russischen Führung nun als sicher, eine Beteiligung an den Integrationsprojekten des Putinschen Russland im postsowjetischen Raum dagegen
als endgültig ausgeschlossen. Russlands Ziel, einen Handelsblock zu
schaffen, der wenigstens in Ansätzen mit der EU konkurrieren konnte, d.h.
eine Handelsmacht zu werden, war damit gescheitert.[209] Die ukrainische
Revolution vom Februar 2014 markierte damit den endgültigen Zerfall des
ostslawischen Kerns des sowjetischen Imperiums[210], das Ende des
bisherigen russländisch-ukrainischen „zwischenstaatlichen Arrangements".
Zumindest legte der Kiewer Machtwechsel die Grundlage dafür.

Nach diesem Machtwechsel war die politische Führung Russlands mit politisch-gesellschaftlichen Kräften konfrontiert, zu deren Niederschlagung sie
Janukowitsch vor dem 22. Februar 2014 mehrmals aufgerufen hatte. Neuer
Regierungschef wurde der USA- und NATO-freundliche Arseni Jazenjuk,
der unter Präsident Juschtschenko (2005-2009) schon Außenminister gewesen war. Und zum neuen Sekretär des Rats für Nationale Sicherheit und
Verteidigung der Ukraine wurde Andrij Parubij ernannt, der in den neunziger Jahren die Vorläuferpartei der rechtsextremen Swobodapartei mitge-
gründet hatte, 2004 bzw. 2012 für den nationaldemokratischen Jusch-
tschenko- bzw. Timoschenko-Block ins Parlament gewählt worden und
"Kommandant" der „Selbstverteidigungskräfte" auf dem Majdan gewesen
war. Auch der neue Verteidigungsminister Ihor Tenjuch stand Swoboda
nicht fern – bzw. Swoboda nicht ihm.[211] Vor diesem Hintergrund ließ der
Kiewer Regimewechsel ein Festhalten des Landes an der 2010 geschlossenen Vereinbarung über die Verlängerung des Stationierungsabkommens
über die russische Schwarzmeerflotte in Sewastopol bis zum Jahr 2042
unsicher und eine Annäherung des Landes an die NATO in den kommenden Jahren als nicht ausgeschlossen erscheinen. Gerade in solchen Situationen eines drohenden Machtverlusts, die mit einem (wahrgenommenen)

---

209 Pomeranz 2016, S. 62.
210 Nicht von ungefähr verkündeten die DemonstrantInnen auf dem Majdan schon im
    Dezember 2013: „Die Sowjetunion fiel nicht 1991, sie fällt jetzt!" Vgl. Wood 2016, A
    Small, Victorious War?, S. 110. Zu den schon vor 2014 zu beobachtenden Schwie-
    rigkeiten Russlands, die ostslawischen Staaten als Kern der Integration im post-
    sowjetischen Raum zusammenzuhalten, vgl. Spahn 2014.
211 Simon 2014, S. 19.

Fenster der Gelegenheit einhergehen, d.h. Zeitpunkten bzw. -räumen, in denen die eigenen Durchsetzungschancen noch relativ hoch sind, werden Regierungen aggressiv, d.h. wenden militärische Gewalt an.[212]

Es war freilich Russland selbst gewesen, das einen Teil dazu beigetragen hatte, die innerukrainischen Entwicklungen ab November 2013 auszulösen: Die ab Mitte 2013 erfolgte wirtschaftliche und psychologische Druckaus-übung Russlands hatte Präsident Janukowitsch schließlich davon abgehal-ten, das Assoziierungsabkommen mit der EU zu unterzeichnen. Genau dies hatte dann aber – im Verbund mit der repressiven Politik des Januko-witschregimes – immer größere Teile der Bevölkerung mobilisiert und letzt-lich zum Zusammenbruch des Regimes geführt, das massive Gewalt ge-gen die Demonstranten eingesetzt hatte. Es war damit die russische Füh-rung gewesen, die dazu beigetragen hatte, dass in der Ukraine ein heftiger innenpolitischer Konflikt entstanden war. Mitte Dezember hatte Russland der Ukraine einen 15-Milliarden-$-Kredit sowie einen um ein Drittel günsti-geren Gaspreis in Aussicht gestellt. Die Demonstranten auf dem Majdan, d.h. dem Kiewer Unabhängigkeitsplatz waren aber auch dadurch nicht von ihrer Orientierung in Richtung EU, weniger Russland abzubringen. Über die EU-Assoziierung hinaus ging es ihnen zu diesem Zeitpunkt um die grund-sätzliche Frage des Verhältnisses von Staat(smacht) und Gesellschaft. Auch in dieser Frage verlangten sie ein „europäisches", nicht ein russi-sches oder postsowjetisches Modell.

Der ukrainische Regimewechsel ließ dann eine deutliche Macht-verschiebung zuungunsten Russlands erwarten. Nicht von ungefähr titelte das deutsche *Handelsblatt* zwei Tage nach dem politischen Ende Januko-witschs: „Putins Macht zerfällt". In dem Artikel wurde auf Russlands schrumpfenden politischen Einfluss im postsowjetischen Raum sowie seine schwache Wirtschaft hingewiesen. Beobachter erwarteten, so hieß es wei-ter, dass Moskau die Krim mit der russischen Schwarzmeerflotte „nicht oh-ne weiteres preisgeben wird".[213] Tatsächlich gefährdet war dabei in den

---

212 van Evera 1999, S. 73.
213 Handelsblatt. 2014, 24.2., S. 1, 4.

Augen der russischen Führung nicht die Flotte an sich, sondern deren mittel- und langfristige Stationierung in der Hafenstadt Sewastopol. Die Putin-Führung reagierte auf ihre Niederlage, auf die deutliche Beschädigung ihres zentralen außenpolitischen Integrationsprojektes im postsowjetischen Raum, indem sie die Flucht nach vorn antrat, nämlich in Richtung Krim und bald darauf in die Südostukraine. Russland, die russische Führung wollte dem sich abzeichnenden Prestige-, Status-, Autonomie-, Macht- und/oder Sicherheitsverlust zuvorkommen bzw. diesen zumindest begrenzen. Erleichtert wurde dies nicht zuletzt durch das Fenster der Gelegenheit, das sich mit dem Zusammenbruch des Janukowitschregimes am 22. Februar auftat: die Polizeikräfte der Ukraine waren fragmentiert, demoralisiert und sich über ihre Loyalität nicht im Klaren, die Streitkräfte nach jahrelangen Sparmaßnahmen und hoher Korruption sehr geschwächt.[214]

Nach Auffassung eines Beobachters spiegelte die Besetzung der Krim die Verzweiflung darüber wider, dass sich alle anderen Hebel, über die Russland verfügte, als nutzlos erwiesen hatten.[215] Zu fragen ist in diesem Zusammenhang aber, ob nicht schon die Zielsetzung der Putin-Führung falsch war, nämlich 21 Monate nach den (im Oktober 2011) abgeschlossenen Verhandlungen zwischen der Ukraine und der EU über ein Assoziierungsabkommen plötzlich mit massivem wirtschaftlichem, diplomatischem und psychologischem Druck auf das Nachbarland und dessen Russland eigentlich wohlgesinnter Führung zu versuchen, die Unterzeichnung dieses schon im März 2012 paraphierten Abkommens abzuwenden. Während die EU-Kommission und einige EU-Mitgliedsstaaten zu wenig die wirtschaftlichen Interessen Russlands berücksichtigten und die (allerdings erst im Herbst 2013 deutlich werdende) russische Entschlossenheit unterschätzten, eine EU-Assoziierung der Ukraine, d.h. einen (in russischen Augen) „Verlust" dieses großen und wichtigsten Nachbarstaates zu verhindern[216],

---

214 Allison 2014, S. 1258; Wilson 2014, S. 112.
215 Strategic Survey 2014, S. 160.
216 Dass eine Anbindung der Ukraine an die EU, ganz zu schweigen von ihrem Beitritt zu Konflikten zwischen Russland und der Ukraine bzw. der EU führen würde, verkannten etliche Experten. So erklärte der indisch-amerikanische Politikwissenschaftler Parag Khanna im September 2008, d.h. einen Monat nach dem Georgienkrieg, es gebe ein gutes Mittel gegen Bedrohung durch Russland: die Erweiterung der EU – von der Türkei bis zur Ukraine. Vgl. Khanna 2008. Anfang 2008 war

hatte die russische Führung kein Verständnis dafür, dass sich eine Mehrheit der Bevölkerung der Ukraine in Zukunft stärker nach Europa, stärker
an der EU orientieren wollte – dies nicht zuletzt in Reaktion auf massiven
russischen Druck auf das Land.

Die „Ukrainekrise" ist daher *nicht in erster Linie* ein Konflikt zwischen Russland und der EU bzw. dem Westen, wie das unterschiedliche AutorInnen
behaupten bzw. nahelegen[217], sondern *in erster Linie, vor allem* ein Konflikt
zwischen Russland und der Ukraine, zwischen der politischen Führung
Russlands (und große Teile der Bevölkerung folgen ihr dabei) und einer
Mehrheit der Bevölkerung der Ukraine. Der Konflikt zwischen dem Westen
und Russland ist von diesem zentralen Konflikt nur abgeleitet. Er entzünde-
te sich an Russlands Politik gegenüber der Ukraine – zuerst an der Anne-

---

Khannas Buch „The Second World: Empires and Influence in the New Global Or-
der" erschienen, das ein internationaler Bestseller wurde. Und der amerikanische
und ukrainischstämmige Politologe Alexander J. Motyl plädierte Mitte 2009 dafür,
der Ukraine eine klare EU-Beitrittsperspektive zu geben; er erwartete, dass die Beziehungen des Westens zu Moskau davon profitieren würden. Vgl. Motyl 2009.
217 Vgl. insbesondere Mearsheimer 2014, Krone-Schmalz 2015, Wipperfürth 2015,
Münkler 2015, Das Chamäleon Krieg; Fischer 2016, teilweise auch Merry 2016.
Vgl. zur Kritik an dieser geopolitischen Interpretation des „Donbass-
Konflikts" Schneckener 2016, S. 586-588, 604-610. Auch Wolfgang Zellner interpretiert den russisch-ukrainischen Gewaltkonflikt geopolitisch: „Erstmalig stellt sich
Russland mit Gewaltmitteln offen gegen den Westen (geschah das aber, wenn
man dieser Zellnerschen Interpretation folgt, dann nicht schon 2008 in Gestalt des
Georgienkriegs? – F.P.) und das mitten in Europa. ... Offenbar haben EU und USA
mit ihrem Verhalten gegenüber der Ukraine aus Moskauer Sicht rote Linien überschritten." Vgl. Zellner 2015, S. 46. Hierzu ist anzumerken: Russland stellt sich seit
2014 mit Gewaltmitteln *gegen die Ukraine* (setzt solche gegen diesen Nachbarstaat ein). Und es waren weniger die EU und die USA, sondern es war die ukrainische Mehrheitsgesellschaft, die aus Sicht der Putin-Führung eine rote Linie überschritten hat: ihr Land mehr mit der EU, mit Europa als mit Russland verbinden zu
wollen. Und sie setzte sich durch. Die „Schuld" an seiner außenpolitischen Niederlage in der Ukraine, durch die ukrainische Mehrheitsgesellschaft schob Putin dann
den USA und der EU zu. Wenn Zellner weiter schreibt, die Ukraine sei „nicht der
Grund, sondern nur der Anlass für den Konflikt, in dem es um das Verhältnis Russlands zum ‚Westen' ... geht." (vgl. ebd.), so spielt er die Bedeutung des russisch-
ukrainischen Konflikts herunter – in dem es in hohem Maße auch um das *Selbst-
verständnis* Russlands geht: tendenziell imperiale (und in Europa isolierte) Großmacht oder friedlicher, auf Kooperation setzender Nationalstaat zu sein. Die Entscheidung in dieser Frage hat natürlich weitreichende Folgen für das Verhältnis zu
den Nachbarstaaten und zum Westen.

xion der Krim, dann aber und noch stärker an Russlands gewaltsamer Destabilisierung der Südostukraine, darunter dem Abschuss des Passagierflugzeugs MH17 mit 298 Toten im Juli 2014 — nicht durch von Russland ausgerüstete „Separatisten", sondern, wie mittlerweile bekannt wurde, durch russländische Militärs selbst. Hätte es den unerklärten Krieg Russlands gegen die Ukraine, nämlich um das Donbass nicht gegeben, hätten sich auch die Beziehungen zwischen dem Westen und Russland nicht so verschlechtert.

Damit haben wir aber schon weit vorgegriffen. Wie oben ausgeführt, gab es einige Gründe für eine heftige Reaktion Russlands auf die Entwicklungen im großen Nachbarstaat Ukraine. Zu diesen Entwicklungen hatte aber die russische Führung mit ihrer Politik des Drucks, ja der Erpressung selber beigetragen. Für eine Gesamtbewertung der russischen Politik wird auch zu fragen sein, ob nicht auch andere, z.B. innenpolitische bzw. Regimefaktoren die gewaltsame russische Reaktion bestimmten, inwieweit die russische Politik ab dem Februar 2014 verhältnismäßig war und ob sie effektiv war: Erreichte Russland mit ihr das ursprünglich Angestrebte, bestimmte Grundziele oder war das Vorgehen Russlands kontraproduktiv, zumindest mit sehr hohen Kosten verbunden?

5.3.2.2 Die Ukraine in der Sicht Russlands: nicht wirklich etwas anderes, sondern Teil des „Großen Russland"

Russlands gewaltsamer Umgang mit den ukrainischen Entwicklungen hat auch damit zu tun, dass jedenfalls die Nationalisten und Kommunisten die Ukrainer (sowie die Weißrussen) zu Russland, zur (all)russländischen Nation zählen.[218] Dem Ukraineexperten Roman Solchanyk von der US-Denkfabrik RAND Corporation zufolge teilen auch viele russische Nationalliberale diese Sicht.[219] Solchanyk fasste dieses Denken Ende der 1990er Jahre folgendermaßen zusammen:

„Diese Wahrnehmung besagt, dass die Ukraine historisch ein organischer und integraler Teil Russlands ist – nicht nur im territorialen Sinn, sondern auch kulturell, linguistisch und geistig. Daraus folgt, dass eine

---

218 Praisler 2010, S. 65-68.
219 Solchanyk 2000, S. 15-20.

unabhängige Ukraine unnatürlich ist, ein unglückliches Ergebnis der Umstände, ... vielleicht sogar eine antirussische Verschwörung, ausgeheckt von feindlichen äußeren Kräften ... die Raison d'Être (Existenzberechtigung, Daseinszweck – F.P.) dieses Ansatzes hat nur wenig mit konkreten politischen, wirtschaftlichen oder geostrategischen Überlegungen, sondern mit etwas beträchtlich weniger Fassbarem zu tun, nämlich der Überzeugung, dass die russische Nation und die russische Staatlichkeit selbst ohne die Ukraine (und Weißrussland) ... unvollkommen sind."[220]

Die grundsätzliche Ambivalenz Russlands gegenüber der Ukraine kam nach 1991 mehrmals zum Ausdruck. Am 28. Mai 1997 unterzeichneten die Regierungschefs Russlands und der Ukraine in Kiew ein Abkommen über die Kriterien für die Teilung der ehemaligen sowjetischen Schwarzmeerflotte sowie ein Abkommen über den Status und die Bedingungen für einen Verbleib des russländischen Teils dieser Flotte in Sewastopol auf der Krim, d.h. auf ukrainischem Gebiet. Damit wurde der jahrelange Streit um die einst glorreiche Flotte beigelegt. Drei Tage darauf unterzeichneten die Präsidenten beider Länder ebenfalls in Kiew einen Vertrag über Freundschaft, Kooperation und Partnerschaft, in dem sich beide Seiten auf die Achtung der territorialen Integrität sowie die Unverletzlichkeit der Grenzen festlegten. Nach der Staatsduma ratifizierte im Februar 1999 auch der russische Föderationsrat gegen die Stimmen von Nationalisten diesen Freundschaftsvertrag. Der frühere sowjetische Journalist, russische Diplomat und Kommentator der liberalen Zeitung *Iswestija*, Aleksandr Bowin, hatte im März 1998 nach einem Staatsbesuch des ukrainischen Präsidenten in Moskau zwei mögliche Grundlinien der Politik Russlands gegenüber der Ukraine skizziert:

„Entweder wir meinen, dass die Trennung der Ukraine ein historisches Missverständnis ist, ein bedauerlicher ... Unfall, dass es eine realistische Möglichkeit gibt, ... Kiew zumindest unseren Willen aufzuerlegen – und dann können und sollten wir im Hinblick auf die Ukraine einen brutalen, energischen Kurs verfolgen. Oder wir kommen schließlich zum Schluss, dass es in der vorhersehbaren Zukunft kein Zurück gibt, dass die Ukraine ein wahrhaft unabhängiger und wahrhaft souveräner Staat ist, der das Recht auf seine eigene Politik hat, die seinen eigenen Interessen ent-

---

220 Ebd., S. 20.

spricht – und dann folgt daraus, dass wir lernen, wie wir mit dieser Art von Ukraine leben."[221]

Bowin optierte in seinem Artikel für die letztere Politikvariante. Bemerkenswert an seinen Ausführungen war dabei, dass er auch diese Variante, nämlich die Politik einer Anerkennung der Unabhängigkeit und Souveränität der Ukraine, nicht für dauerhaft ansah („in der vorhersehbaren Zukunft"). Im Februar 2014 bzw. in Ansätzen schon in den Monaten davor sollte sich die russische Führung dann für die erste Politikvariante entscheiden.

Dass Putin die Ukraine als zu Russland zugehörig dachte, zeigte sich im Mai 2009, als er an einer historischen Stätte und in seiner Eigenschaft als Regierungschef – die Außenpolitik fiel damit eigentlich nicht in seinen Kompetenzbereich – den Westen davor warnte, sich in die Beziehungen seines Landes zur Ukraine einzumischen. In Begleitung von Tichon Schewkunow, einem hohen Würdenträger der Russischen Orthodoxen Kirche und rabiaten Nationalisten, legte er im Moskauer Donskoi-Kloster am Grab des zaristischen Generals Anton Denikin Blumen nieder.[222] Dessen Überreste waren im Jahr 2005 aus den USA dorthin überführt worden. Denikin hatte im russischen Bürgerkrieg als einer der wichtigsten Kommandeure der „Weißen Armee" letztlich ohne Erfolg vom Norden der heutigen Ukraine aus und in Südrussland mit Unterstützung der westlichen Interventionsmächte gegen die Rote Armee und für ein „großes, einiges und unteilbares Russland", d.h. den Erhalt des Russländischen Imperiums gekämpft. Er war deshalb ein Hassobjekt der sowjetischen Geschichtsschreibung gewesen.[223]

Nach der Blumenniederlegung berichtete Putin den anwesenden Journalisten von seiner Lektüre der Memoiren Denikins: "Er sagt, dass es niemandem erlaubt sein dürfe, sich in die Beziehungen zwischen uns (d.h. Russland und der Ukraine – F.P.) einzumischen. Dies ist ausschließlich das Recht Russlands." Putin benutzte dabei für die Ukraine die alte Bezeichnung "Kleinrussland", die von vielen Ukrainern als Anmaßung empfunden

---

221 Iswestija. 1998, 5.3., zit. nach Solchanyk 2000, S. 12.
222 In Moskau, nicht in Kiew, wie das Markus Wehner in einem Artikel in der FAZ behauptete. Vgl. FAZ. 2014, 7.9., S. 8. Im Anschluss folgt dort auch ein nicht ganz richtiges Neurussland-Zitat Putins vom 17.4.2014.
223 Frankfurter Rundschau. 2009, 9.6., S. 35.

wird. "Es ist ein Verbrechen, wenn jemand über eine Trennung von Russland und der Ukraine spricht", so Denikin laut Putin.[224]

In dem Anspruch Putins, dass sich nur „Russland" in die Beziehungen zwischen Russland und der Ukraine einmischen dürfe, kam in den Augen vieler Ukrainer die bevormundende Haltung vieler Russen zum Ausdruck. Eine solche Anmaßung verletzte nicht wenige Ukrainer. Mit solchen Äußerungen bewirkte Putin damit eher das Gegenteil des Gewünschten: nicht eine engere Zusammenarbeit, einen Ausbau der Beziehungen, sondern dass nicht wenige Ukrainer auf Distanz zum großen russischen „Brudervolk" gingen, sich abgrenzten.

Wenn Solchanyk schreibt, die Vorstellung einer Einheit Russlands und der Ukraine habe „nur wenig mit konkreten politischen, wirtschaftlichen oder geostrategischen Überlegungen" zu tun, ist dies mit einem Fragezeichen zu versehen. Russische Spitzenpolitiker behaupteten und verlangten diese Einheit vor allem dann, wenn sie in ihren Augen gefährdet war. In einem Ende der 1990er Jahre verfaßten Buchkapitel vertrat der Autor vorliegender Studie die These, dass Russland isolationistischer und aggressiv(er) werde, wenn sich die Ukraine außen- und vor allem sicherheitspolitisch von Russland weg in Richtung Westen orientiert.[225] Bekanntlich hatten Putin

---

224 FAZ. 2009, 26.5., S. 6. „Kleinrussland" („Malorossija") war ein im Russischen Reich üblicher Ausdruck für den nördlichen Teil der heutigen Ukraine, insbesondere für die linksufrigen Gebiete des mittleren Dnjepr einschließlich Kiews, d.h. das ehemalige Hetmanat der Dnjepr-Kosaken, das sich 1654 dem Schutz des russischen Zaren unterstellt hatte und noch ein Jahrhundert lang weitgehende Autonomie genoß. Unter Katharina II. erfolgte 1764 dann die endgültige Abschaffung des Hetman-Amts und die zunehmende administrative (Gouvernements), soziale, wirtschaftliche und kulturelle Integration in das Russische Reich. Die Sowjetmacht der 1920er Jahre schaffte den als chauvinistisch geltenden Begriff „Kleinrussland" zugunsten der Bezeichnung Ukraine (bzw. Ukrainische Sozialistische Sowjetrepublik) endgültig ab. Vgl. Kappeler 1994, S. 21 f., 93-102.

225 Praisler 2010, S. 70. Die deutsche Originalfassung dieses Buchkapitels, in dem ich auf die zentrale Bedeutung der Ukraine für den russischen Nationalismus und die russische Außen- und Sicherheitspolitik verwies, wurde von mir im Jahr 2000 fertiggestellt. Für die deutsche (und englische) Ausgabe des betreffenden Buches (Teil eines dreibändigen Werkes), das erst 2009 erschien, wurde dann aber irrtümlicherweise eine ca drei Jahre früher, d.h. 1997 verfasste Version meines Beitrags verwendet. Vgl. Preißler 2009. Die russische Übersetzung der aktuellen, d.h. im Jahr 2000 fertiggestellten Fassung erschien im Jahr 2010.

und russische Diplomaten im Frühjahr 2008, d.h. nach dem Bukarester NATO-Gipfel, für den Fall eines Beitritts der Ukraine zur NATO schon mit einer Aufteilung der Ukraine gedroht. Und auch Putins Denikin-Äußerungen vom Mai 2009 sind im Zusammenhang mit zwei Entwicklungen zu sehen: Zum einen hatte der westlich orientierte ukrainische Präsident Juschtschenko sein Ziel bekräftigt, die Ukraine in die NATO zu führen – dies obwohl die NATO zu diesem Zeitpunkt in der Bevölkerung der Ukraine beinahe ebenso unpopulär wie Präsident Juschtschenko selbst war, der im Frühjahr 2009 in Umfragen nicht einmal mehr fünf Prozent Zustimmung erhalten hatte.[226] Zum anderen (und vielleicht sogar wichtiger) hatte Anfang Mai in Prag der Gründungsgipfel der Östlichen Partnerschaft der EU stattgefunden. Deren Hauptziel bestand in der politischen Assoziierung und der weiteren wirtschaftlichen Integration zwischen der Europäischen Union und interessierten osteuropäischen Partnerländern, darunter nicht zuletzt der Ukraine. Der russische Außenminister Sergej Lawrow hatte sich im Vorfeld widersprüchlich zu dem Projekt geäußert: Einerseits sprach er sich gegen eine Einflusszone der EU vor Russlands Haustür aus. Andererseits rief er zu einem fairen Wettbewerb der EU und Russlands im postsowjetischen Raum auf: Nicht nur Russland könne schließlich in der Region berechtigte Interessen besitzen.[227] Der russische Regierungschef Putin reagierte dagegen auf die ins Leben gerufene Partnerschaft mit einer klaren Botschaft: „Mischt euch nicht in unsere Beziehungen zur Ukraine ein, versucht ja nicht, die Ukraine von Russland zu trennen!" Trotzdem sollte aber Russland in der Folgezeit nicht Front gegen die Verhandlungen Kiews mit der EU über ein umfassendes Assoziierungs- und Freihandelsabkommen machen. Sie wurden im Oktober 2011 abgeschlossen.

Die Zitate Denikins, die Putin anführte, bestätigen gleichzeitig die These des ukrainischen Präsidenten Leonid Kutschma (1994-2004), der im Februar 1998 vor seinem Staatsbesuch in einem *Iswestija*-Interview im Hinblick auf das russisch-ukrainische Verhältnis von einem „Scheidungssyndrom" gesprochen hatte, das einen dunklen Schatten auf die Beziehung

---

226 FAZ. 2009, 26.5., S. 6.
227 FAZ. 2009, 20.4., S. 5.

werfe.[228] Zwischen den Zeilen sagte Kutschma damit, dass Russland gegenüber der Ukraine so wie ein Mann fühle, dessen Frau sich von ihm getrennt hat, sich von ihm hat scheiden lassen, der das aber nicht akzeptieren könne. Genau genommen klangen Putins oben wiedergegebene Äußerungen vom Mai 2009 danach, dass Russland und die Ukraine *noch immer zusammen* waren und sich nie trennnen durften. Deshalb der Satz: "Es ist ein Verbrechen, wenn jemand über eine Trennung von Russland und der Ukraine spricht".

Und genau dies, die Trennung der Ukraine von Russland, schien in der Sicht Moskaus mit der Unterzeichnung des Assoziierungs- und Freihandelsabkommens zwischen der Ukraine und der EU Wirklichkeit zu werden.[229] Es war in dieser Situation, im Herbst 2013, in der Putin erneut begann, von den Russen und den Ukrainern als einem Volk zu sprechen. So schloss er Anfang September, als das politische Leben nach der Sommerpause wieder nach Moskau zurückkehrte, d.h. zum Auftakt der politischen Herbstsaison, ein Interview mit folgenden Worten ab: „Wissen Sie, was auch geschehen mag und wohin die Ukraine auch gehen mag, werden wir uns auf jeden Fall einmal wo (kogda-to i gde-to) treffen. Warum? Weil wir ein Volk sind."[230] Mit der Aussage im ersten Satz sollte er Recht behalten – allerdings auf eine andere Weise, als er sich das vorstellte: Russländische und ukrainische Soldaten sollten sich spätestens ein Jahr später in der Südostukaine treffen. Bei der Abschlussveranstaltung des zehnten Treffens des Internationalen Diskussionsklubs Waldai am 19. September 2013 führte Putin dann aus:

„Die Kiewer Rus (das frühmittelalterliche Kiewer Reich – F.P.) begann als Grundlage des zukünftigen riesigen russländischen Staates. Wir haben eine gemeinsame Tradition, eine gemeinsame Mentalität, eine gemeinsame Geschichte, eine gemeinsame Kultur. Wir haben sehr nahe Sprachen. In diesem Sinn, ich möchte es noch einmal wiederholen, sind

---

228 Solchanyk 2000, S. 11 f.

229 „Die Ukraine entschied, Russland zugunsten Europas zu verlassen – zumindest so sahen viele russische Beobachter das Assoziierungsabkommen, das die Ukraine und die Europäische Union (EU) … unterzeichnen sollten." Trudolyubov 2016, S. 84.

230 IA Regnum. 2013, 4.9. IA ist eine Abkürzung für Informazionnoje Agenstwo (Informationsagentur).

wir ein Volk. Natürlich haben das ukrainische Volk, die ukrainische Kultur ... bemerkenswerte Besonderheiten, welche die Identität der ukrainischen Nation als solche ausmachen. Und wir begegnen dem nicht einfach mit Respekt, ich zum Beispiel liebe das sehr, mir gefällt all das. Das ist Teil unserer großen russländischen Welt, der russländisch-ukrainischen. Aber das Schicksal wollte es so, dass heute dieses Territorium ein unabhängiger Staat ist und wir begegnen dem mit Respekt. ... Und natürlich ist die Wahl der Prioritäten, die Wahl der Bündnispartner das nationale, souveräne Recht des ukrainischen Volkes und der legitimen ukrainischen Führung."[231]

Putins Ausführungen waren damit widersprüchlich: Einerseits betonte er, dass Russland das Recht der Ukraine akzeptierte, über ihre außenpolitische Orientierung, ja sogar über „die Wahl der Bündnispartner" zu entscheiden. In solchen Äußerungen ist vielleicht mit ein Grund dafür zu sehen, dass die EU die Entschlossenheit der russischen Seite, eine EU-Assoziierung der Ukraine nicht zuzulassen, unterschätzte. Andererseits

---

231 Sasedanie meschdunarodnogo diskussionogo kluba "Waldai", 19.9.2013. Wenn Putin von den Ukrainern und den Russen als einem Volk sprach, so stellte dies einen interessanten Fall von *Nicht-Othering* dar. Der Begriff *Othering* (von engl. *other* „andersartig") bezeichnet die Differenzierung und Distanzierung der Gruppe, der man sich zugehörig fühlt (Eigengruppe), von anderen Gruppen. Eine gebräuchliche Übersetzung wäre „Fremd-Machung". Vgl. „Othering", https://de.wikipedia.org/wiki/Othering. (Der Verweis auf diesen Wikipedia-Artikel erfolgt hier, da a) der Inhalt des Konzepts dort gut erklärt zu werden scheint, b) dort kein Artikel angegeben ist, der gut zu den weiteren Ausführungen in dieser Fussnote passt und c) es hier eben um *Nicht-Othering*, nicht um *Othering* geht.) Zwar sprach Putin von „bemerkenswerte(n) Besonderheiten, welche die Identität der ukrainischen Nation als solche ausmachen", wobei er sich in erster Linie auf die Kultur bezog. Dies hob er aber durch die Betonung der Gemeinsamkeiten, darunter wiederum der Kultur, auf. Im Ergebnis sprach er von den Ukrainern und den Russen als einem Volk und im Folgesatz vom ukrainischen Volk. In Putins Denken standen die (ethnischen) Russen, Russland und das Russländische damit für das Allgemeine (das die Ukrainer und die Ukraine einschloss), die Ukrainer für das Besondere. Konstruierte Putin das Verhältnis zwischen Russland und der Ukraine damit so, wie es laut Simone de Beauvoir in der patriarchalischen Gesellschaft geschieht, in der Männer gesellschaftlich als Norm und Frauen als das Andere betrachtet werden? Einerseits schon – gleichzeitig vereinnahmte Putin aber die Ukraine(r) als zum Eigenen gehörig. Insofern ähnelte er einem bestimmten Typus von Mann, der Schwierigkeiten hat, die *ganze* Eigenart, den Subjektcharakter und die Grenzen von anderen Frauen, hier nicht zuletzt der eigenen Partnerin anzuerkennen und zu respektieren.

vereinnahmte Putin das Nachbarland mit seiner Aussage, die Russen und die Ukrainer seien ein Volk. Dementsprechend zählte er die Ukraine in einer Formulierung sogar zur "russländischen Welt", eine Anspielung auf das Große Russland, das Russländische Reich, das Russländische Imperium, zumindest auf den geopolitischen Raum, den Russland als sein Einfluss- und Interessengebiet betrachtet(e). Russland und das Russische waren in dieser Sicht das Allgemeine (das die Ukraine einschloss), die Ukraine und das Ukrainische das Besondere, Spezifische – das ein Teil von Ersterem war.[232]

Putin legte in seiner Waldai-Rede im Weiteren dar, dass eine EU-Assoziierung der Ukraine, d.h. erhöhte Ausfuhren der EU in die Ukraine wirtschaftliche Nachteile für Russland mit sich brächten, wogegen man sich mit protektionistischen Maßnahmen schützen werde: "Und wenn wir bestimmte Beschränkungen einführen werden, werden diese Unternehmen, vielleicht ganze Branchen, einem ziemlich harten Test unterzogen werden." Russland verletze aber nicht das souveräne Recht der Ukraine auf eine außenpolitische Entscheidung.[233] Schon eineinhalb Monate davor hatte Russland begonnen, die Einfuhr der Süßwaren des janukowitschkritischen ukrainischen Großunternehmers Petro Poroschenko zu boykottieren. Poroschenko war unter Präsident Janukowitsch eine Zeitlang Außenminister gewesen. Er sollte dann ab November 2013 die Protestbewegung auf dem Majdan unterstützen und Ende Mai 2014 zum Präsidenten der Ukraine gewählt werden.

Umfragen des Lewada-Zentrums zeigten, dass die Bevölkerung Russlands bei den obigen Themen zurückhaltender eingestellt war. So hielten im Dezember 2013 gut 40 Prozent der Befragten die Russen und die Ukrainer für ein gemeinsames Volk; gut 50 Prozent bezeichneten sie dagegen als zwei verschiedene Völker.[234] Und nur 30 Prozent (November 2013) bzw. um die

---

232 Zum russisch-ukrainischen Verhältnis vgl. tiefschürfend und um Ausgewogenheit bemüht jüngst Kappeler 2017, der insbesondere auf die Unterschiede und Parallelen in ihrer historischen Entwicklung eingeht.
233 Ebd. Vgl. die oben angeführte ähnliche Aussage Putins von Anfang September 2013.
234 Russlandanalysen. 2014, Nr. 272 (28.2.), S. 4. Portnov verweist auf Umfragen, denen zufolge 2002 und 2004 noch 76 bzw. 79 Prozent der Befragten in Russland

23 Prozent (Dezember) äußerten sich negativ über ein mögliches Assoziierungsabkommen der Ukraine mit der EU. Die Hälfte der Befragten war dagegen neutral und gut 5 Prozent positiv dazu eingestellt.[235]

5.3.2.3 Die Besetzung und Annexion der Krim

„Die Ukraine-Russland-Beziehung enthält viel Konflikt-
material (Nuklearwaffen, Schwarzmeermarine, Marine-
häfen, Krim, russische Minderheit, Geschichte)."[236]

Das Haupt- bzw. unmittelbare Problem war in den Augen der Putin-
Führung im Februar 2014, nach dem Machtantritt einer stark westukrainisch geprägten, proeuropäischen und nationaldemokratisch bis nationalistischen Regierung die Zukunft des Hafens in Sewastpol, dem Stationie-
rungsort der russischen Schwarzmeerflotte. Vor allem in der Hafenstadt mit
ihren 340.000 Einwohnern, aber auch auf Seiten des Parlaments der Krim
und einzelnen politisch-gesellschaftlichen Gruppen hatte es in den Jahren
nach der Auflösung der Sowjetunion und in kritischen Phasen der ukrainisch-russischen Beziehungen wie während und nach dem Georgienkrieg
(August 2008) immer wieder sezessionistische Tendenzen gegeben.[237]

der These zustimmten, dass die Ukraine und Russland eine Nation seien. Vgl.
Portnov 2014, S. 7.
235 Russlandanalysen. 2014, Nr. 272 (28.2.), S. 4.
236 Buzan/Waever 2003, S. 417. Die beiden Experten für internationale Politik schrieben Anfang der 2000er Jahre: "Da sie letztlich von Russland abhängig ist, kann die
Ukraine ... manövrieren, muss aber einen politischen Showdown vermeiden." „Das
ultimative Sicherheitsproblem ist die innerstaatliche (domestic) Verwundbarkeit der
Ukraine und die Weigerung vieler Russen, die Unabhängigkeit der Ukraine zu akzeptieren." Vgl. ebd. „Das wahrscheinlichste Thema, das etwas auslöst, ist die
Krim ..." Ebd., S. 418. Das Hauptrisiko zwischen Russland, Weißrussland, der Ukraine und der Republik Moldau komme wahrscheinlich, so resümierten die Autoren,
„von den Folgewirkungen (chain effects) der Natoerweiterung." Vgl. ebd., S. 419.
Auf Seite 436 bezeichneten sie aber „die Frage der Ukraine und EU-
Erweiterung" als zukünftigen Konfliktstoff zwischen der GUS und der EU. Vgl. das
erste Zitat am Anfang von Abschnitt 5.3.2.1 der vorliegenden Arbeit.
237 Vgl. die informative Darstellung in: „Prisojedinenije Kryma k Rossijskoj Federacii",
https://ru.wikipedia.org/wiki/%D0%9F%D1%80%D0%B8%D1%81%D0%BE%D0%
B5%D0%B4%D0%B8%D0%BD%D0%B5%D0%BD%D0%B8%D0%B5_%D0%9A
%D1%80%D1%8B%D0%BC%D0%B0_%D0%BA_%D0%A0%D0%BE%D1%81%
D1%81%D0%B8%D0%B9%D1%81%D0%BA%D0%BE%D0%B9_%D0%A4%D0

Diese waren während der Proteste auf dem Majdan Ende 2013 aktualisiert und von der Propaganda in den russischen Staatsmedien angeheizt worden.[238]

Im Januar und Februar 2014 trafen sich mehrmals Spitzenvertreter der Krim und Russlands. So reiste der Vorsitzende des Parlaments der Krim zweimal nach Moskau, wo er sich unter anderem mit dem Putinberater Wladislaw Surkow traf.[239] Der russische Dumaabgeordnete Aleksej Schuraljow nahm Anfang Februar auf der Krim am Gründungskongress der „Slawischen Antifaschistischen Front" teil. Am 4. Februar kündigte das Parlament der Krim ein Referendum über den Status der Krim an; man werde zwecks der „Verteidigung und der Autonomie" der Krim an den russischen Präsidenten appellieren.[240] Am 14. Februar reiste der bereits genannte Präsidentenberater Surkow nach einem Treffen mit Janukowitsch in Kiew auf die Krim weiter.[241] Unter russländischer Regie wurden nach dem politi-

---

%B5%D0%B4%D0%B5%D1%80%D0%B0%D1%86%D0%B8%D0%B8, Seite besucht am 4.7.2016. Siehe dort vor allem die Ausführungen zu den Jahren 1992 bis 1994 sowie zur Präsidentschaft Juschtschenkos, insbesondere die Jahre 2006 (NATO-Manöver) und 2008 (Georgienkrieg).

238 Vgl. ebd. den Abschnitt mit der Überschrift „Die Verschärfung der politischen Situation auf der Krim Ende 2013-Anfang 2014". In Wirklichkeit verschärfte sich die Lage in Kiew und anderen ukrainischen Städten, kaum aber auf der Krim.

239 Wladislaw Surkow war in den 2000er Jahren stellvertretender Leiter der Präsidialadministration und in dieser Funktion eine Art Chefideologe mit Zuständigkeit für die russische Innenpolitik gewesen. Nach einer Tätigkeit als stellvertretender Regierungschef (2012 bis Mai 2013) war er ab September 2013 als persönlicher Berater Putins für die sozioökonomische Entwicklung der Republiken Abchasien und Südossetien verantwortlich. Diese hatten im August 2008 ihre Unabhängigkeit von Georgien erklärt und Russland hatte sie anerkannt. Vgl. NZZ. 2013, 24.9.

240 Wood 2016, Introduction, S. 14-15.

241 Surkow war auch schon Ende Januar in Kiew gewesen und von Janukowitsch empfangen worden. Er war schon seit September 2013 Sondervertreter des russischen Präsidenten in der Ukraine, ohne dass dies von offizieller russischer Seite bestätigt worden wäre. Vgl.: Tajnyj poslannik, https://www.gazeta.ru/politics/2014/02/20_a_5919041.shtml, Seite besucht am 9.1.2018. Am 20. Februar 2014 gab es auf dem Majdan erneut viele Tote. Im Anschluss traf Janukowitsch unter Vermittlung und Druck dreier europäischer Außenminister mit der parlamentarischen Opposition eine Vereinbarung. Am Abend dieses Tages landete Surkow erneut auf dem Kiewer Flughafen. In der darauffolgenden Nacht sollte Janukowitsch aus seiner Residenz bei Kiew fliehen. Surkow war in der Folgezeit vor allem für die beiden „Volksrepubliken" im Südosten des Nachbarstaates zuständig und nahm an

schen Ende Janukowitschs innerhalb von drei Wochen die kiewtreue Regierung der Krim abgesetzt, eine neue, moskautreue Regierung installiert, die Halbinsel besetzt sowie ein Referendum veranstaltet, welches über die Erklärung der Unabhängigkeit der Halbinsel in den Anschluss an Russland mündete.

Eine gewichtige Rolle bei der Annexion der Krim spielte der im Jahr davor aus dem russischen Inlandsgeheimdienst FSB ausgeschiedene, monarchistisch-autoritär, orthodox, russisch-nationalistisch und imperialistisch gesinnte Oberst der Reserve Igor Girkin.[242] Ende Februar 2014 installierte der 43jährige zusammen mit weiteren russischen Geheimdienst- und Armeeangehörigen sowie (ehemaligen) Angehörigen der auf der Krim stationierten Berkut („Steinadler") in der Krimhauptstadt Simferopol die neue moskautreue Regierung. Die Berkut war die Polizei-Spezialeinheit des ukrainischen Innenministeriums gewesen, welche auf dem Kiewer Majdanplatz tödliche Gewalt gegen DemonstrantInnen angewendet hatte. Gleich nach dem Machtwechsel, zu dem es nicht zuletzt infolge des hohen Blutzolls unter den Demonstranten kam, wurde die Auflösung der Berkut bekanntgegeben. Viele ihrer Angehörigen setzten sich aus Angst vor Strafverfolgung nach Sewastopol auf die Krim (wo sie feierlich begrüßt wurden), in den Südosten der Ukraine oder nach Russland ab.

Igor Girkin hatte bei der Besetzung der Halbinsel eine leitende Funktion inne. In dem im November 2014 erschienenen Interview in der russisch-imperialen Zeitung *Sawtra* erklärte er: „Ich war Kommandeur der einzigen Einheit (podrasdelenije – Unterabteilung) des Landsturms[243] der Krim:

---

den Gesprächen auf internationaler Ebene über die Umsetzung von Minsk II teil. Vgl. Hebel 2016.

242 Zu Girkins Hintergrund vgl. Abschnitt 5.3.2.5.

243 russ. *opoltschenie*: Landsturm, Landwehr. Das ältere Wort „Landsturm" bezeichnete die Gesamtheit der zum Wehrdienst herangezogenen Männer älterer Jahrgänge. Der Ausdruck „Landwehr" meint(e) zum einen eine Grenzbefestigung, zum anderen ein Aufgebot von wehrfähigen Männern, oft von Reservisten, die besonders zum Festungsbau, zur Verteidigung o.ä. eingesetzt wurden. Das russische Verb *opoltschitsja* bedeutet: losziehen, aufgebracht sein, eine feindliche Haltung einnehmen, sich (zum Krieg) rüsten, zu Felde ziehen. Da das Verb damit einen offensiven Bedeutungsinhalt hat, wird es hier mit dem Wort „Landsturm" wiedergegeben.

einer Spezial-Kompanie, die Kampfaufgaben erfüllte."[244] Zu dieser „Spezial-Kompanie" gehörten überwiegend ehemalige Angehörige der erwähnten Krimer Berkut.[245] Girkin selbst hatte im zweiten Tschetschenienkrieg, d.h. ab Herbst 1999 Spezialeinheiten des FSB zur Terrorismusbekämpfung angehört. Wenn Girkin von der „einzigen Eineit" sprach, teilte er zwischen den Zeilen mit, dass die sogenannten „Selbstverteidigungskräfte" auf der Krim nicht umfangreich waren und nicht aus der Bevölkerung kamen, sondern überwiegend aus ehemaligen Berkut-Angehörigen bestanden. Hinter ihnen standen aber Soldaten der russländischen Streitkräfte, die ja in Sewastopol stationiert waren und von dort aus (unter Bruch des Pachtvertrags) alle strategisch wichtigen Punkte auf der Halbinsel besetzt hatten.[246]

Die Besetzung des Parlaments der Krim und der Sturz der Regierung waren damit nur ein, wenngleich wichtiges Element der Besetzung der Krim Ende Februar 2014 durch Russland. Wladimir Putin führte dazu in dem ein Jahr nach dem Anschluss ausgestrahlten Propagandafilm „Die Krim – der Weg in die Heimat" Folgendes aus:

„Um 20.000 gut bewaffnete Männer (die ungefähre Zahl der ukrainischen Streitkräfte auf der Krim – F.P.) zu blockieren und zu entwaffnen, braucht man besonderes Personal ... Deshalb gab ich ... dem Verteidigungsministerium Befehle und Anweisungen, dort die Spezialkräfte der Hauptverwaltung Aufklärung (d.h. des Militärgeheimdienstes GRU – F.P.) sowie Marineinfanterie und Luftlandetruppen zu stationieren, um gleichsam den Schutz unserer Militäreinrichtungen auf der Krim zu verstärken."[247]

Tatsächlich dienten diese Einheiten der Besetzung der Krim durch Russland. Ebenfalls am Krim-Kommandounternehmen beteiligt war der in Mos-

---

244 Girkin 2014, Strelok; „Strelkow, Igor Iwanowitsch", https://ru.wikipedia.org/, Seite besucht am 1.2.2017 (vollständige URL s. Literaturverzeichnis).
245 In der Marathonsendung "Direktverbindung mit Wladimir Putin" vom 17.4.2014 erklärte der Moderator, der Kern der Selbstverteidigungskräfte der Krim habe „erstens aus Offizieren der Krimer ‚Berkut' und natürlich Kosaken" bestanden. Vgl. Putin 2014, Prjamaja linija ....
246 Putin hatte in der genannten Sendung erklärt: "... hinter dem Rücken der Selbstverteidigungskräfte der Krim standen natürlich unsere Militärangehörigen." Vgl. ebd.
247 Film "Crimea: Road to the motherland" - Putin text. Zu einzelnen eingesetzten Einheiten vgl. Wilson 2014, S. 110 f.

kau wohnende Aleksandr Borodai, der früher als Journalist mit nationalistischer Ausrichtung und als „Polittechnologe", d.h. als politischer Berater tätig gewesen war. Vor Beginn der Ukrainekrise war er unter anderem PR-Berater des kremlnahen nationalistisch-orthodoxen Unternehmers Konstantin Malofejew. Igor Girkin war, wie erwähnt, 2013 der Leiter der Sicherheitsabteilung des Unternehmens gewesen. Borodai und Girkin waren seit ihrer Teilnahme am Transnistrienkrieg im Frühjahr 1992 befreundet. Borodai verneinte die Frage eines russischen investigativen Journalisten, ob er ein russländischer Offizieller sei. Seine Tätigkeit auf der Krim erfolge vielmehr „im Rahmen einer öffentlich-privaten Partnerschaft".[248] Genau so, nämlich als Zusammenwirken von russischem Staat und nationalistisch-imperialistischer russischer „Militärgesellschaft" (dem militarisierten Teil der Zivilgesellschaft) sind die Entwicklungen auf der Krim und vor allem in der Südostukraine zu verstehen.

5.3.2.4 Der Kampf des irredentistischen Staates gegen die politische Integration und die Legitimität der Regierung des Zielstaats

Wenn eine Regierung einen irredentistischen Kurs verfolgt, ist dieser mit bestimmten Begleiterscheinungen verbunden. So geht es der Führung des irredentistischen Staates in der Regel darum, die Bemühungen der Regierung und der dominanten Ethnie des Zielstaates, die Legitimität zu erneuern und politische Integration zu erreichen, zu durchkreuzen.[249]

Genau dies war vor allem in den ersten Monaten des russisch-ukrainischen Konflikts auf der Seite der russischen Führung zu beobachten. Schon unmittelbar nach dem Machtwechsel in Kiew sprachen Spitzenvertreter Russ-

---

248 Frankfurter Rundschau. 2014, 26.7., S. 8. Bei einer Öffentlich-privaten Partnerschaft handelt es sich um eine Form der Zusammenarbeit zwischen öffentlicher Verwaltung und Privatwirtschaft bei der Planung, Finanzierung und Durchführung von bislang in staatlicher Verantwortung erbrachten Aufgaben bzw. Dienstleistungen. Die Zusammenarbeit variiert vor allem bezüglich der Verteilung von Entscheidungsbefugnissen und Eigentumsrechten zwischen den staatlichen und privaten Akteuren. Vgl.: Public-private-Partnership, in: Brockhaus 2006, Bd. 22, S. 256. Es wird Aufgabe der Forschung sein, die Planung, Finanzierung, Durchführung sowie die Verteilung der Entscheidungsbefugnisse bei der von russ(länd)ischen Akteuren herbeigeführten Destabilisierung der Südostukraine zu ermitteln.
249 Rothschild 1981, S. 198.

lands von einem Putsch. Vor der Presse kritisierte Putin den Westen am 4. März 2014 heftig: „Sie unterstützten eine nicht verfassungsgemäße bewaffnete Machtübernahme, erklärten diese Leute für legitim und versuchen sie zu unterstützen."[250] In seiner Rede zum Anschluss der Krim behauptete Putin dann am 18. Marz, dass die wichtigsten Ausführenden des Umsturzes „Nationalisten, Neonazis, Russophobe und Antisemiten" gewesen seien. Es seien gerade sie, „die auch heute bis jetzt in vielem das Leben in der Ukraine bestimmen." Putin sprach von der „neuen sogenannten ‚Macht'", den „Kuratoren der heutigen ‚Macht'" und den „ausländischen Sponsoren dieser gegenwärtigen ‚Politiker'". Klar sei auch, „dass es bis heute in der Ukraine keine legitimierte Exekutivmacht gibt."[251]

Die breite Bevölkerung Russlands folgte dieser Darstellung seitens der Führung des Landes. Anfang Februar 2014 hatten sich in einer Umfrage des nicht unabhängigen russischen Meinungsforschungsinstituts WZIOM noch gut 70 Prozent der Befragten auf die leicht tendenziöse Frage „Wie sollte Russland Ihrer Ansicht nach auf die Versuche reagieren, die gesetzmäßige Staatsmacht in der Ukraine abzusetzen?"[252] für die Antwort „Nach Möglichkeit nicht einmischen, das ist eine interne Angelegenheit der Völker (? – F.P.) dieses Landes" entschieden. Nur ca. 15 Prozent meinten, Russland solle „die amtierende Staatsmacht darin unterstützen, die Versuche der illegalen Machtübernahme niederzuschlagen".[253] Beeinflusst

---

250 „Vladimir Putin Answered Journalists' Questions on the Situation in Ukraine." President of Russia official website, March 4, 2014, http://en.kremlin.ru/events/president/news/20366, zit. nach Wood 2016, A Small, Victorious War?, S. 119.

251 Putin 2014, Obraschtschenije ....

252 Zwei Wochen vor der VCIOM-Umfrage, nämlich vom 19. bis 22. Januar 2014 (und damit drei Tage nach Verabschiedung der sogenannten „Diktatur-Gesetze" durch das ukainische Parlament am 16. Januar) war die Gewalt zwischen DemonstrantInnen, die in Richtung Parlament vordringen wollten, und der Bereitschaftspolizei Berkut eskaliert. Am 22. Januar wurden in der Nähe des Unabhängigkeitsplatzes zwei Demonstranten erschossen. Wilson 2014, S. 82 f.

253 Russlandanalysen. 2014, Nr. 272 (28.2.), S. 8. Es ist damit beileibe nicht immer so, wie Norbert Eitelhuber schreibt: „Putin artikuliert, was sowohl die Eliten als auch das Volk in seiner Breite empfinden und formuliert darauf aufbauend die Interessen und Wege zur Zielerreichung." Eitelhuber 2015, S. 335. Vielmehr verfügt die regierende Elite über eine Reihe von Instrumenten (insbesondere das Fernsehen), um zu erreichen, dass große Teile der Bevölkerung bzw. Öffentlichkeit dem von oben eingeschlagenen politischen Kurs folgen bzw. ihn zumindest hinnehmen, jedenfalls

von der offiziellen Propaganda und Desinformation beschrieben gleichzeitig 45 Prozent der Befragten noch vor dem Niedergang des Janukowitsch-regimes die Geschehnisse in der Ukraine als „eine Provokation westlicher Geheimdienste", als einen Versuch von deren Seite, „die Situation in der Ukraine zu kontrollieren". Ungefähr ein Drittel sah einen „Machtkampf unterschiedlicher Clans", gut 20 Prozent den Versuch einer gewaltsamen Machtübernahme und nur knapp 20 Prozent einen Volksaufstand, eine Revolution. Die Befragten konnten aus fünf Möglichkeiten maximal zwei wählen. Ein ähnliches Ergebnis hatte bereits eine Ende Januar 2014, d.h. eine Woche nach den ersten toten Majdanaktivisten, durchgeführte Umfrage des unabhängigen Lewada-Zentrums geliefert: „Was treibt die Menschen in erster Linie zu den Protestaktionen im Kiewer Stadt-zentrum?" Häufigste Nennung, nämlich von knapp 45 Prozent derjenigen, die von den Protestaktionen gehört hatten, war hier „der Einfluss des Westens, der versucht, die Ukraine in seinen politischen Einflussbereich zu ziehen." Am zweithäufigsten (35 Prozent) wurden „Nationalistische Stimmungen" genannt. Nur 14 Prozent nannten dagegen die „Empörung über das korrumpierte Regime Janukowitsch", zehn Prozent ein Streben nach Unabhängigkeit von Russland, acht Prozent „das Bestreben, aus der Ukraine ein ebenso zivilisiertes Land zu machen, wie andere Länder in Europa", sieben Prozent „ein Gefühl der bürgerlichen Würde, die keine Willkür der Staatsmacht zulässt" und fünf Prozent den „Protest gegen brutale Maßnahmen der ‚Berkut'/inneren Truppen".[254] Es überrascht vor diesem Hintergrund nicht, dass 30 Prozent derjenigen, die von den Protest-aktionen gehört hatten, der Opposition die Verantwortung für die Eskalation des Konflikts in der ukrainischen Hauptstadt gaben, weitere 27 Prozent den Staats- und Regierungschefs im Westen, immerhin genauso viele Janu-

---

nicht breit kritisieren. Putins Ukrainepolitik ist ein Paradebeispiel dafür. Der Journa-list und Wissenschaftler Maxim Trudolyubov schreibt: „Russland ist ein zerrissenes Land. Es kann sich nicht entscheiden, ob es sich an die große Welt anschließen oder sie bekämpfen soll." Wegen Putin sei die Waage in Richtung Expansion aus-geschlagen. Trudolyubov 2016, S. 93 (Zitat) und 92.
254 Russlandanalysen. 2014, Nr. 272 (28.2.), S. 5.

kowitsch und seiner Regierung und zwei Prozent der russischen Staatsführung.[255]

Akteure aus Russland, darunter Agenten des FSB und der GRU, d.h. des Militärgeheimdiensts sowie Angehörige der russischen Streitkräfte mischten sich spätestens ab Anfang April 2014 gewaltsam in der Ostukraine ein. Als ukrainische Streitkräfte anfangs erfolglos gegen diese aus Russland eingedrungen Gewaltakteure und ihre örtlichen Helfershelfer vorgingen, warf Moskau Kiew vor, eine „Strafoperation" gegen die eigenen Bürger durchzuführen.[256] Moskau erklärte darüber hinaus, es werde die für Ende Mai anberaumten Präsidentschaftswahlen nicht anerkennen. Damit versuchte es, die Anstrengungen der Übergangsregierung in Kiew, ein Mindestmaß an Legitimität des politischen Systems wiederherzustellen und politische Integration zu erreichen, zu torpedieren. Russland war aber nicht zuletzt wegen der Position der großen Mehrheit der Staaten gezwungen, den Ende Mai demokratisch gewählten neuen Präsidenten der Ukraine anzuerkennen. Hinter den Kulissen unterstützte aber Moskau weiter die Besatzer in den beiden „Volksrepubliken" in der Südostukraine – dies um die innerstaatliche Integration der nun nach Europa orientierten Ukraine zu torpedieren.

---

255 Ebd., S. 6.
256 Strategic Survey 2014, S. 169.

5.3.2.5 Putins „Neurussland"-Konzept und der Krieg in der Südostukraine

„Ungeachtet dessen was einige Ukrainer argwöhnen, ist es unwahrscheinlich, dass Moskau versucht, den Zerfall der Ukraine herbeizuführen, um ihre südlichen und östlichen Teile zu annektieren. Das würde Bürgerkrieg nebenan bedeuten und Russland verabscheut diese Vorstellung. Moskaus beste Option besteht zum jetzigen Zeitpunkt darin, Abstand zu nehmen und zu warten und dabei in der Ukraine in aller Ruhe Dezentralisierung den Vorzug zu geben."
Dmitri Trenin, Direktor des Carnegie Moscow Center, am 23. Februar 2014 in einem Meinungsbeitrag für die Onlineausgabe der New York Times[257]

„Kratz an einem russischen Kommunisten und du wirst einen russischen Chauvinisten finden."
Replik von Wladimir Lenin auf dem 8. Kongress der Russländischen Kommunistischen Partei/der Bolschewisten (RKP/b) im März 1919[258]

---

257 Trenin 2014.
258 Ulam 1966, S. 354. Lenin wandelte mit seinem Ausspruch eine verbreitete russische Redewendung ab: „Kratz an einem Russen und du wirst einen Tataren finden." Der Volksmund brachte damit zum Ausdruck, dass viele Russen und Russinnen ihrer Abstammung nach zum Teil Nichtrussen waren, (viel) nichtrussisches Blut in ihren Adern floss. Lenins Replik hatte seinem Mitstreiter Nikolai Bucharin gegolten, der sich dafür ausgesprochen hatte, dass das bolschewistische Postulat der nationalen Selbstbestimmung nur für die jeweilige Arbeiterklasse (d.h. nach bolschewistischem Verständnis für die jeweiligen nationalen, lokalen Bolschewisten) gelten sollte. Bucharin, der Liebling Lenins in der Partei, hatte des Weiteren erklärt, dass das Postulat der Unabhängigkeit für *jede* Nationalität offensichtlich ein taktischer Schachzug war: die Bolschewisten würden wohl kaum die Unabhängigkeit „der Hottentoten und Buschmänner" befürworten. Einige Jahre später sollte Lenin auf seinem Totenbett erklären, Bucharin habe „nie die Dialektik verstanden." Ähnlich wie Bucharin hatte Lenin auf dem 8. Parteikongress im März 1919 auch den in Kiew geborenen Georgi Pjatakow, einen jungen aufstrebenden Bolschewisten, einen der Gründer der Kommunistischen Partei der Ukraine, kritisiert. Dieser hatte vorgeschlagen, dass man im Parteiprogramm offen sagen solle, dass alle nationalen KPs (die ukrainische usw.) dem (Russländischen) Zentralkomitee unterstanden. Das war in etwa auch die Realität. Trotzdem wies Lenin das Ansinnen Pjatakows zurück, ja er erklärte, dass sich jeder Kommunist, der eine solche Aussage ins Parteiprogramm aufnehmen wolle, erschießen solle. Vgl. ebd. Lenins Strategie bestand darin, den kleinen und großen Völkern des Russländischen Rei-

In seiner Rede zum Anschluss der Krim sagte Putin am 18. März 2014, dass das russische Volk[259] mit dem Zerfall der Sowjetunion „zu einem der größten, wenn nicht das größte durch Staatsgrenzen geteilte Volk der Welt" wurde.[260] Konkreter und ominöser behauptete er, dass die Bolschewisten nach der Oktoberrevolution – „möge Gott über sie richten" – „beträchtliche Territorien des historischen südlichen Russlands" der Unionsrepublik Ukraine angeschlossen hätten. Dies „wurde getan ohne Berücksichtigung der nationalen Zusammensetzung der Einwohner, und heute ist das der gegenwärtige Südosten der Ukraine."[261] Durch diese anstachelnden Äußerungen, die auf irredentistische Bestrebungen Russlands hindeuteten, trug Putin dazu bei, dass die gespannte Situation in der Ost- und Südukraine zumindest im Donbass (Donezbecken), d.h. in den östlichen Gebieten Donezk und Luhansk zu einem gewaltsamen Konflikt wurde. Und mit dem "Südosten" der Ukraine meinte Putin in Wirklichkeit den ganzen Süden und Osten der Ukraine, wie weiter unten zu zeigen sein wird.

Putin führte in seiner Ansprache des Weiteren aus, dass die russische Seite nach dem Jahr 2000 davon ausgegangen sei, dass die Ukraine „unser guter Nachbar sein wird, dass die russischen (russkie) und russischsprachigen Bürger in der Ukraine, insbesondere in ihrem Südosten und auf der Krim, unter Bedingungen eines freundschaftlichen, demokratischen, zivili-

---

ches entgegenzukommen, um einen großen und mächtigen sozialistischen Staat schaffen zu können. Vielleicht mangelte es auch der politischen Führung Russlands der Jahre 2013/2014 an einem Verständnis der Dialektik: Sie wollte ab Mitte 2013 verhindern, dass die Ukraine mittel- und langfristig vermehrt mit der EU zusammen arbeitete – und „erreichte" mit ihrer Politik das genaue Gegenteil, dass nämlich die Ukraine (zumindest der größte Teil davon) mittel- und langfristig immer weniger mit Russland zusammen arbeiten wird.

259 In der Übersetzung der Rede Putins in der deutschsprachigen Zeitschrift *Wostok* wurde der Ausdruck „russkij narod" (das russische Volk) mit „die russische Ethnie" wiedergegeben. Vgl. Putin 2014, Krim, S. 25. Hatte der oder die Übersetzer(in), hatte die Redaktion der Zeitschrift Angst, dass man Putin für seine Wortwahl ethnischen Nationalismus, ja völkisches Denken vergleichbar früheren historischen Führungsfiguren vorwerfen könnte? Eine weitere Übersetzung der Rede Putins gibt es in der Zeitschrift *Osteuropa* (vgl. Putin 2014, Rede ...), die aber an etlichen Stellen nicht ganz genau ist. Deshalb wird in vorliegender Studie aus dem Original übersetzt.

260 Putin 2014, Obraschtschenije ....

261 Ebd.

sierten Staates leben werden, dass ihre gesetzlichen Interessen in Übereinstimmung mit den Normen des Völkerrechts gewährleistet sein werden." Die Situation habe aber begonnen, sich anders zu entwickeln:

> „Immer wieder wurden Versuche unternommen, die Russen (russkich)
> ihres historischen Gedächtnisses, und manchmal auch der Mutterspra-
> che zu berauben, sie zum Objekt einer erzwungenen Assimilation zu
> machen. Und natürlich litten die Russen wie auch die anderen Bürger
> der Ukraine unter der beständigen politischen und staatlichen permanen-
> ten Krise, die die Ukraine schon mehr als 20 Jahre erschüttert."[262]

Putins These von der Diskriminierung der „Russen", d.h. der russischen
Ukrainer im „Südosten" der Ukraine und auf der Krim entsprach nicht den
Befunden internationaler Organisationen. In Befragungen hatten die dort
wohnenden Menschen in den Jahren davor *nicht* die Sprachenfrage, die
Kiewer Sprachenpolitik, d.h. nicht Versuche einer „erzwungenen Assi-
milation" (so Putin), sondern wirtschaftliche und soziale Probleme als ihre
Hauptsorgen genannt. Ende Februar 2014, nach dem politischen Ende Janukowitschs und seiner Flucht nach Russland, kam die fehlende Repräsen-
tation ihrer Region in der Kiewer Übergangsregierung dazu.

Noch viel weiter gehend bezeichnete Putin in seiner Rede zum Anschluss
der Krim Russland und die Ukraine, die Russen und die Ukrainer als „nicht
einfach nur nahe Nachbarn, wir sind ... faktisch ein Volk. Kiew ist die Mutter
der russischen (russkich) Städte, die Alte Rus, das ist unsere gemeinsame
Quelle, und wir können nicht ohne einander leben." Und in dem Abschnitt
seiner Ansprache, in dem er ausführte, dass „unser Land" (tatsächlich war
es die Sowjetunion) 1990 die Vereinigung Deutschlands anders als etliche
von dessen Verbündeten unterstützt habe, ging Putin auch noch darüber
hinaus: „... ich gehe davon aus, dass die Bürger Deutschlands das Streben
der russischen (russkogo) Welt, des historischen Russland, die Einheit
wiederherzustellen, ebenfalls unterstützen."[263] Mit dem „historischen Russland" konnte nur das Russ(länd)ische Reich gemeint sein, das bekanntlich
abgesehen von der heutigen Westukraine alle ukrainischen Gebiete einge-

---

262 Ebd.
263 Ebd.

schlossen, ja weit über die ostslawisch (russisch, weißrussisch und ukrainisch) besiedelten Gebiete hinausgereicht hatte.

Putins These, dass die Bolschewisten nach der Oktoberrevolution „beträchtliche Territorien des historischen südlichen Russlands" ohne Berücksichtigung der nationalen Zusammensetzung der Einwohner an die Unionsrepublik Ukraine angeschlossen hätten, stellte nach der Besetzung und dem Anschluss der Krim einen weiteren, vorerst noch verbalen Angriff auf die territoriale Integrität der Ukraine dar.

Ende März 2014 forderte der russische Außenminister Sergej Lawrow eine Verpflichtung der Ukraine, nicht der NATO beizutreten, die Föderalisierung des Nachbarstaates, d.h. seine Umwandlung von einem Einheitsstaat in eine Föderation sowie Russisch als zweite Staatssprache. Die Föderalisierung sollte dabei ein Recht für die Provinzen beinhalten, direkte Beziehungen mit Nachbarländern zu unterhalten. Die Führung in Moskau, die in den 2000er Jahren die Republiken innerhalb der Russländischen Föderation (Tatarstan usw.) weitgehend entmachtet und 2005 die Gouverneurswahlen abgeschafft hatte, wollte damit in erster Linie ihren Einfluss in den (sowjet)russisch geprägten Gebieten zumindest der Südostukraine stärken und den staatlich-nationalen Zusammenhalt der Ukraine schwächen.[264]

Laut einer Umfrage des Kiew International Institute for Sociology unterstützten aber selbst im ganz östlich gelegenen, im Norden, Osten und Süden von Russland umgebenen Gebiet Luhansk in der ersten Aprilhälfte 2014 nur etwa 42 Prozent der Befragten eine Föderalisierung der Ukraine, d.h. ihre Umwandlung in einen Bundesstaat; ebensoviele befürworteten einen (ukrainischen) Einheitsstaat, d.h. die Fortsetzung des Bestehenden.[265] Auf große Zustimmung stieß in der zweiten Maiwoche – die aus Russland kommenden bzw. von Russland unterstützten Besatzer/Separatisten hiel-

---

264 NZZ. 2014, 2.4.
265 FAZ. 2014, 24.4., S. 5, Keine Mehrheit. Gleichzeitig fand im Osten und anderswo die Forderung nach mehr Rechten für die Regionen große Unterstützung. Vgl. ebd. Einen Monat später, d.h. nach Beginn der gewaltsamen Auseinandersetzungen zwischen aus Russland eingedrungenen Besatzern und der ukrainischen Armee waren in den Gebieten Luhansk und Donezk knapp 44 Prozent für einen föderalen (d.h. föderativen/Bundes-) Staat und 37 Prozent für einen Einheitsstaat. 19 Prozent taten sich mit einer Antwort schwer. Vgl. Ukraine-Analysen. 2014, Nr. 133 (27.5.), S. 17.

ten ihr Eigenständigkeitsreferendum ab – in den östlichsten Gebieten Luhansk und Donezk die Forderung nach Russisch als (zweiter) Staatssprache. Dafür sprachen sich dort 75 Prozent der Befragten aus. In den südlichen Gebieten der Ukraine waren es ca. 40 Prozent, im nordöstlichen, an Russland angrenzenden Gebiet Charkiw 27 Prozent, sonst meist deutlich weniger.[266] Russland konnte sich mit der Forderung nach Russisch als zweiter Staatssprache im „Südosten" der Ukraine als Anwalt der dortigen Einwohner, überwiegend Russischsprachige, profilieren. Das Gebietsparlament in Luhansk hatte am 19. April vom Parlament in Kiew die Anberaumung eines Referendums über die Föderalisierung der Ukraine und für das Russische einen Status als zweite Amtssprache gefordert.[267]

Der Initialfunke zur Schaffung eines politischen Gebildes, das von einer auswärtigen, meist benachbarten Macht abhängt und ein Instrument für dessen Außenpolitik darstellt, wird oft mittels militärischer und geheimdienstlicher Aktionen gezündet.[268] Am Anfang steht somit eine mehr oder weniger verdeckte Intervention. Unter einer Intervention wird eine gewaltsame Einmischung seitens einer oder mehrerer Mächte in die Angelegenheiten einer anderen Macht verstanden, ohne dass es zu einer Kriegserklärung kommt.[269] Grundsätzlich kann eine Intervention unterschiedliche Formen annehmen, kann sie von unterschiedlicher Intensität und Reichweite

---

266 Ukraine-Analysen. 2014, Nr. 133 (27.5.), S. 18. Laut der in der zweiten Aprilwoche durchgeführten Umfrage des Kiew International Institute for Sociology waren im Donezker Gebiet 57 Prozent der Ansicht, dass es keine Diskriminierung der Russischsprachigen gebe. Gleichzeitig hatten aber etwa 39 Prozent der Befragten Angst um ihre Rechte. Die Sprachfrage stand dabei auf der Liste der größten Sorgen der Bewohner der *Ostukraine* weit unten – oben standen soziale Probleme. Nur etwa elf Prozent der Befragten im (überwiegend russischsprachigen) Süden und Osten der Ukraine hielten eine Einführung des Russischen als zweiter Staatssprache und eine Föderalisierung der Ukraine für wichtig, um die Einheit der Ukraine zu erhalten. Vgl. FAZ. 2014, 24.4., S. 5, Keine Mehrheit. Vielleicht sahen nicht wenige in einer (von Russland geforderten) Föderalisierung gerade eine *Gefahr* für den Bestand der Ukraine. Die Einstellungen in den beiden Gebieten Donezk und Luhansk, deren Kern das Donbass bildet, unterschieden sich aber von denen in den anderen Gebieten im Osten und Süden der Ukraine.
267 Ukraine-Analysen. 2014, Nr. 132 (14.5.), S. 34.
268 Lindhoff 2015.
269 Wight 1978, S. 191.

sein. Am Anfang kommt zu bloßer Propaganda das Einschleusen einzelner Agenten, das Eindringen einer größeren Zahl von Guerillatruppen oder von Technikspezialisten zusammen mit Waffen, Munition und Kommunikationsmitteln hinzu. Schwerwiegendere Fälle sind dann die Grenzüberschreitung von ganzen Truppeneinheiten, getarnt als „Freiwillige", die durch eine Kampagne einzeln angeworben oder von einer Regierung als organisierte Einheiten entsandt werden. Von solchen nur dem Namen nach heimlichen Akten von Intervention ist es dann nur ein kleiner Schritt hin zur offenen Intervention ausländischer Truppen in einen innerstaatlichen Konflikt – und wiederum nur ein kleiner Schritt zu einer Intervention, wo ein solcher innerstaatlicher Konflikt, obwohl man ihn zum Vorwand nimmt, in Wirklichkeit geringfügig oder gar nicht existent ist und das wahre Ziel in nackter Eroberung besteht.[270]

In Übereinstimmung mit diesen Szenarios begannen in der ersten Aprilhälfte 2014 russländische Staatsbürger mit Geheimdiensthintergrund sowie ehemalige Angehörige der ukrainischen Bereitschaftspolizei Berkut („Steinadler"), die auf der Krim bzw. in der Ostukraine stationiert und während der Proteste auf dem Majdan in Kiew im Einsatz gewesen waren, im Verein mit russländischen und ukrainischen (Ex-)Soldaten, prorussländischen Kräften, Unzufriedenen und Kriminellen vor Ort damit, die ohnehin schwache ukrainische Staatsmacht im Südosten der Ukraine ins Wanken zu bringen.[271] Sie besetzten das Gebäude der Gebietsverwaltung in Donezk sowie das Gebäude des ukrainischen Geheimdienstes SBU in Luhansk. Am 7. April

270 Deutsch 1980, S. 101 f. Karl W. Deutsch geht es in seinem Aufsatz unter anderem um Kriterien, um das Ausmaß externer Verwicklung in einen innerstaatlichen Krieg zu messen. Vgl. ebd., S. 107 f.
271 Mitrokhin 2014, Infiltration, S. 3-5. Bei Krone-Schmalz ist von „Protestierenden" die Rede. Vgl. Krone-Schmalz 2015, S. 140. Die Namen von Girkin/Strelkow und Borodai kommen in ihrem Buch nicht vor. Interessanterweise schreibt sie auf Seite 150: „Weder Kiew noch Moskau sind im Besitz des Gewaltmonopols für die jeweilige Seite ..." Zwischen den Zeilen und vielleicht unbewußt verrät Krone-Schmalz damit, dass weniger die Führungen der beiden „Volksrepubliken", sondern Moskau eine der beiden Kriegsparteien in der (Südost-)Ukraine ist. Wipperfürth spricht mehrmals von „Unruhe" in der Ostukraine (Wipperfürth 2015, S. 38-40, 42 f.) und hält es durchaus für möglich, dass Moskau dahintersteht (S. 38 f.). Gleichzeitig schreibt er: „Die Unruhe in der Ostukraine besaß ihre Basis aber vor Ort." Was die Rolle Russlands bzw. von Akteuren aus Russland angeht, verweist er auf Borodai, merkwürdigerweise aber nicht auf Girkin. Vgl. ebd., S. 39.

riefen sie in ersterer Stadt die „Volksrepublik Donezk" aus. Ab dem 12. April besetzten der erst im März 2013 aus dem aktiven Dienst ausgeschiedene ehemalige FSB-Oberst Igor Girkin und der nationalistische Journalist und PR-Berater Aleksandr Borodai, beide in Moskau wohnhaft, mit anfangs ca. 50 Mann, unter ihnen viele ehemalige ukrainische Berkut-Angehörige (von der Krim), aus dem russländischen Gebiet Rostow, d.h. von Südosten kommend und bald durch Einheimische unterschiedlicher Couleur verstärkt, in zehn bis 15 Städten der südostukrainischen Gebiete Donezk und Luhansk Polizeidienststellen, Ratshäuser sowie regionale und lokale Zweigstellen des ukrainischen Inlandsgeheimdienstes SBU. Vor allem die Leiter und Angestellten von Polizeidienststellen leisteten in nicht wenigen Fällen keinen Widerstand, ja liefen teilweise zu den Besatzern über.[272]

Der monarchistisch-autoritär, orthodox, russisch-nationalistisch, ja imperialistisch gesinnte Oberst in aktiver Reserve Igor Girkin hatte ab 1992 aus Überzeugung eine typisch postsowjetische harte Schule militärischer Gewalt durchlaufen: Im Juni/Juli 1992 hatte er als Freiwilliger im separatistischen und prorussländischen Transnistrien (Republik Moldau) und von November 1992 bis März 1993 auf Seiten der Republik Srpska in Bosnien-Herzegowina gekämpft. Im Anschluss diente er bis 1998 als Zeitsoldat in den Streitkräften Russlands, darunter 1995 im ersten Tschetschenienkrieg. Im April 1999 erschien in der russischen Fachzeitschrift „Die Spezialeinsatzkräfte Russlands" („Speznas Rossii") unter dem Namen „Igor G." sein „Bosnisches Tagebuch". Von Herbst 1999 bis 2005 war er im Rahmen von Antiterrormaßnahmen des Inlandsgeheimdienstes FSB im zweiten Tschetschenienkrieg im Einsatz. In Bosnien und in Tschetschenien machte er sich Kriegsverbrechen bzw. Verbrechen gegen die Menschlichkeit schuldig. Von 2005 bis März 2013 arbeitete er dann in der Verwaltung für internationale Terrorismusbekämpfung des Zweiten Dienstes des FSB. Der Nachsteller historischer Schlachten (engl. „reenactment"), der auch ca. 15 militärgeschichtliche Artikel verfasst hatte und journalistisch tätig war, hatte sich die Kampfnamen „Strelok" („Schütze") bzw. Strelkow" (strelkowyj – Schieß-, Schützen-) zugelegt. Der ukrainische Geheimdienst und in der Folge die EU ordneten ihn im April 2014 dem russischen Militär-

---

272 Wilson 2014, S. 129 f.; SZ. 2014, 2.5., S.4; Wipperfürth 2015, S. 42.

geheimdienst GRU zu, was Girkin aber bestritt. Laut Angaben von ihm selbst und seinen von Anonymous International gehackten E-Mails wurde er im März 2013 mit dem Rang eines Obersten in die Reserve entlassen und beantragte daraufhin die Pension. Er arbeitete dann als Leiter des Sicherheitsdienstes des kremlnahen, orthodoxen und russisch-nationalistischen Geschäftsmanns Konstantin Malofejew und schrieb ein „Kriminalmärchenbuch".[273] Laut dem Eintrag über Girkin in der russischsprachigen Wikipedia ist Girkin Oberst der Reserve, d.h. er konnte 2014 noch für militärische Aufträge eingesetzt werden.[274]

---

[273] Konstantin Malofejew ist der Gründer und Geschäftsführer des internationalen Investmentfonds Marshall Capital Partners, der unter anderem eine zehnprozentige Beteiligung am staatlichen russischen Telekommunikationsunternehmen RosTelecom hält. Malofejew unterhält Kontakte mit rechtspopulistischen bzw. rechtsextremen Parteien in europäischen Staaten. Wegen seiner Unterstützung für die Annexion der Krim und die Besetzung der Südostukraine wurde er Ende Juli 2014 auf die Sanktionsliste der EU gesetzt. Vgl. Quiring 2017, S. 214 f.; „Konstantin Walerjewitsch Malofejew", https://de.wikipedia.org/wiki/Konstantin Walerjewitsch_ Malofejew, Seite besucht am 1.7.2017.

[274] „Igor Strelkov (officer)", https://en.wikipedia.org/wiki/Igor_Strelkov_(officer), Seite besucht am 1.2.2017; „Strelkow, Igor Iwanowitsch", https://ru.wikipedia.org/wiki/ %D0%A1%D1%82%D1%80%D0%B5%D0%BB%D0%BA%D0%BE%D0%B2,_%D0 0%98%D0%B3%D0%BE%D1%80%D1%8C_%D0%98%D0%B2%D0%B0%D0%B D%D0%BE%D0%B2%D0%B8%D1%87, Seite besucht am 1.2.2017 (im Weiteren Angabe der URL in Form von: https://ru.wikipedia.org/); FAZ. 2014, 25.7., S. 2; Der Spiegel. 2015, Nr. 12, S. 90; Girkin 2014, „Wer bist du, Schütze?". Letzteres, aus dem Russischen ins Deutsche übersetzte Interview erschien zuerst in der deutschsprachigen Ausgabe der prorussländischen („Stop the Empire's War on Russia") Website *The Vineyard Saker* (http://vineyardsaker.de), wurde dann aber entfernt, vielleicht weil einige der Aussagen Girkins als für die beiden „Volksrepubliken" und Russland politisch schädlich erachtet wurden. Im Jahr 2014 war von Girkin unter seinem Kampfnamen Igor Strelkow ein „Kriminalmärchen" mit dem Titel „Der Detektiv des Schlosses Heldiborn" mit einem Umfang von 436 Seiten erschienen. Dem sollte 2015 ein weiteres Fantasybuch folgen: „Märchen eines verwunschenen Schlosses". Die Ritter des Schlosses führen Kriege, verteidigen ihren Sitz vor bösen Feinden. Vgl. „Strelkow, Igor Iwanowitsch", https://ru.wikipedia.org/; Die Welt. 2014, 20.8., S. 6. Im Ankündigungstext zum Buch hieß es: „Selbst kapriziöse Prinzessinnen werden manchmal romantische und umgängliche (pokladistymi – auch: nachgiebig, fügsam, willfährig, willig – F.P.) Mädchen. Insbesondere wenn sie sich in einem verwunschenen Schlosse wiederfindet (sic – F.P.), in dem ein Zauberer, ein Drache, ein schöner Ritter mit einem Gobelin (Bildteppich – F.P.) und eine Familie staunenswerter Wesen … lebt." Vgl.: PRSkazkiZamka.pdf, Seite besucht am 2.1.2018. Girkin hatte sich Ende 2014 nach

Girkin, der eine wichtige Rolle beim Sturz der kiewtreuen Regierung der Krim gespielt hatte und von Mai bis Mitte August 2014 dann der „Verteidigungsminister" der „Donezker Volksrepublik" sein sollte, schilderte im November 2014 die Vorgeschichte der Destabilisierung der Südostukraine in einem Interview in der russischen nationalistischen Zeitung *Sawtra* so:

> „Als die Ereignisse auf der Krim passierten, war klar, dass die Sache mit der Krim allein nicht enden wird. Die Krim im Bestand Neurusslands – das ist eine kolossale Erwerbung, der Brilliant in der Krone des Russländischen Imperiums. Aber die Krim allein, abgetrennt durch Landengen durch einen feindlichen Staat, das ist nicht das Richtige. Als die ukrainische Staatsmacht vor den Augen zerfiel, kamen dauernd Delegierte aus den Gebieten Neurusslands auf die Krim, die bei sich das wiederholen wollten, was es auf der Krim gegeben hatte. Es gab bei allen den klaren Wunsch, den Prozess fortzusetzen. Die Delegierten planten bei sich Aufstände und baten um Hilfe. ... Ich begann mit allen Delegierten zu arbeiten: aus Odessa, aus Nikolajew (ukr. Bezeichnung Mykolajiw – F.P.), aus Charkow, Lugansk, Donezk. Bei allen gab es die völlige Gewissheit, dass wenn der Aufstand ausbricht, Russland zu Hilfe kommen wird. Deshalb versammelte ich die Kämpfer der Kompanie, die nicht abgereist waren, warb Freiwillige an. Es kamen 52 Leute zusammen."[275]

Wie diese „Delegierten" bestimmt worden waren (wenn es sie denn überhaupt gegeben hat), darauf ging Girkin nicht ein. Und natürlich kümmerte diesen großrussischen Nationalisten bzw. richtiger Imperialisten auch nicht, dass es im Süden und Osten der Ukraine gar keine Mehrheit für einen Aufstand und eine Abspaltung von Kiew, ganz zu schweigen von einem Anschluss an Russland gab.

Im Nordwesten des Donbass[276], knapp 100 Kilometer nördlich von Donezk und ca. 150 Kilometer von der russischen Grenze entfernt befindet sich die

---

seinem Kriegseinsatz in der Südostukraine mit einer Zweiundzwanzigjährigen neu verheiratet. Vgl. „Strelkow, Igor Iwanowitsch", https://ru.wikipedia.org/.

275 Girkin 2014, Strelok.

276 Donbass (anfangs-, manchmal auch endbetont), der, auch: das; russ. *Donbass* (endbetont), Kurzform für *Donezki (kamenougolnyj) bassejn*, d.h. Donezker (Steinkohle-)Becken, Industriegebiet westlich des Flusses Donez. Während im Deutschen die männliche Form (der Donbass) häufiger ist (wahrscheinlich weil *bassejn* männlichen Geschlechts ist), wird im Text vorliegender Studie der sächlichen Form der Vorzug gegeben, d.h. es heißt: das Donbass (dies in Anlehnung an *das* Donezker Becken bzw. Donezbecken). Die ukrainische Form lautet *Donbas*.

Industriestadt Slowjansk (russ. Slawjansk) mit im Jahr 2013 gut 120.000 Einwohnern. Die Stadt und ihre Umgebung waren knapp drei Monate lang Girkins Operationsbasis. In der Stadt war der Einfluss der Janukowitsch-„Familie" auch noch nach dem Machtwechsel in Kiew groß, die Polizei gegenüber der neuen Regierung in Kiew kaum loyal. Girkin führte in dem November-Interview Folgendes dazu aus:

> „Wir brauchten eine mittlere Stadt. 52 Leute – das ist eine Macht (sila) in einem mehr oder weniger kleinen besiedelten Ort. Und man hatte mir gesagt, dass in Slawjansk[277] die örtliche Aktivistengruppe (mestnyj aktiv) am stärksten sei. ... Als wir in Slawjansk eintrafen, empfingen uns in der Basis 150-200 Leute. Und sie nahmen an unserem Sturm auf die UWD (Uprawlenie Wnutrennych Del – Verwaltung der inneren Angelegenheiten, d.h. Polizeidirektion – F.P.) teil. In der UWD gab es ziemlich viele Waffen, ca. hundert Maschinenpistolen und 100-150 Pistolen."[278]

Die gewaltsame Destablisierung des Südostens der Ukraine, und zwar eine Destablisierung vor allem von außen, durch Gewaltakteure aus Russland, hatte begonnen.

Zehn Tage nach der Besetzung von Slowjansk wurden bei einem Fluss nahe der Stadt die schwer misshandelten Leichen zweier Männer gefun-

---

277 Für den Eisenbahnknotenpunkt Slowjansk sprach auch, dass damit die Hauptstraße zur Großstadt Charkiw im Nordosten der Ukraine, nicht weit von der Grenze zu Russland entfernt, unterbrochen wurde. Slawjansk (russ. Bezeichnung) appellierte schon mit seinem Namen an die historisch-nationalen Gefühle der Russen, da es vom Adjektiv *slawjanskij* („slawisch") abgeleitet ist. Zwar sind auch die Ukrainer Slawen (sogar wie die Russen Ostslawen), aber in der Propaganda der russländischen Besatzer um Igor Girkin ging es hier um den Kampf von slawischen Russen gegen die Kiewer „Junta", die „ukry" (Kurzform für *ukrainzy*, d.h. „Ukrainer"/die ukrainische Armee) und den ukrainisch-nationalistischen „Rechten Sektor". In den Medien Russlands war von einer neuen „Heldenstadt" die Rede – ein Verweis auf den Großen Vaterländischen Krieg 1941-1945. Das russische Wort *slawa* bedeutet Ruhm, Ehre. Ein deutsches Äquivalent für Slawjansk wäre Germannsheim oder Germannstadt (von dem Wort „germanisch").

278 Girkin 2014, Strelok. Konstantin Siwkow, der von 1995 bis 2007 im russischen Generalstab als Strategieplaner gearbeitet hatte und dann einen militärischen Thinktank leitete, erklärte Ende 2014 gegenüber dem Moskaukorrespondenten des US-amerikanischen Nachrichtenmagazins *Time*: „Um einen hybriden Krieg zu führen, braucht man eine ernsthafte Oppositionskraft innerhalb des Ziellandes, eine sogenannte fünfte Kolonne, die eine Streitkraft ist, die darauf vorbereitet ist, sich zur Unterstützung des ausländischen Invasors zu erheben." Vgl. Shuster 2014, Russia's Fifth Column, S. 22.

den. Einer der beiden Toten war Wolodymyr Rabak, ein Abgeordneter der von Julia Timoschenko geführten nationaldemokratischen Vaterlandspartei aus der benachbarten Stadt Horliwka, der wenige Tage davor entführt worden war. Am Tag darauf beschuldigte der ukrainische Inlandsgeheimdienst SBU Igor Besler, einen Oberstleutnant des russländischen Militärgeheimdienstes (GRU), der sich 2003 in Horliwka niedergelassen hatte, an der Tötung beteiligt gewesen zu sein. Besler, der sich den Kampfnamen „bes" (russ. für „Dämon") zugelegt hatte, trieb in Horliwka auch weiter sein Unwesen und sollte dann einer der Verantwortlichen für den Abschuss des malaysischen Passagierflugzeugs MH17 sein. Neben Besler wurde auch gegen „einen weiteren russischen Verdächtigen mit Namen Igor Strelkow" ermittelt.[279]

Nur fünf Tage nach der Besetzung von Slowjansk und weiterer Städte im Donbass durch Igor Girkin und weitere Gewaltakteure konkretisierte Wladimir Putin seinen Angriff auf die territoriale Integrität der Ukraine mit seinem „Neurussland"-Konzept. In der jährlichen, von drei Fernseh- und drei Radiosendern landesweit übertragenen mehrstündigen Frage- und Antwortsendung „Direktverbindung mit Wladimir Putin" äußerte der russische Präsident am 17. April vor Dutzenden von Millionen Fernsehzuschauern und Radiohörern:

> „... es geht darum, die gesetzlichen Rechte und Interessen der russischen (russkich) und russischsprachigen Bürger des Südostens der Ukraine zu garantieren, ich erinnere daran, unter Verwendung der Terminologie noch der zaristischen Zeiten ist das Neurussland[280]: Charkow, Lugansk, Donezk, Cherson, Nikolajew und Odessa gehörten in zaristischen Zeiten nicht zum Bestand der Ukraine, das sind alles Territorien, die in den zwanziger Jahren durch die sowjetische Regierung in die Ukraine übertragen wurden (byly peredany w Ukrainu). Warum sie das machten, Gott kennt sie (die Gründe? – F.P). Das geschah alles nach

---

279 FAZ. 2014, 24.4., S. 5, Eine Stadt in Angst.
280 Wilfried Jilge gab dieses Zitat ohne Quellenangabe so wieder: „Wenn man noch die zaristische Terminologie benutzt, dann möchte ich sagen, dass das nicht Ukraine ist, sondern Neurussland." Vgl. Jilge 2014, S. 3. Ein fast gleichlautendes Zitat fand sich drei Monate darauf in: FAZ. 2014, 7.9., S. 8. Im Original lautete das Zitat aber – s.o. – leicht anders.

den entsprechenden Siegen Potjomkins und Katharinas II. in bekannten Kriegen mit dem Zentrum in Noworossijsk.[281] Daher auch Noworossija (dt. Neurussland – F.P.). Danach gingen diese Territorien aus verschiedenen Gründen weg, das Volk blieb aber dort. Ja, heute sind sie Bürger der Ukraine, aber sie müssen gleichberechtigte Bürger ihres Landes sein, darum geht es."[282]

Putin sprach vom „Südosten" der Ukraine, zählte dabei aber alle großen Städte in der Nordost- (Charkow), Ost- und Südost- (Luhansk, Donezk) und – mit Ausnahme des Gebiets Saporischschja – in der Südukraine (Cherson, Mykolajiw, Odessa) auf, d.h. er bezog sich auf den gesamten Osten und Süden der Ukraine. Einerseits erhob er implizite Territorialforderungen, die er historisch begründete und sprach von den Menschen, die 1922 im Osten und Süden der damals geschaffenen Ukrainischen SSR wohnten, als „das Volk" (d.h. als Angehörige des russischen Volkes). Andererseits bezeichnete er die Menschen, um die es ihm (angeblich) ging, nämlich „die russischen und russischsprachigen Bürger des Südostens der Ukraine" als „Bürger der Ukraine". Mit diesen widersprüchlichen Äußerungen versuchte er einerseits, eine Los-von-Kiew-Stimmung in Teilen der Ukraine anzufachen und sich andererseits nicht zu weit aus dem Fenster zu lehnen. Er trug damit in etlichen der von ihm genannten Städte zur Gewalteskalation bei. Aktivisten aus Russland kamen in Bussen zu Demonstrationen in die Ostukraine. Das russländische Fernsehen, das immer live vor Ort war, berichtete über die große „patriotische Bewegung".[283]

Das Grundproblem mit Putins „Neurussland"-Konzept ist, dass es einem Kernprinzip des Völkerrechts, nämlich der Unverletzlichkeit der Grenzen, widerspricht. Wären alle Regierungen frei, unter Verweis auf frühere Grenzverläufe Territorialansprüche zu stellen, so wäre allgemeines Chaos,

---

281 Für russische und nichtrussische Zuhörer eigentlich verwirrend, da das heutige Noworossijsk (übersetzt in etwa: Neurusslandstadt) knapp 500 Kilometer Luftlinie *südöstlich* vom damaligen Noworossijsk an der (nord*östlichen*) Küste des Schwarzen Meeres liegt. Selbst von Donezk aus beträgt die Entfernung ca. 360 Kilometer Luftlinie. Das Noworossijsk, von dem Putin sprach, war zeitweise auch Jekaterinoslaw (Ruhm (der Kaiserin) Katharina) und in sowjetischer Zeit und danach (bis 2016) Dnjepropetrowsk genannt worden.

282 Putin 2014, Prjamaja linija ….

283 Gloger 2015, S. 214.

wäre zwischen vielen Staaten Krieg die Folge. Putin erklärte, die genannten Städte/Gebiete, d.h. „Neurussland" habe in zaristischer Zeit nicht zum Bestand der Ukraine gehört. Zum einen gab es in der zweiten Hälfte des 18. Jahrhunderts und danach keine Ukraine (im politischen Sinne) mehr – es gab das Russische (genauer: Russländische) Reich, das aus einer Vielzahl von Gouvernements bestand. Zum anderen war das „Neurussland" der damaligen Zeit viel kleiner. Was „Neurussland" war, änderte sich im Zuge der Expansion des Russländischen Reiches immer wieder: Nur am Ende des 18. Jahrhunderts hatte dessen (Verwaltungs-)Zentrum, die heutige Stadt Dnipro[284] (die Putin allerdings nicht zu „seinem" „Neurussland" zählte – vgl. hierzu weiter unten), für einige Jahre Noworossijsk geheißen. Von 1822 bis 1874 gab es dann ein Generalgouvernement Neurussland-Bessarabien mit Zentrum in Odessa, d.h. einige hundert Kilometer im (Süd-)Westen des früheren „Neurussland".[285] Als in den 1830er Jahren auch die nordöstliche Küste des Schwarzen Meeres an das Russländische Reich fiel, wurde dort die Hafenstadt Noworossijsk gegründet, heute der größte Hafen Russlands am Schwarzen Meer. Schon Anfang des 20. Jahrhunderts, d.h. noch „in zaristischer Zeit", war der Ausdruck „Neurussland" nicht mehr gebräuchlich.[286]

Vor allem aber: Auch die heutige Westukraine gehörte „in zaristischer Zeit" nicht zur „Ukraine" (ja vor September 1939 noch nicht einmal zur Sowjetukraine) – d.h. könnten so wie Putin auch führende Politiker Österreichs und Polens daran erinnern, dass dieses Gebiet einst Teil ihres Staatsgebietes war (was in ersterem Fall auch nicht wirklich stimmen würde, da es sich um ein ganz anderes Staatsgebilde, nämlich Österreich-Ungarn handelte – genauso wie das jetzige Russland ein ganz anderer Staat als das Russländische Reich ist). Putin ging von einer bestimmten historischen „Version" der Ukraine aus – warum gerade von der und nicht der von 1922 oder 1962? Weil das Territorialansprüche, d.h. die Rechtferti-

---

284 Dnipro hatte bis Mai 2016 Dnipropetrowsk geheißen, war aber wegen des „petrowsk" im Namen, das auf den sowjetukrainischen Kommunisten Grigorij Petrowskij verwies, umbenannt worden.

285 „Novorossiya", https://en.wikipedia.org/wiki/Novorossiya, Seite besucht am 30.3.2017.

286 „Neurußland", in: Torke 1985, S. 251 f.

gung einer Machtpolitik gegenüber der Ukraine ausgeschlossen hätte. Aus der Tatsache, dass die Gebiete an der nördlichen Schwarzmeerküste (darunter aber nicht das Donbass!) ab 1764 unter Katharina II. in das multiethnische Zarenreich eingegliedert und ca. 150 Jahre später von den Bolschewiki der Sowjetukraine zugeteilt wurden, einen Anspruch des gegenwärtigen Russland darauf abzuleiten, ist daher unzulässig. Es handelte sich bei Putins Äußerungen daher einfach um Machtpolitik. Ob es sich dabei aber tatsächlich um (wie üblich ethnisch und historisch begründete) irredentistische Bestrebungen handelte, d.h. Russland das Ziel verfolgte, den Osten und Süden der Ukraine, zumindest Teile davon an Russland anzuschließen, ist nicht eindeutig.

Putins Ausführungen entsprachen teilweise auch nicht der historischen Wahrheit. So gehörte die russischsprachige Großstadt Charkiw (russ. Charkow) nahe an der russischen Grenze nie zu Neurussland – sie war schon Mitte des 17. Jahrhunderts zum Russländischen Reich gekommen. Aber Putin hatte auch auf sie Appetit bzw. wollte dort zumindest separatistische bzw. sezessionistische Tendenzen befördern, die neue Regierung in Kiew schwächen – weshalb er einfach behauptete, auch Charkow sei Teil „Neurusslands" gewesen. Charkow und nicht Kiew war von 1919 bis 1934 sogar Hauptstadt der Ukrainischen SSR gewesen. Vielleicht gerade deshalb gab und gibt es in der Universitäts- und Industriestadt aber ein starkes Bewußtsein der Zugehörigkeit zur Ukraine, nicht zu Russland. Umgekehrt zählte Putin die gut 200 Kilometer westlich von Donezk gelegene Industriemetropole und Millionenstadt Dnipropetrowsk (seit 2016 Dnipro; russ. Dnjepropetrowsk) *nicht* zu „Neurussland", obwohl sie unter dem Namen Noworossijsk bzw. Jekaterinoslaw („Ruhm Katharina", d.h. der Zarin, die die Gebiete für das Russländische Reich gewann) Ende des 18. Jahrhunderts eine Zeitlang sogar das Verwaltungszentrum „Neurusslands" gewesen war. Putin war damit dreist und kühn, aber auch vorsichtig und berechnend: sein „Neurussland" umfasste die Gebiete, die er von der Ukraine lösen zu können glaubte. Es sollten dann aber deutlich weniger werden.

Wenn Putin ab September 2013 von den Russen und den Ukrainern als einem Volk sprach, zeigt das, dass er einen ostslawischen Russlandbegriff

vertrat, der die Ukraine (und Weißrussland) einschloss. Ein solcher Russlandbegriff war vor 1917 bei den meisten politischen Gruppen Russlands
verbreitet; im postsowjetischen Russland vertraten ihn vor allem Nationalisten und Kommunisten.[287] Putins These von den Russen und Ukrainern als
einem Volk bedeutete aber nicht, dass er einen Anschluss der gesamten
Ukraine an Russland bzw. eine staatliche Vereinigung forderte oder eine(n)
solchen gar gewaltsam herbeiführen wollte. Dafür hätte es auch keine Unterstützung der Öffentlichkeit gegeben: Anfang September 2014, während
der russländisch-ukrainischen Kämpfe in der Südostukraine wünschten
sich in einer Umfrage in Russland nur sieben Prozent der Befragten (13
Prozent der Befragten in der Ostukraine) „die staatliche Vereinigung der
Ukraine mit Russland".[288] Putins Ausführungen beinhalteten aber einen
Dominanzanspruch. Wenn er Mitte April 2014 sagte: „... wir können nicht
ohne einander leben", so meinte er damit, dass *Russland* nicht ohne die
Ukraine leben könne, d.h. dass Russland nicht zulassen könne und werde,
dass sich die Ukraine stärker an der EU als an Russland orientiert.

Gleichzeitig ist es sehr wahrscheinlich, dass Putin die Ukraine im Frühjahr
2014 (möglichst friedlich) zerlegen wollte. Sein im April 2014 lanciertes irredentistisches „Neurussland"-Projekt hätte, wäre es verwirklicht worden,
aus der Ukraine einen vom Schwarzen Meer abgeschnittenen Rumpfstaat
gemacht. Im April 2008 hatte er dies während der Sitzung des NATO-
Russland-Rats in einem Gespräch mit US-Präsident George W. Bush für
den Fall einer Aufnahme der Ukraine in die NATO schon angedroht. Die
Majdanrevolution, die nicht nur die außenpolitischen Interessen Russlands
im regionalen Umfeld, darunter im Schwarzen Meer berührte, sondern
auch eine mittelfristige Herausforderung für das Putinregime darstellen
konnte, wirkte auf Putin und weitere wichtige Entscheider im Kreml wie ein
ähnlich rotes Tuch.

Putins These von den Russen und Ukrainern als einem Volk war damit
stärker eine taktisch-machtpolitische (instrumentelle) als eine ideologisch-
ideelle Position. Es handelte sich bei ihr um eine Art Maximalposition, die

---

287 Praisler 2010, S. 67, 70.
288 Ukraine-Analysen. 2014, Nr. 138 (15.10.), S. 22.

sicherstellen sollte, dass Russland weniger weitreichende, aber viel konkretere machtpolitische Ziele erreichte, nämlich eine zukünftige starke Annäherung der Ukraine an die EU, ganz zu schweigen von der NATO zu verhindern. Die „neue" Ukraine sollte territorial, politisch, wirtschaftlich, militärisch usw. geschwächt, ein Erfolg der überwiegend EU-freundlichen Übergangsregierung unwahrscheinlich gemacht werden. Ein weiteres Ziel der eingeleiteten irredentistischen, zumindest sezessionistischen Politik gegenüber dem Osten und Süden der Ukraine dürfte darin bestanden haben, zu verhindern, dass das wirtschaftliche Potential der Ukraine zunehmend mit dem der EU verflochten wurde. Ein Erfolg einer irredentistischen oder auch nur sezessionistischen Politik gegenüber der Ukraine versprach zudem, das Putinregime neu zu legitimieren (vgl. schon die stark angestiegene Zustimmung für Putin im Zuge des Anschlusses der Krim) und politische Opposition in Russland auf diese Weise für Jahre in die Defensive zu drängen, ja von der politischen Bühne praktisch verschwinden zu lassen.

Wo Irredentismus zu Gewalt führt, besteht infolge des zwischenstaatlichen Charakters des Konflikts eine hohe Eskalationsgefahr.[289] Anders als die Unterstützung für Sezessionisten „bedeutet sie wahrscheinlich eine direkte Verwicklung in echte Kriegsführung".[290] Vor diesem Hintergrund war Putin bemüht, die Lunte eher versteckt an die regional unterschiedlich geprägte Ukraine zu legen und sich eine Rückzugsoption offen zu halten. Schon am 1. März, zwei Tage nach der Übernahme der Macht durch (pro)russländische Kräfte in Simferopol, der Hauptstadt der Republik Krim, hatte sich Putin vom Föderationsrat, d.h. der oberen Kammer des russischen Parlaments dazu ermächtigen lassen, Truppen in die Ukraine zu schicken. Am 17. April 2014, einen Monat nach der Annexion der Krim erklärte er dann in der bereits erwähnten landesweiten Marathonsendung „Direktverbindung mit Wladimir Putin" auf die Frage eines Anrufers, ob er plane, zum Schutz der russischsprachigen Bevölkerung ein „begrenztes Truppenkontingent" in den südöstlichen Teil der Ukraine zu entsenden:

---

289 Horowitz 1985, S. 287 f.
290 Ebd., S. 282. Vgl. grundsätzlich auch Carment/James 1997.

„Wissen Sie, wir dürfen trotz all dem, was wir jetzt mit der Krim erleben, nicht in irgendeine Euphorie verfallen und sollen immer von den Realitäten ausgehen. Worin bestehen diese Realitäten? Nun, erstens muss man direkt sagen, die nationale, ethnische Zusammensetzung der Krim unterscheidet sich doch vom Südosten[291] der Ukraine. Und diese Territorien wurden, ich habe gerade davon gesprochen, Mitte der 20er Jahre in den Bestand der Ukraine übergeben, auch danach bis zum Jahr 1954, als man die Krim wer weiß wozu in die Ukraine weggab (otdali). Die ethnische Zusammensetzung dort (im „Südosten" der Ukraine – F.P.) ist ungefähr fifty-fifty. Ich habe schon davon gesprochen, dass auch die endgültige Entscheidung über die Rückkehr der Krim in den Bestand der Russländischen Föderation allein auf den Referendumsergebnissen basierte. ...

Wie dort (im „Südosten" der Ukraine – F.P.) die Situation ist, wissen wir nicht genau. Aber wir wissen genau, dass wir alles tun müssen, um diesen Leuten (etim ljudjam) zu helfen, ihre Rechte zu verteidigen und ihr Schicksal selbständig zu bestimmen. Und dafür werden wir auch kämpfen. Ich erinnere daran, dass der Föderationsrat Russlands dem Präsidenten das Recht gab, die Streitkräfte in der Ukraine einzusetzen. Ich hoffe sehr, dass ich von diesem Recht nicht werde Gebrauch machen müssen und dass es uns mittels politischer und diplomatischer Mittel gelingen wird, all die heiklen, um nicht zu sagen sehr heiklen Probleme des heutigen Tages in der Ukraine zu lösen."[292]

Mit seinen Äußerungen lehnte sich Putin einerseits nicht zu weit aus dem (russischen) Fenster, sprach er sich nicht explizit für eine Angliederung des „Südostens" der Ukraine an Russland aus. Die weitere Entwicklung sollte vom Verhalten der dortigen „Leute" abhängen. Andererseits sprach er von der Notwendigkeit, diesen „Leuten" mit *allen* Mitteln, d.h. auch militärischen, dabei zu helfen, ihre Rechte zu verteidigen und ihr Schicksal selber zu bestimmen – genau so hatte Putin auch die Besetzung der Krimhalbinsel gerechtfertigt. Putin signalisierte damit, dass Russland eine Abspaltung von Gebieten des „Südostens" der Ukraine, ja eventuell auch ihre Angliederung an Russland unterstützen würde.

---

291 Putin sprach hier vom „Südosten" der Ukraine, meinte aber wahrscheinlich den ganzen Süden und Osten des Nachbarstaates. Vgl. hierzu weiter unten.
292 Putin 2014, Prjamaja linija ....

Letzteres Ziel ist nicht von der Hand zu weisen, wenn man eine Erkenntnis aus Thomas Ambrosios Studie über Irredentismus berücksichtigt:

> „Fast alle irredentistischen Projekte sind in Begriffen der Selbstbestimmung formuliert. In den meisten Fällen wird das Ziel der Annexion heruntergespielt oder … geleugnet. Stattdessen behauptet ein irredentistischer Nationalstaat, dass er nur das Recht seiner Landsleute (conationals) unterstützt, ihr *eigenes* Selbstbestimmungsrecht (durch Sezession) auszuüben, nicht nach territorialer Vergrößerung strebt. Die Wirklichkeit sieht ziemlich anders aus."[293]

Genau das machte Putin: Er behauptete, dass Russland das Recht der „Russischsprachigen" im „Südosten" der Ukraine unterstütze, *ihr* Selbstbestimmungsrecht auszuüben. Auch der Ausdruck „Neurussland", den Putin von April 2014 bis in den Herbst hinein verwendete, scheint ein klarer Hinweis auf irredentistische Bestrebungen der Putin-Führung im Hinblick auf Gebiete in der Ost- und Südukraine zu sein. Putin konnte nicht ausschließen, dass ein nennenswerter Teil der Bevölkerung zumindest in den Gebieten Luhansk und Donezk auf seine Avancen eingehen, einen Anschluss an Russland fordern würde. Die implizite Drohung mit einem Militäreinsatz sollte Kiew wiederum davon abschrecken, gegen die aus Russland eingedrungenen Besatzer und ihre ukrainischen Helfershelfer vorzugehen. Diese Drohung verfehlte aber ihre Wirkung: Nach dem kampflosen Verlust der Krim im März ging die Kiewer Zentralregierung im Laufe des Monats April in einer „Anti-Terroristischen Operation" (ATO) gegen die Besatzer im Südosten des Landes vor – dies anfangs aber eher erfolglos.

Das übergreifende Ziel Russlands war jedenfalls nicht die Eroberung oder der Anschluss der gesamten Ukraine. Ein deutscher Ukraineexperte schrieb im März 2014 im Hinblick auf die Ziele Russlands:

> „Das ukrainische Montanrevier ,Donbass' im Osten der Ukraine ist wegen seiner industriellen Dinosaurier wohl weniger attraktiv, als es scheint. Reizvoll ist eher die Südukraine, deren Einnahme Russland den gesamten Nordrand des Schwarzen Meeres einbrächte, einen militärischen Sperrgürtel von Abchasien bis Moldawien. Ihre Annexion würde die Restukraine in ein Binnenland verwandeln. … Im Osten und Süden der Ukraine fänden sich wohl genügend Separatisten, ethnische Russen

---

293 Ambrosio 2002, S. 285 (Hervorhebung im Original).

und russisch-sprachige Ukrainer, die der russischen Invasionsarmee den Schein einer ‚Schutztruppe' verleihen könnten."[294]

Gleichzeitig erscheint es zweifelhaft, dass Putin die Ukraine zu einem „zweiten Bosnien" machen wollte – „einem Territorium auch mit drei Teilen: einem westlichen, zentralen und östlichen, die drei in dauerndem Konflikt und die unterschiedliche Außenpolitiken haben. Noworossija (Neurussland – F.P.) im Osten würde das Äquivalent der Republik Srpska für Serbien, ein Satellitenstaat Russlands sein."[295] Der britische Ukraineexperte Andrew Wilson dürfte damit nicht die These vertreten, dass Putin die Ukraine in ein Schlachthaus, wie es von 1992 bis 1995 Bosnien-Herzegowina war, verwandeln wollte. Der Bosnien-Vergleich stimmt schon allein deshalb nicht, da die westlichen und die zentralen Teile der Ukraine in sehr hohem bzw. hohem Maße für die Protestbewegung auf dem Majdan gewesen waren, d.h. sie unterschieden sich politisch nicht stark. Es war klar, dass sie zusammenbleiben würden. Naheliegender wäre daher eine Serbien-Kroatien-Analogie (vgl. zum serbisch-kroatischen Konflikt in der ersten Hälfte der 1990er Jahre Kapitel 6). Putin strebte einen möglichst gewaltfreien (was unrealistisch war) Abfall der östlichen und südlichen Regionen von Kiew und dann womöglich deren Angliederung an Russland an. Da sich aber nicht einmal in den südöstlichen Gebieten der Ukraine eine sezessionistische, ganz zu schweigen von einer irredentistischen Entwicklung abzeichnete, setzte Moskau bald auf die gewaltsame Destabilisierung und in der Folge die gewaltsame Abtrennung eines möglichst großen Gebiets von der Zentralregierung in Kiew.

Eine interessante Frage ist, was Putin mit dem Begriff „Südosten" (der Ukraine), den er in seiner Fernsehsprechstunde am 17. April 2014 mehrmals verwendete (siehe die Zitate weiter oben), genau meinte. Bei dem deutschen Ukraineexperten Winfried Jilge heißt es hierzu in einem lesenswerten Artikel:

---

294 Schneider-Deters 2014, S. i. Schneider-Deters war zu pessimistisch: Nur in einem Teil der Ostukraine, nämlich im Donbass fanden sich „genügend Separatisten", die der Destabilisierungsstrategie Russlands den Schein einer aus der Region kommenden Entwicklung gaben.
295 Wilson 2014, S. 185.

„Im Rahmen dieses Konzepts (der „Russischen Welt" – F.P.) werden insbesondere die Gebiete der Ost- und Südukraine zu einem einheitlichen ‚Süd-Osten' zusammengefasst, in dem mehrheitlich mit der Russischen Föderation eng verbundene ‚Landsleute' leben, für die Russland eine Schutzfunktion beansprucht. Zugleich wird der ‚Süd-Osten' der Ukraine als ‚Neurussland' und damit als eigentlich russisches Territorium verbrämt, um den direkten politischen Einfluss Russlands in der Ukraine historisch zu legitimieren und gegebenenfalls eine freie Selbstbestimmung der Ukraine über die künftige Ausrichtung des Staates zu verhindern."[296]

Die Tatsache, dass Putin die ethnische Zusammensetzung der Bevölkerung des „Südostens" der Ukraine im April 2014 mit „ungefähr fifty-fifty" angab, könnte einerseits darauf hindeuten, dass er wirklich nur von der Südostukraine, d.h. hauptsächlich dem Donbass sprach, da der Anteil der (ethnisch) russischen Ukrainer in den südlichen und östlichen Gebieten außerhalb des Donbass deutlich unter den knapp 40 Prozent im Donbass, ja unter einem Drittel lag. Andererseits könnte es Putin aber auch darum gegangen sein, die falsche Gleichsetzung „Bevölkerung in den östlichen und südlichen Gebieten der Ukraine zu großen Teilen russischsprachig = viele ethnische Russen = viele prorussländisch, d.h. viele für eine Abspaltung von Kiew" zu bestärken. In diese zweite Interpretationsrichtung weist auch, dass vor allem die am Schwarzen Meer gelegenen Gebiete im Süden der heutigen Ukraine *nicht* Teil des Hetmanats, d.h. des Kosakenstaats gewesen waren, d.h. es diese Gebiete (nicht aber das Donbass) gewesen waren, die das Russ(länd)ische Reich in der zweiten Hälfte des 18. Jahrhunderts annektiert, besiedelt, nutzbar gemacht und wirtschaftlich entwickelt hatte – und die dann Anfang der 1920er Jahre auf Grund bolschewistischer Entscheidung Teil der neu geschaffenen Ukrainischen Sowjetrepublik geworden waren. Insofern ist mehr als wahrscheinlich, dass Putin vom „Südosten" der Ukraine sprach, tatsächlich aber den gesamten Osten und Süden der Ukraine meinte – so (und nur teilweise den historischen Tatsachen entsprechend) definierte er auch „sein" „Neurussland". Und zu vermuten ist, dass Putin vom „Südosten" sprach, d.h. den beanspruchten Teil der Ukraine als kleiner ausgab als er in Wirklichkeit war (siehe seine Ausführun-

---

296 Jilge 2014, S. 2.

gen zu „Neurussland"), um das Ausmaß der Sorgen und Ängste der russländischen Öffentlichkeit, der möglichen Kritik am Kurs der russischen Führung zu begrenzen. Denn es war klar, wohin ein Anspruch Russlands auf den gesamten Osten und Süden der Ukraine führen konnte: zu einem umfassenden Krieg zwischen Russland und der Ukraine. Das aber wollte in Russland wohl kaum jemand. Mit dem Begriff „Südosten" spielte Putin damit die tatsächlichen Interessen Russlands in der Ukraine herunter. Interessant in diesem Zusammenhang ist, dass eine solche (falsche) Verwendung des Begriffs „Südostukraine" auch in deutschen Veröffentlichungen verbreitet ist. So findet sich in einer Nummer der Ukraine-Analysen eine Tabelle mit der Überschrift „Die Ansichten der Bürger in der Südost-Ukraine" (die erste Spalte ist mit „Südosten gesamt" überschrieben), in der es aber um die Ansichten der Bürger *in den östlichen und südlichen Gebieten der Ukraine*, sogar einschließlich des Gebiets Dnipropetrowsk, geht.[297] (Der) Südosten ist aber laut Duden und alltagssprachlich *die Richtung zwischen* Süden und Osten, der im Südosten gelegene Bereich, Teil eines Landes, Gebiets etc., *nicht aber* der Süden und der Osten zusammen. Insofern kamen hier Putinsche Listigkeit und Ungenauigkeit bei einigen deutschen WissenschaftlerInnen zusammen.

Schon Anfang April 2008 hatte Putin in einer Rede vor dem NATO-Russland-Rat in Bukarest behauptet, dass ein Drittel der Bevölkerung der Ukraine ethnische Russen seien.[298] Putin zufolge waren es 17 Millionen – das wären bei damals 46,26 Millionen Einwohner sogar knapp 37 Prozent der Bevölkerung gewesen. Tatsächlich hatte aber die Zahl der (ethnischen) Russen im Jahre 2001 laut damaliger ukrainischer Volkszählung 8,3 Millionen betragen, was einem Anteil von ca. 17,3 Prozent an der Bevölkerung (damals 48,24 Millionen) entsprach.[299] Bei dieser Volkszählung hatten 32,6

297 Ukraine-Analysen. 2014, Nr. 133 (27.5.), S. 18.
298 unian.net. 2008, 18. April.
299 „Naselenie Ukrainy", http://tinyurl.com/NaselenieUkrainy, Tabelle 3, Seite besucht am 10.10.2017. Vgl. auch: Tschislennost i sostaw naselenija Ukrainy po itogam Wseukrainskoj perepisi naselenija 2001 goda, http://2001.ukrcensus.gov.ua/ rus/results/general/language/#, Seite besucht am 12.12.2017. In dem Artikel in der russischen Wikipedia wird gleichzeitig eine (nicht mehr abrufbare) Analyse des Kiewer Internationalen Soziologie-Instituts aus dem Jahr 2010 angeführt, derzufol-

Millionen Menschen, d.h. 67,5 Prozent der Bevölkerung Ukrainisch und 14,3 Millionen Menschen, d.h. 29,6 Prozent der Bevölkerung hatten Russisch als Muttersprache angegeben.[300] Putin hatte damit schon im Jahr 2008 aus den ethnischen Ukrainern mit Russisch als Muttersprache (und nicht nur aus diesen, sondern darüber hinaus auch noch aus einigen Millionen ethnischen Ukrainern, die Ukrainisch als Muttersprache angegeben hatten, aber überwiegend Russisch sprachen) ethnische Russen gemacht. Es gebe, so Putin in seiner damaligen Ansprache weiter, Regionen, „wo ganz und gar nur russische (russkoje) Bevölkerung lebt, sagen wir auf der Krim." Die Ukraine sei, fuhr Putin damals fort

„ein kompliziertes Staatsgebilde. Und wenn man da noch die Nato-Problematik hineinbringt, andere Probleme, kann das ... die Staatlichkeit selbst an den Rand des Scheiterns bringen. Dort existieren komplizierte innenpolitische Probleme. ... siebzehn Millionen Russen leben in der Ukraine. Wer kann uns sagen, dass wir dort keinerlei Interessen haben? Der Süden, der Süden der Ukraine zur Gänze, dort gibt es nur Russen. Die Ukraine bekam die Krim einfach durch eine Entscheidung des Politbüros des ZK der KPdSU."[301]

Tatsächlich lag aber der Anteil der ethnischen Russen (alles ukrainische Staatsbürger) in den südlichen Gebieten der Ukraine laut ukrainischer Volkszählung des Jahres 2001 mit Ausnahme der Krim *unter 25 Prozent.*[302] Selbst der Anteil derer, die Russisch als Muttersprache angaben, lag unter 50 Prozent: im eher östlich (südwestlich des Donezker Gebiets) gelegenen Gebiet Saporischschja 48 %, im nördlich der Krim gelegenen Gebiet Cherson 25 %, im Gebiet Mykolajiw 29 % und im westlich gelegenen Gebiet Odessa 42 %. Nur auf der Krim waren die Verhältnisse anders – hier betrug der Anteil der Russischsprachigen 77 Prozent.[303] Putins Vorstellung

---

ge sich die Bevölkerung der Ukraine im Jahr 2001 so zusammensetzte: ca. 60-62 Prozent monoethnische Ukrainer, 23-25 Prozent biethnische Russen-Ukrainer, 9-10 Prozent monoethnische Russen und rund fünf Prozent Personen, die sich anderen ethnischen Gruppen zurechneten. Vgl. „Naselenie Ukrainy", http://tinyurl.com/NaselenieUkrainy, Seite besucht am 10.10.2017.
300 Ebd.
301 unian.net. 2008, 18. April.
302 Ukraine-Analysen. 2007, Nr. 23 (8.5.), S. 11.
303 „Naselenie Ukrainy", http://tinyurl.com/NaselenieUkrainy, Tabelle 6, Seite besucht am 10.10.2017. Vgl. auch: „Donezbecken", https://de.wikipedia.org/wiki/Donezbek-

von bzw. Darstellung der südukrainischen Wirklichkeit hatte mit letzterer damit nur eingeschränkt zu tun. Von zentraler Bedeutung war aber, dass Russisch als Muttersprache und auch Russischsprechen im Alltag *nicht* bedeutete, sich nicht mit der Ukraine als (National-)Staat zu identifizieren oder gar politisch zu Russland zu tendieren. Diese falsche Erwartung dürfte aber im Jahr 2014 zu Putins „Neurussland"-Projekt beigetragen haben.[304]

---

ken, Seite besucht am 31.5.2017. An anderer Stelle heißt es in dem russischen Wikipedia-Artikel über die Bevölkerung der Ukraine („Naselenie …"), dass in den südlichen und östlichen Gebieten der Ukraine über 75 Prozent der Befragten zu Hause, im Alltag Russisch sprächen. Eine Ausnahme bildete nur das Gebiet Mykolajiw (66 Prozent). Auf der Krim sprachen zu Hause 97 Prozent, in den Gebieten Donezk und Lugansk 93 bzw. 89 Prozent Russisch. In dem Artikel wird dabei auf eine Analyse des Kiewer Zentrums für Politische Untersuchungen und Konfliktologie vom Januar 2005 verwiesen. Vgl. ebd. In dieser Analyse (vgl. https://web.archive.org/web/20150403101945/http://www.analitik.org.ua/researches/archives/3dee44d0/41ecef0cad01e/, Seite besucht am 12. Dezember 2017) gibt es eine entsprechende Tabelle mit dem *Anteil der Russischsprachigen* in diesen Gebieten. Wenngleich der Wert für die Krim sehr hoch erscheint (sprach von den Krimtataren und den ethnischen Ukrainern zu Hause kaum jemand Russisch?), dürften diese Zahlen in etwa der Wirklichkeit entsprechen. Vgl. auch die Karte „Ispolsuemyj jasyk" („Verwendete Sprache") mit der Anmerkung 44 im genannten Wikipedia-Artikel, die für die Süd- und Ostukraine für Russisch Werte von 82 bzw. 87 Prozent nennt (plus jeweils ca. zehn Prozent, die sich des Surschik, einer Mischung aus Ukrainisch und Russisch bedienten). Bei diesen Werten handelte es sich um die Sprache, in der die Befragten in mehreren im Jahr 2003 durchgeführten Umfragen des Kiewer Internationalen Instituts für Soziologie (KMIS) geantwortet hatten. Für diesen Hinweis danke ich Yulia Sakhno (vgl. zu ihr das Ende dieser Fussnote). Gleichzeitig ist Folgendes zu betonen: Hohe Prozentzahlen für die Verbreitung des Russischen im Alltag dien(t)en auf russländischer Seite dazu, um politische Ansprüche zu untermauern (s. oben Putin). Die implizite Botschaft war: „Die Süd- und Ostukraine ist russischsprachig, d.h. dort lebt Russland zugeneigte Bevölkerung, deshalb haben wir dort Mitspracherechte, Kiew muss den Menschen dort (Sprach-)Rechte usw. einräumen!" Nach einer aktuellen Umfrage des Meinungsforschungsinstituts Socis sprechen jetzt 50,5 Prozent zu Hause Ukrainisch, 24 Prozent Russisch und 24 Prozent beides. Vgl. https://dt.ua/internal/nacionalne-pitannya-ukrayina-yak-yevropa-245832.html, Seite besucht am 12.12.2017 (die Bevölkerung in den beiden „Volksrepubliken" dürfte dabei nicht berücksichtigt worden sein). Für den Hinweis auf diese Umfrage danke ich Yulia Sakhno, Mitarbeiterin am KMIS und Direktorin der Nationalen Bank für Soziologische Daten „Kiewer Archiv".

304 Portnov 2014, S. 8.

Ende April 2014 sprachen sich in einer Umfrage des Lewada-Zentrums immerhin 35 Prozent der Befragten in Russland dafür aus, dass die Süd-ostukraine (was aber verstanden die Befragten darunter? – s.o.) zu einem Teil Russlands wurde, 25 Prozent für deren Unabhängigkeit, 21 Prozent für eine (starke) Autonomie innerhalb der Ukraine („Teil der Ukraine, aber mehr Unabhängigkeit von Kiew") und 6 Prozent für einen Status wie vor der Krise.[305] 60 Prozent der Befragten in Russland befürworteten damit ei-ne Abspaltung der „Südostukraine". Zur selben Zeit stimmten bei einer Um-frage des (nicht unabhängigen) russischen Meinungsforschungsinstituts WZIOM ca. 70 Prozent der Befragten in Russland der These zu, dass „die Einheiten der Selbstverteidigung in der Ostukraine ... von der lokalen Be-völkerung gegründet und unterstützt" worden seien. Die Auffassung, dass die russländischen Geheimdienste dahinterstünden, teilten nur ca. 15 Pro-zent der Befragten. „Die Staatsmacht in Kiew versucht mit militärischer Gewalt, Androhungen und Druck die legalen Proteste der Bewohner in der Ostukraine, die um ihre Rechte kämpfen, zu unterdrücken" – dieser These stimmten ca. 80 Prozent der Befragten zu.[306] Es war wie nicht selten bei einem außenpolitischen Konflikt: breite Teile der Bevölkerung schlossen sich der Darstellung der Regierung an, die in diesem Fall die meisten lan-desweiten Medien kontrollierte.

Die aus Russland eingedrungenen Besatzer konnten bald auf einige Hun-dert Einheimische, unter ihnen prorussländische Überzeugungstäter, aber auch auf viele bezahlte Gewalttäter, Demonstranten und Blockierer zu-rückgreifen. Allein bis Mitte Mai 2014 strömten darüber hinaus ca. 4.500 Kämpfer aus Russland, darunter auch aus Tschetschenien, in die Süd-ostukraine. Die fünf größten Kriegsherren in den beiden besetzten Zonen („Volksrepubliken") kontrollierten jeweils ca. 2.000 bis 2.500 Mann.[307] Nach Aussagen des aus Charkiw in der Ostukraine stammenden prorussländi-schen Aktivisten Jewgenij Schilin gab es einen Waffenübungsplatz, auf dem die russländischen Geheimdienste FSB und GRU zentral Waffen ver-

---

305 Ukraine-Analysen. 2014, Nr. 132 (14.5.), S. 30.
306 Russland-Analysen. 2014, Nr. 278 (6.6.), S. 7.
307 Wilson 2014, S. 126, 134 f.

teilten, darunter schon ab Mai 2014 auch T-64- und T-72-Panzer sowie Strela-10M-Luftabwehrsysteme.[308] Schätzungen zufolge hielten sich bis Anfang Juli 2014 mindestens 2.500 Kämpfer in der Stadt Slowjansk auf, darunter Hunderte russländische und ukrainische Staatsbürger mit krimineller Vergangenheit. Nach der Flucht der Soldateska nach Donezk Anfang Juli (dies unter Führung Igor Girkins) waren für den Polizeichef Igor Rybaltscheko die vielen Anzeigen über Diebstahl, Plünderung und den Raub von Autos mit vorgehaltener Maschinenpistole durch die „Separatisten" das Geringste. Noch im Juli 2014 wurden 65 Morde aus der Zeit der Herrschaft von Igor Girkin angezeigt. Von 34 Entführten fehlte jede Spur. „Diese Anzeigen sind nur die Spitze des Eisbergs", sagte Rybaltschenko. „Schließlich ist noch nicht einmal ein Fünftel der Einwohner zurückgekehrt." Unter dem Vorwurf, sie unterstützten die ukrainische Armee, hatten bewaffnete Kämpfer unter anderem zwei Söhne der Großfamilie von Alexander Pawenko, dem Pastor der evangelischen Kirche in Slowjansk, entführt, gefoltert und ermordet. Des Weiteren brannten sie die Möbelfabrik der Pawenkos, die 250 Menschen beschäftigte, zur Gänze nieder.[309] Die ökonomisch-kriminelle Seite der „Separatisten", richtiger: Besatzer zeigte sich nicht nur in Slowjansk. Im Sommer 2014 verdienten an der Seite der Führung der „Donezker Volksrepublik" („DNR") und der militärischen Einheiten, auf die sich diese stützte, Tausende russische Söldner der „Russischen Rechtgläubigen-Armee" („Russkaja Prawoslawnaja Armija", eine Art OS, d.h. „Orthodoxer Staat"), des Weiteren Einheiten von Kosaken und Tschetschenen, ihr Geld. Rebellenchef Sachartschenko bezifferte ihre Zahl im August 2014 im russischen Staatsfernsehen auf circa 4.000. „Etliche Söldnergruppen stahlen systematisch Autos, beschlagnahmten Immobilien oder entführten Menschen", so ein ehemaliger Insider aus der Regierung der „DNR". „Teure Gebäude mit Tiefgaragen wurden auf Jeeps und Luxuslimousinen überprüft – und diese dann in systematischen Raubzügen gestohlen. Wenn einzelne Minister dagegen protestierten, antwortete Gir-

---

308 Frankfurter Rundschau. 2016, 21.9., S. 6.
309 SZ. 2014, 29.11., S. 80-82.

kin, sie sollten sich da nicht einmischen. Bei den Entführungen mussten sich viele Opfer von ihren Angehörigen freikaufen lassen."[310] Große Teile der Bevölkerung der Gebiete Donezk und Luhansk sollten ab April 2014 Opfer der gewalttätigen „Separatisten", von Kriminellen sowie des Artilleriebeschusses durch ukrainische, „separatistische" und russländische Streitkräfte werden. In Slowjansk beschossen sich über zwei Monate hinweg die ukrainische Armee und die von Igor Girkin kommandierten Besatzer in einem zermürbenden Stellungskrieg mit Granaten und Raketen. Die Kämpfer hielten mit ihren Lastwagen, auf die sie Granatwerfer montiert hatten, oft neben Wohnhäusern. Nachdem sie ihre Granaten auf Stellungen der ukrainischen Armee abgefeuert hatten, fuhren sie weg. Das Gegenfeuer der ukrainischen Streitkräfte traf dann oft nicht mehr die Besatzer, sondern diese Wohnhäuser. Ab Anfang Mai 2014 wurden im städtischen Krankenhaus jeden Tag mindestens zehn Erschossene oder Bombentote angeliefert, ca. 40 Prozent davon Zivilisten, darunter natürlich auch Alte, Frauen und Kinder. Auf einem der Friedhöfe in den Außenbezirken von Slowjansk wurden in vier Wochen allein 72 Personen beerdigt.[311]

Eine jüngere Analyse der militärischen Auseinandersetzungen im Donbass wendet sich sowohl gegen eine Interpretation als „hybriden Krieg" (nämlich von Seiten Russlands) als auch als Ausfluss konkurrierender hegemonialer Ansprüche des Westens und Russlands. Stattdessen plädiert der an der Universität Osnabrück lehrende Konfliktforscher Ulrich Schneckener für einen „konfliktsoziologischen Ansatz", der klar zeige, „dass externe Akteure in viel größerem Ausmaß von lokalen Konfliktdynamiken getrieben sind als beide Thesen zugeben würden."[312] Schneckener führt die Definition hybrider Kriege an, wie sie im Jahr 2007 der US-amerikanische Militärstratege Frank G. Hoffmann vornahm:

> „Hybride Kriege beinhalten eine Reihe von verschiedenen Weisen der Kriegführung einschließlich konventioneller Fähigkeiten, irregulärer Tak-

---

310 SZ. 2015, 24.3., S. 9.
311 Ebd.
312 Schneckener 2016, S. 586.

tiken und Verbände (formations), terroristischer Akte einschließlich wahl-
loser Gewalt und Zwangs sowie krimineller Unordnung".[313]
Schneckener stört an der Etikettierung von Kriegen als hybrid vor allem,
dass oft offen bleibe, „worin genau der hybride Charakter besteht bzw. aus
welchen ‚Ausgangstypen' sich der Hybrid zusammensetzt." Unterschiedliche Dimensionen von Kriegen werden Schneckener zufolge als hybrid
bezeichnet: die Form des Krieges (Gleichzeitigkeit bzw. Mix verschiedener
Kriegstypen, hier vor allem des „klassischen" Staatenkrieges und des
innerstaatlichen Konflikts/Bürgerkriegs), die Art und Weise der militärischen
Kriegsführung (Mischung aus konventioneller und nichtkonventioneller
Gewaltanwendung), der Charakter der Konfliktparteien (Gleichzeitigkeit von
staatlichen und nichtstaatlichen Gewaltakteuren), die eingesetzten Gewalt-
mittel (Mix verschiedener militärischer und nichtmilitärischer Instrumente)
und/oder die politisch-strategischen Zielsetzungen (Destabilisierung,
indirekte Kontrolle und Einflussnahme statt militärischer Sieg).[314]
Russlands Vorgehen auf der Krim und in der Südostukraine unterschied
sich deutlich von der Art der Kriegsführung in Georgien oder der der Sowjetunion in Afghanistan. Im Falle des russisch-ukrainischen Gewaltkonflikts
(Krim und Südostukraine) gab es viele Elemente, die vom klassischen zwischenstaatlichen Konflikt abweichen: die Nichtkennzeichnung von Soldaten, den Einsatz von nichtstaatlichen (oft aus Russland kommenden und
von Russland unterstützten) Akteuren (Nationalisten-Imperialisten, Söldner,
Abenteurer usw.), ein inszenierter innerstaatlich-regionaler, tatsächlich
stark von außen getragener Aufstand, die instrumentell eingesetzte Krimi-
nalität usw., so dass hier durchaus von einem hybriden Krieg gesprochen
werden kann. Implizit räumt Schneckener dies sogar ein, da er am Ende
seiner Ausführungen zur Frage, ob der Donbass-Krieg ein hybrider Krieg
war, schreibt, dass man „bei genauer Betrachtung von einer schrittweisen
De-Hybridisierung des Krieges und einer stärkeren Formalisierung der
Kriegsparteien sprechen" müsste.[315]

---

313 Hoffmann, Frank G.: Conflict in the 21th Century. The Rise of Hybrid Wars. Arling-
ton: Potomac Institute for Policy Studies, 2007, S. 29, zit. nach Schneckener 2016,
S. 601.
314 Ebd., S. 603.
315 Ebd., S. 604.

Vor allem aber scheinen Zweifel an Schneckeners These angebracht, dass externe Akteure (womit in erster Linie Russland gemeint ist) in viel größerem Ausmaß von den lokalen Konfliktdynamiken getrieben waren als es die beiden Interpretationen „hybrider Krieg" und „Hegemonialkonflikt zwischen dem Westen und Russland" zugeben würden. Es war die (im März 2014) *niedrige* lokale Konfliktdynamik, die *geringe* autochthone Mobilisierung im Donbass und anderen ost- und südukrainischen Städten, welche die russische Führung dazu bewogen, entschieden den Weg der Destabilisierung, Konflikt- und Gewalteskalation durch Akteure *von außen*, nämlich aus Russland zu beschreiten. Russland war nicht Getriebener, sondern *Treiber* der Konfliktdynamik in der Südostukraine.[316] Aus einem Machtinteresse heraus organisierte die russische Führung eine „transnationale Provokation"[317], besser: eine (zwischen-)staatliche Provokation (gerichtet vor allem auf den Südosten der Ukraine), der man den Anstrich einer transnationalen zu geben bemüht war.[318] Schneckener verweist des Öfteren auf die Aufsätze von Nikolay Mitrokhin – dabei widersprechen dessen Aussagen seiner zentralen These, dass nämlich entscheidend für den „Donbass-Konflikt" die *dortige* Konfliktdynamik gewesen sei. Vielmehr stellt Mitrokhin

---

316 Davon schreibt Schneckener dann auch im Fazit seines Artikels: „... (es) brach weder ... ein ‚Volksaufstand' in der als ‚pro-russisch' perzipierten Südostukraine aus noch konnte das ... ‚Novorossija'-Szenario gewaltsam realisiert werden ... In der Folge erwies sich die indirekte Intervention zu Gunsten der separatistischen Verbände als unzureichend, um zumindest Teilgebiete des Donbass unter (russländischer! – F.P.) Kontrolle zu behalten. Stattdessen war ein direktes militärisches Eingreifen erforderlich ..." Schneckener 2016, S. 609.

317 Mitrokhin 2014, Transnationale Provokation. Eine solche wäre dem Begriff nach eine grenzüberschreitende Provokation durch gesellschaftliche Gruppen. Damit gerät aber die Rolle des russländischen Staates aus dem Blickfeld.

318 Russische Regierungsvertreter behaupteten, dass es sich bei den Kämpfern in der Südostukraine um „Freiwillige" oder im Urlaub befindliche Angehörige der russischen Streitkräfte handelte. Damit versuchten sie von der Tatsache abzulenken, dass russische Regierungsstellen das Überschreiten der russisch-ukrainischen Grenze durch Tausende von Kämpfern (Soldaten, Geheimdienstler, Söldner, Nationalisten bzw. Imperialisten, Abenteurer, Kriminelle usw.) nicht nur zuließen, sondern organisierten und propagandistisch, finanziell, logistisch und mit schweren Waffen unterstützten. Was wie ein spontaner, grenzüberschreitender (transnationaler) gesellschaftlicher Prozess aussehen sollte, war damit staatlich zugelassen, ja gewünscht, vorbereitet, organisiert und auf vielfältige Weise unterstützt. Spätestens im August 2014 wurden nicht wenige Soldaten auf staatlichen Befehl hin in die Südostukraine geschickt.

in der Zusammenfassung eines seiner Artikel (mit dem Untertitel „Russlands Krieg in der Ukraine") fest:

„Russland hat Anfang April 2014 eine Spezialoperation zur Destabilisierung der Ukraine begonnen. In einer ersten Phase unterstützten Mitglieder von Sondereinsatztruppen[319] sowie *Geheimdienstoffiziere*[320] Kriminelle aus dem Donbass und aus Russland eingereiste russische Nationalisten dabei, in einigen Städten des Donbass die Macht zu ergreifen. Ab Mitte Mai strömten in großer Zahl *über Wehrerfassungsämter rekrutierte* ehemalige Kämpfer aus den Kriegen in Afghanistan und Tschetschenien sowie politisierte Anhänger imperialer Organisationen *aus Russland* in die Ukraine. Als es der ukrainischen Armee gleichwohl gelang, *die Nachschubwege aus Russland in den Donbass* zu unterbrechen, *schickte Moskau in der zweiten Augustwoche reguläre Verbände."*[321]

Das war und ist eben das Hybride an diesem Krieg: ihn nicht wie einen offiziellen, zwischenstaatlichen aussehen zu lassen. Schneckener sieht vor nicht wenigen transnationalen und transnational verkleideten Bäumen kaum den (macht-)staatlichen russländischen Wald.

Der Konfliktforscher weist zwar an einer Stelle darauf hin, dass es sich bei Igor Girkin um einen russländischen Staatsbürger und Ex-Geheimdienstler handelte.[322] Ansonsten bleiben aber seine Ausführungen zu Girkin und zu anderen Personen zu unbestimmt. So heißt es unter anderem: „In einer Kommandoaktion besetzten rund 60 bewaffnete Männer das Krim-

---

319 d.h. ehemalige Angehörige der ukrainischen Berkut, s. ebd., S. 5.

320 Mitrokhin spricht im Text von (russländischen) „Offiziere(n) des GRU und des FSB", die u.a. bei Slowjansk ukrainische Hubschrauber abschossen. Hierzu dürfte an erster Stelle der FSB-Oberst in Reserve Igor Girkin gehört haben. Mitrokhin unterscheidet von dieser Gruppe eine andere, auf die er zuerst eingeht: „Sie haben in der sowjetischen oder der russländischen Armee gedient, teilweise im Offiziersrang. Und sie stammen entweder gar nicht aus dem Donbass und sind erst im Laufe der vergangenen zehn Jahre in die Region gezogen, oder aber sie kommen aus dem Donbass, haben jedoch lange Zeit in Russland gelebt." Mitrokhin zählt zu dieser Gruppe unter anderem Igor Besler (nach eigenen Angaben Oberstleutnant der GRU), Waleri Bolotow, Igor Plotnizki („Verteidigungsminister" der „Lugansker Volksrepublik"), Sergej Srdyljuk und Wjatscheslaw Ponomarjow („Volksbürgermeister" von Slowjansk). Vgl. Mitrokhin 2014, Infiltration, S. 5 und 4 f.

321 Ebd., S. 3 (Hervorhebung durch F.P.).

322 Schneckener 2016, S. 592. Siehe auch S. 596.

Parlament und die Regierungsgebäude (27.02.2014)".[323] Die Rede ist von
Girkin und seinen Männern. Kann man sich aber vorstellen, dass diese
zentrale „Kommandoaktion" nicht vom Militär und den Geheimdiensten
Russlands unterstützt, ja gesteuert wurde? Nicht von ungefähr heißt es bei
Schneckener drei Zeilen weiter: „In wenigen Tagen brachten auf der Krim
stationierte russische Soldaten der Schwarzmeerflotte, unterstützt von
Spezial- und Geheimdienstkräften, die Halbinsel unter ihre Kontrolle."[324]
An anderer Stelle postuliert Schneckener:

> „... die entstehenden Ordnungen folgen der Gewaltlogik und den sich
> daraus ergebenen, stets aufs Neue wandelnden Opportunitäten – und
> weniger einer andernorts orchestrierten Choreographie. Die entstande-
> nen, selbst ernannten „Volksrepubliken" von Donezk (DNR) und Luhansk
> (LNR), deren territorialer Zuschnitt und interne Organisation sich erst im
> Zuge des Kriegsverlaufs entwickelt haben, sind ein Beleg dafür."[325]

Dass aber im Südosten der Ukraine zwei stark von Russland kontrollierte
und abhängige Zonen (überhaupt) entstanden sind, war dann doch in hohem Maße Folge einer „andernorts orchestrierten Choreographie". Und dabei ging es nicht um „eine Schrift aus Buchstaben oder speziellen Zeichen,
mit denen Stellung, Haltung und Bewegungsabläufe für die Tänzer eines
Balletts festgelegt werden."[326] Vielmehr ging es um einen Plan zur systematischen, gewaltsamen Destabilisierung und Abtrennung einer Region,
ging es um Anweisungen, Informationen, Propaganda, Desinformation,
Geld, Waffen (bis hin zu Kampfpanzern und hochkomplexen Luftabwehr-
systemen) sowie Munition – all dies an Agenten, Saboteure, Provokateure,
Söldner, Überzeugungstäter, Kriminelle, reguläre Soldaten usw. Am Anfang stand in Slowjansk und anderen Städten in der Südostukraine die unter Führung Girkins usw., d.h. *externer* Akteure herbeigeführte *Zerstörung*
jeglicher staatlichen Ordnung. Die russische Führung steuerte nicht ganz
das Wie, aber in einem hohem Maße das Was der Entwicklung im Südos-

---

323 Ebd., S. 592.
324 Ebd.
325 Ebd., S. 589.
326 so die Umschreibung für das Wort „Choreographie" in: Duden. Deutsches Universalwörterbuch. Mannheim u.a.: Dudenverlag 1989.

ten der Ukraine: die Destabilisierung und Abspaltung des Donbass von Kiew.

Bei Schneckener ist meist von den „Aufständischen" im Südosten der Ukraine die Rede. Aber sind deren Führungsfiguren, Girkin, Borodai und andere, dort „aufgestanden", haben sie sich dort erhoben?[327] Nein, sie kamen zuerst aus Moskau (illegal) auf die Krim und dann nach Erfüllung ihres Auftrags dort über das russländische Gebiet Rostow (illegal) in den Südosten der Ukraine. Genauso problematisch wie der Begriff „Aufständische" ist die dauernde Rede von den „Separatisten". Sind Separatisten nicht ortsansässige, alteingesessene, regional verwurzelte Aktivisten, die für *ihre* Region eine weit gehende territoriale Autonomie gegenüber der Zentralregierung bis hin zur Abspaltung anstreben?[328] Im Falle der „DNR" kam der überwiegende Teil der Führungsfiguren (bis August 2014) aber nicht aus der Region und sie wollten mehr als deren Abtrennung, nämlich ihren Anschluss an Russland. Mitte Juli 2014 kam ein weiterer Mann mit umfangreicher Geheimdiensterfahrung aus Moskau nach Donezk: Wladimir Antjufejew, der von 1991 bis 2012 Geheimdienstchef der international nicht anerkannten, aber von Moskau protegierten „Transnistrischen Republik", die sich Anfang der 1990er Jahre von der Republik Moldau abgespalten hatte, gewesen war. Antjufejew sollte dann bis März 2015 in der „DNR" für Sicherheitsfra-

---

327 Laut dem *Oxford Advanced Learner's Dictionary* ist ein insurgent (Aufständischer) "a person fighting against the government or armed forces of *their own country*." (Hervorhebung durch F.P.) Als Synonym wird "rebel" (Rebell) angegeben. Girkins etc. eigenes Land, d.h. Heimat war aber Russland, nicht die Ukraine. Insofern waren sie nicht Aufständische, sondern Eindringlinge, Invasoren, Okkupanten, Besatzer.

328 Bei Angela E. Stent heißt es: „ Man bezog sich auf sie (die „grünen Männer" in der Südostukraine – F.P.) als Separatisten, weil sie Sezession von der Ukraine unterstützten, aber sie waren in Wirklichkeit von Moskau bewaffnete Aufständische (insurgents – F.P.) und wurden von oft sich befehdenden russischen Warlords geführt, jedoch mit einer gemeinsamen Ambition: die Südostukraine Kiews Herrschaft zu entreißen und mit Mutter Russland wiederzuvereinigen." Vgl. Stent 2015, S. 294. Bei den „grünen Männchen" handelte es sich aber (wie auf der Krim) überwiegend um Spezialeinheiten des FSB und des GRU (bzw. Angehörige davon), um (Ex-)Militärs und (Ex-)Geheimdienstler aus Russland. Trotzdem verwendet Stent im Weiteren oft das Wort "separatists" („Separatisten"). Zur Problematik des Wortes „Aufständische" vgl. schon oben.

gen, d.h. die Erhaltung der Macht zuständig sein.[329] War Antjufejew ein südostukrainischer „Separatist" oder nicht vielmehr ein in enger Verbindung zu Russland und dessen außenpolitischen (Macht-)Interessen stehender Profi für „Staatssicherheit" im postsowjetischen Raum, hier insbesondere in Konfliktregionen? Da Girkin, Borodai und andere aus einem anderen Staat kamen, die Ukraine nicht als Nationalstaat anerkannten und sich nicht um die Wünsche der Mehrheit der Bewohner der Ost- und der Südukraine kümmerten (auch nicht um die der Mehrheit im Donbass), handelte es sich bei ihnen weder um Aufständische, Separatisten oder Irredentisten, sondern einfach nur um Imperialisten – die Russland für seine Zwecke einsetzte, in gewisser Weise instrumentalisierte.[330]

Selbst wenn die Führungsfiguren in den beiden Zonen ab August 2014 und noch deutlicher März 2015 mehrheitlich von dort kamen, schließt das nicht aus, dass sie in hohem Maße von Moskau abhängig waren. So eröffnete ein ehemaliger Insider der „DNR" einem SZ-Journalisten im März 2015, dass in seiner Zeit in der „DNR", nämlich bis Sommer 2014, alle wichtigen Entscheidungen von Moskau getroffen, Schlüsselpositionen von russländischen Offizieren oder zivilen Fachleuten besetzt worden seien und Moskau die Führungen in Donezk und Luhansk natürlich auch finanziert habe. „Die Volksrepubliken Donezk und Lugansk sind von Anfang bis Ende nur ein Kreml-Projekt zur Destabilisierung der Ukraine – wir Einheimischen sind nur sprechende Marionetten", so das Fazit des Mannes. Dieser war früher ein „glühender Slawophiler und Anhänger einer Union der Ukraine mit Russland und Weißrussland" gewesen. Nachdem er erkannt hatte, welche Wahrheit sich hinter der „Volksrepublik" verbarg, wandte er sich desillusio-

---

329 FAZ. 2014, 25.7., S. 2.

330 Von „Separatisten" spricht sogar Mitrokhin viel zu oft. Vgl. Mitrokhin 2014, Transnationale Provokation, S. 157 (Zusammenfassung), 165, 167 Mitte (im Hinblick unter anderem auf Girkin), 168 Anm. 22 („die Separatisten von Slovjans'k"), 170 oben, 171 Mitte. Krone-Schmalz kritisiert den Begriff „Separatisten", da, so ihr Argument, zu diesen auch Befürworter einer südostukrainischen Autonomie, d.h. Föderalisten gehörten. Vgl. Krone-Schmalz 2015, S. 142. Dies ging an der Wirklichkeit vorbei, da die militärischen und politischen Führungsfiguren der beiden „Volksrepubliken" schon ab Mai 2014 „Eigenständigkeit" und bald darauf Unabhängigkeit von Kiew, ja nicht wenige einen Anschluss an Russland forderten. Dies kam nicht zuletzt in ihrem „Neurussland"-Projekt zum Ausdruck, von dem auch Putin des Öfteren sprach.

niert von deren Führung ab.[331] Auch ein großes E-Mail-Leak aus dem „Informationsministerium" der „Donezker Volksrepublik" von Anfang Juni 2016 offenbarte regelrechte Befehlsstrukturen zwischen russländischen Beratern (nicht zuletzt in der Präsidialadministration in Moskau, d.h. in Putins Machtzentrale) und den Führungen der „DNR" und „LNR".[332] Die russländische Führung war zwischen März und Juni 2014, dem Beginn der gewaltsamen „Ukrainekrise", weniger von lokalen Konfliktdynamiken getrieben als dass es diese gezielt anfachte. Sie beförderte die Destabilisierung der Südostukraine propagandistisch, finanziell, logistisch und mit (schweren) Waffen – und zwar durch russländische (Ex-)Geheimdienstler, (Ex-)Militärs, russische Nationalisten-Imperialisten, Söldner, Kriminelle und Einheimische. Als den gewalttätigen Stellvertretern Russlands eine militärische Niederlage bevorstand, entschloss sich die Putin-Führung Anfang August 2014 zu einer mehr oder weniger verdeckten militärischen Intervention zur Rettung der beiden „Volksrepubliken". Man sollte nicht vom „Donbass-Konflikt" sprechen wie es Schneckener tut, sondern vom russisch-ukrainischen Krieg *um* das Donbass. Russland destabilisierte die Region und entriss sie der Ukraine. Was die Rolle Russlands betraf, so erklärte Igor Girkin im November 2015:

„Es ist natürlich, dass Russland in diesem oder jenem Ausmaß im Donbass Krieg führt und Krieg führen wird. Die ganze Welt weiß es. Nur für den inneren Gebrauch versucht man bei uns dem Volk zu erklären, dass es keinerlei Krieg gibt und dass nicht wir Krieg führen, sondern irgendwelche Volksrepubliken dort Krieg führen, die angeblich auch noch selbständig sind. Es ist Zeit, (dem Volk – F.P.) endlich offen ins Gesicht zu sagen, dass Russland dort Krieg führt und dass wir diesen Krieg gewinnen müssen."[333]

---

331 SZ. 2015, 24.3., S. 9.
332 Die Zeit (Archiv online). 2016, Nr. 41 (29.9.). Im Unterschied hierzu bezeichnet Krone-Schmalz die Vorstellung einer unmittelbaren Abhängigkeit der „Volksrepubliken" von Moskau als „unrealistisch". Die Gemengelage vor Ort sei zu unübersichtlich. Vgl. Krone-Schmalz 2015, S. 142.
333 Girkin: Rossija wojuet na dwa fronta. Rosbalt, zit. nach „Strelkow, Igor Iwanowitsch", https://ru.wikipedia.org/. Mit der zweiten Front meinte Girkin Syrien. Krone-Schmalz schrieb in ihrem Bestseller, es handle sich um ein „fatales Missverständnis", wenn in Politik und Medien „gebetsmühlenartig" wiederholt werde, Russland wolle sich nach der Krim auch die Ostukraine einverleiben. Es gebe (nur)

Der Krieg im Donbass, der ein Krieg um das Donbass war (und ist), ist ohne den Faktor Russland nicht zu erklären. Es handelte sich damit um einen
von Seiten Russlands geführten, nicht erklärten zwischenstaatlichen Krieg.
Vor diesem Hintergrund überrascht es etwas, dass selbst in der dritten
Septemberwoche 2014, d.h. nach den heftigen Kämpfen bei Donezk,
Luhansk und Ilowajsk die Befragten in Russland ihre Einstellung gegenüber den Ukrainern als sehr gut (21 Prozent) bzw. gut (53 Prozent) bezeichneten. Nur 18 Prozent bezeichneten sie als schlecht oder sehr
schlecht. Bei den Befragten in der Ukraine waren die Einstellungen zu den
Russen (in Russland) nicht ganz so positiv, aber auch von ihnen bezeichneten sie 60 Prozent als (sehr) gut, nur jede(r) Vierte (26 Prozent) als
(sehr) schlecht.[334] Von ethnischer Feindseligkeit zwischen den Menschen
beider Staaten infolge des Krieges im Donbass konnte man also nicht
sprechen. Allerdings waren die Einstellungen zur politischen Führung des
jeweils anderen Staates sehr negativ: So bezeichneten 69 Prozent der Befragten in der Ukraine ihre Einstellung zur Führung Russland als (sehr)
schlecht, nur knapp 21 Prozent als (sehr) gut. Bei den Befragten in Russland betrugen diese Werte sogar 86 Prozent bzw. nur knapp acht Prozent.[335] Obwohl Russland in der Ukraine und den meisten europäischen
Staaten mehrheitlich als der Aggressor gilt, waren die Einstellungen zur politischen Führung des anderen Staates in Russland damit noch negativer
als in der Ukraine. Der Grund dürfte zum einen gewesen sein, dass es im
Osten und Süden der Ukraine nicht wenige ethnische Russen bzw. Rus-

---

„nebulöse Verweise auf den herumgeisternden Begriff ‚Neurussland', aber alle
offiziellen Äußerungen Putins zielen in Richtung einer Föderalisierung (der Ukraine
– F.P.) ...". Vgl. Krone-Schmalz 2015, S. 158. Es stimmt, dass Russland sich die
(Süd-)Ostukraine nicht einverleibte. Aber der Politik Russlands (nur) das Ziel der
Föderalisierung der Ukraine zu unterstellen (vgl. so auch Wipperfürth 2015, S. 39),
geht an der Realität vorbei. Die Journalistin hätte nur auf die Protagonisten in der
Südostukraine, ihre Verlautbarungen („Unabhängigkeit von Kiew!", „Anschluss an
Russland!") und ihre Gewalttaten schauen müssen. Aber Igor Girkin („Strelkow")
und Aleksandr Borodai werden in ihrem Buch nicht einmal erwähnt. Bei Wipperfürth heißt es immerhin, dass Moskau eine Föderalisierung der Ukraine anstrebte,
„um über die russlandfreundlichen Teile dauerhaft Einfluss auf die Außenpolitik
Kiews ausüben zu können." Vgl. ebd., S. 60.
334 Ukraine-Analysen. 2014. Nr. 138 (15.10.), S. 21.
335 Ebd., S. 22.

sischsprachige gab und weiter gibt, die Russland gegenüber noch immer (eher) positiv eingestellt waren und sind (was in der Ukraine den Anteil der gegenüber der russischen Führung kritisch Eingestellten etwas nach unten drückte); zum anderen, dass die starke Propaganda in den russländischen (Staats-)Medien gegen die ukrainische Führung und Teile des ukrainischen Parlaments („Junta"; „Nationalisten", „Faschisten") die Wahrnehmung vieler Befragten in Russland gefärbt hatte.

5.3.2.6 Rückblende 1: Russländischer Irredentismus als Druckmittel in den Beziehungen zwischen Russland und der Ukraine im August 1991

Die Krise um die Krim im Februar/Anfang März 2014, die in ihre Angliederung an Russland mündete, und der Konflikt zwischen Kiew und Donezk/Luhansk, d.h. dem Donbass kamen nicht völlig überraschend. In postsowjetischer Zeit gab es mindestens zwei Ereignisse, die auf einen möglichen Konflikt um die Krim oder um das Donbass bzw. im Donbass, d.h. im Donezker (Steinkohle-)Becken hindeuteten. Der erste Fall geschah in den Tagen der Auflösung der Sowjetunion im August 1991. Auslöser war die Unabhängigkeitserklärung des Obersten Sowjet der Ukraine unmittelbar nach dem Scheitern des Putschversuchs gegen Gorbatschow. Diese Erklärung führte zu einer sofortigen Reaktion des jungen Russland unter Jelzin. Der zweite, hauptsächlich innerukrainische Fall, ein Fall von taktisch-instrumentellem *Separatismus*, nicht Irredentismus, ereignete sich im Rahmen der Auseinandersetzungen über das Ergebnis der zweiten Runde der ukrainischen Präsidentschafswahlen Ende November 2004. Auf ihn wird in Abschnitt 5.6.5 eingegangen.

Wie die baltischen, die georgische, die moldauische und die russländische Sowjetrepublik unter Boris Jelzin, so strebte auch die Ukrainische SSR mit etwas Verspätung ab dem Sommer 1990 nach Selbständigkeit gegenüber dem sowjetischen Unionszentrum. Im November 1990 unterzeichneten die RSFSR und die Ukrainische SSR einen umfassenden Vertrag über politische, wirtschaftliche und kulturelle Zusammenarbeit, um ihre Position gegenüber der sowjetischen Zentralregierung unter Gorbatschow zu stärken. Jelzin reiste hierzu in seiner Eigenschaft als Vorsitzender des Obersten Sowjet der RSFSR nach Kiew und sprach vor dem ukrainischen Obersten

Sowjet. In dem Vertrag erkannten beide Seiten ihre Souveränität und die Unverletzlichkeit ihrer Grenzen an.[336] Als nach dem Scheitern des Putschversuchs kommunistischer Hardliner in Moskau der Oberste Sowjet der Ukraine am 26. August 1991 vorbehaltlich eines für den 1. Dezember angesetzten Referendums praktisch einstimmig die Unabhängigkeit der Republik erklärte, kam es aber zu einer Krise in den Beziehungen zwischen beiden Republiken. Der Pressedienst des russischen Präsidenten Jelzin veröffentlichte noch am selben Tag eine Erklärung, der zufolge sich die RSFSR für den Fall, dass nichtbaltische Unionsrepubliken einseitig die Union verlassen sollten, eine Diskussion über eine Änderung der Grenzen vorbehalte. Jelzins Pressesprecher erklärte in diesem Zusammenhang, dass Russland die Krim, das Donbass und das nördliche Kasachstan nicht einfach weggeben werde und für die dortige russische Bevölkerung sorgen müsse.[337]

Die Drohung der politischen Führung Russlands mit Territorialansprüchen in Reaktion auf die Unabhängigkeitserklärung des Obersten Sowjet der Ukraine war vor allem taktisch-zweckrationaler Natur, als Druckmittel gedacht: In der Ukraine befanden sich nicht wenige Einheiten der sowjetischen Streitkräfte, darunter die Schwarzmeerflotte mit ihrem Heimathafen in Sewastopol auf der Krim, des Weiteren Atomwaffen (samt deren Trägersysteme), die Russland nicht einfach den anderen (Unions-)Republiken, die sich überraschenderweise für unabhängig erklärten, überlassen wollte. In dem Moment, in dem zwischen Russland und der Ukraine plötzlich ein schwerwiegender Konflikt über grundsätzliche Fragen des zwischenstaatlichen Verhältnisses entstand (darunter nicht zuletzt über Sicherheitsfragen), instrumentalisierte die politische Führung Russlands die Frage der russischen Minderheiten auf der Krim, im Donbass und im nördlichen Kasachstan.

Um einen vollständigen Zerfall gesamtstaatlicher, d.h. sowjetischer Strukturen abzuwenden, flogen eine Delegation des Volksdeputiertenkongresses der RSFSR sowie eine des noch existierenden Obersten Sowjet der UdSSR unangemeldet nach Kiew. Ihre Aufgabe bestand nach den Worten

---

336 Solchanyk 2000, S. 37.
337 Ebd., S. 56.

Jelzins darin, "dem ukrainischen Volk zu sagen: Wenn ihr in der Union bleibt, werden wir keine territorialen Forderungen stellen." Als Ergebnis der Gespräche erkannten die Ukraine und die RSFSR die Notwendigkeit zwischenstaatlicher Strukturen für eine Übergangszeit sowie ihre territoriale Integrität an.[338] Mitte Oktober gab es in der Presse Russlands trotzdem Berichte, im Weißen Haus sei die Möglichkeit eines atomaren Konflikts zwischen beiden Staaten diskutiert worden.[339]

Im Vorfeld des ukrainischen Unabhängigkeitsreferendums klammerte sich die politische Elite Russlands (sowie auch der noch amtierende, aber praktisch schon machtlose sowjetische Präsident Gorbatschow) an die Hoffnung, dass die überwiegende Mehrheit der russischen und russischsprachigen Ukrainer im Osten und Süden der Ukraine gegen die Unabhängigkeit stimmen würde. Als sich dann aber am 1. Dezember 1991 90,3 Prozent der Abstimmenden in der Ukraine für die Unabhängigkeit aussprachen, löste dies in Russland einen Schock aus. Anatolij Sobtschak, Oberbürgermeister von Sankt Petersburg und Abgeordneter im Obersten Sowjet der UdSSR, warnte vor einer Zwangsukrainisierung der russischen Mehrheit auf der Krim und vor einem territorialen Konflikt zwischen Russland und der Ukraine, der in einem atomaren Zusammenprall enden könne.[340]

Der politischen Spitze der RSFSR war aber nach dem eindeutigen ukrainischen Unabhängigkeitsvotum klar, dass mit einem neuen Unionsvertrag nicht mehr zu rechnen war. Sie unternahm deshalb Schritte, zwischen den beiden Staaten bzw. dem ostslawischen Kern der früheren Sowjetunion einen Rest von politischer Verbindung aufrechtzuerhalten. Jelzin traf sich hierzu mit dem Präsidenten der Ukraine, Leonid Krawtschuk, sowie mit dem Vorsitzenden des Obersten Sowjets von Weißrussland, Stanislaw Schuschkewitsch in Belaweschskaja Puschtscha bei Minsk. Sie erklärten am 8. Dezember 1991 die Auflösung der UdSSR und die Gründung der "Gemeinschaft Unabhängiger Staaten" (GUS), der sich am 21. Dezember 1991 acht weitere ehemalige Unionsrepubliken anschlossen.[341]

Die Territorialansprüche der Jelzinführung unmittelbar nach der Unabhän-

338 TASS, 29.8.1991, zit. nach ebd., S. 58.
339 Solchanyk 2000, S. 59.
340 Ebd., S. 60 f.
341 Ebd., S. 62-64.

gigkeitserklärung des Obersten Sowjet der Ukraine waren taktisch-instrumenteller Natur: Moskau wollte nicht in erster Linie die Krim und das Donbass, sondern einen Rest an institutioneller Gemeinsamkeit bewahrt wissen, um wichtige Fragen, insbesondere im Bereich der Sicherheit und der Wirtschaftsbeziehungen, lösen zu können. Die Sprachlosigkeit und die Ressentiments in Russland nach dem ukrainischen Unabhängigkeitsreferendum müssen aber auch vor dem Hintergrund des Russlandverständnisses der Mehrheit der politischen Klasse Russlands verstanden werden. Die Ukraine wurde, wie für das russische politische Denken des 19. Jahrhunderts typisch, als eine in kultureller und sprachlicher Hinsicht zwar verschiedene, aber trotzdem zu Russland gehörende Region angesehen. Die Kiewer Rus, d.h. das frühmittelalterliche Kiewer Reich war und ist für die Mehrheit der Russen der Geburtsort der russischen Kultur und der Staatlichkeit Russlands, Kiew die „Mutter der russischen Städte". Spätestens ab der schrittweisen Integration des Kosaken-Hetmanats in das Zarenreich, d.h. ab der zweiten Hälfte des 17. Jahrhundert wurden die Ukrainer in der Regel als "Kleinrussen" ("malorossy") bezeichnet und vor allem im 19. Jahrhundert als Zweig eines (gesamt)russischen ((obschtsche)russkij) Volkes aufgefasst, zu dem auch die Weißrussen gezählt wurden.[342] Diese Sichtweise war auch im Manifest des ehemaligen sowjetischen Dissidenten Alexander Solschenizyn enthalten, das im September 1990 unter dem Titel „Russlands Weg aus der Krise" erschienen war. Solschenizyn lebte damals noch in seinem Exil in den USA. Einerseits sprach der Schriftsteller und Publizist von den Ukrainern, Weißrussen und Russen als Völkern, andererseits aber auch von einem in drei Zweige gegliederten Volk.[343] Die Zurückweisung dieser imaginierten Gemeinschaft durch die Mehrheit der ethnischen Ukrainer, ja sogar durch viele Russischsprachige im Osten der Ukraine bedeutete für viele Russen in Russland einen Identitätsverlust. Moskauer Publizisten, die durchaus nicht dem kommunistischen oder nationalistischen Lager angehörten, meinten zur Jahreswende 1991/1992, dass Russland den Sieg über den Kommunismus „um den Preis des Selbstverlustes" errungen habe (Denis Dragunski), dass es ohne die Ukraine nicht

---

342 Praisler 2009, S. 67.
343 Ebd.

mehr "ein Russland im alten, wirklichen Wortsinn" (Aleksandr Zipko) geben könne.[344]

5.3.2.7 Der Brand im Gewerkschaftshaus in Odessa am 2. Mai 2014: Gewaltprovokation als Mobilisierungsinstrument?

> „Im russischsprachigen Odessa sitzen zwei Frauen im Cafe. ‚Sara', sagt die eine, ‚mein Abram spricht aus Prinzip nicht mehr russisch.' ‚Wieso?' ‚Er hat Angst, dass die Russen kommen, um ihn zu beschützen.'"[345]

Autonomistisch, sezessionistisch oder irredentistisch gesinnte ethnische Russen und Russischsprachige in der Ukraine fühlten sich durch Putins Ausführungen, insbesondere seine Propagierung eines „Neurussland", verständlicherweise ermuntert. So war es vielleicht kein Zufall, dass es zwei Wochen nach Putins Äußerungen in einer der für „Neurussland" reklamierten Städte der Ukraine zu einer Tragödie mit Dutzenden von Toten kam. Die Rede ist von der russischsprachigen Hafenstadt Odessa im Süd*westen* der Ukraine.

In einer Umfrage dreier ukrainischer Meinungsforschungsinstitute in der zweiten Aprilwoche 2014, d.h. zu Beginn der gewaltsamen Destabilisierung der Südostukraine nicht zuletzt durch Kämpfer aus Russland, sprachen sich im Gebiet Odessa nur 7,2 Prozent der Befragten dafür aus, dass sich die Region von der Ukraine abspalten und an Russland anschließen solle. Knapp 79 Prozent waren dagegen. 61 Prozent teilten die Auffassung, dass Russland sich illegal in die inneren Angelegenheit der Ukraine einmische und knapp 48 Prozent sahen Russland hinter den separatistischen Kundgebungen und der Besetzung von Verwaltungsgebäuden im Südosten der Ukraine. Gleichzeitig stimmten knapp 31 Prozent der Auffassung zu, dass Russland gerechtfertigterweise „die Interessen der dortigen russischen Bürger" schütze. Dass es sich bei letzteren aber fast nur um Staatsbürger der Ukraine handelte, schien für diese Befragten keine große Bedeutung zu haben. In einer Umfrage in der zweiten Maiwoche, d.h. nach der Tragö-

---

344 Ebd.
345 Zit. nach Sorokin 2014. Sorokin sieht in dem Witz eine Reaktion auf die russische „Fernsehhysterie" ab dem Februar 2014.

die in Odessa, sprachen sich in den drei südlichen ukrainischen Gebieten Odessa, Mykolajiw und Cherson knapp 72 Prozent für einen Einheitsstaat und nur knapp 20 Prozent für einen föderalen Staat aus. Immerhin wünschten sich im Süden 40 Prozent Russisch als (zweite) Staatssprache; für Ukrainisch als einziger Staatssprache sprachen sich knapp 27 Prozent aus. 30 Prozent präferierten die herrschende Regelung, nach der Russisch in Regionen mit einer russischsprachigen Minderheit offiziell, d.h. als Amtssprache verwendet werden konnte.[346]

Der erste ernsthafte Vorfall nach dem Machtverlust Janukowitschs ereignete sich im Gebiet Odessa am 25. April, d.h. eine Woche nach Putins „Neurussland"-Äußerungen. Unbekannte warfen aus einem vorbeifahrenden Auto eine Handgranate auf einen gemeinsamen Checkpoint der Polizei und von Majdan-Aktivisten außerhalb von Odessa. Dabei wurden sieben Personen verletzt.[347]

Am 2. Mai sollte in Odessa um 17 Uhr zwischen dem lokalen Club Tschornomorez Odesa und dem Club Metalist Charkiw ein Fussballspiel stattfinden. Die Groß- und Universitätsstadt Charkiw liegt im Nordosten der Ukraine, nicht weit von der russischen Grenze entfernt. Vor dem Spiel wollten Fans beider Clubs, Euromajdan-Aktivisten aus der Stadt bzw. der Region, Mitglieder des nationalistischen „Rechten Sektors" sowie normale Bürger Odessas, nicht wenige mit ihren Kindern, insgesamt ca. 2.000 Personen, für die Einheit der Ukraine, darunter nicht zuletzt die territoriale, demonstrieren. Letztere schien nämlich durch die aus Russland in die Südostukraine eingedrungenen Besatzer und ihr ostukrainisches Fußvolk[348], erste militärische Auseinandersetzungen dort sowie Putins territoriale Ansprüche auf die Ost- und Südukraine (Stichwort „Neurussland"), darunter auch auf das

---

346 Ukraine-Analysen. 2014, Nr. 133 (27.5.), S. 17-19.
347 „2014 Odessa clashes", https://en.wikipedia.org/wiki/2014_Odessa_clashes, Seite besucht am 11.6.2016. Am 19. Februar 2014, d.h. auf dem Höhepunkt der Gewalt auf dem Kiewer Majdan, hatten ca. 100 maskierte Männer mit Baseballschlägern eine pro-Majdan-Demonstration in der Stadt angegriffen. Dabei wurden drei Journalisten und zwei Kameraleute verletzt. Am 3. März versuchten 200-500 Demonstranten mit russländischen Fahnen, das Gebäude der Gebietsverwaltung zu besetzen. Sie forderten ein Referendum über die Schaffung einer „Autonomen Republik Odessa". Vgl. ebd.
348 Der Ausdruck „Fußvolk" bezeichnete früher die Infanterie, d.h. die Gesamtheit der auf den Nahkampf spezialisierten Truppen des Heeres.

Gebiet Odessa, gefährdet zu sein. Am selben Tag trafen sich ca. 300 proruss(länd)ische, für eine „Föderalisierung" der Ukraine eintretende Anti-Majdan-Aktivisten ca. 500 Meter vom Versammlungspunkt der pro-Einheits-Demonstration entfernt. Sie schienen sich zuerst von dieser weg-zubewegen, kehrten dann aber um und begannen, die Teilnehmer des Einheits-Marsches anzugreifen, als diese sich in Richtung Stadion in Be-wegung setzten. Die prorussländischen Angreifer warfen dabei nicht nur Steine und Blendgranaten über den Kordon, den die Polizei zwischen den beiden Gruppen gebildet hatte, sondern setzten auch Luftgewehre, Molo-tow-Cocktails, ja Schusswaffen ein. Im Laufe mehrerer Stunden starben an Ort und Stelle vier Personen, zwei weitere im Krankenhaus. Dutzende wur-den verletzt. Die ersten Festnahmen erfolgten erst über eineinhalb Stunden nach Ausbruck der Gewalt, d.h. nicht wenige der Polizisten legten eine große Passivität an den Tag. Zumindest der stellvertretende Chef der Zweigstelle des ukrainischen Innenministeriums im Gebiet Odessa und Chef der für die Aufrechterhaltung der öffentlichen Ordnung verantwortli-chen regionalen Schutzpolizei, Dmytriy Fuchedzhy, schien auf der Seite der prorussländischen Angreifer zu stehen.[349] Wegen der Toten und Dut-zender Verletzter marschierten viele Teilnehmer der angegriffenen pro-Einheits-Demonstration, überwiegend Fans der beiden Clubs, unten ihnen auch so genannte Ultras, des Weiteren Mitglieder des nationalistischen „Rechten Sektors" nicht ins Stadion, sondern verfolgten die gewalttätigen Anti-Majdan-Aktivisten. Diese flüchteten in ihr Lager auf dem zentralen

---

349 Videoaufnahmen, die im Internet einsehbar sind, zeigten Fuchedzhy, wie er zu einem der prorussländischen Gewalttäter, der hinter dem Polizeikordon stehend auf die Befürworter der Einheit der Ukraine geschossen hatte, ohne dass gegen ihn vorgegangen wurde, in einen Ambulanzwagen stieg und mit ihm davonfuhr. Nachdem am 5. Mai Ermittlungen gegen ihn eingeleitet wurden, setzte er sich am 6. Mai ins prorussländische Transnistrien, das sich 1991/92 von der Republik Moldau abgespalten hatte, ab. Fuchedzhys Vorgesetzter, der ranghöchste Polizist im Gebiet Odessa, war schon am 3. Mai entlassen worden. Fuchedzhy hatte drei Tage lang dessen Position eingenommen und dabei ungesetzlicherweise auch die Freilassung von 63 prorussländischen Aktivisten verfügt. Vgl. IAP 2015, Odesa Report, S. 10, 12 (zu Fuchedzhys Verhalten während der gewalttätigen Auseinan-dersetzungen), 22-27, 50-52, 72 f., 82, 87. Vgl. auch „2014 Odessa clashes". Wladimir Antjufejew, von 1991 bis 2012 Geheimdienstchef von Transnistrien wurde im Juli 2014 dann Geheimdienstchef der „Donezker Volksrepublik". FAZ. 2014, 25.7., S. 2.

Platz der Stadt, dem Kulikowo-Feld und zogen sich dann vor den anstürmenden pro-Einheits-Demonstranten, die ihre Zelte niederbrannten, mit ihren Molotow-Cocktails usw. in das am Platz gelegene Gewerkschaftshaus zurück. Sie verbarrikadierten den Eingangsbereich unter anderem mit Holzpaletten. Einige pro-Einheits-Aktivisten gelangten durch eine Hintertür in das Gebäude. Prorussländische Aktivisten schossen vom Dach des Gebäudes auf vor dem Gebäude versammelte Anhänger der Einheit der Ukraine. Einige von diesen schossen wiederum auf das Gebäude. Beide Seiten bewarfen sich mit Molotowcocktails. Nach einer halben Stunde brachen im Gebäude an fünf Stellen Brände aus. Vier davon konnten, wie die Untersuchung des Europarats ergab, nur von Personen innerhalb des Gebäudes gelegt worden sein. Im Ergebnis kamen 42 Personen ums Leben: 23 starben an einer Kohlenmonoxid- bzw. Rauchgasvergiftung, etliche an ihren Verbrennungen, etliche an einer Kombination von beidem und acht infolge ihres Sprungs aus dem Gebäude.[350] Herumstehende pro-Einheits-Demonstranten jubelten dabei. Viele halfen aber Dutzenden von Eingeschlossenen auch, aus dem Gebäude zu entkommen, indem sie ein hohes Metallgerüst herantransportierten und an eines der Fenster des Gebäudes stellten.[351]

Der Angriff auf die Demonstration für die Einheit der Ukraine mit sechs Toten und Dutzenden von Verletzten, die Verfolgung der prorussländischen Aktivisten/Gewalttäter, ihre Flucht ins Gewerkschaftshaus und der Brand in ihm fanden zwei Wochen nach Putins „Neurussland"-Äußerungen (bei denen er auch Odessa genannt hatte) und nur neun Tage vor dem Referendum über die staatliche Eigenständigkeit statt, das die aus Russland eingedrungenen Besatzer und ihre ostukrainischen Helfershelfer in den Gebieten Donezk und Luhansk anberaumt hatten. Handelte es sich bei der Tragödie in Odessa, die angesichts einer Polizei, die prorussländische

---

350 IAP 2015, Odesa Report, S. 75.
351 Ebd., S. 14; "2014 Odessa clashes"; Wilson 2014, S. 129. Dieses Verhalten von Anhängern einer einigen Ukraine, das nicht wenigen proruss(länd)ischen Demonstranten das Leben rettete, wurde von den staatlichen Medien Russlands systematisch verschwiegen. Vgl. den Artikel auf der Website der Kharkiv Human Rights Protection Group: Odessa May 2 trial turns into farce as Russia continues 'massacre' propaganda, http://khpg.org/en/index.php?id=1424029464, Seite besucht am 8.4.2017.

Gewalttäter, ja Mörder deckte, auch Züge von Selbstjustiz trug, damit um eine provozierte Gewalteskalation?

Joseph Rothschild setzt sich in seiner lesenswerten und anspruchsvollen Studie über Ethnopolitik mit der verbreiteten Sichtweise auseinander, dass ethnische Gewalt ein Ausdruck der Emotionalität der breiten Massen ist. Seine Gegenposition lautet: In vielen Situationen interethnischer Gewalt entgleiten impulsive und emotionale ethnische Massen nicht der Kontrolle rationaler Eliten, sondern Gegeneliten versuchen oft, die regierende Elite von der Flanke anzugreifen und mit radikalen Forderungen zu überbieten, um so das ethnische "Massenemotionspotential" anzuzapfen. Im Ergebnis lösen diese Gegeneliten ethnopolitische Radikalisierung aus. Und regierende ethnische Eliten müssen vielleicht, wenn Gewalt ausbricht und sie Massenunterstützung mobilisieren oder ihre Flanken schützen wollen, auf dieses Potential zurückgreifen.[352] Rothschild fasst abschließend zusammen:

> „Der kritische, oft negative Faktor ist deshalb nicht per se die Emotionalität oder unreflektierte Xenophobie ethnischer Massen, sondern die Art ihrer politischen Aktivierung durch ethnische Eliten und Gegeneliten."[353]

Im russisch-ukrainischen Fall ist zu konstatieren, dass die politische Führung Russlands und die russischen Staatsmedien im Frühjahr 2014 nicht spannungsdämpfend agierten, sondern vielmehr das nationalistische „Massenemotionspotential" anzapften. So sprach einer der beiden Moderatoren in der Sendung „Direktverbindung mit Wladimir Putin" am 17. April vor Dutzenden von Millionen von Zuschauern gleich zu Beginn davon, dass „man" (d.h. die ukrainische Staatsmacht und/oder die ukrainischen Nationalisten) gegen den südöstlichen Teil der Ukraine einen „echten Genozid" entfesselt habe. Niemand widersprach diesem Moderator.[354] In der Süddeutschen Zeitung hieß es genau am Tag des Brandes im Gewerk-

---

352 Rothschild 1981, S. 195.
353 Ebd. Rothschild weist in diesem Zusammenhang auch darauf hin, wie relativ schnell solche Eliten gewöhnlich die Kontrolle über den gefühlsgeleiteten Aktivismus der Massen zurückgewinnen und interethnische Gewalt in Zaum halten können, wenn sie sich dazu entscheiden. Vgl. ebd., S. 195 f.
354 Putin 2014, Prjamaja linija ...

schaftshaus in Odessa (d.h. vor dem Ereignis geschrieben) in einem Artikel mit der Überschrift „Ein Land zerfällt", dass die russländische Propaganda, nach der eine faschistische Junta in Kiew Blutbäder unter der eigenen Bevölkerung anrichte, zunehmend verfange.[355] Die 42 Toten und die einseitig-manipulative Berichterstattung des russischen Staatsfernsehens radikalisierten die Besatzer und Aufständischen in der Südostukraine. Der bei ihnen rund um die Uhr laufende Kanal „Rossija 24" zeigte nur Bilder von im Gewerkschaftshaus Verbrannten, nicht aber die verzweifelten Versuche, die vom Feuer Eingeschlossenen zu retten. Auch der Auslöser der Gewalt, bewaffnete, in mehreren Fällen tödliche Angriffe prorussländischer Aktivisten auf die friedliche Pro-Ukraine-Kundgebung, blieb unerwähnt.[356] In dem Mitte Mai 2014 veröffentlichten Bericht der UN-Menschenrechtsbeauftragten Navi Pillay zur Lage der Menschenrechte in der Ukraine wurden „die Aktionen bestimmter prorussländischer Aktivisten" als Grund der tragischen Ereignisse in Odessa genannt. Im Gegenzug beanstandete das russische Außenministerium, dass in dem UN-Bericht nicht erwähnt werde, wie „rasend gewordene Extremisten und Neonazis friedliche Bürger der Ukraine bei lebendigem Leibe verbrannten, Verletzten den Garaus machten und Menschen erschossen." Bemängelt wurde des Weiteren, dass es in dem Bericht keinen Hinweis auf die „verbrecherische Untätigkeit der Rechtsschützer" gebe. In dem UN-Bericht war aber auf Seite 12 von der „verbrecherischen Untätigkeit" der Polizei die Rede.[357]

Der Brand im Gewerkschaftshaus mit Dutzenden von Toten, über den die russländischen (Staats-)Medien höchst einseitig berichteten, d.h. den sie zynisch ausschlachteten, war dann auch ein Fanal nicht nur für viele Menschen in Russland, sondern auch für prorussländisch, gegen die Übergangsregierung in Kiew eingestellte Bürger im Südosten der Ukraine, mobilisierte einen Teil der dortigen Bevölkerung beim Referendum über die „Selbstständigkeit" der „Volksrepubliken" zugunsten der aus Russland stammenden „Separatisten", das am 11. Mai stattfand.

---

355 SZ. 2014, 2.5., S. 4.
356 SZ. 2014, 10.5., S. 9.
357 newsru.com. 2014, 16.5.

Zwei Tage vor diesem Referendum gab es auch in der Stadt Mariupol ganz im Süden des Donezker Gebiets am Schwarzen Meer mehr als 20 Tote: Prorussländische Kräfte hatten im Rahmen eines mehrtägigen Kampfes um die Macht in der Stadt eine Polizeistation angegriffen, um die dortigen Waffen zu erbeuten. Angehörige des rechtsextremen Freiwilligenbataillons Asow lieferten sich in dem Gebäude heftige Kämpfe mit den Landfriedensbrechern. Auch reguläre Armeeeinheiten, die Bereitschaftspolizei, die Militärpolizei, ein weiteres Freiwilligenbataillon und die Nationalgarde griffen ein. Da es unter diesen verschiedenen regierungstreuen Einheiten aber an Abstimmung mangelte, schossen schließlich Angehörige der Nationalgarde auf solche des Bataillons Asow. Als Ergebnis der Kämpfe in der Stadt lag die Polizeiwache, ein schöner Altbau, in Trümmern; nicht weit davon stand das ausgebrannte Rathaus.[358]

5.3.3 Irredentistischer Staat dem Zielstaat überlegen?

Naomi Chazan nennt als eine Voraussetzung für Irredentismus, dass der irredentistische Staat dem Zielstaat militärisch und wirtschaftlich deutlich überlegen ist.[359] Ist dies nicht der Fall, kann ein irredentistischer Kurs, der ja mit militärischen Auseinandersetzungen einhergehen dürfte, leicht zu einer Niederlage, zumindest sehr hohen Kosten führen, was wiederum zum Sturz der Regierung führen kann. Ein kanadisches Autorenpaar findet aber für die Hypothese, dass machtpolitische Überlegenheit Irredentismus ermuntert, Unterlegenheit dagegen davon abhält, keine Bestätigung. Sie verweisen hierbei auf die Fälle Somalia Anfang der 1960er Jahre sowie die aggressive, irredentistische Politik Kroatiens gegenüber potentiellen Verbündeten, nämlich den Muslimen in Bosnien-Herzegowina ab dem Jahr 1992 – dies obwohl Kroatien in Serbien einen gefährlichen Kriegsgegner hatte.[360]

Saideman und Ayres weisen somit darauf hin, dass manche Regierungen einen irredentistischen Kurs verfolgten, obwohl ein solcher riskant, ja gefährlich erscheinen mußte. Unabhängig von dieser Meinungsverschie-

---

358 Wilson 2014, S. 132; Die Zeit. 2014, Nr. 21 (15.5.), S. 3.
359 Chazan 1991, S. 145.
360 Saideman/Ayres 2008, S. 11 f., 35, 229 f.

denheit in der Forschung ist festzustellen, dass Russland den angrenzenden Minderheitenstaaten militärisch und wirtschaftlich deutlich überlegen ist. Dies gilt auch gegenüber größeren Staaten wie der Ukraine oder Kasachstan. Russland ist eine regionale Vormacht, deren Fähigkeit zur Machtprojektion im regionalen Umfeld die seiner Nachbarstaaten, aber auch externer Akteure wie der weit entfernten USA deutlich übersteigt. Insofern muss Russland bei einer irredentistischen Politik vor allem abwägen, inwieweit eine solche seine Beziehungen zu Drittstaaten, hier vor allem zur EU und den USA beeinträchtigen kann.

5.3.4 Hoher wirtschaftlicher und/oder strategischer Wert des „zurückzuholenden" Gebiets?

Eine nicht geringe Rolle bei irredentistischen Entscheidungen spielt verständlicherweise die Frage, ob das betreffende Territorium von strategischem oder wirtschaftlichem Wert ist. Für einen Anschluss spricht, wenn damit die Kontrolle über wertvolle menschliche und materielle Ressourcen verbunden ist. Gegen einen Anschluss spricht, wenn die „ethnischen Brüder (und Schwestern)" im anderen Staat so arm und rückständig sind, dass sie zu einer Last für den intervenierenden Staat werden dürften.[361]

Krim: Dass die Krim von strategischem Wert für Russland ist, dürfte unbestritten sein. Im Georgienkrieg 2008 lief das russische Kriegsschiff „Moskwa" aus dem Sewastopoler Hafen aus. Russland rüstet die Halbinsel seit der Besetzung und Annexion noch weiter auf, um seine Fähigkeiten zur Machtprojektion gegenüber der Ukraine und im Schwarzen Meer zu vergrößern.[362] Wirtschaftlich hat Russland bzw. haben putintreue Personen von der Übernahme vieler ukrainischer Staatsunternehmen auf der Krim, d.h. von staatlichem Raub profitiert. Durch die Annexion der Krim hat sich auch die Ausschließliche Wirtschaftszone Russlands im Schwarzen Meer deutlich vergrößert. In dieser nun von Russland beanspruchten, von anderen Staaten aber nicht anerkannten Zone werden große Erdgasvorkommen vermutet. Die Ukraine, die deren Erschließung anvisiert hatte, um ihre Ab-

---

361 Rothschild 1981, S. 184 f.
362 Allison 2014, S. 1277-1281.

hängigkeit von russischem Gas zu verringern, hat darauf gegenwärtig keinen Zugriff mehr. Ölkonzerne wie Exxon Mobil und Royal Dutch Shell zogen sich schon im März 2014 aus entsprechenden Projekten zurück.[363] Gleichzeitig war und ist aber die Krim, was die Versorgung mit Wasser und Strom angeht, zu 80 bzw. 60-90 Prozent vom ukrainischen Festland abhängig. Dies war einer der Gründe dafür, dass die Halbinsel, die ja ein geographisch-territoriales Anhängsel des ukrainischen Festlands, nicht Russlands bildet, 1954 administrativ der Ukrainischen SSR unterstellt wurde. Als Gründe wurden in dem Erlass „die Gemeinsamkeit der Wirtschaft, die territoriale Nähe und die engen wirtschaftlichen und kulturellen Bande zwischen dem Krim-Gebiet und der Ukrainischen SSR" genannt.[364] Die Zentralregierung in Kiew schoss vor 2014 jährlich mehr als eine Milliarde US-$ zum Haushalt der Republik Krim zu, d.h. das Rentnerparadies Krim war ein nicht kleiner Nettoempfänger.[365] Nun ist Moskau für das Wohlergehen der Menschen auf der Halbinsel verantwortlich. Symptomatisch eine Szene im Mai 2016, als Regierungschef Medwedew auf die Klage einer Rentnerin, die Rente sei zu niedrig, antwortete: „Es gibt einfach kein Geld. ... Halten Sie durch hier!".[366] Seit der Annexion gingen auch die Einnahmen aus dem Tourismus deutlich zurück. Die zahlungskräftigen Gäste aus der kriegsversehrten Südostukraine bleiben aus. Erschwert wird die Lage auch durch die wirtschaftlichen Gegenmaßnahmen der Ukraine gegen die Halbinsel. Russische Firmen, die dort aktiv sind, müssen mit westlichen Sanktionen rechnen. Der Anschluss der Krim wird daher teuer. Allein die projektierte Brücke über die Straße von Kertsch wird zwischen 700 Millionen und 2,1 Milliarden Euro oder sogar mehr kosten.[367]

Ost- und Südukraine: Nach der erfolgreichen Angliederung der Krim setzte die Putin-Führung ab Mitte März 2014 darauf, dass große Teile des Ostens und Südens der Ukraine von Kiew abfallen und sich eventuell Russland anschließen würden. Damit hätte Russland vor allem die dortigen Rüstungsunternehmen, die in Form von Zulieferungen eng mit denen Russ-

---

363 SZ. 2015, 9.1., S. 17.
364 Ozhiganov 1997, S. 92.
365 Strategic Survey 2014, S. VIII.
366 Lokshin 2016.
367 FAS. 2014, 23.3., S. 25.

lands verbunden waren, gewonnen. Zu nennen sind hier die Panzerfabrik in Charkiw, der Hersteller für Triebwerke für Kampfhubschrauber und Flugzeuge in Saporischschja, der Hersteller für Gasturbinen für Kriegsschiffe und für die Kompressorstationen an den Erdgasleitungen von Gazprom in Mykolajiw sowie die Flugzeugwartung für MiG-Kampfflugzeuge und Mi-8-Transporthubschrauber in Odessa. Zumindest hätte die Regierung der Ukraine diese Unternehmen verloren.[368] Alle genannten Städte (bis auf Saporischschja) zählte Putin Mitte April 2014, als er zum ersten Mal von „Neurussland" sprach, auf. Des Weiteren auch Luhansk und Donezk, obwohl man Russland kaum ein besonderes Interesse an den Kohlegruben und Stahlwerken im Donbass, d.h. am südostukrainischen „Rostgürtel", der sanierungsbedürftig war, unterstellen durfte.[369] Gleichzeitig waren aber gerade in diesen am weitesten östlich gelegenen, d.h. an Russland angrenzenden Gebieten die prorussländischen Stimmungen am stärksten, befand sich hier die regionale Basis des politisch gescheiterten Ex-Präsidenten Janukowitsch. Und ohne die Kontrolle der Südostukraine waren die Herstellung einer Landverbindung zur Krim und ein Ausgreifen Russlands auf weitere Gebiete im Süden der Ukraine nicht möglich.

---

368 FAZ. 2014, 13.4., S. 4. Anfang September 2013 berichtete die russische Nachrichtenagentur ITAR-TASS über ein Interview, das Wladimir Putin dem Ersten Fernsehkanal und Associated Press gegeben hatte. Die Agentur fügte ihrem Bericht erklärende Ergänzungen in Form von Schrägstrichen hinzu: „Seiner (d.h. Putins – F.P.) Auffassung nach haben Russland und die Ukraine ‚offensichtliche Wettbewerbsvorteile: Wir haben eine gemeinsame Transportinfrastruktur, eine gemeinsame Energiewirtschaft, wir haben eine tiefe Zusammenarbeit, wir haben eine gemeinsame Sprache.' ‚Das sind große Wettbewerbsvorteile, sie werden verschwinden /im Falle einer Vereinbarung der Ukraine mit der EU/' meint Putin. ‚Ich kann mir nur mit Mühe vorstellen, wie sich die Weltraumraketenbranche der Ukraine entwickeln wird? Sie ist eine so solide, sowohl die Raketenbranche als auch die Luftfahrtindustrie. Ich stelle (sie – F.P.) mir einfach nicht ohne unseren /russländischen/ Markt vor. Die Flugzeugmotoren(industrie – F.P.). Alle unsere Hubschrauber sind mit ukrainischen Triebwerken ausgestattet, was sollen wir tun? Wie wird sich das alles entwickeln, oder überhaupt nicht?' führte er als Beispiele an." ITAR-TASS. ENL-2. 2013, 4.9. Der ehemalige US-Diplomat E. Wayne Merry, der sechs Jahre an der US-Botschaft in Moskau gearbeitet hatte, sah ein Problem des Assoziierungsabkommens darin, "dass es große Beeinträchtigungen der ukrainischen Souveränität auf Kosten russischer Interessen erfordern würde, insbesondere in den engen Beziehungen der russischen Militärindustrie mit ukrainischen Pendants." Merry 2016, S. 38.
369 Krone-Schmalz 2015, S. 157.

Für die russische Rüstungsindustrie war seit Ende 2011 der stellvertretende Regierungschef Dmitri Rogosin, ein russischer Nationalist reinsten
Wassers, zuständig. Rogosins hohe Position und sein nationalistisches
Weltbild (vgl. zu Rogosin weiter unten Abschnitt 5.3.2) dürften mit dazu
beigetragen haben, dass die Putin-Führung 2014 irrigerweise eine Chance
sah, die russischsprachigen Ukrainer im Osten und Süden der Ukraine mittels Propaganda und gewaltsamer Einmischung zum Abfall von Kiew zu
bewegen. Putins irredentistische bzw. zumindest sezessionistische Rechnung für große Teile der Ost- und Südukraine ging aber nicht auf:
„Nur" zwei Gebiete, nämlich Luhansk und Donezk, und beide nur zum Teil,
konnten abgespalten werden. Und da sich die Zentralregierung in Kiew ab
dem Herbst 2014 weigerte, den Bewohnern der beiden „Volksrepubliken" Renten zu bezahlen, musste Russland dafür aufkommen. Aus einem
potentiellen rüstungstechnischen usw. Gewinn- wurde für Russland ein
Verlustgeschäft. Auch die bisherigen Geschäfte unter den slawischen Waf-
fenbrüdern wird es zumindest für einige Jahre nicht mehr geben. Darunter
leiden beide Seiten.[370]
Die Annexion der Krim mit ihren wirtschaftlichen Vermögenswerten sowie
dem dazugehörigen Festlandsockel, in dem große Erdgasvorkommen vermutet werden, bedeutet eine wirtschaftliche Schwächung der Ukraine.
Dasselbe gilt für die gewaltsame Herauslösung von großen Teilen der Gebiete Luhansk und Donezk aus dem ukrainischen Staatsverband. Diese
trugen etwa 16 % zum BIP und zu 27 % der Exporte der Ukraine bei.[371] Ob
aber diese wirtschaftliche Schwächung der Ukraine eine wirtschaftliche
Stärkung Russlands bedeutet, erscheint mehr als zweifelhaft. Zu erinnern
sind hier vor allem an die Auswirkungen der russischen Ukrainepolitik auf
das internationale Vertrauen in Russland sowie die negativen Folgen der
westlichen Sanktionen für die russische Wirtschaft. Aus dem russischen
Staatshaushalt fließen nun auch nicht geringe Mittel an die Krim und an die
beiden „Volksrepubliken" in der Südostukraine.
Angesichts der sicherheitspolitisch-strategischen usw. Folgen dürfte die
Einverleibung der Krimhalbinsel und die Schaffung der beiden „Volksrepub-

---

370 Götz, Roland 2015, S. 200.
371 Deuber 2014, S. 2.

liken" in der Südostukraine die (Macht-)Position Russlands gegenüber der Ukraine und darüber hinaus gestärkt haben.[372] Die wirtschaftlichen, finanziellen und politischen Kosten dieser Politik sind aber sehr hoch.

5.3.5 Wird der mögliche Anschluss des Gebiets als Wiedergutmachung einer historischen Ungerechtigkeit aufgefasst?

Für einen irredentistischen Kurs spricht schließlich auch, wenn eine Intervention und die sich daran anschließende Annexion des betreffenden Gebiets als Wiedergutmachung einer historischen Ungerechtigkeit aufgefasst werden.[373] Natürlich wird ein Territorialanspruch gegenüber einem anderen Staat oft genau so begründet – die ausschlaggebenden Gründe können aber andere sein: strategische, wirtschaftliche, innenpolitische. Trotzdem scheint im Falle der Annexion der Krim nicht wenig dafür zu sprechen, dass dieser Schritt von den russischen Entscheidungsträgern genau so aufgefasst wurde.[374]

<u>Krim</u>: Am 18. März 2014 hielt Wladimir Putin vor den Abgeordneten der Staatsduma, den Mitgliedern des Föderationsrats, den Leitern der Regionalverwaltungen sowie Vertretern der Zivilgesellschaft eine stark von russländischem, ja russischem Nationalismus durchdrungene Rede zum Anschluss der Krim. Ort dieser Ansprache war der 61 Meter lange und über

---

372 Vgl. in diese Richtung schon FAS. 2014, 9.3., S. 2.
373 Rothschild 1981, S. 184.
374 In seinem lesenswerten Artikel über die historischen Hinterlassenschaften und die Interventionspolitik im postsowjetischen Raum hatte der amerikanische Russlandexperte Matthew Evangelista Mitte der 1990er Jahre geschrieben: „Andere willkürliche politische Entscheidungen sowie entflammbare Agglomerationen ethnischer Gruppen – wie z.B. Nikita Chruschtschows ‚Schenkung' der historisch russischen Krimhalbinsel an die Ukraine – könnten noch einen gewaltsamen Konflikt produzieren." Evangelista 1996, S. 114. Vgl. ähnlich und weitergehend Barry Buzan und Ole Waever Anfang der 2000er Jahre über die Ukraine: „Die Grenzen, die das Ergebnis von verschiedenen mehr oder weniger bizarren Anpassungen sind (wie die Schenkung der Krim an die Ukraine 1954 anläßlich eines Jahrestags), bringen Territorien mit sehr unterschiedlicher staatlicher Vergangenheit und sehr unterschiedlichen Einstellungen zur Idee einer unabhängigen Ukraine ... zusammen." Buzan/Waever 2003, S. 417. Mit letzterer Aussage, d.h. der Behauptung sehr unterschiedliche Einstellungen zur Idee einer unabhängigen Ukraine, gingen die beiden Autoren aber zu weit. Denn die Idee einer unabhängigen Ukraine wurde von allen relevanten politischen Kräften der Ukraine geteilt.

17 Meter hohe Georgssaal, der prunkvollste Saal im Großen Kremlpalast. Dieser Saal ist nach der höchsten Auszeichnung des Zarenreichs, dem 1769 gestifteten und für herausragende militärische Verdienste vergebenen Orden des Heiligen Georg (auch Georgskreuz genannt), benannt. In dem Saal finden seit der Zarenzeit Ehrungen sowie Ordensverleihungen statt.[375] Unter Chruschtschow sei, so Putin in seiner Ansprache, im Jahr 1954 die Entscheidung getroffen worden, das Gebiet Krim der Ukraine zu übergeben, zugleich (russ.: saodno, auch: im Einvernehmen) habe man auch Sewastopol übergeben, „obwohl es damals der Union (dem Unionszentrum in Moskau, nicht der Ukrainischen SSR, d.h. Kiew – F.P.) unterstellt war". Diese Entscheidung „wurde unter offensichtlichen Verletzungen der selbst damals gültigen Verfassungsnormen getroffen. Man entschied die Frage inoffiziell (kuluarno), unter sich."[376] Welche Verfassungsnormen dabei verletzt wurden, sagte Putin aber nicht. Insgesamt sei aber diese Entscheidung, so Putin weiter, als eine Formalie aufgefasst worden, da die Territorien im Rahmen eines großen Landes übergeben wurden. Damals sei es einfach unmöglich gewesen, sich vorzustellen, dass die Ukraine und Russland verschiedene Staaten sein könnten.

Das sei aber geschehen: „Die UdSSR zerfiel. ... Und als die Krim plötzlich schon in einem anderen Staat war, da bekam Russland bereits das Gefühl, dass man es nicht einfach nur bestahl, sondern beraubte." Man müsse aber auch offen zugeben, dass auch Russland selbst, indem es die „Parade der Souveränitäten" (die Reihe der Souveränitätserklärungen der Unionsrepubliken gegenüber dem sowjetischen Zentrum ab dem Frühjahr 1990 – F.P.) gestartet habe, zum Zerfall der Sowjetunion beigetragen habe, so Putin weiter. Bei der rechtlichen Regelung (oformlenii) dieses Zerfalls habe man sowohl die Krim als auch den Hauptstützpunkt der Schwarzmeerflotte, Sewastopol, vergessen.[377] Besonders überzeugend war diese Argumentation Putins nicht: Als die Krim beim Zerfall der Sowjetunion bei der unabhängig gewordenen Ukraine verblieb (d.h. im August bzw. Dezember 1991), habe sich Russland beraubt gefühlt.

---

375 „Großer Kremlpalast", https://de.wikipedia.org/wiki/Großer_Kremlpalast, Seite besucht am 16.1.2016.
376 Putin 2014, Obraschtschenije ...
377 Ebd.

Gleichzeitig habe man aber die Krim samt Sewastopol bei der staatsrechtlichen Regelung des Zerfalls der Sowjetunion – das geschah Ende 1991 – „vergessen"?

Heute höre er die Bewohner der Krim sagen, so Putin in seiner Ansprache weiter, dass man sie im Jahr 1991 von der einen Hand in die andere „einfach wie einen Sack Kartoffeln" übergeben habe. Da müsse man zustimmen. Russland habe damals aber

> „den Kopf gesenkt und klein beigegeben, diese Beleidigung hinuntergeschluckt. … Doch die Menschen konnten sich mit der himmelschreienden historischen Ungerechtigkeit nicht versöhnen. All diese Jahre brachten sowohl Bürger als auch viele Personen des öffentlichen Lebens mehrmals dieses Thema auf, sagten, dass die Krim angestammt russisches Land (iskonno russkaja semlja) und Sewastopol eine russische (russkij) Stadt ist."[378]

Man habe aber von den entstandenen Realitäten ausgehen und schon auf neuer Basis gutnachbarliche Beziehungen mit der unabhängigen Ukraine aufbauen müssen, so Putin weiter. Putin erwähnte hier nicht, dass sich beim Referendum über die staatliche Unabhängigkeit der Ukraine am 1. Dezember 1991 ca. 54 Prozent der TeilnehmerInnen auf der Krim (dies bei nicht hoher Beteiligung) für die Unabhängigkeit der Ukraine ausgesprochen hatten. Russland fühlte sich damit laut Putin „beraubt" – auf der Krim gab es aber Ende 1991 keine Bewegung hin zu einer Vereinigung mit Russland, zumindest nicht sofort.[379]

Wenn Putin von einer Übergabe der Krim an die Ukraine im Jahr 1991[380] sprach, kam darin zum Ausdruck, dass viele Russen die Krim auch noch nach 1954 zu Russland zählten, obwohl sie in administrativer Hinsicht Teil der Ukrainischen SSR geworden war. Zwar waren die russische Unionsrepublik (RSFSR) und das Gebiet Krim territorial nicht verbunden, aber um auf die Krim zu gelangen (per Flugzeug oder Schiff oder per Bahn über das

---

378 Ebd.

379 Zum Unabhängigkeitsreferendum in der Ukraine am 1. Dezember 1991 und den Reaktionen in Russland vgl. oben Abschnitt 5.3.2.6.

380 Nicht richtig Wood, bei der es heißt: " … Putin behauptete, dass die Krim und die Krimbewohner 1954 der Ukraine übergeben wurden 'wie ein Sack Kartoffeln'". Vgl. Wood, A Small, Victorious War?, S. 120. Putin sprach interessanterweise vom Jahr 1991, in dem die Sowjetunion aufgelöst wurde.

ukrainische Festland) bedurfte es zu Zeiten der Sowjetunion keiner nennenswerten Formalitäten, da zwischen der RSFSR und der Ukrainischen SSR nur eine administrative Republiksgrenze, nicht aber eine Staatsgrenze verlief. Von größerer Bedeutung bei Putins Ausführungen war aber, dass er hier und im Weiteren des Öfteren das Adjektiv *russkij* (bzw. *russkaja*, die weibliche Form), nicht *rossijskij* verwendete. *Russkij* bezieht sich auf die Sprache und Kultur, *rossijskij* dagegen auf den Staat (*rossija* bedeutet Russland). Putin hätte von Sewastopol auch als *rossijskij gorod*, d.h. als russländischer, zu Russland (oder früher zum Russländischen Reich) gehörender Stadt sprechen können. Stattdessen bezeichnete er sie praktisch als Stadt der Russen – und auch die Krim insgesamt als russisches Land, d.h. als Land der Russen. Damit appellierte er an den ethnischen Nationalismus der Russen.

Auf der Halbinsel, so hatte Putin schon nach wenigen einleitenden Sätzen zu Beginn seiner Rede ausgeführt,

„ist buchstäblich alles von unserer gemeinsamen Geschichte und unserem Stolz durchdrungen. Hier liegt das antike Chersones[381], wo sich der heilige Fürst Wladimir taufen ließ. ... Auf der Krim sind die Gräber russischer (russkich) Soldaten, durch deren Mut die Krim im Jahr 1783 unter die Russländische Großmacht genommen wurde. Die Krim – das ist Sewastopol, die legendäre Stadt, die Stadt eines großen Schicksals, die Festungsstadt und die Heimat der russischen (russkogo) Schwarzmeer-Militärflotte. Die Krim – das ist Balaklawa[382] und Kertsch[383], der Ma-

---

381 Chersones am Stadtrand der heutigen Großstadt Sewastopol, d.h. im Südwesten der Krim, wurde im 5. Jahrhundert vor Christus von griechischen Kolonisten gegründet und kam später zum Römischen bzw. Oströmischen Reich. Im Jahr 988 besetzte der mit Byzanz gegen Bulgarien verbündete Kiewer Großfürst Wladimir I. die byzantinische Stadt Cherson (altruss. Bezeichnung: Korsun), dies mit dem Ziel, dadurch die Heirat mit Anna, der Schwester des byzantinischen Kaisers, zu erzwingen. Byzanz willigte ein, machte aber neben der Rückgabe von Cherson auch die Taufe Wladimirs und die Christianisierung der Kiewer Rus zur Bedingung. Diese Taufe geschah dann auch und deshalb gibt es dort heute eine Wladimir-Kathedrale. Stökl 1990, S. 60 f.; „Chersones (Stadt)", https://de.wikipedia.org/wiki/ Chersones_(Stadt), Seite besucht am 16.1.2016. Cherson(es), das heute ein Ruinenfeld ist, ist nicht zu verwechseln mit dem südukrainischen Gebiet Cherson nördlich der Krim.
382 Stadtteil von Sewastopol mit alter Kirche und Bunker für Atom-U-Boote. Auch dort wurde wahrscheinlich einmal gekämpft: das englische Wort *balaclava* bedeutet Sturmhaube.

Iachow-Kurgan[384] und die Sapunberge[385]. Jeder dieser Orte ist uns heilig, es sind Symbole russischen (russkogo) Militärruhms und nie gesehenen Heldenmuts."[386]

Bis auf eine Ausnahme verwendete Putin hier weiter das Wort *russkij* (mit ethnischer Bedeutung), nicht *rossijskij*. Genau das war die „partikularistische ideologische Sprache", die zusammen mit Machtkalkülen und patriotischen Gefühlen dem Irredentismus „sein einmaliges Flair als politisches Verbindungsstück zwischen staatlicher Expansion und nationalistischer Leidenschaft verleiht."[387]

Putins Ausführungen zur Bedeutung der Krim in der Militärgeschichte des Russländischen Reiches stimmen durchaus (1768-74 russisch-türkischer Krieg, 1783 Annexion der Halbinsel, 1853/54-1856 Krimkrieg, 1941 Besetzung der Krim durch NS-Deutschland, 1944 Rückeroberung). Gleichzeitig legt einiges auf der Krim aber auch Zeugnis von der Geschichte der Krimtataren ab, die 1944 unter dem Vorwurf der Kollaboration mit NS-Deutschland deportiert worden waren und erst ab Ende der 1980er Jahre, nicht schon in den 1950er Jahren auf die Krim zurückkehren durften.[388] Von einer Verbindung des Russländischen Reiches (und auch nicht der frühmittelalterlichen Kiewer Rus) mit der Krim vor dem Ende des 18. Jahr-

---

383 Stadt und gleichzeitig Halbinsel, die ihrerseits das östliche Ende der Halbinsel Krim bildet. Die Stadt wurde im Krimkrieg zerstört; im 2. Weltkrieg wurde um die Halbinsel heftig gekämpft.
384 Hügel mit Befestigungsanlagen südöstlich von Sewastopol. Der Hügel wurde im September 1855 im Krimkrieg von französischen Truppen eingenommen.
385 Ort militärischer Auseinandersetzungen sowohl im Krimkrieg als auch im 2. Weltkrieg.
386 Putin 2014, Obraschtschenije ...
387 Chazan 1991, S. 141. Der russische Wirtschaftsredakteur und Journalist Maxim Trudolyudov schrieb zu der Tatsache, dass ca. 90 Prozent der Bevölkerung Russlands den Anschluss der Krim unterstützten: „Als jemand, der in Russland geboren wurde und den größten Teil seines Erwachsenenlebens dort verbrachte, kann ich für die Tatsache bürgen, dass die Krim nie eine religiöse oder historische Bedeutung dieses Ausmaßes innehatte. Das russische Volk ... unterstützte die Annexion nicht wegen der Krim selbst, ... Es war ein Moment, in dem im russischen Denken eine derzhava (Macht, Staat – F.P.) eine Nation vollkommen in den Schatten stellte." Trudolyudov 2016, S. 86. Trudolyudov zufolge war also entscheidend, dass Russland wie eine Großmacht gehandelt hatte. Andernfalls wäre Russland schwach dagestanden. Vgl. ebd.
388 Ozhiganov 1997, S. 90-98.

hunderts kann dagegen nicht gesprochen werden, auch wenn Putins Hinweis auf die Taufe des Kiewer Fürsten Wladimir im Jahr 988 dies nahe legen sollte. Die Südgrenze des Kiewer Reichs war ca. 300 Kilometer nördlich der Schwarzmeerküste verlaufen.[389] Und die Südküste der Krim, wo die besagte Taufe stattgefunden haben soll, war vom 6. bis 13. Jahrhundert unter der Kontrolle des christlichen Byzanz gestanden.[390] Die Kiewer Rus war dann bekanntlich um das Jahr 1240 herum unter dem Ansturm der mongolischen „Goldenen Horde" untergegangen.

Putins Ungerechtigkeitsdiskurs beschränkte sich aber, wie oben bereits ausgeführt wurde, nicht auf die Krim und die dortigen Russen, sondern auf die Russen als Volk insgesamt – und hier vor allem auf den Teil der Ukraine, in dem viele russische bzw. russischsprachige Ukrainer lebten und der Putin zufolge in zaristischer Zeit Teil des „historischen südlichen Russlands" gewesen war. Darin kam zum Ausdruck, dass er deutlich über die Krim hinausgehende Ziele hatte.

5.3.6 Erhöht eine Intervention oder irredentistische Aktion das internationale Ansehen und die Macht?

Für eine Intervention zugunsten einer auswärtigen Minderheit spricht auch, wenn sie das internationale Ansehen und die Macht erhöht.[391] Dies kann in bestimmten Fällen durchaus geschehen. Häufiger aber löst eine irredentistische Politik im Zielstaat und bei anderen, vor allem benachbarten Staaten Angst, Misstrauen, ja Kritik bis hin zu Empörung aus und drängt diese nach

---

389 Vgl. die Karte bei Stökl 1990, S. 861.
390 Der russische Wissenschaftler Edward Ozhiganov begrenzt die byzantinische Herrschaft auf der Krim dagegen auf das 4. und 5. Jahrhundert. Für das 10.-12. Jahrhundert (Ende des 10. Jahrhunderts soll die Taufe des Fürsten Wladimir stattgefunden haben) spricht er von einem „Altrussischen Tmutarakan-Fürstentum". Vgl. Ozhiganov 1997, S. 85. Bei diesem handelte es sich aber (nur) um einen ziemlich weit von Kiew entfernten „Stützpunkt" (Stökl 1990, S. 50), um einen „südöstlichen Außenposten" der Kiewer Rus (ebd., S. 62). Das Einflussgebiet dieses wichtigen Handelsplatzes erstreckte sich über den westlichen Teil des heutigen Gebiets Krasnodar (in Südrussland) und auch noch auf die Halbinsel Kertsch, d.h. auf das östliche „Anhängsel" der Halbinsel Krim, nicht aber auf den Großteil der Krim selbst. Vgl. Putzger. Atlas und Chronik zur Weltgeschichte. 2. völlig überarbeitete Auflage, 2009, Berlin: Cornelsen Verlag, S. 88.
391 Rothschild 1981, S. 184.

Möglichkeit zur Gegenmachtbildung, z.b. zur Bildung einer Defensivallianz untereinander und/oder mit weiteren Staaten.[392] Im russischen Fall führte Putins irredentistische, zumindest Sezessionismus in der Ukraine anstoßende und unterstützende Politik nicht nur zu Sanktionen seitens der EU, der USA und weiterer Staaten, sondern auch dazu, dass die Skepsis der Präsidenten Kasachstans und Weißrusslands gegenüber Integrationsprojekten Russlands im postsowjetischen Raum wuchs.[393] Es ist sogar von einem „Riß" in der Eurasischen Wirtschaftsunion die Rede.[394]

5.3.7 Hoher Grad ethnischer Affinität zwischen dem Mutterland und der Minderheit im Nachbarstaat?

Eine weitere wichtige Bedingung für Irredentismus ist ein hoher Grad ethnischer Affinität zwischen dem Mutterland und der Minderheit im Nachbarstaat. Eine solche ist nicht immer gegeben. Zwar haben Außenstehende leicht den Eindruck, dass die ethnische Mehrheit im „Mutterland" und die Minderheit, deren Gebiet angeschlossen werden könnte, sehr ähnlich sind, z.B. wegen gleicher Sprache. Nicht selten gibt es aber Unterschiede zwischen ihnen. Dementsprechend schreibt Horowitz:

> „Eines der Hauptprobleme beim Irredentismus ist, dass die ethnische Affinität des Kerns des mutmaßlichen irredentistischen Staates sich vielleicht nicht auf Leute an und jenseits der Grenze erstreckt – und dies sind gerade die Leute, die gerettet werden sollen."[395]

Ethnische Mehrheit im „Mutterland" und ethnische Minderheit im Nachbarstaat können zum Beispiel infolge integrativer Prozesse in letzterem über die Zeit unterschiedliche Interessen und Identitäten entwickeln, d.h. sich auseinander entwickeln, so dass sich die emotional-ethnischen Bande abschwächen. Aus diesem Grund sind Gruppen, die scheinbar zusammengehören und -halten, nicht immer so ähnlich und solidarisch, wie das für einen Außenstehenden aussieht. Während in Albanien zum Beispiel Tosk-Albaner dominant sind, handelte es sich bei den Kosovo-Albanern im Sü-

---

392 Horowitz 1985, S. 287; Saideman/Ayres 2008, S. 21.
393 FAZ. 2014, 15.3., S. 10.
394 Pomeranz 2016, S. 134.
395 Horowitz 1992, S. 123. Vgl. auch Saideman/Ayres 2008, S. 245.

den der jugoslawischen Teilrepublik Serbien überwiegend um Ghegs, was in der Nachkriegszeit ein Grund für die Zurückhaltung der albanischen Regierung in der Kosovo-Frage war.[396] Infolge der langen Teilung im 20. Jahrhundert entwickelten sich die albanischen Teilgesellschaften in den verschiedenen Staaten bzw. Republiken ganz unterschiedlich.[397]

Russland – Krimrussen: Zu einer wirklichen Auseinanderentwicklung von „Mutternation" und Minderheit im anderen Staat ist es im Falle Russlands und der ethnischen Russen auf der Krim nicht gekommen. Zwar gehörte die Krim ab 1954 zur Ukrainischen SSR und war wirtschaftlich stark mit dem ukrainischen Festland verbunden. Dies galt auch für die postsowjetische Zeit. Bei den Wahlen zum Parlament der Krim im Jahr 2010 erreichten die beiden pro-Russland-Parteien weniger als zehn Prozent der Stimmen, die Partei der Regionen von Präsident Janukowitsch dagegen 48,9 Prozent. Wegen des Verhältniswahlrechts erhielt sie 80 von 100 Parlamentssitzen.[398]

Eine Reihe von Faktoren trug aber dazu bei, dass sich die ethnischen Russen auf der Krim ihrer sprachlich-ethnischen, regionalen und historischen Spezifik bewusst und die Bande mit Moskau auch nach der Auflösung der Sowjetunion eng blieben. Dazu gehörten vor allem die (ethnisch) russische Bevölkerungsmehrheit, der Halbinsel-Charakter des Gebiets, d.h. eine gewisse geographische Separiertheit vom ukrainischen Festland und die Stationierung der russischen Schwarzmeerflotte in Sewastopol im Südwesten der Halbinsel. Zur Akzentuierung der Identität als (ethnische) Russen trug auch die Politik einzelner Zentralregierungen in Kiew ab 1991 bei, die phasenweise die ukrainische Sprache zu stärken versuchten, sich geschichtspolitisch stark von der Sowjetunion, hier vor allem von der Stalinschen Politik abgrenzten und stärker nach Westen (von 2005 bis 2009 unter Präsident Juschtschenko sogar an den USA und der NATO) als nach Russland orientiert waren. Wie schon erwähnt, war die Krim die einzige Region im

396 Horowitz 1985, S. 285.
397 Troebst 2000.
398 Wilson 2014, S. 109.

postsowjetischen Raum, in der es in der ersten Hälfte der 1990er Jahre deutliche Tendenzen zu einem Anschluss an Russland gab.[399]
Auch wenn Russland damals nicht darauf einging, hielt es aus sicherheits-politisch-strategischen, historisch-symbolischen und sprachlich-kulturellen Gründen die enge Beziehung aufrecht, hier vor allem zur Hafenstadt Se-wastopol. Für viele Russen in Russland symbolisiert diese Stadt, Stationie-rungsort der russländischen (zaristischen), sowjetischen und dann wieder russländischen (nun aber auch ukrainischen) Schwarzmeerflotte und Schauplatz zahlreicher Schlachten die militärische (Groß-)Machtstellung Russlands, in den Worten Putins „russischen Militärruhm und nie gesehe-nen Heldenmut".[400] Der Moskauer Oberbürgermeister Jurij Luschkow, dem in den 1990er Jahren Ambitionen auf das Präsidentenamt nachgesagt wurden, hielt sich des Öfteren in Sewastopol auf und beanspruchte den Marinehafen samt der Stadt für Russland, weshalb er in der Ukraine *per-sona non grata* war. Viele Russen in Russland fühlten sich der Krim insge-samt auch deshalb verbunden, da die vom Schwarzen Meer umgebene Halbinsel auch nach 1991 ein beliebtes Urlaubsziel war.

Gleichzeitig ist die Einstellung in Russland zu den Krimbewohnern nicht frei von Ambivalenz: Einerseits galten und gelten sie als „richtige" Russen – im Unterschied zu den Russischsprachigen in Estland und Lettland beispiels-weise, die sich ihrem baltisch-protestantisch geprägten („europäischen") Umfeld jahrzehntelang zwar kaum sprachlich, aber immerhin in ihren Ver-haltensweisen, ihrem *way of life* angepasst hatten. Andererseits gibt es in Russland auch Kritik, ja Vorurteile: Die Russen auf der Krim seien faule Schmarotzer, die nur vom Vermieten ihrer Immobilien an Touristen lebten, sie hätten bloß vom Reichtum Russlands profitieren wollen, d.h. seien kei-ne echten russischen Patrioten. Jetzt, wo der Anschluss mit wirtschaftli-chen Problemen einhergehe, wollten sie nur jammern, während die Russen in Russland die eigentliche Last der Wiederherstellung historischer Gerech-tigkeit tragen würden.[401] Die russisch-krimrussische Beziehung ist damit nicht frei von Ambivalenzen – was ja in Beziehungen öfter der Fall ist.

---

399 Saideman/Ayres 2008, S. 199.
400 Putin 2014, Obraschtschenije ...
401 Klimeniouk 2016, Der Glamour ...

Russland – russische und russischsprachige Ukrainer in der Ostukraine:
Die Ostukraine bzw. präziser und enger das Donbass (anfangsbetont; russ.
Donbass (endbetont), Kurzform für *Donezkij (kamenougolnyj) bassejn*, d.h.
Donezker (Steinkohle-)Becken) im Südosten der Ukraine war und ist für die
russische außenpolitische Elite sicherheitspolitisch und symbolisch in
keiner Weise so wichtig wie Sewastopol und die Krim insgesamt. Aber
zwischen Russland und der Ostukraine (und auch der Südukraine) gab es
in sowjetischer und postsowjetischer Zeit enge, vor allem wirtschaftliche
Verbindungen. Diese Regionen stellten eine Art Rüstungsschmiede für
Russland dar (vgl. hierzu oben Abschnitt 5.3.4). Das Putinsche Russland
und das sowjetrussisch geprägte Donbass pass(t)en auch ideologisch gut
zusammen: Die Großstadt Donezk, die von 1924-1961 Stalino hieß, war im
Oktober 1941 von der Wehrmacht erobert und im September 1943 von der
Roten Armee befreit worden. Die Stadt hatte im Laufe des Krieges
schwerste Zerstörungen, vor allem ihrer Industrieanlagen erlitten.[402] Die
Eltern bzw. Großeltern von vielen der heutigen Einwohner hatten im
Großen Vaterländischen Krieg ab Juni 1941 in der Roten Armee oder bei
den sowjetischen Partisanen gegen die deutschen Eroberer und Besatzer
gekämpft. Im Unterschied dazu hatten in der erst im Herbst 1939 von der
stalinistischen Sowjetunion besetzten und mit Terror und Deportationen
überzogenen Westukraine (bis dahin im Südosten des Polens der
Zwischenkriegszeit gelegen) viele ab dem Juni 1941, als die Wehrmacht
einmarschierte, gegen die ihrer Erfahrung nach terroristisch-brutale
(stalinistische) Sowjetmacht, d.h. gegen die Rote Armee und die sowjetischen Partisanen gekämpft. Insofern lagen im Herbst 2013, d.h. zu
Beginn des „Majdan" aus gegensätzlichen historischen Erfahrungen
gespeiste Geschichtsbilder bereit, die in den zehn Jahren davor in Wahlkämpfen und politischen Auseinandersetzungen aktualisiert, akzentuiert
und instrumentalisiert worden waren. Dass die aus Russland stammenden
Besatzer und die Aufständischen die neuen politischen Gebilde im
Donbass „Volksrepubliken" nannten, hatte zum Hintergrund, dass sie auf
die Unterstützung des älteren, sowjetrussisch sozialisierten und Russland

---

402 „Doneck", in: Torke 1993, S. 73.

positiv gegenüberstehenden, nicht geringen Teils der dortigen Bevölkerung hofften.[403]

Bei Staaten bzw. Regierungen, die mit Leidenschaft eine Politik des „Heimholens" verfolgen, ist die grenzüberschreitende Affinität nicht selten spezieller Natur, auch wenn der Anspruch ethnisch oder national begründet wird. So lagen dem Irredentismus Libyens, Somalias und Afghanistans Verwandtschaftsbeziehungen zwischen den Regierenden und der „heimzuholenden" Gruppe zugrunde. Es handelte sich damit um Angehörige desselben Subethnos (Stammes) oder die Familie des Staats- bzw. Regierungschefs hatte Wurzeln in dem beanspruchten Gebiet im Nachbarstaat.[404]

Dieses Phänomen könnte die Entwicklung im Donbass zumindest teilweise erklären: Die regionale Basis des nach Russland geflüchteten Janukowitsch-Clans lag nämlich genau hier.[405] Die Mitglieder der Janukowitsch-„Familie", d.h. der bis Februar 2014 durch Machtpositionen, gemeinsame Interessen und nicht selten verwandtschaftliche Beziehungen verbundenen regierenden Gruppe, verfügten über enge persönliche Verbindungen zu vielen Entscheidungs- und Funktionsträgern im Südosten der Ukraine, was den ab spätestens April 2014 dort um sich greifenden Separatismus mit erklären kann. So standen im Donezker Gebiet alle Polizeichefs bis hinunter auf Stadtteilebene in einem Loyalitätsverhältnis zu Oleksandr Janukowitsch, dem ältesten Sohn des Präsidenten. Dieses Verhältnis beinhaltete Sonderaufgaben und ein bar ausbezahltes Zusatzgehalt.[406] Vor diesem Hintergrund können die dortigen autonomistisch-sezessionistischen Ten-

---

403 „Volksrepublik" ist seit dem Ende der kommunistischen Parteidiktaturen zu einer seltenen Bezeichnung der Staatsform geworden. Neben den RBZ (Russländisch Besetzten Zonen) in der Südostukraine scheinen derzeit nur noch drei Länder diese Bezeichnung zu tragen, nämlich Laos, China und Nordkorea, versehen jeweils mit dem Adjektiv „demokratisch" („Demokratische Volksrepublik"). Die Volksrepublik Ungarn hatte im Frühjahr 1989 die Grenzbefestigungen abgebaut und die KP die Selbstauflösung beschlossen; dort und in Polen war die Abschaffung der „Volksrepublik" mit der Anberaumung freier Parlamentswahlen einhergegangen. Die Donezker und Lugansker „Separatisten" scheinen damit hinter 1989 zurück zu wollen. Schöne, alte Sowjetunion!
404 Horowitz 1985, S. 286 f.; Saideman/Ayres 2008, S. 44.
405 Zimmer 2014.
406 SZ. 2014, 16.4.; Wilson 2014, S. 126 f.

denzen, die infolge der Einmischung Russlands in einen Krieg mündeten, auch als Abwehrstrategie und Rache einer regional verankerten Fraktion der nationalen Elite der Ukraine interpretiert werden, die durch eine Revolution in der Hauptstadt entmachtet worden war und in den neuen politischen Verhältnissen um ihren Reichtum, ja um ihre Freiheit fürchten mußte. Nach ihrer Flucht im Februar 2014 unterstützten Mitglieder der Janukowitsch-„Familie" finanziell die von Aleksandr Sachartschenko kommandierte Miliz „Oplot" („Bollwerk"), die auf einen Zusammenschluss von Kampfsportvereinen zurückging. In diesen war ohne Regeln in einem Käfig gekämpft worden. „Oplot" brachte Mitte April das elfstöckige Gebäude der Donezker Gebietsverwaltung unter ihre Kontrolle. Der Minenelektriker Sachartschenko stammte aus dem Donezker Gebiet. Nachdem der frühere FSB-Oberst Igor Girkin im August 2014 seinen Posten als „Verteidigungsminister" der „Donezker Volksrepublik" aufgeben musste und nach Moskau zurückkehrte, wurde Sachartschenko „Premierminister" der „Volksrepublik"; er löste damit den ebenfalls aus Moskau stammenden Aleksandr Borodai ab. Ein großer Teil der Kämpfer Girkins wechselte zu „Oplot". Mit Sachartschenko leitete die Putin-Führung eine oberflächliche „Donbassisierung"[407] des Donbasskriegs (bei gleichzeitigem, mehr oder weniger verdecktem, massivem militärischem Eingreifen Russlands) ein. „Oplot" spielte dann eine wichtige Rolle bei der „Verteidigung" von Donezk gegen die vorrückenden ukrainischen Truppen. Die Miliz war schon seit einigen Wochen aus Russland umfangreich mit Waffen und Munition versorgt worden, so dass sie Ende August/Anfang September 2014 zusammen mit regulären militärischen Einheiten aus Russland, euphemistisch als „Urlauber" bezeichnet, die ukrainischen Streitkräfte stark zurückdrängte und das Überleben der „Volksrepubliken" sicherte.[408] Anfang September nahm Sachartschenko als deren Repräsentant an den Minsker Verhandlungen (Minsk I) teil. Moskau hatte damit über eine von ihm in hohem Maße abhängige Figur, d.h. Marionette die Anerkennung der beiden „Volksrepubliken" als Akteure in einem

---

407 Hier in Anlehnung an die „Tschetschenisierung" des zweiten Tschetschenienkriegs ab dem Jahr 2003, als Moskau verstärkt auf einheimische (tschetschenische) Kräfte setzte, um terroristisch-sezessionistische Islamisten zu bekämpfen und die Republik im Nordkaukasus zu kontrollieren.

408 Mitrokhin 2015, S. 10.

internationalen Verhandlungsprozess erreicht, was wenige Monate davor noch als unvorstellbar bzw. inakzeptabel gegolten hatte.

5.3.8   Hoher Grad grenzüberschreitender Kommunikation der ethnischen Gruppe?

Die Konsolidierung irredentistischer Koalitionen hängt vom Grad der grenzüberschreitenden Kommunikation der ethnischen Gruppe ab.[409] Dies könnte die unterschiedlichen Entwicklungen auf der Krim und in der Ostukraine miterklären: Im Falle Russlands und der Krim, hier vor allem Sewastopols und der Hauptstadt Simferopol war das Ausmaß dieser Kommunikation sehr hoch, was den irredentistischen Bestrebungen Russlands Vorschub leistete. Auch zwischen Russland und der Südostukraine konnte bis zum Jahr 2013 wegen der Arbeitsmigration nach Russland, den Handels- und Verwandtschaftsbeziehungen und dem Empfang russländischer Medien von einer hohen transnational-zwischengesellschaftlichen Kommunikation ausgegangen werden. Allerdings wollte sich das Donbass bei aller Entfremdung von Kiew zumindest im Frühjahr 2014 nicht von der Ukraine abspalten – und schon gar nicht Russland anschließen.[410] Somit gab es hier keine Basis für eine grenzüberschreitende irredentistische Koalition. Unter anderem deshalb spaltete sich nur ein Teil dieser Region, nicht friedlich und vor allem infolge der starken Einmischung von Akteuren aus Russland von Kiew ab. Über die Geschicke dieser Region entschieden die russische Führung (samt der russischen Staatsmedien), Besatzer aus Russland, lokale Separatisten-Sezessionisten sowie nicht wenige unzufrieden-illoyale Polizisten, Geheimdienstler und Militärs, kaum die ansässige Bevölkerung. Das Donezbecken wurde der Ukraine auf Geheiß Putins entrissen.

---

409 Chazan 1991, S. 147. Die grenzüberschreitende Kommunikation hat in Zeiten des Internets extrem zugenommen. Aus diesem Grund sind die Bande zwischen auswärtigen Minderheiten bzw. Diasporas und ihren Mutterländern enger und dauerhafter als früher. Nationalstaatliche Integration dürfte damit schwieriger als früher sein.

410 FAZ. 2014, 24.4., S. 5, Keine Mehrheit; Ukraine-Analysen. 2014, Nr. 132 (14.5.), S. 17 f., 30. Vgl. ausführlich die Abschnitte 5.3.2.5 und 5.6.3 in diesem Kapitel.

5.3.9 Hoher Grad ethnischer Homogenität des „zurückzuholenden" Gebiets?

Ein weiterer Faktor, der den Irredentismus des „Mutterlandes" befördert, ist eine hohe ethnische Homogenität des zurückzuholenden Gebiets. Potentiell irredentistische Regierungen sind in der Regel nicht daran interessiert, bei einer „Heimholung" von Territorium ethnische oder gar nationale Heterogenität in den eigenen Staat zu importieren. Dies war mit ein Grund für die Zurückhaltung des katholischen Irlands in der Frage eines Anschlusses von Nordirland, wo nicht nur Katholiken, sondern auch nicht wenige Protestanten leben.[411]

Krim: Für den Fall Krim ist das Kriterium der ethnischen bzw. nationalen Homogenität wie so oft nicht erfüllt: Auf der Krim lebten 2014 neben 1,5 Millionen ethnischen Russen auch 350.000 Ukrainer, des Weiteren knapp 300.000 Krimtataren. Trotzdem kann die Halbinsel als sprachlich relativ homogen bezeichnet werden: Bei der ukrainischen Volkszählung von 2001 bezeichneten sich 78 Prozent der Einwohner der Krim als russischsprachig und jeweils zehn Prozent als ukrainisch- bzw. krimtatarischsprachig.[412] Die Krimtataren, die ca. 12 Prozent der Bevölkerung ausmachen, woll(t)en angesichts ihrer historischen Erfahrungen mit dem Sowjetstaat, hier insbesondere der Deportation unter Stalin, lieber in der ab Februar 2014 eindeutig nach Europa orientierten, einigermaßen demokratischen Ukraine leben als zu Russland gehören, welches unter Putin autoritär und nationalistisch geworden ist. Die Konfliktträchtigkeit der ethnisch-nationalen Heterogenität der Krim zeigte sich schon unmittelbar nach dem Verlust der Macht durch Janukowitsch: In Reaktion auf Druck prorussländischer Aktivisten auf das Parlament der Krim, einen Anschluss an Russland zu beschließen, organisierte die Versammlung der Krimtataren am 26. Februar 2014 eine Demonstration vor dem Parlament mit dem Ziel, dies zu verhindern. In der Folge gingen zwei große Gruppen von AktivistInnen und DemonstrantInnen fast aufeinander los; zwei Personen kamen im Gedränge ums Leben. In der darauffolgenden Nacht besetzten Spezial-

---

411 Horowitz 1985, S. 285.
412 Jilge 2015, S. 4.

kräfte aus Russland und ehemalige Angehörige der auf der Krim stationierten Berkut das Parlament und stürzten die kiewtreue Regierung der Krim (vgl. hierzu ausführlich Abschnitt 5.6.4). Dass Moskau die Halbinsel an Russland anschloss, zeigt, dass sicherheitspolitisch-strategische, symbolische und innenpolitische Überlegungen als gewichtiger als ethnische Homogenität erachtet wurden. Der Faktor der ethnischen, ja nun nationalen Heterogenität (viele Krimtataren möchten in einem anderen Staat, nämlich der Ukraine leben) könnte in Zukunft immer wieder zu Problemen auf der Krim führen, wie die Sprengung von vier Hochspannungsmasten auf dem ukrainischen Festland durch tatarische Aktivisten im November 2015 zeigte. Die Stromversorgung der Halbinsel war dadurch mehrere Wochen lang beeinträchtigt.[413]

Südostukraine: Die Region kann nicht als ethnisch homogen bezeichnet werden. Mitte April 2014 erklärte Putin in seiner landesweit übertragenen Fernsehsprechstunde, die ethnische Zusammensetzung der Bevölkerung des Südostens der Ukraine (tatsächlich meinte er den Süden *und* den Osten der Ukraine) sei „ungefähr fifty-fifty". Er ging damit für diese Region(en) von 50 Prozent ethnisch russischer Bevölkerung aus. Der tatsächliche Wert war aber deutlich niedriger: Selbst im bevölkerungsreichen und überwiegend russischsprachigen Gebiet Donezk hatten sich bei der Volkszählung im Jahr 2001 nur 38,2 Prozent als Russe bzw. Russin bezeichnet. 1991 waren es noch 43,6 Prozent gewesen. Der Anteil der ethnischen Russen an der Gesamtbevölkerung war damit leicht rückgängig. 58 Prozent (Gebiet Luhansk) bzw. ca. 57 Prozent (Gebiet Donezk) hatten sich als ethnische Ukrainer bezeichnet.[414] Im Donbass stellten die ethnischen Russen (d.h. die russischen Ukrainer), konzentriert in den großen Städten, im Jahr 2001 damit nur eine starke Minderheit von knapp 40 Prozent. Im übrigen Osten und im Süden der Ukraine waren es noch weniger.

Der Anteil derer, die damals Russisch als Muttersprache angegeben hatten, war aber deutlich höher. Er betrug im Gebiet Donezk 74,9 % und im Gebiet Luhansk 68,8 %. Russisch als Muttersprache zu haben bedeutete aber keineswegs, für eine Abspaltung von Kiew, ganz zu schweigen von

---

413 FAZ. 2015, 24.11.
414 Zimmer 2004.

einem Anschluss an Russland zu sein. Es bedeutete auch nicht, die neuen „separatistischen" Herren in Slowjansk, Luhansk, Donezk usw., die in den ersten Monaten überwiegend nicht aus diesen Gebieten kamen, zu unterstützen.[415] Charakteristisch für viele Bewohner des Donbass ist eine sprachlich-kulturell teilweise hybride (russisch-ukrainische) Identität. Der stark sowjetisch geprägte wirtschaftliche Kern dieser Identität darf aber nicht unterschlagen werden: Viele verstehen sich als „einfache Arbeiter".[416] In den ersten Monaten des Jahres 2014 tendierte das starke Regionalbewußtsein angesichts der kritisch wahrgenommenen und vom russländischen Fernsehen einseitig, d.h. sehr negativ dargestellten Kiewer Ereignisse in Richtung größerer Eigenständigkeit, d.h. in Richtung regionaler Autonomie, nicht aber Sezessionismus oder gar Irredentismus.

Obwohl laut Putin die Aussichten für Sezessionismus bzw. Irredentismus im „Südosten" der Ukraine unklar, jedenfalls nicht so günstig wie auf der Krim waren, versuchten er und die Mitglieder der russischen Führung es dort trotzdem. In vielen östlichen und südlichen Gebieten der Ukraine kam es im März und April 2014 aber zu keiner Mobilisierung breiter russischsprachiger und auch nicht ethnisch russischer Bevölkerungsgruppen für eine Abspaltung von Kiew, ganz zu schweigen von einem Anschluss an Russland. In den überwiegend russischsprachigen Städten Charkiw und Mariupol – letzteres liegt ganz im Süden des Donezker Gebiets am Asowschen Meer und ist nur ca. 50 Kilometer von der russischen Grenze entfernt – konnten sich die von der annektierten Krim bzw. aus Russland kommenden Möchtegern-Eroberer und die prorussländischen südostukrainischen Sezessionisten-Irredentisten wenn überhaupt nur kurzzeitig behaupten. Erst nach dem Brand im Gewerkschaftshaus in Odessa Anfang Mai 2014 mit 42 toten prorussländischen Aktivisten sowie dem Beschuss von Wohnvierteln südostukrainischer Städte mit Artillerie, Granatwerfern, Mehrfachraketenwerfern, ja Boden-Boden-Raketen des Typs SS-21

---

415 FAZ. 2014, 24.4., S. 5, Keine Mehrheit; Simon 2014, S. 35 f. Zu den sprachbezogenen Zensusdaten von 2001 vgl.: http://2001.ukrcensus.gov.ua/rus/results /general/language/#, Seite besucht am 12.12.2017 (dort dann das jeweilige Gebiet wählen).
416 Wilson 2014, S. 124.

Scarab-B durch die ukrainische Armee im Sommer des Jahres[417] scheint in den am weitesten östlich gelegenen Gebieten Luhansk und Donezk eine Los-von-Kiew-Stimmung stärker geworden zu sein. Die aus Russland kommenden Besatzer und ihr ukrainischen Unterstützer benutzten Wohnhäuser oft als Deckung, da sie auf freiem Feld nicht gegen die schweren Waffen der ukrainischen Armee bestehen konnten.[418] Das militärische Vorgehen der ukrainischen Streitkräfte im Donbass vertiefte damit die Gräben zwischen dieser Region und der Zentralregierung in Kiew noch eimal deutlich – und genau darauf dürfte Moskau gesetzt haben.

Von der Ethnizität auf entsprechende politische Präferenzen zu schließen, wie Putin es tat, war unzulässig. Trotzdem sollte es für die Ukraine und die russische Führung von enormer Bedeutung sein, dass in den größeren Städten im Donbass viele ethnische Russen lebten. Dies erleichterte Russland seine Einmischung dort. Ein nicht geringer Teil der Donbassbewohner war gegenüber Russland positiver als gegenüber der neuen, westukrainisch dominierten, ukrainisch-nationaldemokratisch, ja teilweise –nationalistisch ausgerichteten Regierung eingestellt – und dieser Gegensatz wurde durch die Propaganda und die Lügen in den russischen Staatsmedien noch einmal deutlich verstärkt.

---

417 Strategic Survey 2015, S. 164.
418 Girkin 2014, Strelok.

5.3.10 Diskriminierung, schwere Misshandlung oder Verfolgung der auswärtigen Minderheit?

„Es ist inakzeptabel, dass militärische Interventionen und andere Formen der Einmischung von außen, die die Grundlagen des internationalen Rechts unterminieren ..., unter dem Vorwand der Umsetzung des Konzepts der 'Schutzverantwortung' durchgeführt werden."[419]

Den Irredentismus eines „Mutterlandes" befördert auch die sehr schlechte Behandlung der Minderheit im Nachbarstaat. Vor allem wenn der Umgang mit der Minderheit so brutal oder sorglos ist (oder so hingestellt werden kann), dass die Regierung des betreffenden Staates tendenziell international delegitimiert und isoliert wird, weist das stark in Richtung Intervention zugunsten der „Landsleute".[420]

Eine Rolle beim harten Vorgehen Russlands unmittelbar nach dem politischen Ende des Janukowitschregimes spielten vielleicht Befürchtungen einer Benachteiligung der russischen und russischsprachigen Ukrainer im Osten und Süden der Ukraine unter der neuen Übergangsregierung, der auch einige wenige nationalistische Vertreter angehörten. Der Parlamentsbeschluss vom 23. Februar, Minderheitensprachen wie das Russische nicht mehr als Regionalsprache anzuerkennen, wurde aber vom Übergangspräsidenten am 2. März nicht unterzeichnet.

Am 28. Februar, d.h. sechs Tage nach der Flucht Janukowitschs aus Kiew und dem *Ende* der gewaltsamen Auseinandersetzungen vor allem dort behielt sich die Präsidialadministration in Moskau für den Fall „jeglicher weiterer Verbreitung der Gewalt in die Ostukraine und auf die Krim" für Russland das Recht vor, „seine Interessen und die russischsprachige Bevölkerung dieser Gebiete zu schützen".[421] Der russische Außenminister Lawrow erklärte zur selben Zeit: „Die Gewalt der Ultra-Nationalisten bedroht Leben und Interessen der Russen und der russischsprachigen Bevölkerung."[422] Tatsächlich hatte aber die Gewalt auf den Straßen Kiews

---

419 Concept of the Foreign Policy of the Russian Federation, 2013, Punkt 31 b.
420 Rothschild 1981, S. 184.
421 Washington Post. 2014, March 1, zit. nach Allison 2014, S. 1262.
422 SZ. 2014, 4.3., S. 1, Krim-Invasion.

mit der Flucht des Präsidenten Janukowitsch am 22. Februar geendet. Von ihrer „weiteren Verbreitung" in die Ostukraine und auf die Krim konnte daher keine Rede sein. Vielmehr gab es erste Anzeichen dafür, dass in der Ostukraine proruss(länd)ische Ukrainer, ja über die offene Grenze eingereiste russische Staatsbürger zu Gewalt griffen.[423] Und am 4. März erklärte Putin, dass, sollten die Menschen der östlichen und südlichen Regionen der Ukraine „uns um Hilfe bitten, ... wir das Recht behalten, alle verfügbaren Mittel anzuwenden, um diese Menschen zu schützen." Er verwies dabei auf einen angeblichen Brief des nach Russland geflohenen Ex-Präsidenten Janukowitsch, in dem dieser den Einsatz russländischer Truppen in der Ukraine gefordert hatte, um legitimen Frieden, Recht und Ordnung sowie Stabilität herzustellen und um das ukrainische Volk zu verteidigen.[424]

Zwar schien denjenigen Russischsprachigen im Osten und Süden der Ukraine, die kein Ukrainisch beherrschten, mit der Aufhebung des Gesetzes über die Regionalsprachen schon einen Tag nach dem Kiewer Machtwechsel ein Statusverlust zu drohen, aber als systematisch diskriminierend kann man die Minderheitenpolitik Kiews in den Wochen nach dem Sturz von Janukowitsch nicht bezeichnen. Tote oder auch nur Verletzte gab es schon gar nicht: So erklärten die Mitglieder des Rates für Menschenrechte und Zivilgesellschaft beim Präsidenten der RF Anfang März, dass Berichte über Angriffe, Unruhen und Morde auf der Krim nicht den Tatsachen entsprächen. Tote und Verletzte unter der Zivilbevölkerung, von denen auf der Sitzung des russischen Föderationsrates die Rede war, habe es in den vergangenen Tagen nicht gegeben.[425]

Was es seit dem Herbst 2013 gab, war eine durch das russländische Staatsfernsehen verstärkte wachsende Kluft in den Einstellungen der Bevölkerung auf der Krim und im Südosten der Ukraine einerseits, in der Zentralukraine und vor allem der Westukraine andererseits. Diese Kluft in den Einstellungen betraf vor allem die politischen Entwicklungen, insbesondere die Protestbewegung auf dem Kiewer Majdan, die Besetzung von

---

423 International New York Times. 2014, March 4, S. 1 und 3; FAZ. 2014, 5.3., S. 3.
424 Interview with Putin, 4 March 2014, zit. nach Allison 2014, S. 1264.
425 SZ. 2014, 4.3., S. 5, Panikmache.

Verwaltungsgebäuden in Städten der West- und Zentralukraine, den Sturz von Janukowitsch sowie die Zusammensetzung der ukrainischen Übergangsregierung, weniger dagegen die Sprachenpolitik. Deutlich verschärft wurde die Lage durch die Besetzung der Krim ab Ende Februar 2014 und eine schon ab Anfang März feststellbare Einmischung von russländischen Staatsbürgern in die innere Entwicklung vor allem der Ostukraine.

Ein Mitte April veröffentlichter UN-Bericht, der die Lage bis Anfang April berücksichtigte, sprach für die Ostukraine von einer besonders gespannten Situation; die ethnischen Russen befürchteten, dass die Zentralregierung ihre Interessen nicht repräsentiere. Im Weiteren war von "einigen Angriffen auf die ethnische russische Bevölkerungsgruppe" in der Ostukraine die Rede. Diese seien aber weder systematisch noch weit verbreitet gewesen.[426] Im Hinblick auf Sorgen der Russischsprachigen angesichts des nationalistischen "Rechten Sektors" wurde festgestellt, dass es keine bestätigten Hinweise auf Angriffe dieser Organisation, einschließlich irgendwelcher physischer Schikanen gegenüber Minderheiten, aber zahlreiche Berichte über ihre gewaltsamen Handlungen gegen politische Gegner und Vertreter der ehemaligen Regierungspartei gebe.[427]

---

426 Office of the United Nations High Commissioner for Human Rights. Report on the human rights situation in Ukraine, 15 April 2014, S. 4, http://www.ohchr.org/EN/ NewsEvents/Pages/DisplayNews.aspx?NewsID=14511&LangID=E, Seite besucht am 10.4.2015. Im ausführlichen Text des Berichts war von einigen Fällen die Rede, „wo Angehörige der russischen Minderheit schikaniert oder sogar angegriffen wurden". Als Beispiele für Aufstachelung zu Intoleranz und Hass und zu Gewalt gegen Minderheiten wurden dann die „angeblich von Gewalt und Drohungen begleitete" Verhaftung eines prorussländischen Mitglieds des Luhansker Gebietsparlaments durch einen nationalistischen ukrainischen Parlamentsabgeordneten und seine bewaffneten Männer, des Weiteren antirussländische Äußerungen des Anführers des nationalistischen „Rechten Sektors", die dieser aber dementierte, genannt. Vgl. ebd., S. 19, Pkt. 73.

427 Ebd., S. 19 und 15. Des Weiteren hatte am 18. März ein Abgeordneter der nationalistischen Swobodapartei zusammen mit Parteimitgliedern, insgesamt ca. 20 Personen, den Chef der Nationalen Fernsehgesesellschaft, Oleksandr Panteleymonov, unter Schlägen und Drohungen dazu gezwungen, ein Rücktrittsschreiben zu unterzeichnen. Der Sender hatte Auszüge aus der Rede Putins zum Anschluss der Krim ausgestrahlt. Wegen des Vorfalls kündigte der Generalstaatsanwalt Ermittlungen gegen die Angreifer an. Vgl. ebd., S. 17, Pkt. 69. Panteleymonov, der unter Janukowitsch eine wichtige Rolle im Staatlichen Fernsehen der Ukraine ges-

Gleichzeitig war in dem Bericht von "zahlreiche(n) Behauptungen" die Rede, dass einige der Teilnehmer an den gegen die Übergangsregierung in Kiew gerichteten Protesten und Zusammenstößen in der Ostukraine „nicht aus der Region und dass einige aus der Russländischen Föderation gekommen sind."[428] An anderer Stelle hieß es, dass die Einschätzung weit verbreitet sei, dass die Russischsprachigen auf der Krim keinen Bedrohungen ausgesetzt waren. Trotzdem habe es vor dem Referendum über einen Anschluss an Russland eine weitverbreitete Angst um deren physische Sicherheit gegeben:

> „Bilder von den Protesten auf dem Majdan, stark übertriebene Geschichten über die Schikanierung ethnischer Russen durch ukrainische nationalistische Extremisten und nicht der Wahrheit entsprechende Berichte darüber, dass sie bewaffnet auf die Krim kommen würden, um ethnische Russen zu verfolgen, wurden systematisch benutzt, um ein Klima der Angst und der Unsicherheit zu schaffen, was sich auf die Unterstützung für die Eingliederung der Krim in die Russische Föderation auswirkte."[429]

Moniert wurde in dem Bericht vor allem die Menschenrechtslage auf der von Russland besetzten und annektierten Krim.[430]

Von einer Bedrohung der ethnisch russischen Ukrainer auf der Krim oder im Osten der Ukraine nach dem Machtwechsel in Kiew konnte damit nicht gesprochen werden. Berücksichtigt man die Vielzahl von verletzten, zu Tode geprügelten, (teilweise aus Krankenhäusern) entführten, gefolterten und/oder tot aufgefundenen Majdan-Demonstranten der Monate davor (bis zum 18. Februar, als beim Versuch der Räumung des Unabhängigkeitsplatzes mindestens 16 Demonstranten und zehn Sicherheitskräfte starben, hatte es bereits mindestens fünf solche Fälle gegeben[431]), so ist zu konstatieren, dass die neuen politisch und gesellschaftlich Mächtigen, zu denen auch Organisationen wie der nationalistische „Rechte Sektor" gehörten, ei-

---

pielt hatte, verlor am 25. März seinen Posten. Vgl. https://en.wikipedia.org/ wiki/Oleksandr_Panteleymonov, Seite besucht am 22.1.2018.

428 Office of the United Nations High Commissioner for Human Rights. Report on the human rights situation in Ukraine, 15 April 2014, S. 4.

429 Ebd., S. 21 f.

430 Ebd., S. 4, 20-23.

431 List of people killed during Euromaidan, https://en.wikipedia.org/wiki/List_of_people_killed_during_Euromaidan, Seite besucht am 22.5.2017.

ne vergleichsweise Zurückhaltung an den Tag legten. Insgesamt starben von Dezember 2013 bis März 2014 121 Personen, davon 101 Majdan-Demonstranten, 17 Polizisten, zwei Mitglieder der (prorussländischen) Gruppe „Oplot" (dies beim Angriff auf das Majdan-Lager in Charkiw) sowie ein Krimtatare auf der Krim. In dem bereits zitierten Bericht der UN hieß es: "Die meisten Akte schlimmen Verprügelns, von Folter und anderer grausamer, unmenschlicher oder entwürdigender Behandlung wurden der ‚Berkut'-Bereitschaftspolizei zugeschrieben."[432]

Selbst in dem vom russischen Außenministerium im April 2014 veröffentlichten „Weißbuch der Verletzungen der Menschenrechte und des Prinzips des Vorrangs des Rechts in der Ukraine", das die Ereignisse bis Ende März berücksichtigte, fand sich im Abschnitt „Diskriminierung nach ethnischem und sprachlichem Kriterium, Xenophobie und rassischer Extremismus, Anstiftung zum Rassenhass" *kein* Hinweis auf eine systematische Gewaltanwendung ukrainischer Nationalisten gegenüber Russischsprachigen. Der schwerwiegendste (physische) Vorfall, der in dem Dokument genannt wurde, war folgender:

„Am 16. März 2014 verprügelten in Dnjepropetrowsk ca. 30 ukrainische Radikalnationalisten eine Gruppe örtlicher Jugendlicher heftig, weil sie auf ihren Gruß ‚Ruhm der Ukraine!' nicht geantwortet hatten. Meldungen über solche Bandera-Patrouillen in Dnjepropetrowsk sind üblich geworden. Die Stadt ist überfüllt mit bewaffneten Bürschchen, die auf den Straßen patrouillieren ..."[433]

Ob die Jugendlichen ernsthafte Verletzungen davontrugen, krankenhausreif geschlagen worden waren, ging aus dieser Mitteilung nicht hervor. Der genannte Vorfall, wenn es ihn so gegeben hat, ist verurteilungswürdig; entsprechende Taten müssen geahndet werden. Gleichzeitig ist es wahrscheinlich, dass es dem russischen Außenministerium mit solchen Meldungen vor allem darum ging, das Bild einer nationalistischen, Minderhei-

---

432 Office of the United Nations High Commissioner for Human Rights ..., 15 April 2014, S. 15, Pkt. 57 und 58.

433 MID RF. 2014, Belaja kniga ..., S. 56. Dieser Vorfall wurde in dem „Weißbuch" auch in einem anderen Abschnitt (S. 23) und mit dem Datum 17. März (2014) wiedergegeben. Dabei war von Nationalextremisten „in Tarnkleidung, mit Knüppeln und Elektroschockern" die Rede.

ten ausgrenzenden und antisemitischen, ja faschistischen Ukraine zu ver-
festigen – zeitgleich besetzten ja Kämpfer aus Russland und prorussländische Separatisten in Städten der Südostukraine öffentliche Gebäude, begann sich Russland gewaltsam in der Region einzumischen.

Im Folgebericht der UN-Menschenrechtsbeauftragten für die Ukraine von
Mitte Mai 2014, der die Ereignisse bis zum 6. Mai einbezog, wurde dann
festgestellt, dass vor allem die Gegner der neuen Kiewer Regierung in Ge-
waltexzesse verwickelt gewesen seien. Menschen würden systematisch
entführt, gefoltert und getötet. Gleichzeitig seien auch ukrainische Sicherheitskräfte für das Verschwinden von Menschen verantwortlich. Zeitgleich
wurde in einer noch nicht veröffentlichten Studie der Menschenrechts-
kommission der OSZE festgestellt, die Beobachter hätten keine Belege für
eine Einschüchterungspolitik gegen die russischsprachige Bevölkerung ge-
funden.[434]

Im Widerspruch hierzu hieß es im Schlusskapitel des bereits genannten
Weißbuchs des russischen Außenministeriums über die Entwicklung der
Lage in der Ukraine bis Ende März 2014:

„In allen Regionen und besonders im Südosten des Landes wächst der
Druck der ukrainischen Nationalradikalen, die de facto von den Regierenden (wlastjami) in Kiew und ihren äußeren Schutzherren gelenkt werden, auf die russischsprachigen Bürger, die nicht die jahrhundertlangen
Bande, die sie mit Russland und der russländischen Kultur verbinden,
verlieren wollen. Dabei geschehen die Dinge ‚in der Art des Majdans' –
über Drohungen, Einschüchterung, physische Gewalt sowie schändliche
Versuche, unter den Einwohnern dieser Regionen der Ukraine die russische (russkuju) Kultur und das Selbstbewußtsein auszurotten.[435]

Diese Behauptungen standen in völligem Widerspruch zu den Befunden
der Studie der OSZE-Menschenrechtskommission. Internationale Organisationen wie die UN und die OSZE stellten für diesen Zeitraum keine systematische Diskriminierung oder gar Gewaltanwendung speziell gegen
ethnische Russen oder Russischsprachige in der Ukraine fest.[436]

---

434 FAZ. 2014, 17.5., S. 5.
435 MID RF. 2014, Belaja kniga …, S. 63.
436 Auf diese Tatsache geht Krone-Schmalz in ihrem Bestseller nicht ein. Stattdessen
    heißt es bei ihr: „Ernsthafte föderale Überlegungen hätten ihn (den Krieg in der

Mitte Oktober 2014 sprach der russische Außenminister Sergej Lawrow von 400 Leichen in Massengräbern in einem Gebiet, das zuvor von ukrainischen Milizen kontrolliert worden sei. Amnesty International fand dafür keine Beweise. Ab Ende September hatten in den russländischen Medien Berichte über Gräueltaten der ukrainischen Seite zugenommen.[437] Der Grund dürften die ukrainischen Parlamentswahlen gewesen sein, die Ende Oktober stattfanden: Moskau und den Führungen der beiden „Volksrepubliken" ging es darum, die ukrainische Seite zu diskreditieren.

Der auf große Teile der östlichen und südlichen Ukraine gerichtete Irredentismus der Putin-Führung (bzw. die Förderung von – gewaltsamen – Abspaltungstendenzen dort) war damit keine Reaktion auf eine Diskriminierung oder gar Verfolgung der dortigen „russischsprachigen" Bevölkerung. Er widersprach den Einstellungen und Wünschen der dortigen Bevölkerungsmehrheit. Er war in erster Linie ein Ausfluss der außen- und innenpolitischen Interessen der russischen Führung. Wäre es der Putin-Führung tatsächlich um die Sicherheit und das Wohlergehen der „Russischsprachigen" oder auch nur der ethnischen Russen, d.h. der russischen Ukrainer in der Südostukraine gegangen, so hätte es dieses am besten durch diplomatischen (und eventuell auch wirtschaftlichen) Druck auf Kiew, verstärkte Einflussnahme auf westliche Staaten (die ja ohnehin sofort Druck auf die neue Kiewer Führung ausübten, so dass der Übergangspräsident ein Veto gegen die Aufhebung des Regionalsprachengesetzes einlegte) und die

---

Südostukraine – F.P.) ... vermeiden können, weil sie den Menschen ... Sicherheit gegeben und eine Perspektive geboten hätten." Vgl. Krone-Schmalz 2015, S. 158. An dieser These sind Zweifel erlaubt, wenn man sich das zu nicht geringen Teilen aus Russland stammende Personal (sowie seine russisch-imperialistische Weltsicht) anschaut, das ab April 2014 in der Südostukraine sein Unwesen trieb. Zweifelhaft erscheint auch, dass die Sicherheit der dort wohnenden Menschen nach dem Sturz von Janukowysch gefährdet war. Für die meisten Toten und Verletzten waren ab Januar 2014 (ehemalige) Angehörige der Bereitschaftspolizei Berkut, Antimajdan-Aktivisten und spätestens ab April die bewaffneten Eindringlinge aus Russland verantwortlich, wie die internationalen Organisationen UN und OSZE in ihren Berichten feststellten.

437 FAZ. 2014. 22.10., S. 5. Eine Delegation von Amnesty International fand Beweise für die illegale Hinrichtung von vier Männern durch die prorussländischen Kämpfer. Die Vertreter der Menschenrechtsorganisation warfen aber auch der ukrainischen Seite Fälle von Mord und Folter vor. Des Weiteren kritisierten sie die ukrainische Armee für den Einsatz von Streubomben. Vgl. ebd.

Hinzuziehung internationaler Organisationen wie der OSZE erreicht. Stattdessen verweigerten die durch einen Umsturz an die Macht gekommene neue Regierung der Krim und ihre russländischen Hintermänner OSZE-Vertretern die Einreise auf die Krim. Moskau trug durch die Propaganda in den Staatsmedien und seine Einmischung im Südosten der Ukraine erheblich dazu bei, dass die Spannungen zwischen dieser Region und Kiew gewaltsam eskalierten, was binnen weniger Monate den Wohlstand, die Sicherheit und/oder das Leben Hunderttausender russischsprachiger Ukrainer gefährden sollte.

Russland hat die Minderheitenfrage ab Februar 2014 damit in sehr hohem Maße und in zynischer Weise als Vorwand bzw. Druckmittel benutzt, um seine mittel- und langfristigen sicherheitspolitisch-strategischen, politischen und vielleicht auch außenwirtschaftlichen Interessen in und gegenüber der Ukraine durchzusetzen (vgl. hierzu oben Abschnitt 4.1.5 sowie in diesem Kapitel die Abschnitte 5.3.2, 5.3.4 sowie 5.3.5). Zum anderen dient(e) die nationalistisch-gewalttätige Politik gegenüber der Ukraine innenpolitischen Interessen, nämlich der mittel- und langfristigen Stabilisierung des Putinregimes (vgl. hierzu oben Abschnitt 4.4.2 sowie in diesem Kapitel unten Abschnitt 5.4.5).

5.3.11 Irredentisten können den Machthabern gefährlich werden – Unterstützung von Sezessionisten deshalb oft die bessere Strategie

Abgesehen vom wirklichen Ziel der „Heimholung" können die außenpolitischen Ziele der meisten potentiell irredentistischen Staaten besser erreicht werden, indem sie in gegnerischen Staaten sezessionistische Bewegungen unterstützen, als Irredentismus zu ermuntern. Darüber hinaus sprechen auch innenpolitische Überlegungen nicht selten gegen einen offen irredentistischen Kurs, zumindest dagegen, zynisch die irredentistische Karte auszuspielen: So kann eine Regierung schwer abgestraft werden, wenn sie einen nationalen Traum erweckt, sich dann aber als unfähig erweist, diesen Wirklichkeit werden zu lassen. Diese Erfahrung machte die argentinische Junta im Jahr 1982 mit der Besetzung der Falklandinseln. Britische Truppen vertrieben die argentinischen Streitkräfte wieder von der Insel. Die Nachfolgeregierung in Buenos Aires hat dann die undankbare Aufgabe, die irredentistischen Leidenschaften in Zaum zu halten, ohne den Territorialanspruch grundsätzlich in Abrede zu stellen.[438]

Es gibt noch einen weiteren Grund, der gegen offen verkündeten Irredentismus spricht: Eine Hilfe an Sezessionisten kann beendet werden, wenn das außenpolitische Ziel, z.b. die Ausübung von Druck auf den anderen Staat, erreicht wurde. Dagegen wird die Unterstützung von Irredentisten durch eine Ideologie des gemeinsamen Schicksals untermauert, was eine Beendigung nicht einfach macht. Sollte die Hilfe eingestellt werden, so können enttäuschte, sich "verraten" fühlende Irredentisten, hier vor allem im Mutterland, gegen die eigene Regierung vorgehen, wie es 1969 in Somalia geschah. D.h. es existiert die Gefahr, dass eine Regierung, die Irredentisten fördert und unterstützt, die Kontrolle über sie verliert, und diese sich bei einem Abgehen vom irredentistischen Kurs gegen sie wenden. Dies ist einer der Gründe dafür, dass Regierungen vor dem „Spiel" mit dem irredentistischen Feuer eher zurückschrecken, sie häufiger Sezessionisten als Irredentisten unterstützen.[439]

Südostukraine: Im Falle des russisch-ukrainischen Krieges in der Südostukraine verfolgte Russland im Frühherbst 2014 keine irredentistischen Ziele mehr, sondern konzentrierte sich auf die Unterstützung des dortigen Sezessionismus. Ab Juni hatten die Milizen der zu einem nicht geringen Teil aus Russland stammenden und von dort logistisch usw. unterstützten Besatzer eine Reihe militärischer Niederlagen erlitten; die ukrainischen Streitkräfte und die Freiwilligenbataillone drängten sie immer weiter zurück. Deshalb griffen ab Mitte August nicht gekennzeichnete russische Streitkräfte massiv zum Erhalt der Donezker und Lugansker „Volksrepubliken" ein. Gleichzeitig wurden etliche russische Staatsbürger in deren Führungen durch Aktivisten und Kämpfer aus dem Donbass ersetzt. Wahlen Anfang November, die dem Waffenstillstandsabkommen Minsk I von Anfang September widersprachen, sollten die neuen Führungen legitimieren. Das Ziel war in der Folge die Konsolidierung und Abrundung der beiden von Russland protektierten Zonen, die im Februar 2015 mit Minsk II und der gleichzeitig vorgenommenen Eroberung des wichtigen Verkehrsknotenpunkts

---

438 Mayall 1990, S. 59.
439 Weiner 1971, S. 678 f., Horowitz 1992, S. 124; Saideman/Ayres 2008, S. 247.

Debalzewo erreicht wurde. Moskau bemühte sich nun auch verstärkt um eine Kontrolle des Zuflusses von Waffen usw. in das Donbass: nur Gruppierungen, die sich den neuen Führungen unterstellten, sollten noch Unterstützung erhalten. Das Ziel war, den Einfluss derjenigen bewaffneten Kämpfer, denen der Kurs der Moskauer Führung zu zögerlich war, d.h. die weiter an der Schaffung eines „Neurussland" festhielten, zu verringern. Während in der „Donezker Volksrepublik" die Machtzentralisierung gelang, eskalierten in der „Luganser Volksrepublik" die Fehden zwischen den dortigen Gewaltakteuren.[440]

Der Verzicht des Kremls auf ein weiteres Ausgreifen in der Südostukraine löste bei eingefleischten Imperialisten Kritik aus. Aleksandr Dugin, der Ideologe eines eurasischen Imperiums, führte die Ablösung des "russischen Helden" Igor Girkin (Kampfname „Strelkow") als „Verteidigungsminister" der „Donezker Volksrepublik" Mitte August 2014 auf das Werk von "Verrätern", einer "sechsten Kolonne" in der russischen Führung zurück. Diese habe Präsident Putin überzeugt, das Projekt "Neurussland" aufzugeben und dafür die Krim zu behalten.[441]

Igor Girkin war Anfang Juli 2014 mit seinem „Freiwilligenbataillon" vor den vorrückenden ukrainischen Truppen von Slowjansk in die Großstadt Donezk geflohen, die dann ebenfalls zunehmend eingeschlossen wurde. Am 17. Juli erfolgte der Abschuss der malaysischen Passagiermaschine MH17 mit knapp 300 Toten. Obwohl dafür eher Kämpfer des in Horliwka agierenden Rebellenführers Igor Besler (nach eigenen Angaben Oberstleutnant der GRU) verantwortlich waren, war Girkin als militärische Führungsfigur der „Donezker Volksrepublik" nicht mehr zu tragen. Es gibt auch Hinweise darauf, dass er angesichts der militärischen Erfolge der ukrainischen Seite schwache Nerven gezeigt hatte. Mitte August kehrte er aus Donezk nach Moskau zurück.[442]

In der Folge warf Girkin dem neuen Anführer in Donezk, Aleksandr Sachartschenko, vor, nach persönlicher Bereicherung zu streben. Bezüglich der

---

440 FAZ. 2014, 4.11., S. 2; Mitrokhin 2015, S. 9 ff.
441 FAZ. 2014, 16.8., S. 5; „Aleksandr Dugin", https://en.wikipedia.org/wiki/Aleksandr_ Dugin. Seite besucht am 9.5.2016. Die „fünfte Kolonne" bestand für Aleksandr Dugin aus allen liberalen, prowestlichen Kräften in Russland.
442 FAZ. 2014, 16.8., S. 5.

Aussichten der beiden „Volksrepubliken" war er skeptisch. Gleichzeitig gab er die Gründung einer Bewegung „Neurussland" bekannt, zu der der Kreml aber auf Distanz blieb. Girkin kritisierte Putin zunehmend „wegen der Unentschlossenheit und Inkonsequenz der Handlungen und dafür, dass in seiner Mannschaft viele Leute sind, die sich unter Boris Jelzin kompromittiert haben und seiner (Girkins – F. P.) Ansicht nach ‚die antistaatliche Politik des Verrats an den Russen auf dem Territorium der ehemaligen UdSSR, die nicht aus eigenem Willen jetzt jenseits der Grenzen Russlands gelandet sind, fortsetzen'."[443] 2016 gab Girkin die Schaffung der „Russischen Nationalen Bewegung" („Russkoje Nazionalnoje Dwischenije") bekannt, die sich für die Vereinigung der Russländischen Föderation, der Ukraine, Weißrusslands und weiterer russischer Gebiete aussprach. Die Gruppierung forderte zum einen die Anerkennung der DNR und der LNR durch Russland, zum anderen eine Begrenzung des Zuzugs von Arbeitsmigranten. Sie positionierte sich gegen das Putinregime und verlangte, dass „das gegenwärtige Klima der Angst und der Einschüchterung der Bürger Russlands" enden müsse. Mitglieder der „Bewegung" hatten Probleme mit den Behörden bekommen.[444] 2014 hatten Girkin und seine Männer noch viele Bürger der Südostukraine eingeschüchtert, ja entführt, gefoltert oder sogar getötet.

Der ebenfalls aus Moskau stammende Aleksandr Borodai, der im Februar und März 2014 an der Seite Girkins auf der Krim aktiv gewesen und bis August „Premier" der „Donezker Volksrepublik" gewesen war, scheint sich noch in Donezk, d.h. im Juli/August 2014 mit Girkin überworfen zu haben. Damit zerbrach eine über fünfzehnjährige Freundschaft. Anfang 2015 erklärte Borodai eindeutig: „Es gibt kein Neurussland. Natürlich benutzten wir alle diesen Begriff, aber wenn wir ehrlich sind, war das ein Fehlstart."[445] Dass sich diese Einsicht selbst bei einem früheren Anführer des von Moskau ermutigten und unterstützten, ja veranstalteten irredentistischen bzw. sezessionistischen Projekts durchgesetzt hatte, erleichterte dem Kreml im

---

443 „Strelkow, Igor Iwanowitsch", https://ru.wikipedia.org/, Seite besucht am 1.2.2017. Dort ohne Quellenangabe.
444 „Igor Strelkov (officer)", https://en.wikipedia.org/wiki/Igor_Strelkov_(officer), Seite besucht am 1.2.2017.
445 SZ. 2015, 14.1., S. 2.

Herbst 2014 das Abgehen von dem weitreichenden „Neurussland"-Traum, d.h. von etwaigen irredentistischen Zielen.

5.3.12 Gefahren von Irredentismus – Somalia als abschreckendes Beispiel

Generell ist eine irredentistische Außenpolitik, da sie zu einem Krieg führen kann, mit Risiken verbunden – nicht nur für die Streitkräfte und die Regierung des betreffenden Staates, sondern auch für seine Bevölkerung, ja in Extremfällen den Staat selbst. Das klassische Beispiel hierfür ist Somalia, welches nach seiner Unabhängigkeit im Jahr 1960 der konsequenteste irredentistische Staat weltweit gewesen sein dürfte. Am Ende war es ein gescheiterter Staat.

Seit Beginn der Unabhängigkeit hatte Somalia Gebietsansprüche gegenüber Kenia und Äthiopien erhoben. Seine Außenpolitik war stark von dem Ziel bestimmt, alle Somal in einem Staat zu vereinigen. Schon 1964 kam es zu einem schweren Grenzkonflikt mit Äthiopien. Hauptwaffenlieferant Somalias war bis Mitte der 1970er Jahre die Sowjetunion.

1974 erfolgte in Äthiopien ein Militärputsch gegen Kaiser Haile Selassie. Unter dem neuen Regime, das sich an die Sowjetunion anlehnte, war das Land von inneren Konflikten gekennzeichnet. Ab 1977 bekämpfte die Zentralregierung im Rahmen eines amtlich erklärten „Roten Terrors" den als „Weißen Terror" bezeichneten Widerstand gegen eine Umgestaltung nach marxistisch-leninistischem Vorbild. Dieser Widerstand war in einigen Provinzen unter anderem ethnisch-nationalistisch fundiert, so in der von Somal bewohnten und an Somalia angrenzenden Provinz Ogaden, in der die Westsomalische Befreiungsfront an Stärke gewann. Die äthiopische Zentralregierung versuchte, die umkämpften Gebiete auszuhungern. In dieser Situation setzte der somalische Präsident Siad Barre, der 1969 durch einen Militärputsch an die Macht gekommen war, Truppen in Richtung Ogaden in Marsch, um das Gebiet seinem Land einzuverleiben. Gründe hierfür waren die langjährige irredentistische Tradition Somalias, das Fenster der Gelegenheit (Chaos im Nachbarland) sowie Unzufriedenheit in Somalia über die Wirtschaftspolitik der Regierung.

In Reaktion auf das somalische Vordringen schickte das sozialistische Kuba 15.000 Mann Truppen nach Äthiopien. Die Sowjetunion, die davor Somalia aufgerüstet hatte, wechselte nun endgültig die Seiten, d.h. schickte Militärberater nach Addis Abeba und lieferte Waffen. Somalia erlitt daraufhin 1978 eine schwere militärische Niederlage. Die Unzufriedenheit über die Kosten des irredentistischen Abenteuers, darunter auch über den Zustrom vieler Flüchtlinge nach Somalia führte zu Aufständen und schließlich zum Sturz des Regimes von Siad Barre. Erst 1988, d.h. zehn Jahre später schloss das Land Frieden mit Äthiopien. Zu diesem Zeitpunkt befanden sich noch mehr als 800.000 Flüchtlinge in Somalia.

Somalia ist ein Beispiel für ein Land, dass infolge eines gescheiterten irredentistischen Unterfangens und einer damit zusammenhängenden Flüchtlingskrise in wirtschaftliche und politische Schwierigkeiten gerät, die mit dazu beitragen, dass das Land schließlich zu einem *failed state* wird.[446]

---

446 Saideman/Ayres 2008, S. 4, 7, 12, 35; Mayall 1990, S. 60; Horowitz 1985, S. 287; „Somalia", „Äthiopien", in: Brockhaus 2006.

5.4 Interne Faktoren, die staatlichen Irredentismus befördern

Neben externen Faktoren gibt es auch interne Faktoren, die einen Einfluss darauf haben, ob die Regierung eines Staates eine irredentistische Politik verfolgt. Diese sollen im Folgenden dargestellt werden. Wie auch im vorhergehenden Abschnitt soll dabei jeweils gefragt werden, ob die Ausprägung der Variable im Falle Russlands irredentismusförderlich war bzw. ist.

5.4.1 Hoher Grad ethnischer bzw. nationaler Homogenität des potentiell irredentistischen Staates?

Es gibt eine strukturelle innere Voraussetzung für Irredentismus, nämlich ein hoher Grad ethnischer bzw. nationaler Homogenität des potentiell irredentistischen Staates.[447] Dies wird auch durch Befunde der quantitativ arbeitenden Konfliktforscher David Carment und Patrick James bestätigt. Ihnen zufolge ist die Wahrscheinlichkeit einer Verwicklung in ethnische Konflikte, die zu Krieg oder größeren Zusammenstößen führen, für ethnisch relativ homogene Staaten am größten.[448] Der Grund scheint folgender zu sein: In einem ethnisch und/oder national ziemlich homogenen Land wird ein irredentistischer Kurs mit einer gewissen Wahrscheinlichkeit von der großen Mehrheit der Bevölkerung unterstützt und festigt dann die politische Position der Führung. Gibt es in einem Staat dagegen viele oder starke innere Minderheiten oder handelt es sich bei ihm gar um einen multinationalen Staat, dann führt die Entscheidung, Teile des Territoriums eines angrenzenden Staates und die dort lebende Bevölkerung anzuschließen, leicht zu innenpolitischen Kontroversen, da sich dadurch das Kräfteverhältnis zwischen den ethnischen bzw. nationalen Gruppen ändern und/oder sich einzelne Gruppen benachteiligt fühlen können („Warum holen wir diese Gruppe heim, nicht aber jene?").[449] Aus diesem Grund verzichten die Regierungen solcher Staaten in der Regel auf einen irredentistischen Kurs.

Russland: Das Land erfüllt das genannte Kriterium: Zwar ist es eine Föderation mit nichtrussischen Republiken, aber die ethnischen Russen machen

---

447 Rothschild 1981, S. 184 f.; Horowitz 1985, S. 282; Chazan 1991, S. 147, 145.
448 Carment/James 1997, S. 229.
449 Horowitz 1985, S. 284, 288; Saideman/Ayres 2008, S. 246.

über 80 Prozent der Bevölkerung aus. Die größte Minderheit sind die Tataren. Ihr Anteil an der Bevölkerung beträgt aber nur vier Prozent.[450] Auf gesamtstaatlicher Ebene, insbesondere in der Exekutive sind sie praktisch nicht repräsentiert. Zu einer Mobilisierung gegen einen irredentistischen Kurs zugunsten von ethnischen Russen bzw. Russischsprachigen außerhalb des Landes sind die Tataren und andere Minderheiten daher kaum imstande.

5.4.2 Ethnonationalismus im potentiell irredentistischen Staat stark?

Eine weitere Voraussetzung für irredentistische Bestrebungen ist die Verbreitung einer ethnonationalen Ideologie. Dominiert bei den politischen Eliten und in der Gesellschaft ein staatsbürgerliches Nationsverständnis, d.h. werden alle auf dem Territorium des Staates dauerhaft lebenden Personen unabhängig von ihrer ethnischen Identität zur (politischen) Nation gezählt, so ist dies einer irredentistischen Politik eher abträglich, da in einem Nachbarstaat lebende Personen mit einer ethnischen Identität, die in ersterem Staat dominant ist, trotzdem in erster Linie als Staatsbürger dieses anderen Staates aufgefasst werden. Dagegen geht ein stark ethnonationales Nationsverständnis quasi automatisch und logisch mit einem Interesse an und einem Eintreten für Personen gleicher ethnischer Zugehörigkeit in anderen Staaten einher. In der Regel werden dann Forderungen nach dem Aufbau von Beziehungen, nach Unterstützung und Schutz der „nationalen Brüder" (und vielleicht auch „Schwestern") bzw. „Landsleute" erhoben.[451] Nationalisten gehen nicht selten so weit, eine Einbeziehung dieser koethnischen bzw. konationalen Bevölkerungsgruppe(n) in den eigenen Staat, d.h. eine Änderung der Grenzen zu verlangen. Folgerichtig bezeichnet ein griechischer Autor Irredentismus als eine „unvermeidliche Tendenz" von Ethnonationalismus.[452] Ein kanadisches Autorenpaar spezifiziert diese These, indem es die „Natur des Nationalismus und seine Rolle im jeweiligen innenpolitischen System" für entscheidend hält: Politiker entschieden sich dann für einen gefährlichen irredentistischen Kurs, „wenn ihre Wählerschaft

---

450 Preißler 2009, S. 43.
451 Bartsch 1995, S. 18, 52.
452 Yagcioglu 1996.

aus Personen mit starken Interessen an den Verwandten (kin) im Ausland und Leuten, die fortgesetzte oder verstärkte internationale Isolation vorzuziehen pflegten, bestand."[453]

Das Schmieden von kulturellen oder ethnischen Gemeinschaftsgefühlen über Staatsgrenzen hinweg ist daher einer der ersten Schritte hin zu Irredentismus. Am Ende stellt eine Allianz kultureller und politischer Eliten eine Verbindung zwischen der Selbstwahrnehmung großer Bevölkerungsgruppen und der Einschätzung der Legitimität politischer Grenzen mit dem politischen Ziel des Irredentismus her: „Das Zusammenfallen einer ethnonationalen (communal) Ideologie und der Interessen staatlicher Eliten ist ... der kritische Wendepunkt beim Übergang von einem nationalstaatlichen zu einem ethnostaatlichen (communal-state) Konstrukt."[454] Dies war – wahrscheinlich noch deutlicher als im Russland des Jahres 2014 – zu Beginn der 1990er Jahre in Serbien und in Kroatien der Fall.[455] Eine enge Verbindung zwischen staatlicher Politik (statism) und Nationalismus läßt irredentistisches Drängen noch stärker werden; die Trennung staatlicher Interessen von ethnonationalen Gefühlen hat dagegen stark zur Reduzierung einer solchen Tendenz beigetragen.[456]

In Russland hat der Nationalismus in seinen verschiedenen Ausprägungen seit der Auflösung der Sowjetunion schrittweise zugenommen. Unter den Bedingungen der wirtschaftlichen Transformationskrise einerseits, des schärfer werdenden politischen Wettbewerbs andererseits wuchsen dem Ethnonationalismus ab 1992 zwei zentrale Funktionen zu – die der (Ersatz-)Integration der von der Transformation negativ betroffenen Bevölkerungsgruppen einerseits sowie die der Mobilisierung von Wählern im Kampf um politische Macht andererseits. Ab 1993/94 betonte Russland nicht zuletzt in Reaktion auf die Diskussion innerhalb der NATO über eine Osterweiterung seine (Großmacht-)Interessen im postsowjetischen Raum. 1999/2000 bediente sich die „Familie", d.h. der enge Kreis der Entscheider um Jelzin des antitschetschenischen und antikaukasischen Nationalismus, ja eines (zweiten) Krieges gegen die de facto unabhängige Teilrepublik Tschetsche-

453 Saideman/Ayres 2008, S. 229 f. Vgl. dort auch S. 12-14, 30 f., 37-41.
454 Chazan 1991, S. 147.
455 Vgl. Gagnon 2004.
456 Chazan 1991, S. 149.

nien, um über eine Mobilisierung der Bevölkerung bei Wahlen einen Eliten-
wechsel, d.h. einen Machtverlust und eine mögliche strafrechtliche Verfolgung abzuwenden.[457] Unter Präsident Putin wurde ab dem Jahr 2005, d.h.
dem 60. Jahrestag des Sieges über NS-Deutschland, der frühere Sowjet-
patriotismus wiederbelebt. Die Betonung der Rolle Russlands und des
russischen Volkes im Großen Vaterländischen Krieg sowie des Groß-
macht-, ja Weltmachtstatus des Landes soll(te) das Regime legitimieren.
Bevor Dmitri Medwedew Putin im Präsidentenamt für vier Jahre ablöste,
erklärte letzterer auf einer Pressekonferenz im März 2008 in Berlin,
Medwedew sei wie er, Putin, ein "russischer Nationalist im guten Sinne",
mit dem die westlichen Partner keineswegs ein leichteres Spiel haben
würden.[458] Medwedew bediente sich in den Jahren 2009/2010 dann zwar
einer Modernisierungsrhetorik; wirkliche Veränderungen in Verwaltung,
Wirtschaft und Politik blieben aber aus. Die Proteste gegen die Fälschungen bei der Dumawahl Ende 2011/Anfang 2012 sowie gegen die Rückkehr
Putins in den Kreml im Mai 2012, d.h. die Abwendung der (groß-
)städtischen Mittelschicht vom Putin-Medwedew-Regime führten schließlich
nach gut einem Jahr zu einer ideologischen Neupositionierung des
Regimes: die politische Führung schrieb jetzt traditionell-konservative
Werte (Tradition, Familie, orthodoxer Glaube bzw. Religion, Moral, Nation)
auf ihre Fahne und grenzte sich von den „euroatlantischen" Ländern, vom
liberalen Westen ab, dem man Dekadenz und Scheinheiligkeit vorwarf.[459]
Russlands politisch-ideologische Entwicklung unter Putin kann als Synthe-
se von zwei der drei Strömungen im russischen Nationalismus der nachsta-
linschen Zeit verstanden werden: der imperial-autoritären und der konservativ-neoslawophilen. Die liberale Strömung wurde dagegen seit ca. dem
Jahr 2004 immer stärker an den Rand gedrängt.[460] Die russischen imperialen Nationalisten, in der angloamerikanischen Fachliteratur auch als "national bolsheviks" (National- bzw. besser Staatsbolschewisten, d.h. Bolschewisten aus staatlich-imperialen Motiven) bezeichnet, sahen in der Sowjet-

---

457 Preißler 2009, S. 54 f., 65 f.; Praisler 2010, S. 52-59, 70 f.
458 FAZ. 2009, 12.5., S. 1.
459 Spanger 2014. Vgl. hierzu ausführlich Abschnitt 5.4.4 vorliegender Studie.
460 Vgl. zu diesen drei Strömungen Preißler 2009, S. 43 f. Vgl. ausführlicher Praisler
     2010, S. 41-43 und die dort angegebene Literatur, insbesondere Dunlop 1983.

union die Fortsetzung der jahrhundertelangen imperialen Geschichte Russlands. Sie bejahten das sowjetische Herrschaftssystem und lehnten die internationalistische Ideologie der UdSSR nicht ab, da sie beides als unverzichtbar für den Zusammenhalt des Vielvölkerimperiums betrachteten. Gleichzeitig betonten sie die Rolle der Russen als „großer Bruder" und schrieben der russischen Sprache eine allgemein-internationale Qualität zu. Vertreter dieser Richtung waren nicht zuletzt in den Machtinstitutionen des sowjetischen Staates, d.h. in der zentralen Partei- und Staatsbürokratie, im Militär, KGB und im Kommunistischen Jugendverband Komsomol zu finden. Politische Freiheiten und Demokratie widersprachen fundamental dem Weltbild und den politischen Interessen dieser Strömung.[461]

Für die konservativen Nationalisten stand demgegenüber die russische Kultur im Mittelpunkt.[462] Im Unterschied zu den imperialen Nationalisten standen sie dem sowjetischen System teilweise distanziert bis ablehnend gegenüber. Infolge ihrer antimodern-wertkonservativen Einstellung befürworteten sie aber auch nicht das politische und wirtschaftliche System des Westens und seine Massenkultur. Als einer der Hauptvertreter dieser Richtung ist der langjährige Lagerinsasse, Dissident und Schriftsteller Aleksandr Solschenizyn (geb. 1918) anzusehen. Anfang der 1970er Jahre formulierte er in seinem Brief an die sowjetischen Führer eine Art nationalrussische Kritik am sowjetischen System. Er erinnerte dabei an die gewaltsame Kollektivierung der Landwirtschaft, an die Millionen Menschen, die in den sowjetischen Straf- und Zwangsarbeitslagern umgekommen waren, an die Verfolgung der Russischen Orthodoxen Kirche sowie die rücksichtslose Ausbeutung der Naturreichtümer. Angesichts des demographischen, physischen (Alkoholismus) und in seinen Augen auch moralisch-kulturellen Niedergangs der Russen appellierte Solschenizyn an die sowjetischen Führer, auf weltweite Machtentfaltung zu verzichten, das Sowjetimperium sowie die marxistisch-leninistische Ideologie aufzugeben und sich statt dessen auf die nationalen russischen Belange zu konzentrieren. Der Dissi-

---

461 Dunlop 1983, S. 254-263.
462 Dunlop fasst diese Richtung unter dem Begriff „vosroschdenzy" zusammen („Wiedergeburtler", d.h. Anhänger einer Wiedergeburt, von russ. *vosroschdenije* – Wiedergeburt) und nennt Alexander Solschenizyn als einen ihrer Hauptvertreter. Vgl. Dunlop 1983, S. 243 ff.

dent hielt Russland nicht reif für die Demokratie und sprach sich deshalb für eine autoritäre Regierungsform aus, in der aber die Freiheitsrechte garantiert sein sollten.[463]

Die dritte, liberale Richtung im russischen Nationalismus der Vorperestrojkazeit thematisierte ebenfalls den Schaden, den das Sowjetsystem Russland zugefügt hatte. Auch sie setzte sich für die Erhaltung der russischen Kultur und der Natur ein. Dabei sah sie die Lösung für die Probleme Russlands aber nicht in einer Rückkehr zu früheren gesellschaftlichen Institutionen und Lebensformen, sondern in wirtschaftlichen und politischen Reformen.[464]

Das Putinsche Russland kombiniert die machtstaatlich-autoritäre mit der konservativ-neoslawophilen Richtung, d.h. vereinigt Großmachtstreben und -ideologie, Autoritarismus und Orthodoxe Kirche – und hat die Freiheit des privaten Konsums für die Mittel- und Oberschicht hinzugefügt. Gleichzeitig haben sich die Führung des Landes und nicht geringe Teile der Gesellschaft in den letzten Jahren stark etlichen Elementen des russischen imperialen Nationalismus, der in seiner Übersteigerung faschistische Züge annimmt, angenähert. Als diese Elemente wurden in der Literatur genannt: 1. ein Kult der Stärke und Unbesiegbarkeit der Russen, 2. eine aggressive Haltung gegenüber Russlands wahrgenommenen inneren und äußeren Feinden, 3. eine stark antiwestliche Orientierung, 4. ein Bewußtsein der ernsthaften demographischen und sozialen Probleme des Landes, aber keine Angst im Hinblick auf die Zukunft, 5. eine Tendenz zur Befürwortung rassischer Reinheit, 6. eine Sicht der russischen Geschichte als „ein Strom", 7. eine nichtreligiöse, aber nicht antireligiöse Haltung, 8. ein Kult der Disziplin und des heroischen Vitalismus.[465]

Ende 2011 wurde Dmitri Rogosin, der seit Anfang 2008 der Ständige Vertreter Russlands bei der NATO in Brüssel gewesen war, zu einem der stellvertretenden Regierungschefs mit Zuständigkeit für die Rüstungspolitik ernannt. Rogosin hatte in den frühen 1990er Jahren als russischer Nationalist

---

463 Praisler 2010, S. 42 f.
464 Ebd., S. 43.
465 Dunlop 1983, S. 263.

begonnen; das Hauptthema des von ihm mitbegründeten Kongresses der Russischen Gemeinden (Kongress Russkich Obschtschin/KRO) war die bedrängte Lage der Russen in den Nachbarstaaten gewesen. Bei den Dumawahlen im Dezember 1995 kam der KRO aber nicht über die Fünf-prozenthürde. Bei den Dumawahlen im Dezember 2003 errang seine „linksnationalistische" Partei „Heimat" („Rodina") neun Prozent der Stim-men. Rogosin stand zu diesem Zeitpunkt schon in Kremldiensten; seine Partei war gegründet worden, um der KP Stimmen abzujagen.[466] Im Jahr 2005 hetzte die der Kontrolle des Kremls entgleitende Partei im Moskauer Kommunalwahlkampf so vehement gegen Ausländer und Nordkaukasier, dass sie von den Wahlen ausgeschlossen wurde. Rogosin ist der Autor von ca. zehn Büchern zu den Themen Sicherheits- und Verteidigungspolitik und zur nationalen Entwicklung Russlands. Sein Vater hatte es in den sowjeti-schen Streitkräften bis zum Generalleutnant gebracht. Im Jahr 2006 er-schien im „patriotischen", teilweise auch antisemitischen Moskauer Verlag „Algoritm" Rogosins politische Autobiografie mit dem Titel „Wrag naro-da" („Der Volksfeind"). Mit dem „Volksfeind", ein unter Stalin üblicher Kampf- bzw. Vernichtungsbegriff meinte Rogosin sich selbst: Er sei einer der wenigen wahren Patrioten Russlands, werde aber von allen angefein-det. Rogosin kritisierte in dem Buch den Kreml dafür, dass dieser alle poli-tischen Freiheiten vernichtet habe, widmete das Buch aber trotzdem dem amtierenden Präsidenten Russlands, Wladimir Putin.[467] Als der Hardliner Rogosin Anfang 2008 ständiger Vertreter Russlands bei der NATO wurde, stieg das Interesse an ihm. Auf der Website des Nato Defence College er-schien eine Rezension der fast 450 Seiten starken vierten Auflage seines Buches. In dieser Besprechung hieß es unter anderem:

> „Im Kern von Rogosins Buch geht es … um die Notwendigkeit, das rus-sische Nationalgefühl wiederzubeleben und Russland so seinen berech-tigten Status … als eine Großmacht zurückzugeben. Er macht sehr deut-lich, … dass dieses Ziel beinhaltet, Russlands Grenzen auszuweiten, so dass sie alle Territorien einschließen, die ihm im Laufe seiner Geschich-te gehörten. Auf Seite 145 bezieht er sich auf die nationale Idee, die das Recht für die Russen beinhalte, die Gestalter des Staates nicht nur auf

---

466 Preissler 2014, S. 367.
467 Wek. 2006, 17.8.

dem gegenwärtigen Territorium der Föderation zu sein, sondern auch auf ‚angestammt russischen Gebieten jenseits ihrer Grenzen. Die Krim, Kleinrussland[468], Weißrussland, die kosakischen Steppen Kasachstans, Transnistrien, das Baltikum – das sind die Heimatgebiete (native lands) der russischen Nation.'"[469]

Angesichts dieser irredentistischen Ausführungen Rogosins hieß es in der Rezension: "Viele Russen ... scheinen echt zu glauben, dass sie eine bessere Vorstellung davon haben, was andere ehemals sowjetische Völker, und besonders die slawischen Ursprungs, wirklich wollen und brauchen, als was diese Völker für sich selbst durch ihre gewählten Führer wählen."[470] Diese Einschätzung sollte durch das Verhalten Russlands gegenüber der Ukraine im Jahr 2014 zur Gänze bestätigt werden.

Marlene Laruelle, eine Expertin zum russischen Nationalismus, vertritt die These, dass es sich beim KRO und seinen Führungsfiguren (Rogosin, Glasjew u.a.) „um den einzigen Fall (handelte – F.P.), wo wir den Einfluss einer nationalistischen Gruppe mit klar identifizierbaren Figuren und Lobbystrukturen festmachen können; der nationalistische Inhalt wurde aber im Prozess der Kooptation[471] durch staatliche Organe neutralisiert. ... Russland benutzt vielleicht eine nachträgliche nationalistische Erklärung (im Falle des Anschlusses der Krim – F.P.), verfolgt aber keine nationalistische Agenda."[472] Mit diesen Thesen dürfte Laruelle aber zu weit gehen. Sie selbst schreibt, dass größtenteils infolge Rogosins Partei „Heimat" („Rodina") um das Jahr 2005 herum viele „nationalistische" Themen (Anführungszeichen im Original) wie z.B. die Zuwanderungsfrage bzw. Fremdenfeindlichkeit vom Rand in die Mitte der Gesellschaft rückten.[473] Laruelles Trennung von „nationalistischen Gruppen" einerseits, staatlichen Entschei-

---

468 Zu diesem Begriff, mit dem im Russländischen Reich die linksufrigen Gebiete des mittleren Dnjepr einschließlich Kiews, d.h. ukrainisches bzw. Kosakenkernland bezeichnet wurden, vgl. die Ausführungen oben in Abschnitt 5.3.2.2.
469 Nato Defence College. 2008. A Review of Ambassador Rogozin's book An enemy of the people.
470 Ebd.
471 Kooptation bedeutet die Hinzuwahl bzw. Aufnahme neuer Mitglieder in eine Körperschaft durch Mitglieder, die dieser bereits angehören.
472 Laruelle 2015, S. 88.
473 Ebd., S. 92.

dungsträgern andererseits entspricht nicht der Wirklichkeit. Es ist aus der Geschichte bekannt (man denke an die Zeit vor dem Ersten Weltkrieg), dass diese Entscheidungsträger auch aus zweckrationalen Gründen durchaus eine nationalistische Politik verfolgen können – die dann oft von vielen Nationalisten begrüßt und mitgetragen wird. Bei der Besetzung und dem Anschluss der Krim dürften nationalistische Gefühle eine nicht geringe Rolle gespielt haben.

Zwar waren bei den Entscheidungen der Jahre 2013 und 2014 im Hinblick auf die Ukraine dem engsten Führungskreis angehörende Männer wie Wladislaw Surkow und Putins Berater für Fragen der eurasischen Integration (d.h. für Fragen der Zollunion und der Eurasischen Wirtschaftsgemeinschaft), Sergej Glasjew, wichtiger als der nationalistische Vizepremier Dmitri Rogosin.[474] Putin, Surkow, Glasjew usw. ließen sich in erster Linie von außenpolitischen, strategischen und innenpolitischen, d.h. Machterhaltungskalkülen leiten. Deshalb erfolgte zum Beispiel keine Annexion „Kleinrusslands", wie dies Rogosin in seinem Buch gefordert hatte. Gleichzeitig hatte aber Sergej Glasjew einen KRO- und "Heimat"-Hintergrund. Und gerade er „wurde zu einer der Schlüsselfiguren des Regimes, einer der wenigen – zusammen mit Putin selbst – die ein Projekt der Integration mit zentralasiatischen Ländern verteidigen, das ein visafreies Regime einschließt. Die Gründungsväter des KRO-Rodina-Netzwerks haben so, was die Integration in die obersten Entscheidungsränge betrifft, einen Schritt nach vorne gemacht."[475]

Im Hinblick auf die Ukraine war Glasjews Politik, die natürlich in hohem Maße die Putins war, durchaus nationalistisch, ja imperialistisch. Anfang Juni 2014 beschrieb er in einem Interview in der machtstaatlich-imperial

---

474 Ennker verweist (aber) darauf, dass Putin noch als Regierungschef, d.h. im Jahr 2011, „antiliberale Kräfte" auf Machtpositionen berief und „nationalimperiale und machtstaatliche Weltbilder" förderte. Er stellt Rogosin und Glasjew als Beispiele dar. Ennker sieht in diesen Entwicklungen eine der Voraussetzungen für Russlands außenpolitische Wende spätestens im Jahr 2014. Ennker 2017, S. 89, 94.

475 Ebd., S. 95. Projekte der eurasischen Integration, wie sie Putin und Glasjew vertreten, schließen einen (offen vertretenen) russischen Nationalismus natürlich ein. Hierin ist, wenn auch abgeschwächt, eine Fortsetzung des Spannungsverhältnisses zwischen Imperium/Reich und den Russen als Nation zu sehen, wie es konstitutiv für die russländisch-zaristische und sowjetische Geschichte gewesen ist. Vgl. hierzu (in Anlehnung an Vujačić 1996, S. 774) Praisler 2010, S. 46.

und stalinistisch ausgerichteten und teilweise rechtsextrem-bräunlich angehauchten Wochenzeitung *Sawtra* den gewaltsamen Konflikt in der Ukraine als „Krieg der Vereinigten Staaten von Amerika gegen Russland". Zu seiner Verteidigung müsse Russland in die Offensive gehen – die Schaffung eines „Neurussland" „in dem von der amerikanisch-nazistischen Okkupation befreiten Gebiet" sei erst der Anfang. Ziel sei die „Befreiung Kiews".[476] Bei letzterer Aussage dürfte es sich aber eher um eine aus taktischen Gründen erhobene Maximalforderung gehandelt haben, geäußert auch, um Zustimmung bei der antiwestlich und machtstaatlich-imperial eingestellten Leserschaft der *Sawtra* zu finden.

Wann aber kommt es in einer Gesellschaft zum Erstarken ethnonationaler Argumentationsmuster, zur Politisierung von Ethnizität bzw. der Ethnisierung der Politik, die auch vor der Außenpolitik nicht Halt macht? Mitte der 1990er Jahre stellten zwei quantitativ arbeitende Forscher die These auf, dass gerade die Demokratisierung, die ab 1990/1991 in nicht wenigen Staaten Osteuropas die Staatsbildung begleitete, zumindest kurzfristig nicht immer stabilitätsfördernd ist. Gerade in solchen sich demokratisierenden Gesellschaften mit (noch) niedriger Kontrolle über die Exekutive, in denen wirtschaftliche Interessen als Mobilisierungsfaktor zu schwach sind, versuchen die Eliten häufig, Gruppen über die Betonung ihrer ethnischen Identität zu mobilisieren. Zur Verbesserung der eigenen Machtposition gegenüber innenpolitischen Konkurrenten und bei der Verfolgung außenpolitischer Ziele bedienen sie sich oft nationalistischer Symbole und Ideologien. Die Forderungen politischer Führer, aber auch ethnischer Gruppen können dann grenzüberschreitenden Charakter annehmen. Gleichzeitig sind es wiederum gerade neue Staaten, deren Zusammenhalt durch ethnonationale Bruchlinien gefährdet ist, die zum leichten Ziel von Interventionen werden können.[477] In schwierigen innenpolitischen Situationen, z.B. bei erfolglosen oder sehr schwierigen Reformen, Korruptionsskandalen und einem daraus resultierenden Popularitätstief und Legitimitätsdefizit können sich die Regierungen von Mutterländern

---

476 FAZ. 2014, 9.7., S. 10 (Anführungszeichen dort).
477 Carment/James 1995, S. 85, 88-94, 104.

auch in Konflikte mit benachbarten Staaten flüchten, um von diesen inneren Problemen abzulenken und den Zusammenhalt zu stärken.[478] Eine Regierung neigt zu einer Intervention zugunsten von „Landsleuten" („coethnics") in einem anderen Staat, wenn ein solches Eingreifen zu erhöhter Zustimmung seitens der Bevölkerung führen dürfte oder sie darin eine Chance sieht, sich vor drohender Ablehnung durch die Öffentlichkeit zu retten.[479]

Anfang bis Mitte der 1990er Jahre, d.h. unter Bedingungen von Staatenauflösung, Staatenentstehung, Demokratisierung und wirtschaftlicher Krise war in Osteuropa und Südkaukasien durchaus ein Anstieg irredentistischer Konflikte, hier vor allem auf dem Gebiet Jugoslawiens zu beobachten. Diese Rahmenbedingungen waren aber 2013/14 in Russland und seinem Umfeld nicht gegeben. Immerhin bedeutete aber die Kiewer Revolution vom Februar 2014 mit ihren außenpolitischen Implikationen die Auflösung des bisherigen „zwischenstaatlichen Arrangements" (vgl. oben Abschnitt 5.3.2.1). Russland demokratisierte sich aber nicht, sondern war schon seit ca. 2003 immer weniger demokratisch geworden. Nach den monatelangen Protesten gegen die Fälschungen bei den Dumawahlen vom Dezember 2011 wurde das Putinregime noch repressiver, d.h. offen autoritär. Vor diesem Hintergrund könnte man die Frage stellen, ob nicht nur Demokratisierung, sondern auch Autoritarisierung die Wahrscheinlichkeit von Irredentismus erhöht.[480]

5.4.3 Integrationsprojekte im postsowjetischen Raum als innenpolitische Legitimationsressource der Putin-Führung

In Russland sind es stärker Großmachtideologie und Staatspatriotismus als ein enger Ethnonationalismus, die als Legitimationsressource dienen und als Mobilisierungsmittel benutzt werden. Infolge des multinationalen Charakters des Russländischen Reiches und der Sowjetunion identifizierten sich viele Russen im 19. und 20. Jahrhundert weniger mit den Russen als (Ethno-)Nation (und schon gar nicht mit einem russischen Nationalstaat,

---

478 Ebd., S. 87 f., 94, 104. Vgl. im Hinblick auf Russland auch Zevelev 2001, S. 157.
479 Rothschild 1981, S. 184.
480 Vgl. hierzu auch das Schlusskapitel vorliegender Untersuchung.

den es ja nicht gab), als mit dem riesigen Russischen (genauer: Russländischen) Imperium (Rossijskaja Imperija) und später dann mit der Groß-, ja Welt- und Supermacht Sowjetunion.[481]

Politisch-ideologische Projekte, die auf die frühere Größe und Weltmachtposition Bezug nehmen, stoßen daher bei nicht wenigen RussInnen auf Zustimmung. Wladimir Putin macht sich das zunutze. Aufschlussreich ist hier das Entstehungsdatum seines Projektes einer „Eurasischen Union": Der damalige Regierungschef trat damit am 4. Oktober 2011 in Gestalt eines Artikels mit der Überschrift „Ein neues Integrationsprojekt für Eurasien" in der von dem Putin-Intimus Jurij Kowaltschuk kontrollierten regierungstreuen Zeitung *Iswestija* an die Öffentlichkeit – auf den Tag genau zwei Monate vor den Dumawahlen. Putin schlug darin „eine mächtige supranationale Vereinigung" vor, die imstande sei, „einer der Pole der modernen Welt zu werden".[482] Knapp zwei Wochen davor hatte Präsident Medwedew auf dem Parteitag der Kremlpartei „Einiges Russland" (ER) Putin als Kandidaten für die Präsidentschaftswahlen vorgeschlagen, die für den März 2012 anberaumt waren. Im Gegenzug trug Putin Medwedew an, bei den Wahlen zur Staatsduma am 4. Dezember 2011 als Spitzenkandidat von ER anzutreten und nach einem Wahlsieg Regierungschef zu werden. Die Aussage des Führungstandems, dieser Ämtertausch sei schon vor Jahren abgesprochen worden, rief in der russischen Öffentlichkeit Irritationen und Enttäuschung und bei der außerparlamentarischen Opposition scharfe Kritik hervor, da Medwedew in den Monaten davor zwar eine Präsidentschaftskandidatur gegen Putin, nicht aber an sich ausgeschlossen hatte. Die anscheinend schon vor Jahren abgesprochene Personalrochade bestärkte bei nicht wenigen den Eindruck der Undurchlässigkeit des politischen Systems Russlands. Es war in dieser Situation vor allem großstädtischer Unzufriedenheit und des sich

---

481 Vgl. als aktuelles Beispiel den langjährigen Außenpolitikexperten Sergej Karaganow, der im Juli 2016 in einem Spiegel-Interview erklärte, der Großmachtstatus sei „Teil unseres Erbguts". Ziel sei ein Russland als „Zentrum eines großen Eurasien", einer „Zone von Frieden und Zusammenarbeit. Zu diesem Eurasien wird auch der Subkontinent Europa gehören." Vgl.: Der Spiegel, 11.7.2016, zit. nach Quiring 2017, S. 158.
482 Wood 2016, A Small, Victorious War?, S. 122.

intensivierenden Dumawahlkampfs, in der Putin sein Projekt einer Eurasischen Union lancierte. Auch wenn die Planungen für dieses postsowjetische Integrationsprojekt schon länger liefen, handelte es sich bei seiner Konkretisierung in nicht geringem Maße um ein Wahlkampf- und Legitimationsprojekt. Die Botschaft war gleichsam: „Ich werde etwas schaffen, was an die große Sowjetunion erinnern wird!" Dies kam in den Wörtern „Union" („Sojus"), „supranational" und „Pol" zum Ausdruck. In seiner dritten präsidentiellen Inaugurationsrede am 7. Mai 2012 erklärte Putin dann, die nächsten Jahre seien für das Schicksal künftiger Generationen entscheidend. Dabei hänge alles von der Fähigkeit ab, „eine neue Ökonomie zu schaffen …, aber auch davon, ob es gelinge, die riesigen russischen Räume zwischen Ostsee und Pazifik durch eine lebensfähige Infrastruktur zu erschließen, die Führung in Eurasien zu übernehmen und zum Gravitationszentrum dieses gesamten Raumes zu werden."[483]

Die Vorstufen dieses Putinschen Projekts, hier vor allem die anvisierte Eurasische Wirtschaftsunion, sollten der im Mai 2009 begründeten „Östlichen Partnerschaft" der EU mit der Republik Moldau, der Ukraine, Weißrussland und den drei südkaukasischen Staaten, d.h. der Ausweitung des Einflusses der EU im postsowjetischen Raum entgegenwirken.[484] In langfristiger Perspektive sollte aus der Eurasischen Wirtschaftsunion eine Eurasische Union hervorgehen – als Alternativprojekt zur Europäischen Union. Als vollwertig konnte dieses Putinsche Integrationsprojekt nur für den Fall der zukünftigen Annäherung der Ukraine an diese von Russland dominierten Staatenzusammenschlüsse gelten. Die Ukraine verhandelte aber auch unter dem neuen, aus der Südostukraine stammenden Präsidenten Janukowitsch weiter mit Brüssel über ein umfassendes Assoziierungs- und Freihandelsabkommen. Im Oktober 2011 wurden die Verhandlungen abgeschlossen und im März 2012 paraphierten die Ukraine und die EU das ausgehandelte Abkommen; damit war es an sich unterschriftsreif. Daraufhin versuchte Russland die Ukraine mit der Drohung, den 2010 vereinbarten Rabatt beim Gaspreis zu streichen, zu einem Beitritt zur bereits beste-

---

483 FAZ. 2012, 8.5., S. 7 (Zitat); Wood 2016, A Small, Victorious War?, S. 105.
484 Kazharski/Makarychev 2015; Gretskiy/Treshenkov/Golubev 2014.

henden Zollunion (Russland, Weißrussland, Kasachstan) zu bewegen.[485] Nach der Rückkehr Putins ins Präsidentenamt im Mai 2012, die von Demonstrationen dagegen begleitet war, verhärtete sich der innenpolitische Kurs der russischen Führung – eine Entwicklung, die sich 2013 noch verstärkte. Im selben Jahr zeichnete sich auch ab, dass die Ukraine, Moldau, Georgien und Armenien am Ende des Jahres Assoziierungs- und Freihandelsabkommen mit der EU unterzeichnen würden. Mit wirtschaftlichem Druck, Drohungen und Angeboten gelang es der russischen Führung, den ukrainischen Präsidenten im November 2013 dazu zu bewegen, das Abkommen (vorerst) nicht zu unterzeichnen. Gerade dieses Abgehen von einem offiziell verkündeten Politikziel, mit dem sich in der Ukraine Hoffnungen auf Rechtsstaatlichkeit, weniger Korruption und steigenden Wohlstand verbanden, brachte aber viele Menschen in Kiew auf den Unabhängigkeitsplatz, deren Zahl dann infolge von Polizeigewalt schnell stark anstieg. Bald ging es den DemonstrantInnen nicht mehr allein um die Assoziierung der Ukraine mit der EU, sondern grundsätzlich um das Verhältnis zwischen Staatsmacht und Gesellschaft der Ukraine. Von einer europäischen Orientierung ihres Landes waren die Protestierenden auch nicht durch die Vereinbarung zwischen Putin und Janukowitsch vom 17. Dezember 2013 abzubringen, der zufolge Russland innerhalb von zwei Jahren ukrainische Staatsanleihen in Höhe von 15 Mrd. US-$ kaufen und der russische Konzern Gasprom dem ukrainischen Energieversorger Naftogas Ukrainy einen Preisnachlass von ca. einem Drittel gewähren würde. Nach dem formellen Rücktritt der ukrainischen Regierung Asarow Ende Januar 2014 rückte Russland von der weiteren Umsetzung dieser Vereinbarung wieder ab.[486] Das Ende des Janukowitsch-Regimes und der Machtantritt einer neuen, proeuropäischen und prowestlichen Regierung in Kiew zerstörte dann die in russischen Führungskreisen seit ca. 2011 gehegte Hoffnung bzw. richtiger *Illusion* einer die Ukraine einschließenden Eurasischen Zoll- und dann Wirtschaftsunion, ganz zu schweigen einer Eurasischen Union, endgültig. Insofern stieß Putins nicht zuletzt innenpolitisch motiviertes Projekt einer Eurasischen Wirtschaftsunion, die auch die Ukraine einschließen sollte, ab

---

485 Der Neue Fischer Weltalmanach 2013, S. 380, 388; Pomeranz 2016, S. 56.
486 Der Neue Fischer Weltalmanach 2015, S. 473 f.

November 2013 mit der außenpolitischen Wirklichkeit, nämlich den Wünschen der Mehrheit der Bevölkerung der Ukraine zusammen. Diese wollte die Assoziierung der Ukraine mit der EU. Putin hatte – wie auch schon 2004 – die Rechnung ohne den ukrainischen Souverän, ohne große Teile der ukrainischen Gesellschaft gemacht.[487]

Es ist bekannt, wie die Putin-Führung auf dieses völlige Scheitern ihrer Politik reagierte, die Ukraine mittels Peitsche und Zuckerbrot von einer Unterzeichnung des Assoziierungs- und Freihandelsabkommens mit der EU abzuhalten.

5.4.4 Putins traditionalistische Wende im Herbst 2013 – eine Antwort auch auf die ukrainische Herausforderung?

Ein deutscher Russlandexperte konstatierte für den Herbst 2013 eine neue Form der Abwehr des westlichen demokratischen und rechtsstaatlichen Universalismus durch Putin, nämlich das Eintreten für „traditionelle Werte". Der Wissenschaftler sprach deshalb von einer „konservative(n) Wende".[488] Es erscheint aber vielleicht angebrachter, enger und genauer von einer traditionalistischen Wende zu sprechen. Putin verwendete zwischen September und Dezember 2013 häufiger die Begriffe „Tradition" und „traditionell" als den Begriff „konservativ".[489] Traditionalismus bezeichnet eine geistige Haltung, die bewußt an der Tradition festhält. Tradition

---

487 Bezeichnend auch die Realitätsverkennung durch russische Imperialisten: Laut Aleksandr Dugin war die ukrainische Protestbewegung 2013/2014 „die Antwort des Westens auf das Vorrücken der russischen Integration". Vgl. „Aleksandr Dugin", https://en.wikipedia.org/wiki/Aleksandr_Dugin, Seite besucht am 9.5.2016. Wie auch bei Interpretationen nicht weniger westlicher „Russlandversteher" kommt hier die ukrainische Gesellschaft als Subjekt nicht vor. Tatsächlich war „der Majdan" die Antwort einer Mehrheit der ukrainischen Gesellschaft auf den durch Druck Russlands herbeigeführten (vorläufigen) Verzicht der Janukowitsch-Führung auf das „Heranrücken" der Ukraine an die *europäische* Integration.

488 Spanger 2014, S. 43 f., 46 f.

489 Vgl. auch Schröder 2013, S. 5. Ein Grund hierfür war wahrscheinlich, dass Putin den Anspruch auf und den Anschein einer Weiterentwicklung Russlands aufrechterhalten wollte. Putin bezeichnete seine Ausführungen an einer Stelle als „konservative Position", definierte aber Konservatismus *nicht* als Gegensatz zu einer Weiterentwicklung, sondern (unklar) als Gegensatz zu einer Bewegung „in die chaotische Dunkelheit und zu primitiven Zuständen". Vgl. ebd., S. 46 (Anführungszeichen dort).

umfasst das, „was im Hinblick auf Verhaltensweisen, Ideen, Kultur o.ä. in der Geschichte von Generation zu Generation ... entwickelt und weitergegeben wird".[490] Der Traditionalismus gibt Werten, Moralvorstellungen oder Geisteshaltungen der Vergangenheit den Vorzug, bewertet den "alten" Wert als besseren Wert. In politischer oder religiöser Hinsicht stellt er die Gegenposition zur sogenannten Moderne dar, die oftmals mit Reformbestrebungen einhergeht. Traditionalismus tritt deshalb in der Regel in Situationen auf, in der eine Gesellschaft sich mit neuen sozialen oder kulturellen Ordnungen auseinandersetzen muss.[491]

Der genannte Russlandexperte sprach im Hinblick auf die „konservative Wende" Putins von einer ideologischen Abgrenzung, ja einer „Abkehr" vom Westen.[492] Diese Entwicklung fiel nun genau in die Phase, in der Russland verstärkt wirtschaftlichen und psychologischen Druck auf die Ukraine ausübte, um deren Führung davon abzuhalten, das Assoziierungsabkommen mit der EU zu unterzeichnen. Gibt es zwischen diesen beiden Entwicklungen einen kausalen Zusammenhang – und wenn ja, welchen? Trug die traditionalistische Wende, d.h. die kulturell-moralische Abgrenzung von den „euroatlantischen" Ländern im Herbst 2013 zu der aggressiven Außenpolitik gegenüber der Ukraine wenige Monate später bei? Oder war es umgekehrt die außenpolitische Herausforderung in Gestalt der heranrückenden EU-Assoziierung der Ukraine (sowie der Republik Moldau, Georgiens und Armeniens), welche die Putin-Führung verhindern wollte, die zur ideologischen Neupositionierung, zumindest deutlichen Akzentverschiebung hin zum Traditionalismus in der zweiten Jahreshälfte 2013 beitrug?

In der im Februar 2013 veröffentlichten, d.h. im Jahr 2012 vom Außenministerium erarbeiteten neuen Konzeption der Außenpolitik der Russländischen Föderation – die Fassung davor war im Juli 2008 erschienen – war die zukünftige traditionalistische Wende nur in Ansätzen ersichtlich.[493] So hieß es im zweiten Abschnitt über die Außenpolitik Russlands und die mo-

---

490 Duden. Deutsches Univeralwörterbuch A-Z. Mannheim u.a.: Dudenverlag, 1989, S. 1546.
491 „Traditionalismus", https://wiki.fernuni-hagen.de/zeitgeschichte/index.php/Traditionalismus, Seite besucht am 26.1.2018.
492 Spanger 2014, S. 46.
493 Concept of the Foreign Policy of the Russian Federation, 2013.

derne Welt, dass der globale Wettbewerb zum ersten Mal auf der Ebene von Zivilisationen stattfinde (on a civilizational level), wobei verschiedene, auf den universalen Prinzipien der Demokratie und der Marktwirtschaft basierende Werte und Entwicklungsmodelle anfingen, aufeinanderzutreffen und miteinander zu konkurrieren. Die wachsende Betonung der Zivilisationsidentität, beispielsweise islamischer Werte sei die Rückseite der Globalisierungsprozesse. Für die Weltpolitik bestehe eine Priorität daher darin, Zusammenstöße an den Verwerfungslinien der Zivilisationen zu verhindern. Unter diesen Umständen könne ein Durchsetzen der eigenen Wertehierarchie nur einen Anstieg von Xenophobie, Intoleranz und Spannungen in den internationalen Beziehungen provozieren und schließlich zu Chaos in der Weltpolitik führen.[494]

Das Konzept enthielt die übliche Kritik am einseitigen, d.h. nicht vom UN-Sicherheitsrat abgesegneten militärischen Vorgehen der USA bzw. der Nato gegen „legitime Regierungen in souveränen Staaten". Die außenpolitische Führung Russlands verwahrte sich auch gegen die „destruktive und ungesetzliche Benutzung von ‚soft power' und Menschenrechtskonzepten", um „politischen Druck auf souveräne Regime" auszuüben und sich „in innere Angelegenheiten" einzumischen.[495] Was die regionalen Prioritäten betraf, rangierten die GUS und damit der postsowjetische Raum wie üblich an erster Stelle. Als Priorität wurde in dieser Hinsicht die Schaffung einer Eurasischen Wirtschaftsunion genannt. Russland kündigte an, dass es zu diesem Zweck mit Belarus und Kasachstan zusammenarbeiten werde.[496] Diese beiden Staaten waren mit Russland bereits in der Eurasischen Wirtschaftsgemeinschaft verbunden. Russland werde des Weiteren „Beziehungen mit der Ukraine als einem vorrangigen Partner (priority partner) innerhalb der GUS" aufbauen und zur „Teilnahme der Ukraine an erweiterten Integrationsprozessen" beitragen.[497] Letztere Formulierung war vielleicht ungewollt aufschlussreich: Hätte zu diesen „erweiterten Integrationsprozessen" nicht in erster Linie die Ukraine selbst – wenn sie es denn wollte – beitragen müssen?

---

494 Ebd., Punkt 13 und 14.
495 Ebd., Punkt 15 und 20.
496 Ebd., Punkt 42, 44, 48 d.
497 Ebd., Punkt 48 e.

Priorität wurde in dem Konzept des Weiteren auch den Beziehungen mit den euroatlantischen Staaten eingeräumt, „die neben der Geographie, Wirtschaft und Kultur gemeinsame tiefverwurzelte zivilisatorische Bande mit Russland haben". Russland stehe für den Aufbau einer wahrhaft geeinten Region, und zwar durch die Entwicklung echter Partnerschaftsbeziehungen zwischen Russland, der EU und den USA. In seinen Beziehungen mit der EU sei es die Hauptaufgabe Russlands „als eines integralen und untrennbaren Teils der europäischen Zivilisation", die Schaffung eines gemeinsamen wirtschaftlichen und humanitären Raums vom Atlantik zum Pazifik zu fördern, hieß es in dem Konzept weiter.[498]

Gerade nach der Veröffentlichung dieses neuen außenpolitischen Konzepts begann aber das „neue Schachspiel"[499] zwischen der EU und Russland um die Ukraine. Anders als die meisten Staaten im osteuropäischen Raum (darunter auch Russland) hatte die Ukraine ihren Außenhandel nach 1991 nicht überwiegend in Richtung EU-Staaten umgelenkt, sondern Russland war ein wichtiger Handelspartner geblieben: ein Drittel der Importe der Ukraine kam aus Russland (überwiegend Energieträger und Kraftstoffe), ein weiteres Drittel aus der EU. Von den Exporten der Ukraine gingen jeweils ein Viertel nach Russland und die EU. Für Russland war die Ukraine wirtschaftlich von geringerer Bedeutung als umgekehrt: Der Anteil des Handels (Exporte und Importe) mit der Ukraine machte (nur) vier bis fünf Prozent des russischen Außenhandels aus; allerdings umfaßten die Importe neben Eisen und Stahl wichtige Güter wie Lokomotiven, Eisenbahnwagen und Maschinenbauerzeugnisse, darunter nicht zuletzt hochwertige und für die russischen Streitkräfte wichtige Rüstungsgüter.[500]

EU-Kommissionspräsident Manuel Barroso erklärte beim EU-Ukraine-Gipfeltreffen Ende Februar 2013, dass das Assoziierungsabkommen einen Beitritt zur Zollunion aussschließe. Der von Russland geführten Zollunion wollte die Ukraine aber ohnehin nicht beitreten. Im selben Monat erklärte

---

498 Ebd., Punkt 54 und 55.
499 BBC Monitoring Europe – Political, March 13, 2013. Es handelte sich um einen Artikel von Alvydas Medalinskas mit der Überschrift "Europe, Russia Are Playing New Chess Game", der am 9.3.2013 in der litauischen Zeitung "Lietuvos Rytas" erschienen war.
500 Götz, Roland 2015, S. 193 ff.

die EU dem stellvertretenden russischen Außenminister Igor Schuwalow, dass die EU-Assoziierung der Ukraine nichts mit Russland zu tun habe. Dies ging an der Wirklichkeit vorbei. Gleichzeitig entschloss sich die Ukraine während laufender Verhandlungen über die Bedingungen der Unterzeichnung des EU-Assoziierungsabkommens zu einer symbolischen Annäherung an die Zollunion (Russland, Kasachstan, Weißrussland): Ab Juni 2013 hatte sie einen Beobachterstatus in der Organisation inne.[501] Die Ukraine hoffte darauf, dass eine EU-Assoziierung dann zu weniger Konflikten mit Russland führen würde.

Dieser Schritt war nicht wirklich substanziell, denn die Interessenlage der Ukraine war folgende: Die Ukraine war (wie Russland und andere Staaten) bereits Mitglied der GUS-Freihandelszone, d.h. hätte von einem Beitritt zur Zollunion, zwischen deren Mitgliedern natürlich ebenfalls Freihandel herrschte, nichts gewonnen. Dagegen hätte die Ukraine im Außenhandel mit Staaten, die nicht der Zollunion angehörten, verloren, da die Ukraine ihnen gegenüber dann die höheren Zölle der Zollunion hätte erheben müssen – und diese anderen Staaten auch ihre Zölle gegenüber der Ukraine erhöht hätten. Ein Beitritt der Ukraine zur Zollunion hätte somit ihre Handelsbeziehungen innerhalb der GUAM-Freihandelsorganisation für Demokratie und Wirtschaftliche Entwicklung (Georgien, Ukraine, Aserbaidschan, Moldova) beeinträchtigt, ja vielleicht sogar die Existenz dieser Organisation gefährdet, in der die Ukraine „ein großer Fisch in einem kleinen Teich" war.[502] Insofern hatte die Ukraine kein Interesse an einem Beitritt zur Zollunion, auch nicht unter Janukowitsch. Der in der Diskussion über die Ukrainekrise nicht selten erhobene Vorwurf, die EU habe die Ukraine vor die Alternative EU-Assoziierung oder Zollunion gestellt, trifft deshalb nicht das eigentliche Problem, da die Ukraine nie der Zollunion beitreten wollte. Das Problem war vielmehr, dass die EU-Kommission zu wenig die Auswirkungen einer EU-Assoziierung auf die russisch-ukrainischen Wirtschaftsbeziehungen berücksichtigte. Gleichzeitig war das Verhalten der EU nicht entscheidend für die gewaltsame Form, die der Konflikt über die EU-Assoziierung der Ukraine schließlich annahm. Die Gründe hierfür lagen im

---

501 Der Spiegel. 2014, Nr. 48, S. 29; FAZ. 2014, 27.8., S. 2; Wilson 2014, S. 17.
502 Pomeranz 2016, S. 59.

Innern der Ukraine und in der gewaltsamen Reaktion Russlands auf den Umstand, dass eine Mehrheit in der Ukraine die europäische Option erkämpfte, was Moskau nicht hinnehmen wollte. Nach einem Treffen mit Janukowitsch Ende Juli 2013 kam Putin zu dem Schluss, dass Kiew das Assoziierungsabkommen mit der EU tatsächlich unterzeichnen wollte. Russland übte daraufhin sofort wirtschaftlichen und psychologischen Druck auf die Ukraine aus, um eine solche Entwicklung abzuwenden: Es begann, den Import ukrainischer Süßwaren, Kohle und anderer Waren zu behindern und die Gaslieferungen zu unterbrechen. Mitte September drohte der Berater Putins für die wirtschaftliche Integration im postsowjetischen Raum, Sergej Glasjew, dem Nachbarland damit, Vergünstigungen wie die Visumsfreiheit zu streichen. Für den Fall der Unterzeichnung des Abkommens sagte Glasjew die Zahlungsunfähigkeit der Ukraine voraus, da Russland dann nicht mehr als Kreditgeber zur Verfügung stehen werde. Die politischen und sozialen Kosten der „EU-Integration" könnten zu separatistischen Bewegungen im Osten und Süden der Ukraine führen. Glasjew ging noch weiter: Eine Unterzeichnung verletze den Freundschaftsvertrag und Russland könne dann nicht mehr länger „den Status der Ukraine als Staat" garantieren. Es werde möglicherweise intervenieren, wenn prorussländische Regionen sich direkt an Moskau wendeten.[503] Im Oktober hielt sich Glasjew gleich dreimal in Kiew auf. In düstersten Farben malte er der ukrainischen Führung dabei die Folgen aus: "Das Assoziierungsabkommen ist für die Ukraine Selbstmord." Nicht nur die reale, sondern auch die gefühlte Lage der Ukraine verschlechterte sich durch diesen enormen wirtschaftlichen und psychologischen Druck seitens Russlands deutlich. In der Folge drängte die ukrainische Führung die EU zu finanzieller Unterstützung angesichts der laufenden und zu erwartenden weiteren russischen Gegenmaßnahmen sowie der Kosten der Anpassung an das zu übernehmende EU-Regelwerk.[504]

---

503 The Guardian. 2013, 22.9.
504 Der Spiegel. 2014, Nr. 48, S. 30-33; Gloger 2015, S. 199.

Gerade in dieser Zeit schrieb Putin die Verteidigung „traditioneller" Werte auf die Fahnen Russlands und grenzte sich vom „extremen Liberalismus westlichen Stils" gesellschaftspolitisch eindeutig ab. Das Thema des bereits erwähnten zehnten Treffens des Internationalen Diskussionsklubs Waldai, benannt nach dem betreffenden Ort in der Nähe von Nowgorod, war die „Vielfalt Russlands in der zeitgenössischen Welt".[505] Tatsächlich ging es in der Rede Putins bei der abschließenden Podiumsveranstaltung in teilweise einfältig-beschränkter Weise aber um die Identität Russlands. Putin führte dort am 19. September 2013 aus:

> „Eine weitere ernsthafte Herausforderung der russländischen Identität ist mit Ereignissen verbunden, die in der Welt geschehen. … Wir sehen, wie viele euroatlantische Länder faktisch den Weg der Lossagung von ihren Wurzeln, darunter auch von ihren christlichen Werten, die die Grundlage der westlichen Zivilisation bilden, eingeschlagen haben. Es werden moralische Prinzipien und jegliche traditionelle Identität verneint: die nationale, kulturelle, religiöse und selbst die geschlechtliche. Es wird eine Politik verfolgt, die die Vielkinderfamilie auf eine Ebene mit der eingeschlechtlichen Partnerschaft stellt, den Glauben an Gott oder[506] den Glauben an Satan. Die Exzesse der politischen Korrektheit gehen so weit, dass ernsthaft über die Registrierung von Parteien gesprochen wird, die sich die Propagierung der Pädophilie zum Ziel gesetzt haben. Die Menschen in vielen europäischen Ländern schämen sich und haben Angst, über ihre religiöse Zugehörigkeit zu sprechen. Sogar Feiertage werden abgeschafft … Und dieses Modell versuchen sie aggressiv allen, der ganzen Welt aufzuzwingen. Ich bin überzeugt, dass dies ein direkter Weg zum Verfall und zum Primitivismus ist, zu einer tiefen demographischen und moralischen Krise.
>
> Was kann noch ein größerer Beweis der moralischen Krise des menschlichen Soziums sein als der Verlust der Fähigkeit zur Selbstreproduktion? Und heute können sich praktisch alle entwickelten Länder nicht mehr reproduzieren und zwar nicht einmal mit Hilfe von Zuwanderung."[507]

---

505 Sasedanie meschdunarodnogo diskussiongo kluba "Waldai", 19.9.2013.
506 Im Original *ili* (oder) – vielleicht ein Druckfehler. Logischer wäre *i*, was „und" bedeutet.
507 Ebd.

Mitte Dezember 2013 setzte Putin dieses Thema in seiner Rede zur Lage der Nation, d.h. vor beiden Häusern des Parlaments sowie Vertretern der Gesellschaft fort, wobei er auch auf konkrete außenpolitische Aspekte einging. Russland sei ein großer Faktor der Weltpolitik, aber keine Supermacht, die andere belehren wolle, wie sie zu leben hätten und ihnen deshalb ein angeblich fortschrittliches Modell aufzwinge, so Putin. Im Nahen Osten und Nordafrika habe man sehen können, dass dies nur zu Chaos und Barbarei führe. Russland habe sich dagegen für das Völkerrecht, gegen Einmischung von außen und den gesunden Menschenverstand eingesetzt. Der russische Präsident verwies in diesem Zusammenhang zum einen auf das Beispiel Syrien, wo es gelungen sei, eine neuerliche Anwendung des Faustrechts in den internationalen Beziehungen zu verhindern, zum anderen auf den Konflikt über das iranische Atomprogramm.[508]

Putin präsentierte Russland des Weiteren als „Speerspitze eines globalen Wertkonservatismus"[509]: Russland setze sich für die Werte der traditionellen Familie, das echte menschliche Leben, die Religion, den Humanismus und die Vielgestaltigkeit der Welt ein. Das Land habe eine historische Verantwortung, die jahrtausendealten Grundlagen menschlichen Zusammenlebens auf der Welt gegen Versuche zu verteidigen, im Namen der Freiheit des Einzelnen Moral und Sitte „auf Anweisung von oben" gegen den Willen der Mehrheit umzukrempeln.[510] Putin stellte damit den individuellen Freiheitsrechten den Willen der Mehrheit entgegen. Dass aber zum Beispiel gleichgeschlechtliche Partnerschaften in vielen westlichen Ländern nicht „auf Anweisung von oben", sondern in einem langjährigen gesellschaftlichen Diskussions- und parlamentarisch-demokratischen Entscheidungsprozess rechtlich der Ehe zwischen Mann und Frau mehr oder weniger gleichgestellt worden waren, verschwieg er dabei. Ihm ging es ja darum, die Botschaft zu verbreiten: „Sie wollen unsere Moral und Sitte umkrempeln! Das lassen wir uns aber nicht gefallen, dagegen wehren wir uns!"[511]

---

508 FAZ. 2013, 13.12., S. 5.
509 So die Formulierung ebd.
510 Ebd., Anführungszeichen dort. Vgl. auch Schröder 2013, S. 5.
511 Vgl. auch schon die zweite von mehreren Hervorhebungen im Transkript der Rede Putins in Waldai im September 2013: „... Grobe Entlehnungen, Versuche von au-

Die grundsätzliche Interpretation dieser Rede war dabei unterschiedlich. So ging ein deutscher Russlandexperte zwar durchaus auf das Plädoyer für traditionelle Werte ein. Putin entwickle damit „eine Verteidigungslinie gegen jegliche Kritik aus dem Ausland, die sich gegen Menschenrechts-verletzungen, Wahlfälschung und mangelnde Rechtsstaatlichkeit in Russ-land wendet."[512] Den Ausführungen des Forschers war dabei zu entneh-men, dass das Eintreten für traditionelle Werte so neu nicht war: Schon im Dezember 2012 habe Putin betont, dass nur eine Rückbesinnung auf die nationale Idee, Patriotismus, Geschichte und traditionelle Werte Russland Rettung bringen werde. Im Vergleich dazu sei im Dezember 2013, so dieser Wissenschaftler, „Nüchternheit" eingekehrt. Putin habe in seiner Ansprache viele Einzelprobleme analysiert und mitunter auch Lösungs-vorschläge gemacht. Es scheine fast, „als hätte der Präsident seinen Redenschreiber ausgetauscht".[513]

Während dieser Forscher damit *weniger* Nationalismus und Traditionalis-mus als 2012 und stattdessen mehr konkrete Problemorientiertheit in Pu-tins Ansprache erkennen wollte (was im Hinblick auf Teile seiner Rede durchaus der Fall gewesen sein dürfte), interpretierte die nicht unkritische Moskauer Boulevardzeitung *Moskowskij Komsomolez* die Ausführungen des russischen Präsidenten so:

> „Putin erklärte sich bereit, an allen Fronten anzugreifen – nicht nur in-nenpolitisch, sondern sogar im internationalen Maßstab. Die ganze west-liche Welt stempelte er als ‚unmoralische Internationalisten' ab und er-klärte Russland damit zur weltweiten Hochburg für traditionelle Werte."[514]

Russlands Peitsche- und Zuckerbrot-Politik gegen eine EU-Assoziierung der Ukraine war im Spätherbst 2013 weitergegangen. Zumindest finanziell hatte Russland dabei die besseren Karten: Der IWF, ganz zu schweigen

---

ßen, Russland zu zivilisieren wurden von der absoluten Mehrheit unseres Volkes nicht angenommen, weil das Streben nach Selbständigkeit, nach geistiger, ideolo-gischer und außenpolitischer Souveränität ein unveräußerlicher Teil unseres natio-nalen Charakters ist." Sasedanie meschdunarodnogo diskussionogo kluba "Wald-ai", 19.9.2013.

512 Schröder 2013, S. 5.

513 Ebd., S. 5 f.

514 Moskowskij Komsomolez, wahrscheinlich vom 13.12.2013, zit. nach FAZ. 2013, 14.12., S. 2.

von der EU waren nicht bereit, der Ukraine im nennenswertem Umfang unter die Arme zu greifen, um die Löcher im Haushalt zu stopfen, die Strukturprobleme der ukrainischen Wirtschaft anzugehen und die durch die handelspolitischen Maßnahmen Russlands entstandenen (und noch zu erwartenden) Verluste zu kompensieren. Da die EU der Regierung in Kiew nicht genügend anbot und Russland seine Politik mit der Peitsche fortsetzte, aber auch mit Zuckerbrot lockte, wies der ukrainische Präsident am 21. November die Regierung an, die für Ende des Monats in Vilnius geplante Unterzeichnung des Assoziierungsabkommens mit der EU aus Gründen der "nationalen Sicherheit der Ukraine" zu stoppen.[515] Ab Ende November hatte es damit den Anschein, dass Russland einen außenpolitischen Sieg errungen hatte: die EU-Assoziierung der Ukraine war (vorerst) abgewendet worden. Gerade die Entscheidung des ukrainischen Präsidenten brachte aber einige hundert und nach einigen Tagen schon einige tausend Menschen auf den zentralen Platz in Kiew, deren Zahl sich dann Anfang Dezember infolge von Polizeibrutalität noch einmal vervielfachen sollte. Moskau war damit ab Dezember 2013 indirekt mit der Protestbewegung auf dem Majdan konfrontiert, die gegen die Entscheidung der ukrainischen Regierung Front machte.

Im Zeitraum September bis Dezember 2013 distanzierte sich Putin ideologisch von den „euroatlantischen" Ländern und schrieb traditionelle, nationalkonservative (Familien-)Werte auf seine Fahnen.[516] Zum Neujahrstag 2014 verschickte die Präsidialadministration Gouverneuren und hohen Funktionären ausgesuchte Werke teilweise konservativer russischer Philosophen (Iwan Iljin, Nikolaj Berdjajew und Wladimir Solowjow), die in den Jahrzehnten vor und nach 1900 gewirkt hatten. Im Februar 2014 fanden im Kreml für Führungskräfte Seminare über Iljin und Berdjajew statt.[517] Gera-

---

515 Wilson 2014, S. 63-65; Der Spiegel. 2014, Nr. 48, S. 32.
516 Schon vor dem Herbst 2013 deutete einiges auf diese Entwicklung hin. So hieß es schon im Juli 2013 im Untertitel eines ganzseitigen Artikels („Wir gegen euch!") in der Wochzeitung „Die Zeit", Wladimir Putin schotte „mit Kreml, Kirche und Kosaken" Russland vom Westen ab. Vgl. Die Zeit. 2013, Nr. 31 (25.7.), S. 6.
517 Wood 2016, A Small, Victorious War?, S. 109; Klimeniouk 2016, Im Reich .... Im Jahr 2005 hatte der nationalkonservative Filmregisseur Nikita Michalkow Iwan Iljins Überreste aus der Schweiz nach Moskau überführen und feierlich auf dem Ehrenfriedhof des Moskauer Donskoi-Klosters bestatten lassen. Dasselbe geschah mit

de in dieser Zeit bewegte sich die innenpolitische Auseinandersetzung in der Ukraine auf ihren blutigen Höhepunkt zu.

Putins Schwenk hin zu traditionellen Werten ist vor dem Hintergrund vor allem zweier Herausforderungen zu sehen: Einmal einer innenpolitischen, wie sie in den Demonstrationen ab Ende 2011 zum Ausdruck gekommen war. Die liberalen und gebildeten Städter, die mit der Präsidentschaft Medwedews die Hoffnung auf eine Liberalisierung und Modernisierung von Staat, Wirtschaft und Gesellschaft verbunden hatten, wandten sich angesichts der bevorstehenden Rückkehr Putins in den Kreml vom Regime ab. In Reaktion hierauf suchte das Regime, suchte Putin nach einer neuen Unterstützerbasis. Es fand diese in der eher paternalistisch-konservativ und russisch-national(istisch) eingestellten Bevölkerung auf dem Land und in den Klein-, Mittel- und Monostädten (letztere hängen von einem großen Unternehmen ab), in den Schichten, die vom Staat abhängen (Rentner, Staatsbedienstete, Militärs).[518] Genau genommen bildeten die Nationalisten eine Gruppe zwischen den Liberalen und den Konservativen. Die neue ideologische Selbstverortung des Regimes sollte nicht zuletzt auch den Nationalisten etwas anbieten. Während die innere Herausforderung damit im liberal-progressiv-(welt)offenen Teil der Gesellschaft, in oppositionell eingestellten Gruppen und Einzelpersonen, die Rechtsstaatlichkeit und Bürgerrechte einfordern, bestand und besteht, besteht die äußere Herausforderung aus der (zu großen Teilen) liberalen EU und ihren Mitgliedstaaten, aus den mehr oder weniger liberalen USA, aus internationalen Organisationen und Menschenrechtsorganisationen. Diese unterstützten in der Wahrnehmung der Putin-Führung 2011/2012 die innere, liberale Opposition.

Die Protestbewegung auf dem Majdan in Kiew und anderen Städten der Ukraine, gegen welche die Putin-Führung von Anfang an Position bezog

---

den Überresten des zaristischen Generals Anton Denikin, die aus den USA heimgeholt wurden. Iljin war 1922 aus Sowjetrussland ausgewiesen worden. Der nationalistisch-konservative Denker hatte in den Folgejahren eine Ideologie für ein nachbolschewistisches Russland entwickelt, das eine nationale und religiöse Restauration unter einem Führer vorsah, der seinem Land dient und ausländische Mächte auf Abstand hält. FAS. 2016, 13.3., S. 61.

518 Mommsen 2017, S. 109 f. Vgl. auch Ennker 2017, S. 94 f., der von einem „Wechsel der innergesellschaftlichen Koalitionen" spricht.

und die darin gipfelte, dass das Janukowitschregime seine Macht verlor, war dagegen nicht ursächlich für die ideologische Neupositionierung des Putinregimes.[519] Denn letztere fand schon vor den entscheidenden Kiewer Ereignissen, d.h. vor dem Jahr 2014 statt.[520] Deutliche Anzeichen für die politisch-ideologische Transformation des Putinregimes hatte es schon ab Mitte 2012 gegeben. Insofern spricht vieles dafür, dass die Politik Russlands gegenüber der Ukraine in den Jahren 2013/2014 in nicht geringem Ausmaß von den innenpolitischen Entwicklungen in Russland ab dem Jahr 2011 beeinflusst war. Der „Majdan" war keinesfalls ursächlich für die „traditionalistische Wende", sollte aber die autoritär-plebiszitären, nationalistischen und aggressiven Tendenzen in Russland noch einmal deutlich verstärken. Denn mit dem Fall des Janukowitschregimes im Februar 2014 und dem Machtantritt einer eindeutig proeuropäischen, teilweise ukrainisch-nationalistischen Regierung leuchteten gleich mehrere außenpolitische Warnlampen (und auch die innenpolitische) im Kreml rot auf. Wie ein Mann, der sich nicht anders zu helfen weiß, schlug Putin zu, als klar war, dass sich seine „Vorzugspartnerin" nun verstärkt mit einem anderen Partner, nämlich der EU, einlassen würde, d.h. weniger mit ihm unternehmen würde.[521]

---

519 Vgl. dagegen Elizabeth A. Wood, die schreibt: „Was veränderte sich zwischen September und Dezember 2013? Warum wandte sich Putin einem uneingeschränkten Konservatismus als seiner zentralen Ideologie zu? Die offensichtliche Antwort ist hier, dass … der Majdanaufstand, der im November 2013 begann, den Behörden einen großen Anlass zur Sorge gegeben hatte." Wood 2016, A Small, Victorious War?, S. 109.

520 Ennker verweist auf einen Aufsatz des russischen Außenministers Sergej Lawrow, in dem dieser dem Westen im Frühjahr 2013 vorgeworfen hatte, durch die Verabsolutierung individueller Rechte und Freiheiten seine „traditionellen Werte" verworfen zu haben. Ennker sieht darin das „Echo eines ideologischen Elitenkonsenses". Vgl. Ennker 2017, S. 98.

521 Ende Dezember 2013 war auf dem Titelfoto des russischen Wirtschaftsmagazins *Ekspert* eine junge, mit einem Blumenkranz geschmückte ukrainische Frau abgebildet. Der Satz daneben lautete: „Die Frau, die sich nicht entscheiden kann". Gemeint war: die Ukraine zwischen Russland und der EU. Hierin lag aber auch ein Stück Wunschdenken, denn es gab ja zu diesem Zeitpunkt eine breite Mobilisierung *gegen* die *Nicht*-Unterzeichnung des Assoziierungsabkommens mit der EU. D.h. eine relative Mehrheit der BürgerInnen der Ukraine sah die Zukunft ihres Landes stärker an der Seite der EU als an der Russlands.

Die ideologische Transformation der Putin-Führung kann mit einer abge-
wandelten Interpretation der Politik vor allem Miloševićs in Jugoslawien erklärt werden, wie sie schon Mitte der 1990er Jahre der US-Politikwissenschaftler und Jugoslawienexperte V. P. Gagnon vorgelegt hat. Gagnon zufolge wird gewaltsamer Konflikt entlang ethnischer Linien von Eliten provoziert, um einen innenpolitischen Kontext zu schaffen, in dem Ethnizität die
einzige politisch relevante Identität ist. Ein solcher Konflikt konstruiert das
Interesse des Einzelnen in Begriffen der Bedrohung der ethnisch definierten Gemeinschaft, des nationalen Kollektivs. Eine solche Strategie ist eine
Reaktion der herrschenden Eliten auf (sich abzeichnende) Veränderungen
in der innerstaatlichen politischen und wirtschaftlichen Machtstruktur: Indem sie das individuelle Interesse in Begriffen der Bedrohung der Gruppe
konstruieren, können gefährdete Eliten innerstaatliche Herausforderer, die
bestrebt sind, die Bevölkerung gegen den Status quo zu mobilisieren, abwehren.[522]

Der russisch-ukrainische Konflikt und enger der Krieg um das Donbass
(Donezbecken) wurde von Seiten Russlands in Begriffen der Bedrohung
einer nicht nur ethnisch, sondern auch sprachlich-regional und historisch-
politisch definierten Gemeinschaft („Russen", „Russischsprachige" oder
„Einwohner des Donbass", (angeblich) bedroht durch ukrainische „National-
radikale" bzw. „Nationalisten", "Banderowzy" und/oder "Faschisten"), aus-
getragen. Putins Proklamierung traditioneller Werte spielt aber sowohl auf
der innerstaatlichen als auch auf der internationalen Ebene und dient, wie
dies einige Wissenschaftler richtig herausgestellt haben, der Abwehr nicht-
traditioneller, nämlich liberaler und demokratischer Prinzipien. Trotzdem
fügt sich Putins Rekurs auf Begriffe wie Tradition, Kultur, Religion und Zivilisation[523] in die von V. P. Gagnon beschriebene Machterhaltungsstrategie
ein:

---

522 Gagnon 1994/1995, S. 132.
523 Im Juli 2016 wurde in Berlin das von russischen Wirtschaftsführern finanzierte „Dia-
logue of Civilizations Research Institute" eröffnet. Bei der Arbeit des Instituts geht
es um „Lösungsansätze für die zentralen Herausforderungen der internationalen
Gemeinschaft. Dahinter steht die Überzeugung, dass der offene, respektvolle und
gleichberechtigte Dialog, vor allem der interkulturelle Dialog, die grundlegende
Voraussetzung ist für das Zusammenwirken und die gemeinsame Existenz der
Zivilisationen." Vgl. https://doc-research.org/de/uber-uns/, Seite besucht am

„Es kommt darauf an, eine partikulare Identität und eine spezifische Definition dieser Identität zur einzig relevanten oder legitimen in politischen Kontexten zu machen. Diese Identität wird einen engen Bezug zu den Ideen der *Kultur*, der *Ethnizität* und der *Religion*, die die Mehrheit der Bevölkerung schätzt, haben. Ideen wie zum Beispiel Ethnizität haben eine Auswirkung auf die internationale Ebene gerade weil sie so zentral für innenpolitische Macht sind."[524]

In dieser Konstruktion steht Russland, die „Russische Welt", stehen Tradition und die Russische Orthodoxe Kirche gegen das liberale, an den Freiheiten des Einzelnen orientierte (und damit als permissiv-dekadent geltende) Europa – an das die ukrainische Protestbewegung ihr Land anschlie-

---

16.7.2017. Um welche Zivilisationen es sich dabei handelt, wird dabei nicht ausgeführt. Es kann angenommen werden, dass Russland einerseits, die EU-Staaten andererseits als unterschiedlichen Zivilisationen zugehörig aufgefasst werden, leben doch Russland und der Westen sogar in verschiedenen Welten: Russland in der „Russischen Welt" („Russkij Mir") und der Westen folglich in seiner eigenen. Für einen „Dialog zwischen den Zivilisationen" hatte Anfang der 2000er Jahre der damalige iranische Staatspräsident Mohammed Khatami plädiert – nicht zuletzt in Reaktion auf Samuel Huntington's vieldiskutiertes Buch bzw. Konzept eines „clash of civilizations". Zwei russische Wissenschaftler interpretieren das Konzept einer „Russischen Zivilisation" als russische Variante der Vorstellung von einem nationalen „Sonderweg" und analysieren es richtigerweise als eine Form von Nationalismus. Vgl. Verkhovskii/Pain 2015.

524 Gagnon 1994/1995, S. 137 (Hervorhebung durch F.P.). Gagnon fährt dann fort: „Da konfliktive Politiken dazu neigen, entlang dieser vorher politisierten Identitätslinien stattzufinden, neigen sie auch dazu, den Eindruck der Kontinuität zwischen vergangenen Konflikten und gegenwärtigen zu schaffen und werden in der Tat speziell in dieser Weise dargestellt." Ebd., S. 137 f. Im russischen Fall wurde der Krieg im Donbass beispielsweise im Rahmen des Kampfes Sowjetunion/Rote Armee vs. *banderovcy* (Anhänger des ukrainischen Nationalisten Stepan Bandera, die ab 1942 teilweise auf der Seite der Wehrmacht die Rote Armee und sowjetische Partisanen bekämpften), d.h. vs. ukrainische „Faschisten" dargestellt. Etwas überraschend ist, dass Putin den Konflikt zwischen dem Westen und Russland über die Ukraine als weiteres Beispiel für die sinistre, auf die Schwächung Russlands zielende Politik der anderen Großmächte gegenüber dem Russischen Reich und der Sowjetunion hinstellt (vgl. Putin 2014, Obraschtschenije...), obwohl die westlichen Großmächte Frankreich, Großbritannien und USA zumindest in den beiden Weltkriegen mit dem Russischen Reich bzw. der Sowjetunion *verbündet* waren. Der strukturelle Antiamerikanismus in der Sowjetunion ab ca. dem Jahr 1947, ein historisches Misstrauen gegenüber ausländischen Mächten und Einflüssen, die Propaganda der letzten ca. zehn Jahre sowie die Ausdehnung der westlichen Hegemonialzone bis an die russischen Grenzen seit 1991 verleihen dieser Darstellung Putins anscheinend Überzeugungskraft.

ßen wollte. Indem Putin auf die rechtliche Anerkennung gleichgeschlechtlicher Partnerschaften in westlichen Ländern hinweist, ja fälschlicherweise behauptet, dass es dort Bestrebungen hin zu einer Förderung der Pädophilie gebe, versucht er, die liberalen Gesellschaften des Westens bei der Bevölkerung Russlands in Mißkredit zu bringen, ja diese Gesellschaften als unappetitlich, eklig und pervers hinzustellen, d.h. die eigene Bevölkerung den europäischen Ländern zu entfremden.

5.4.5   War ein (aktuelles) Legitimitätsdefizit ursächlich für die gewaltsame Ukrainepolitik der Putin-Führung?

Stefan Meister vertrat die These, dass die Hauptursache des Konflikts zwischen Russland und dem Westen über die Ukraine das Legitimationsdefizit des Systems Putin nach innen sei.[525] Meisters These ist dabei nicht so kategorisch-monokausal, wie sie hier klingt. Sie entstammt dem Vorspann des betreffenden Artikels und in einem Vorspann wird ja aus Platzgründen überspitzt formuliert. Auf derselben Seite, im Text findet sich folgender Satz: „Die Hauptursachen des Konflikts zwischen Russland und dem Westen liegen nicht nur in der Sicherheitsperzeption der russischen Eliten, die die Erweiterungspolitik von NATO und EU als Bedrohung auffassen, sondern im Legitimationsdefizit des Systems Putin nach innen."[526] Während im Vorspann der innenpolitische Faktor damit als zentral bezeichnet wird, wird er im Text (nur) als ein Faktor *neben* der Wahrnehmung einer geopolitischen Bedrohung genannt.

Meisters These ist auch nicht besonders klar formuliert: Geht es ihm wirklich um die Hauptursache des Konflikts *zwischen Russland und dem Westen* über die Ukraine? Antworten wie: gegensätzliche geopolitische oder außenwirtschaftliche Interessen, Bedrohungswahrnehmungen (so dann ja auch im Text des Artikels von Meister) oder auch Fehlperzeptionen lägen hier eigentlich näher. Oder geht es Meister in Wirklichkeit um die Hauptursache des Konflikts zwischen Russland und der *Ukraine*? Seine eigentliche

---

525 Meister 2015, S. 76. Vgl. so auch Katja Gloger: „Die wesentliche Ursache für den Konflikt zwischen Russland und dem Westen ist im Legitimationsdefizit des Systems Putin zu suchen." Gloger 2015, S. 11.
526 Meister 2015, S. 76.

Frage wäre damit: Warum hat sich Russland gegenüber der Ukraine so verhalten, wie es das ab Februar 2014 (Besetzung und Anschluss der Krim, verdeckte Intervention in der Südostukraine) bzw. schon ab Mitte 2013 (Ausübung starken wirtschaftlichen und psychologischen Drucks auf die Ukraine, aber auch Angebot von finanziellen Vergünstigungen) getan hat? Lag dem ein Legitimationsdefizit des Systems Putin nach innen zugrunde?

Meisters These vom Legitimationsdefizit des Putinschen System als handlungsbestimmendem Faktor seiner *Ukraine*politik erscheint in zweifacher Hinsicht bedenkenswert: Zum einen deckt sie sich mit dem Befund der theoretischen Literatur, dass nämlich bei Irredentismus oft "realer oder wahrgenommener Druck auf Führer durch ihre Wähler, kombiniert mit Drohungen von oppositionellen Kräften im Innern und Gelegenheiten, welche die regionalen Umstände bieten", eine wichtige Rolle gespielt hat.[527] Zum anderen stimmt sie mit einer vergleichbaren, schon früher vertretenen These in der Literatur über die Politik Russlands in der Minderheitenfrage bzw. über die Innen- und Außenpolitik Russlands allgemein überein: Mitte der 1990er Jahre schloss der aus Russland stammende und damals am United States Institute of Peace in Washington arbeitende Forscher Igor Zevelev nicht aus, dass Ethnonationalismus und damit das Thema der Russischsprachigen außerhalb Russlands, ja Irredentismus auf der politischen Agenda Russlands ganz nach oben gelangen könnten.[528] Er verwies in diesem Zusammenhang auf eine These des Nationalismus- und IB-Theoretikers James Mayall, dem zufolge irredentistische Ansprüche „Regierungen als Mobilisierungsinstrument, als Mittel zur Sicherung der Unterstützung durch die Bevölkerung zur Verfügung stehen, zu Zeiten wenn ... eine solche Unterstützung besonders wünschenswert erscheint."[529]

Igor Zevelev stellte in diesem Zusammenhang die Frage, wann die Umstände am günstigsten seien, um das Thema der Russ(ischsprachig)en in den Nachbarstaaten ins Zentrum der Politik Russlands zu rücken. Als Ant-

---

527 Chazan 1991, S. 144.
528 Zevelev 2001, S. 153-155, 157 f.
529 Mayall 1990, S. 59, zit. nach Zevelev 2001, S. 157.

wort zitierte er den amerikanischen Sowjetunion- und Russlandexperten George Breslauer, der in einer Analyse der Entscheidung von Präsident Jelzin, im Dezember 1994 in die damals de fakto nicht mehr zu Russland gehörende Republik Tschetschenien einzumarschieren, ausgeführt hatte:

> „Im Unterschied zu Führern in stärker institutionalisierten oder von einer Verfassung bestimmten (constitutionalized) Regimen ... empfanden sowohl sowjetische als auch postsowjetische Führer eine *Notwendigkeit, sich überzuversichern.* Das kann vielleicht erklären, warum sie alle sich Programme zu Eigen machten, die fast allen sehr viel versprachen und die sich daher als *unerfüllbar* erwiesen. In Gegenwart *nicht gehaltener Versprechen* wird das Verbleiben im Amt immer unsicherer und der Führer *immer empfindlicher gegenüber einem zunehmend feindlichen und skeptischen Meinungsklima innerhalb des politischen Establishments.* Wenn *Bedrohungen fundamentaler staatlicher Interessen im In- oder Ausland* mit diesem Stadium einer Regierung (administration) zusammenfallen, haben sich *die Bedingungen für ein Spiel mit dem Feuer (brinkmanship) oder eine militärische Intervention* herauskristallisiert."[530]

Russland: Diesen theoretischen Erkenntnissen ist allerdings entgegenzuhalten, dass im Februar 2014 weder das Putinregime noch Putin selbst mit einem größeren oder auch nur nennenswerten Legitimitätsdefizit konfrontiert waren. Zu diesem Zeitpunkt unterstützten in Russland 65 Prozent der Befragten Putins Amtsführung.[531] Die Putin-Führung wurde im Inneren

---

530 Breslauer 1995, S. 19, zit. nach Zevelev 2001, S. 157. Hervorhebungen durch F.P.
531 Strategic Survey 2015, S. 179. Ein aus Russland stammender Autor behauptet allerdings, dass dieser Wert im Vergleich zu früheren niedrig war. Vgl. Trudolyubov 2016, S. 81. Es entspricht aber nicht den Tatsachen, wenn Trudolyubov schreibt, dieser Wert sei „gefährlich nahe an Niveaus" gewesen, die Putins Führerschaft zu gefährden pflegten. Trudolyubov führt in diesem Zusammenhang aus, dass die Spitze der öffentlichen Unzufriedenheit nicht im Jahr 2012 (als es öffentliche Proteste gegen Putin gab), sondern Ende 2013 (und damit vor dem Anschluss der Krim) erreicht worden sei, als Putins Zustimmungswerte auf ihren niedrigsten Wert seit drei Jahren gefallen seien. Vgl. ebd., S. 83. Stimmt das aber? Waren Putins Zustimmungswerte im Herbst 2011, d.h. nach der Ankündigung seiner dritten Präsidentschaftskandidatur, der Unzufriedenheit bei Teilen der (groß)städtischen Bevölkerung Russlands darüber, des Weiteren zu Beginn der Demonstrationen gleich im Anschluss an die gefälschten Dumawahlen im Dezember 2011 nicht niedriger? Die Antwort lautet „ja": Wahrscheinlich wegen der Fälschungen bei diesen Wahlen befürworteten im selben Monat, d.h. im Dezember 2011 „nur" 54 Prozent der Befragten die Arbeit Putins (Juli 2011: 65 Prozent). Bis Mai 2012, d.h. nach den Präsidentschaftswahlen im März und als Putin für eine dritte Amtszeit in

auch nicht von oppositionellen Kräften herausgefordert. Vielmehr hatte sich im Oktober 2013 der Koordinationsrat der Opposition wegen mangelnder Beteiligung aufgelöst.[532] Ein kanadisches Autorenpaar stellte Anfang März 2014, d.h. während der Krimkrise fest: „Putin muss gegenwärtig nicht ernsthaft mit starker Konkurrenz durch jemanden rechnen, der behauptet, ein besserer russischer Nationalist zu sein, und er hat eine Vielzahl von Werkzeugen zur Verfügung, mit innenpolitischer Opposition umzugehen ....“[533] Und schließlich sah sich Putin, sah sich die russische Führung auch nicht mit einem „zunehmend feindlichen und skeptischen Meinungsklima innerhalb des politischen Establishments" (vgl. so oben Breslauer) konfrontiert.

---

den Kreml zurückkehrte, stieg dieser Wert aber wieder auf 69 Prozent, um danach wieder zu fallen. Ende 2013 betrug der Wert dann etwas über 60 Prozent, stieg im Februar 2014 (Olympische Winterspiele in Sotschi) aber wieder auf knapp 68 Prozent an, erreichte damit fast wieder das Maximum vom Mai 2012. Vgl. Russlandanalysen. 2014, Nr. 272 (28.2.), S. 11. Trudolyubov hat dahingehend recht, dass Putins Zustimmungswerte *im Jahresdurchschnitt* 2012 und 2013 bei „nur" 63 Prozent lagen – von 2006 bis 2010 waren es noch um die 80 Prozent, im Jahr 2011 68 Prozent gewesen. Vgl.: Approval ratings of government institutions, https://www.levada.ru/en/2017/09/26/approval-ratings-of-government-institutions/, Seite besucht am 12.10.2017. Trotzdem: Ende 2013 war die Zustimmung zu Putins Amtsführung größer als Ende 2011 und stieg dann bis Februar 2014 fast wieder auf das Maximum vom Mai 2012 an. Zwei von drei Befragten unterstützten Putin. Und ein Herausforderer war nicht in Sicht. Die Besetzung und der Anschluss der Krim geschahen deshalb wohl kaum, um aus einem Zustimmungstief herauszukommen. Ein solches gab es nicht. Ein deutscher Russlandexperte schrieb im Dezember 2013 allerdings, dass die „Akzeptanzkrise des Regimes" anhalte und die Umfragewerte von Präsident und Regierung immer weiter nachgäben. Vgl. Schröder 2013, S. 2. Diese Werte scheinen 2013 langsam und leicht nach unten gegangen zu sein, Anfang 2014 (aber) wieder deutlich angestiegen zu sein (s. die Zahlen oben). Der Aufsatz von Elizabeth A. Wood enthält eine grafische Darstellung der Zustimmung zu Putin seit dem Jahr 2000 (Quelle: Lewada-Center, aktuell nicht mehr auffindbar), laut der sie 2013 unter 30 Prozent lag. Vgl. Wood 2016, A Small, Victorious War?, S. 100. Dies wird durch die obigen Zahlen, darunter von der Website des Meinungsforschungsinstituts nicht bestätigt. Vgl. http://www.levada.ru/en/ratings/, Seite besucht am 12.10.2017. Vielleicht liegt der von Wood angeführten Grafik die Differenz zwischen positiven und negativen Bewertungen zugrunde.
532 Der Neue Fischer Weltalmanach 2015, S. 374.
533 Saideman/Ayres 2014.

Ende 2013/Anfang 2014 waren damit weder die Legitimität noch die Macht des Putinregimes gefährdet. Von daher waren *außen- und sicherheitspolitische* Faktoren sowie innerstaatliche Faktoren *strukturellen* Charakters entscheidend für die Ukrainepolitik der russischen Führung: Ohne die Ereignisse in der Ukraine, insbesondere den auf der Straße herbeigeführten Machtwechsel um den 20. Februar herum, d.h. ohne das Ende des Janukowitschregimes mit seinen außenpolitischen, außenwirtschaftlichen und potentiellen sicherheitspolitischen Implikationen sowie ohne den Charakter (und auch die personelle Zusammensetzung) des politischen Systems ist das Verhalten Russlands ab dem 20. Februar 2014 nicht zu erklären.

Zum einen dürfte das Putinregime durchaus „Bedrohungen fundamentaler staatlicher Interessen im In- oder Ausland" (Breslauer) wahrgenommen haben, hier vor allem im Ausland, nämlich die Zukunft des Hafens der russischen Schwarzmeerflotte in Sewastopol sowie allgemeiner und breiter die zukünftige außenpolitische, darunter sicherheitspolitische Orientierung der Ukraine. Man kann davon ausgehen, dass Putin sich spätestens am 21. Februar 2014 unter hohem Druck stehend fühlte. Hätte er nicht gehandelt (und die „Gelegenheiten", welche „die regionalen Umstände" boten, nicht genutzt) und hätte die neue Kiewer Regierung dann zum Beispiel den Pachtvertrag über die russische Schwarzmeerflotte gekündigt und Russland dann auf der Krim nicht mehr so handeln können, wie es das unmittelbar nach dem revolutionären Machtwechsel in Kiew tat, so hätte sich Putin in Russland sehr kritischen Fragen ausgesetzt gesehen („Was ist denn nun mit unserer Stärke, von der du dauernd redest?", „Warum hast du nicht die vitalen Interessen Russlands in Sewastopol verteidigt?" usw.). Putin hatte in der Sewastopol- und vielleicht auch breiter der Krimfrage „keine andere Wahl".[534]

Gleichzeitig waren aber die Besetzung und der Anschluss der Krim nicht in erster Linie einem engen innenpolitischen Kalkül geschuldet, waren sie für die Führung keinesfalls eine Aktion, um aus einer schwierigen innenpolitischen Lage herauszukommen (wie das zum Beispiel bei der Besetzung der

---

534 So Kerstin Holm, die langjährige Russland-Kulturkorrespondentin der FAZ, bei den 42. Römerberggesprächen („Doch wieder Krieg? Globale Bedrohungen und das Dilemma des Friedens") am 13. Dezember 2014 im Schauspiel Frankfurt. Vgl. so auch Lo 2015, S. 8, 26.

Falkland-Inseln durch die Streitkräfte der argentinischen Junta im Jahr 1982 der Fall gewesen war), waren sie kein Ablenkungsmanöver, kein außenpolitisches Abenteuer. Vielmehr war dieses erfolgreiche russländische Kommandounternehmen eine unmittelbare Reaktion auf einen *externen* Schock, nämlich den Machtwechsel in Kiew mit all seinen wahrgenommenen potentiellen mittel- und langfristigen Folgen für die Macht, den Status, die Sicherheit, die Autonomie und das Prestige Russlands sowie auch das Prestige Putins und die mittel- und langfristige Stabilität des von ihm verkörperten Regimes. Das politische Chaos in der Ukraine schuf gleichzeitig ein Fenster der Gelegenheit. Dass Putin diesen einmaligen, günstigen Augenblick schnell entschlossen und erfolgreich ausnutzte, steigerte die Zustimmung zu ihm und seinem Regime sehr stark.

Grundsätzlich dürfte aber die Putin-Führung schon im Frühjahr, spätestens Frühsommer 2013 beschlossen haben, eine engere Verbindung der Ukraine mit der EU zu verhindern, da dies den Einfluss der EU in dem für Russland wirtschaftlich (darunter nicht zuletzt rüstungswirtschaftlich) und sicherheitspolitisch sehr wichtigen Nachbarstaat stark erhöht und seinen Beitritt zur von Russland dominierten Zollunion (und der projektierten Eurasischen Wirtschaftsunion) fürderhin ausgeschlossen hätte. Nicht geringe Teile der politischen Elite Russlands sahen in einer Eurasischen Wirtschaftsunion, der neben Russland und Weißrussland nur ehemalige zentralasiatische Unionsrepubliken, nicht aber die Ukraine angehören würden, keinen mit der EU vergleichbaren Staatenzusammenschluss.[535] Der amerikanische Sicherheitsexperte Zbigniew Brzezinski hatte in seinem 1997 erschienenen Buch „Die einzige Weltmacht" (im englischen Original „The Grand Chessboard") Folgendes über die Ukraine geschrieben:

„Die Ukraine, ein neuer und wichtiger Raum auf dem eurasischen Schachbrett, ist ein geopolitischer Dreh- und Angelpunkt, weil ihre bloße Existenz als unabhängiger Staat zur Umwandlung Russlands beiträgt. Ohne die Ukraine ist Russland kein eurasisches Reich mehr. Es kann trotzdem nach einem imperialen Status streben, würde aber dann ein vorwiegend asiatisches Reich werden, das aller Wahrscheinlichkeit nach

---

535 BBC Monitoring Europe – Political, March 13, 2013.

in lähmende Konflikte mit aufbegehrenden Zentralasiaten hineingezogen
würde ...."[536]

Für eine vollwertige Eurasische (Wirtschafts-)Union bedurfte es damit der
Ukraine. Putin war daher bereit, ja fühlte sich im Jahr 2013 zunehmend unter Druck, den Kampf gegen den „Verlust" dieses nach Russland wichtigsten Staates des postsowjetischen Raumes aufzunehmen.

Gleichzeitig war aber auch die Innenpolitik, waren „Bedrohungen fundamentaler staatlicher Interessen im Inland" (Breslauer) durchaus von Bedeutung für den Umgang der Putin-Führung mit der „Ukrainefrage", die ab Mitte 2013 brisant (gemacht) wurde. Es waren dies aber nicht ein (aktuelles)
Legitimitätsdefizit als vielmehr die personelle Zusammensetzung und der
Charakter des Regimes, das sich in Putins dritter Amtszeit, d.h. ab Mitte
2012 politisch und ideologisch noch einmal transformierte. In Reaktion auf
die Proteste von nicht geringen Teilen der (groß-)städtischen Mittelschicht
gegen eine dritte Amtszeit Putins erfolgte ab diesem Zeitpunkt die verstärkte Unterdrückung von Opposition im Innern sowie die zunehmende Abschottung von äußeren, vor allem politischen Einflüssen, wie es im Gesetz
über „ausländische Agenten" zum Ausdruck kam.[537] Spätestens ab 2013
setzte die russische Führung nicht mehr, wie dies zumindest rhetorisch
noch unter Präsident Medwedew (Mai 2008 bis April 2012) der Fall gewesen war, auf Modernisierung und Rechtsstaatlichkeit, sondern auf die Abwehr von Veränderungen, auf Autoritarismus, Traditionalismus, Konservatismus und (ab Februar 2014 antiukrainischen) Nationalismus. Eine EU-
assoziierte, rechtsstaatliche, demokratische und wirtschaftlich erfolgreiche

---

536 Brzezinski 1997, S. 74. Auf der Folgeseite heißt es dann: „Wenn Moskau allerdings
die Herrschaft über die Ukraine mit ihren 52 Millionen Menschen, bedeutenden
Bodenschätzen und dem Zugang zum Schwarzen Meer wiedergewinnen sollte, erlangte Rußland automatisch die Mittel, ein mächtiges Europa und Asien umspan-
nendes Reich zu werden. Verlöre die Ukraine ihre Unabhängigkeit, so hätte das
unmittelbare Folgen für Mitteleuropa und würde Polen zu einem geopolitischen
Angelpunkt an der Ostgrenze eines vereinten Europas werden lassen." Ebd., S.
75.

537 Diesem Gesetz zufolge mussten sich alle Nichtregierungsorganisationen als
„ausländische Agenten" registrieren lassen, wenn sie sich auf Geld aus dem
Ausland stützten. Strategic Survey 2014, S. 170.

Ukraine konnte zumindest mittelfristig eine Gefahr für eine solche Politik darstellen.[538] Aufschlussreich im Hinblick auf die innenpolitisch-regimespezifischen Faktoren der Ukrainepolitik Russlands der Jahre 2013/14 ist, dass Kiew und die EU schon ab 2009 über das Assoziierungs- und Freihandelsabkommen verhandelt hatten. Die damalige russische Führungsspitze, Präsident Medwedew und Regierungschef Putin, hatten dagegen *nicht* Front gemacht. Im Oktober 2011 war das umfassende Abkommen dann ausgehandelt. Im März 2012 wurde es paraphiert, wegen der Streitfrage Julia Timoschenko, der zu Gefängnishaft verurteilten Oppositionsführerin und politischen Gegnerin Janukowitschs, aber vorerst nicht unterzeichnet. Erst nach Putins Rückkehr in den Kreml im Mai 2012, der sich anschließenden Verhärtung der russischen Innenpolitik und als die Unterzeichnung des Assoziierungsabkommens Wirklichkeit zu werden schien, begann die Putin-Führung im Sommer 2013, wirtschaftlichen und psychologischen Druck auf die Ukraine auszuüben, um genau dies zu verhindern.

Ein russischer Wissenschaftler stellte schon für die Jahre 2012-2013, als der Kreml unter anderem gegen die feministische und kirchen- und kremlkritische Aktionsgruppe „Pussy Riot" vorging und Front gegen Homosexuelle machte, fest: „Zerrissen von Kulturkriegen, die kunstfertig von den staatlich kontrollierten Medien losgetreten wurden, konnte sich die russische Gesellschaft nicht länger auf Fragen des Regierens (governance) konzentrieren."[539] Und der seit 1994 in Berlin lebende russische Komponist Sergej Newski schrieb Anfang April 2014, d.h. zwei Wochen nach der Annexion der Krim und unmittelbar vor der militärischen Destabilisierung der Südostukraine durch Russland: „Was wir in Russland zurzeit erleben, ist ein beispielloser Aufstand gegen die Modernisierung."[540] Der zu beobachtende „Aufstand des Archaischen" erinnere, so Newski, an das Serbien der frühen 1990er Jahre.

---

538 Zellner 2015, S. 48 f.; Katz 2015, S. 59.
539 Trudolyubov 2016, S. 81 f.
540 Newski 2014.

Newski überschrieb seinen Artikel mit „Ausweitung der Komfortzone" – eine Anspielung auf Michel Houellebecqs Romanerzählung „Ausweitung der Kampfzone". Mit der Komfortzone meinte er Oasen, Inseln der Gleichgesinnten in Russland, auf denen man in den 2000er Jahren mit klaren Regeln und westlichem Arbeitsethos zu agieren pflegte. Diese Inseln der Moderne schlossen sich, so Newski, zu einem Archipel zusammen, ja bildeten schließlich eine Fläche. Während der Präsidentschaft von Dmitrij Medwedew (Mai 2008 bis April 2012) sprach man von Innovation und Modernisierung als Staatsstrategien. Die moskaunahe Innovationsstadt Skolkowo sollte zu einem russischen Silicon Valley werden. In der ehemaligen Rüstungshochburg Perm am Ural ließ der Gouverneur Tschirkunow ein Museum für moderne Kunst errichten. Weitere Provinzstädte folgten diesem Vorbild. Newski zufolge vergaß man dabei aber das Volk, „die allgemeine depressive russische Archaik". Der beschriebene „Karneval der Modernität und Weltoffenheit" habe in einem Land stattgefunden, „in dem nur ein Drittel der Bevölkerung eine Fremdsprache beherrscht, achtzig Prozent der Bevölkerung nie die Landesgrenzen überquert hatten." Die Idee, europäische Inseln des progressiven Denkens und Handelns innerhalb Russlands zu schaffen, sei aus zwei Gründen gescheitert: "erstens, weil sie mit dem autoritären Charakter der russischen Macht im Konflikt stand, die solche Inseln unterstützt hatte. Zweitens, weil die Bewohner dieser Inseln – auch ich – das zutiefst konservative, archaische Russland draußen verdrängt und ignoriert hatten. Das neue Russland, das Wladimir Putin gerade etabliert, verdrängt und ignoriert dagegen den Rest der Welt."[541]

Der Komponist datierte den Umschwung auf den September 2011, „als Wladimir Putin ...an die Macht zurückkehrte."[542] Gleich die ersten Handlungen nach seiner Wiederwahl seien prophetisch für seine Innen- und Außenpolitik gewesen: „Zuerst traf er sich mit den Arbeitern des Panzerher-

---

541 Vgl. ebd. Newskis selbstkritische Analyse erinnert stark an die Diskussionen nach dem Wahlsieg von Donald Trump. Etliche US-Intellektuelle warfen sich damals vor, vor lauter Beschäftigung mit Identitätspolitik, Gleichberechtigung usw. den „einfachen" weißen Amerikaner mit seinen Interessen und Nöten aus den Augen verloren zu haben.

542 Ebd. Tatsächlich kehrte Putin im Mai 2012 in den Kreml zurück. Im September 2011 hatten er, zu dem Zeitpunkt Regierungschef, und der damalige Präsident Medwedew die Absicht bekannt gegeben, ihre Ämter zu tauschen.

stellers ‚Uralwagonzawod' (Uralwaggonfabrik – F.P.) und machte einen der Vorarbeiter, der versprach, gegen die Opposition vorzugehen, zu seinem Vertreter in der ganzen Ural-Region. Alles Weitere ist bekannt. Die Idee der Modernisierung wurde verworfen, ..."[543]

Nachdem die Putin-Führung 2011/2012 erlebt hatte, dass die großstädtische Mittelschicht Russlands unzufrieden war und ein ernsthaftes Modernisierungsprojekt die Macht kosten konnte, schwenkte sie zwecks Machterhaltung auf verschärfte Repression und Traditionalismus, Konservatismus/Bewahrung und Nationalismus als neuer Ideologie um. In ähnlicher Weise hatte die Sozialistische Partei Serbiens unter Milošević ab 1990 eine Koalition aus Konservativen, die den Verlust der Macht und von staatlicher Unterstützung befürchteten, sollten sich Serbien und Jugoslawien insgesamt wirtschaftlich und politisch wirklich reformieren, mit Nationalisten, für die die Lage der Serben innerhalb der jugoslawischen Föderation das zentrale Thema war, geschaffen. Beide Gruppen strebten die Rezentralisierung Jugoslawiens unter serbischer Führung an, da dies wirtschaftliche und politische Reformen verzögern und die Serben außerhalb Serbiens schützen würde. Da sich diese Rezentralisierung nicht durchsetzen ließ, schrieben sie schließlich den Anschluss bzw. zumindest die militärische Unterstützung der mehr oder weniger stark serbisch besiedelten Gebiete in Kroatien und Bosnien-Herzegowina auf ihre Fahnen. Das bedeutete Gewalt und Krieg und schloss die Demokratisierung und Modernisierung von Staat, Wirtschaft und Gesellschaft aus. Die soziale Basis dieser Politik bildeten „Parteivertreter, Bauern, die Älteren, die Eliten, welche Fabriken in Staatsbesitz führten, ungelernte und angelernte Arbeiter sowie junge serbische Armeeoffiziere."[544]

Nach den Demonstrationen 2011/2012 gegen die Wählfälschungen bei den Dumawahlen, dem Wiedereinzug Putins in den Kreml und der sich anschließenden autoritären Verhärtung und ideologischen Neupositionierung dürfte die Befürchtung von Putin und wichtigen Vertretern der herrschenden Elite folgende gewesen sein: Würde die Ukraine an die EU angebunden und mittelfristig demokratisch, rechtsstaatlich und wirtschaftlich erfolg-

---

543 Ebd.
544 Saideman/Ayres 2008, S. 57.

reich werden, so würde dies mittelfristig das Putinregime gefährden können. Es war nicht auszuschließen, ja wahrscheinlich, dass der Virus der
Rechtsstaatlichkeit, der Kontrolle der Entscheidungsträger durch ein starkes (ukrainisches) Parlament und durch eine kritische Öffentlichkeit, der
Bazillus der Offenheit und der Transparenz, sollte er sich in dem zu nicht
geringen Teilen russischsprachigen Nachbarstaat erst einmal eingenistet
haben, von dort aus nach Russland überspringen würde bzw. sich Russen
und Russinnen, die in die Ukraine reisten, dort „anstecken" würden. Diese
befürchteten Auswirkungen einer EU-Assoziierung der Ukraine legten das
nachdrücklichere Verfolgen des eigenen Integrationsprojektes in Gestalt
der Eurasischen Wirtschaftsunion nahe, aus der einmal eine Eurasische
Union hervorgehen sollte[545] – bzw. als negatives Minimalprogramm den
Versuch, eine Annäherung der Ukraine (und weiterer Staaten des postsowjetischen Raums) an die EU und damit eine Ausdehnung des Einflusses
der EU im postsowjetischen Raum zu verhindern. Dass eine EU-
Assoziierung der Ukraine von der Putin-Führung als große Herausforderung angesehen wurde, hatte von daher auch innenpolitische Gründe, war
auch durch den Charakter des politischen Systems in Russland bedingt.[546]
Russlands Verhältnis zum liberalen Westen und zu internationalen Organisationen wie dem Europarat und der OSZE, aber auch zu starken Demokratien in seiner unmittelbaren Umgebung erinnert an die Einstellung des
halbautoritär-monarchischen Deutschen Kaiserreichs gegenüber dem liberalen Großbritannien. Im dritten Band der „Deutschen Gesellschafts-
geschichte" von Hans-Ulrich Wehler heißt es hierzu:

> „Bismarck selber erklärte sogar gelegentliche außenpolitische Reibun-
> gen mit London für notwendig, ‚um den deutschen Ärger gegen England
> zu nähren', damit der ‚Einfluss britischer Ideen in Deutschland ..., die
> den Konstitutionalismus und Liberalismus betreffen', blockiert werde."[547]

---

545 Gretskiy/Treshenkov/Golubev 2014.
546 Auf diese Zusammenhänge und die autoritär-ideologische Verhärtung des Putinregimes ab Mitte 2012 geht Krone-Schmalz nicht ein. Vgl. Krone-Schmalz 2015.
547 Wehler 1995, S. 974. Vgl. hierzu auch schon eine frühere Studie von mir (Preißler
2007), in der ich eine Parallele zwischen dem Dumawahlkampf des Jahres 2007
und den Wahlkämpfen Bismarcks in den 1880er Jahren zog. In diesen Wahlkämpfen grenzte sich das Bismarcklager stark von inneren und äußeren liberalen und

Die ab September 2013 deutlich zu beobachtende ideologische Abgrenzung vom Westen war damit die Antwort eines nicht wirklich demokratischen Regimes, das sich sowohl im Innern (Unzufriedenheit der städtischen Mittelschichten, liberale und nationalistische Opposition) als auch
von Außen (dies in Gestalt des liberalen Westens, internationaler Organisationen und Menschenrechtsorganisationen) einer latenten Herausforderung gegenüber sah, die mittel- und langfristig zu einer Gefährdung seiner
Herrschaft führen konnte. Diese ideologische Transformation, die *schon*
vor dem Dezember 2013, als sich die Ukrainekrise mit der Protestbewegung auf dem Kiewer Unabhängigkeitsplatz entfaltete, in vollem Gan-
ge war, des Weiteren die außenpolitische Niederlage in Gestalt des Stur-
zes des Janukowitschregimes durch proeuropäische, nationaldemokrati-
sche und nationalistische Kräfte trugen in hohem Maße dazu bei, dass
Moskau den Weg der Gewalt einschlug. Die Angst vor einem mittelfristigen
Übergreifen der ukrainischen Revolution bzw. genauer ihrer Folgen auf
Russland steigerte sich vor dem Hintergrund der Proteste gegen Putin, die
im Dezember 2011 und in den Monaten danach in Moskau und anderen
russischen Städten stattgefunden hatten. Russlands Gewaltanwendung
gegenüber der Ukraine vertiefte den Graben zwischen dem Westen und
Russland dann noch einmal deutlich.

Ein liberales, einigermaßen demokratisches, auch nationaldemokratisches,
sich modernisieren wollendes Russland hätte mit einer demokratischen,
„europäischer" werden wollenden Ukraine viel entspannter umgehen können als ein illiberales, autoritäres, nationalistisches Russland, das sich dem
Projekt eines Machtstaats verschrieben hat und das den postsowjetischen
Raum (deshalb) kontrollieren, ihn von starkem westlichen Einfluss freihal-
ten will. Für ein solches Russland stellt eine EU-assoziierte Ukraine, die ja
von viel größerer Bedeutung und den Zentren Russlands viel näher als
Georgien ist (die Republik Moldau ist von Russland durch die Ukraine ge-

---

linken Kräften ab. Wenn Ennker im Hinblick auf die russischen Präsidentschaftswahlen vom März 2012 von einem „Lagerwahlkampf" mit Russland als „belager-
te(r)" Festung und den USA als Feindbild spricht, so ähnelt das sehr dem Reichs-
tagswahlkampf des Jahres 1887, in dem Frankreich als Schreckgespenst herhalten
mußte. Vgl. Ennker 2017, S. 95, 97 und Preißler 2007, S. 25 f.

trennt), einen wirklich großen politischen „Fremdkörper" in eben diesem Raum dar.

Der kremlkritische russische Schriftsteller Wladimir Sorokin behauptete im Juli 2014, dass die ukrainische Revolution Russland befruchtet habe: In Russlands riesigem Leib habe sich plötzlich neues Leben geregt: die freie Ukraine. Die Folge war: „Die Machthaber wurden von Entsetzen ergriffen, die Liberalen von Neid, die Nationalisten von Hass."[548] Und die Reaktion des Gehirns des mütterlichen Organismus, des Kremls, war eisenhart:

„Abtreiben! Weg mit dem verhassten, gefährlichen, ungewollten Kind! Die Abtreibung wurde ‚russischer Frühling in der Ukraine' genannt. Se- paratisten, Saboteure, Freischärler, Abenteurer und Provokateure sollten sie vornehmen. Die Operation begann im Südosten der Ukraine, ohne besondere Desinfektion und mit nicht besonders neuen, nicht besonders sauberen chirurgischen Instrumenten. Die Rolle der Anästhesie erfüllte das russische Fernsehen."

Ungeachtet der Überdosis an Betäubungsmitteln sehe es aber so aus, als sei die Abtreibung fehlgeschlagen, so Sorokin. Das Ungeborene sei aus dem Leib nicht herauszukriegen. Jeder Russe werde die Ukraine weiter mit sich herumtragen. Die Ukraine, „die wirklich frei und unabhängig werden will". Sie störe den Oberkommandierenden der Volksrepublik Donezk, Igor Strelkow, beim Wiederherstellen des Russischen Imperiums.

Die Geburt sei unausweichlich. Es stehe alles bevor, „immer größere Schmerzen, das Abreißen der Nabelschnur, der erste Schrei des Neu- geborenen. Der Säugling wird einen schönen Namen bekommen: Abschied vom Imperium. Wird seine Kindheit glücklich sein? Niemand weiß es. ... Aber was wird mit der Mama? Es steht eine schwere Geburt mit Komplikationen bevor. Wird ihr Organismus damit fertig?"[549]

Bis zu dieser Geburt dürfte es aber noch weit sein. Vorerst zahlten sich für die Putin-Führung die Besetzung und der Anschluss der Krim an Russland innenpolitisch in höchstem Maße aus.[550] Unmittelbar nach der Eingliede-

---

548 Sorokin 2014.
549 Ebd.
550 Trudolyubov 2016, S. 86.

rung der Halbinsel bezeichneten nicht nur 28 Prozent der Befragten in Russland dieses Vorgehen der eigenen Regierung als angemessen und legal, sondern weitere 58 Prozent bejahten darüber hinausgehend das Recht Russlands, „Territorien der ehemaligen Sowjetrepubliken auf Grundlage der Aussage, dass die Rechte dort lebender Russen unterdrückt oder beschnitten werden, an sich anzuschließen". Diese 58 Prozent stimmten dem Satz zu: „Russland hat das Recht dazu, es muss die Seinen schützen".[551] Vielleicht hatte es sich aber bei der These, dass von ukrainischen Nationalisten Gefahr für Leib und Leben der auf der Krim lebenden ethnischen Russen drohe und allgemein die Rechte der „Russischsprachigen" im Osten und Süden der Ukraine verletzt würden, um eine nicht den Tatsachen entsprechende Behauptung, ja um eine Lüge gehandelt? Immerhin meinten in einer Umfrage des russischen Lewada-Zentrums Ende April 2014 50 Prozent der Befragten, sie wüßten „nicht besonders gut" über die Ereignisse in der Ukraine Bescheid; weitere 12 Prozent meinten, sie kennten sich überhaupt nicht aus, wüßten nicht, was sie glauben sollten und was nicht. Nur 31 Prozent schätzten ihre Kenntnisse als gut ein.[552]

Tatsache ist aber, dass in den ersten Monaten nach dem Anschluss der Halbinsel in der russischen Öffentlichkeit kaum mehr über die weitverbreitete Korruption, die im Jahr 2013 weiter eingeschränkten politischen Rechte und Beteiligungsmöglichkeiten der Bevölkerung sowie die ausstehende Diversifizierung der Wirtschaft, sondern viel über die „Wiedervereinigung" mit der Krim geredet wurde. Der Slogan „Krym nasch!" („Die Krim ist unser!") war allgegenwärtig. Putins Zustimmungswerte stiegen von ca. 65 Prozent vor der Krimkrise um ca. 20 Prozent auf ein Rekordhoch von 85 Prozent und blieben bis mindestens Mitte 2015 auf dieser Höhe.[553]

Von den gefallenen russischen Soldaten des verdeckten Krieges im Donbass wollten viele russische BürgerInnen möglichst wenig wissen. Aber die Recken „Neurusslands", die es den „Faschisten" in Kiew zeigten, welche angeblich Leib und Leben der „Russen" in der Südostukraine und anders-

---

551 Ukraine-Analysen. 2014, Nr. 132 (14.5.), S. 29.
552 Ebd., S. 27.
553 Strategic Survey 2015, S. 179.

wo bedrohten, standen bei vielen in Russland in hohem Ansehen.[554] Unter ihnen vor allem Igor Girkin („Strelkow"), der nach eigenen Aussagen „den Auslöser zum Krieg" im Donbass gedrückt hatte.[555] Girkin war bis August 2014 „Verteidigungsminister" der „Donezker Volksrepublik" und gilt deshalb als mitverantwortlich für den Abschuss der malaysischen Passagiermaschine MH17 im Juli 2014 mit knapp 300 Toten.

Das militärische Eingreifen zugunsten der aus Russland stammenden Besatzer und ihre ostukrainischen Unterstützer im August/September 2014 war nicht zuletzt eine Form der innenpolitischen *controversy avoidance*: Putin hätte einen enormen innenpolitischen Ansehens- und Legitimitätsverlust erlitten, wenn er einen Sieg der ukrainischen Truppen und Freiwilligenverbände über die aus Russland eingedrungenen und von Kräften vor Ort verstärkten Kämpfer zugelassen hätte, d.h. wenn die beiden „Volksrepubliken" in der Südostukraine von der Landkarte verschwunden wären.

In Reaktion auf die gewaltsame Einmischung Russlands in der Südostukraine und den Abschuss von Flug MH17 verhängten viele westlichen Staaten spürbare Wirtschaftssanktionen gegen Russland, auf die dieses mit Gegensanktionen antwortete. All dies führte in Russland zu einer Verknappung des Warenangebots sowie einer Teuerung, d.h. traf die breite Bevölkerung. Diese scharte sich aber, unter dem Einfluss der Propaganda des Regimes stehend und skeptisch-misstrauisch gegenüber der Politik westlicher Regierungen, nur umso mehr um die eigene Führung.

Der Krieg in der Südostukraine schuf ein weites Betätigungsfeld für Nationalisten, Imperialisten, Unzufriedene, Arbeitslose, Geschäftemacher und nicht zuletzt Gewalttäter und Kriminelle aus Russland. Insofern bedeutete er für das Putinregime auch eine Möglichkeit, aggressive Energien, die sich im Innern aufgestaut hatten, auf dem Gebiet eines Nachbarstaates abzulassen. Die soziale Basis der Etablierung der beiden „Volksrepubliken" im Südosten der Ukraine ähnelte stark der der Verteidiger des kommunistisch-nationalistisch dominierten Obersten Sowjet gegen Präsident Jelzin im Frühherbst 1993: Waren es damals junge Freiwillige gewesen, die am Transnistrienkrieg teilgenommen hatten, so jetzt (Ex-)Soldaten aus diesem

---

554 FAZ. 2014, 3.8., S. 2.
555 SZ. 2014, 22.11., S. 10.

und weiteren postsowjetischen Kriegen danach. Hinzu kamen in Moskau im Jahr 1993 aus dem Staatsdienst entlassene Polizisten und Offiziere, Schlägertypen aus dem Milieu der einfachen Arbeiter, stalinistisch-sowjetisch sozialisierte Rentner und Arbeitslose bzw. Verarmte. In den Kriegen im zerfallenden Jugoslawien waren nicht wenige arme Städter zu nationalen Helden geworden: „Krieg, insbesondere einer, der im Namen der Nation gefochten wird, kann für den eigenen Status Wunder bewirken."[556] Dieses Fußvolk allein führt jedoch nicht nationale Konflikte und Kriege herbei. Nach Max Weber sind es Offiziere, Staatsbeamte und Politiker, deren Pfründe und Prestige von der Perpetuierung staatlicher Macht abhängen: Macht für ihre politische Gemeinschaft bedeutet Macht für sie selbst und Prestige, das auf dieser Macht beruht.[557]

5.4.6   Unkontrollierte Exekutive und defizitäre Politik?

Auch unkontrollierte Gruppen und Führungsfiguren, d.h. ein nichtdemokratisches politisches System (zumindest eines mit schwacher oder fehlender Gewaltenteilung) können im Verein mit staatlicher Handlungsschwäche und Autoritätsmangel sowie der Ansammlung militärischer Macht in den Händen erratischer Führer zu Irredentismus in Regionen, die zu Konflikten neigen, beitragen.[558]

Im Falle Russlands trifft vor allem ersteres zu: Die herrschende Gruppe wird praktisch nicht kontrolliert, da es kaum *checks and balances*, keine Gewaltenteilung gibt und das Regime den Großteil der landesweiten Medien kontrolliert. Insofern kann das Regime einen großen Teil der Bevölkerung stark beeinflussen und die Verbreiter unliebsamer Informationen einschüchtern, ja politisch und juristisch verfolgen.

In institutioneller Hinsicht sind also im russischen Fall die Bedingungen für staatlichen Irredentismus günstig. Trugen darüber hinaus auch wirtschaftliche und/oder politische Probleme dazu bei, dass sich die russische Führung im Februar 2014 zur Besetzung und zum Anschluss der Krim ent-

---

556 Vujačić 1996, S. 771.
557 Ebd., S. 772.
558 Chazan 1991, S. 150.

schloss? Der seit 1994 in Berlin lebende russische Komponist Sergej Newski hielt es Anfang April 2014 für möglich,

„dass das Krim-Abenteuer vor allem eine innenpolitische Angelegenheit Russslands sei. Diese Annexion ist ein typischer Stellvertreter-Krieg (zwischen wem? – F.P.), der angesichts der bevorstehenden Rezession zur Steigerung der Umfragewerte von Präsident Putin ausgelöst worden sei. Sanktionen seitens der Amerikaner und Europäer wurden von der Kreml-Leitung bereits dafür eingeplant, für die sich verschlechternde wirtschaftliche Lage der Russen verantwortlich gemacht zu werden."[559]

Auch bei einer US-Forscherin ist von einem schon 2013 sichtbaren bevorstehenden Wirtschaftsabschwung die Rede, der vielleicht ein Interesse an einem „kleinen, siegreichen Krieg" bedingt habe. Sie bezeichnet die Faktenlage aber als „nicht schlüssig".[560] Ein anderer Experte weist die genannte Vermutung explizit als „nicht überzeugend" zurück und verweist auf äußere Faktoren für das Verhalten der Putin-Führung.[561]

Der Anschluss der Krim, vor allem aber die militärische Destabilisierung der Südostukraine dürften kaum geschehen sein, um von einer bevorstehenden schlechten Wirtschaftslage abzulenken bzw. die Verantwortung dafür auf den Westen abzuwälzen. Denn Ausmaß des Problems und Radikalität des „Lösungsansatzes" klafften zu weit auseinander: eine (tiefe) Wirtschaftskrise stand nicht bevor bzw. war nicht gewiß. Die russische Führung ging bei ihrer Ukrainepolitik aber sehr weit. Sie mußte damit rechnen, dass die Besetzung der Krim, vor allem aber der unerklärte Krieg in der Südostukraine weitreichende (negative) Folgen für Russland selbst, für die Beziehungen zur Ukraine, zu weiteren Staaten der Region und zum Westen insgesamt haben würde.

Putins entschlossenes und schnelles Handeln nach dem Sturz von Janukowitsch, hier vor allem die Besetzung der Krim, hatte aber durchaus eine innenpolitische Funktion, nämlich vom Scheitern seiner Ukrainepolitik abzulenken. Er, dem die Kiewer Massen, die Mehrheit der west- und zentral-

---

559 Newski 2014. Die nicht angebrachte indirekte Rede („sei") geht vielleicht auf die nicht ganz korrekte Übersetzung des Artikels von Newski aus dem Russischen zurück.
560 Wood 2016, A Small, Victorious War?, S. 101.
561 Lo 2015, S. 14.

ukrainischen Bevölkerung eine schmerzhafte außenpolitische Niederlage bereitet hatten, fühlte sich unter gewaltigem Druck, in Aktion zu treten, sich und die Macht des russländischen Staates in Szene zu setzen. Nichthandeln hätte die nationale, aber auch persönliche außenpolitische Niederlage allzu deutlich und für längere Zeit sichtbar werden lassen. Es war wie beim Eishockeyspiel, dem Putin sich ja bekanntlich widmet: Landet der Puck im eigenen Tor, so ist ein Gegenangriff angesagt. Powerplay bezeichnet dabei den Versuch, sich mit schnellem Pass- und geschicktem Stellungsspiel in der gegnerischen Verteidigungszone festzusetzen.[562]

5.4.7 Draufgängerische Führungsfiguren?

An anderer Stelle nennt die israelische Forscherin Naomi Chazan noch spezifischere Gründe für Irredentismus: Es sei „eine Mischung aus Macht und Paranoia", die „irredentistisches Drängen" gespeist habe.[563] Irredentistische Prozesse fallen demnach unter anderem mit Perioden „staatlichen Draufgängertums" zusammen.[564]

Ein gewisses Draufgänger-, ja Machotum kann man Wladimir Putin nicht absprechen. Ein Jahr nach dem Anschluss der Schwarzmeerhalbinsel strahlte das russische Staatsfernsehen den zweieinhalbstündigen Propagandafilm "Die Krim - der Weg in die Heimat" aus. Putin erklärte darin, er habe damals angeordnet, Einheiten des Raketensystems "Bastion", eine der modernsten Waffen der russischen Streitkräfte, an der Küste der Krim zu stationieren: "Wir haben sie bewusst so aufgestellt, dass sie aus dem Weltraum zu sehen waren."[565]

In dem Film erklärte Putin, es habe ihm natürlich nicht sofort klar sein können, ob sich die westlichen Führer militärisch in die Krimkrise einmischen würden. Deshalb habe er die Streitkräfte entsprechend führen, direkte Anweisungen geben müssen. Auf die weitere Frage, ob Russland auch seine Nuklearstreitkräfte in Alarmbereitschaft versetzt habe, antwortete Putin:

---

562 „Eishockey", https://de.wikipedia.org/wiki/Eishockey#Regeln, Seite besucht am 10.3.2018.
563 Chazan 1991, S. 147.
564 Ebd., S. 144.
565 FAZ. 2015, 17.3., S. 8.

„Wir waren bereit, das zu tun. Tatsächlich, ich sprach mit Amtskollegen und sagte ihnen direkt ..., dass dies unser historisches Territorium ist, russische Menschen dort leben, sie sind in Gefahr, wir können sie nicht aufgeben, nicht wir haben den Staatsstreich ausgeführt, das haben Nationalisten und Leute mit extremen Überzeugungen getan, ihr habt sie unterstützt. Wo aber seid ihr? Tausende von Kilometern entfernt, wir aber sind hier und das ist unser Land. Wofür wollt ihr dort kämpfen? Ihr wisst das nicht? Wir wissen es und wir sind dazu bereit."[566]

Putin schob dann nach, er glaube nicht, dass irgendwer einen "globalen Konflikt" herbeiführen wollte. Man sei auf die ungünstigste Entwicklung vorbereitet gewesen, aber er sei davon ausgegangen, dass es nicht dazu kommen würde. Es habe keinen Sinn gehabt, die Situation unnötig zu verschärfen.[567]

Später, so der Interviewer Putins und gleichzeitig der Regisseur des Films, habe man ihm im Verteidigungsministerium erzählt, dass einige Militärexperten dem „Oberkommandierenden" vorgeschlagen hätten, alle verfügbaren Mittel einzusetzen, um Russlands Bereitschaft zu demonstrieren, seine nationalen Interessen zu verteidigen. Darauf habe Putin geantwortet, dass bei aller Komplexität und Dramatik der Lage der Kalte Krieg doch vorüber sei, man keine Situation wie während der Kuba-Krise brauche. Eine solche Aktion würde den eigenen Interessen widersprechen. Außerdem seien die Systeme der nuklearen Abschreckung ohnehin immer voll einsatzbereit.[568]

Der Unterschied zwischen heißblütigen Militärexperten, die für ein konfrontatives Auftreten plädierten, und dem kühl-rationalen Putin wurde in dem Film dann nochmals anekdotisch aufbereitet. Zuerst durfte Aleksandr Witko, der Kommandeur der Schwarzmeerflotte, schildern, weshalb russische Kampfflugzeuge im Schwarzen Meer bis auf Schussweite an

566 Film „Crimea: Road to the motherland" – Putin text.
567 Ebd.
568 Ebd. Etwas reißerisch zu diesen Ausführungen die Artikelüberschrift in der Süddeutschen Zeitung: „Putin hätte auch Atomwaffen aktiviert". Vgl. SZ. 2015, 17.3., S. 6. Ob das von Putin wiedergegebene Gespräch mit seinen westlichen Amtskollegen so stattgefunden hat, ist dem Autor vorliegender Studie nicht bekannt. Wichtig war vor allem eines: Es kam Putin darauf an, dem *russischen Publikum* den Eindruck absoluter Entschlossenheit, von Kampfbereitschaft zu vermitteln. Vgl. dementsprechend FAZ. 2015, 17.3., S. 8.

amerikanische Kriegsschiffe heran geflogen seien und eines davon geblendet hätten: Das sei eine Warnung an die Amerikaner gewesen, die diese durch ihr Verhalten erzwungen hätten. Im Anschluss fragte der Interviewer Putin, ob das seine Entscheidung gewesen sei. Putin verneinte dies: „Das waren sie (die Piloten – F.P.), sie führten sich wie Rowdys auf („raschuliganilis"). Man hat mir nicht einmal etwas davon gesagt."[569] Dabei lächelte er aber nachsichtig wie ein Vater, der seine Kinder zwar tadeln muss, aber insgeheim stolz auf ihre Frechheit ist.[570]

In dem Film wurde Putin damit einerseits als konfrontationsbereit, andererseits aber auch als Person gezeigt, die nüchterner und rationaler als das russische Militär war. Gleichzeitig ließ er auch eine Anerkennung für dessen potentiell gefährliches Draufgängertum durchblicken.

Grundsätzlich war aber die Putin-Führung bei der militärischen Besetzung der Krim auf die Vermeidung von Gewalt, d.h. eines Verlusts von Menschenleben bedacht. Nicht von ungefähr fand danach das Schlagwort von den „höflichen Menschen" Verbreitung. Gemeint waren damit die Soldaten ohne Hoheitszeichen, die militärische Objekte mit Umsicht blockiert oder besetzt (teilweise aber auch gestürmt) und die ukrainischen Soldaten zur Aufgabe bzw. zum Überlaufen bewegt hatten.[571] Das Schlagwort von den „höflichen Menschen", zuerst ironisch in einem ukrainischen Medium verwendet, von russischer Seite dann aufgegriffen und weit verbreitet, diente aber in der Folge wahrscheinlich auch dazu, von der kriegerischen Rolle aus Russland stammender Kämpfer, darunter aktiver Soldaten in der Südostukraine abzulenken: dort waren sie nicht höflich-zurückhaltend, sondern schossen, entführten, folterten, töteten und starben.

Staatliches Draufgängertum symbolisieren die strategischen Langstreckenbomber Russlands, die seit 2014 oft Scheinangriffe fliegen, d.h. Kurs auf NATO-Luftraum nehmen und erst im letzten Moment beidrehen. Im Kalten Krieg setzte die Sowjetunion diese Riesenbomber ein, um ihren globalen Machtanspruch zu untermauern. Von 1992 bis 2006 verzichtete Russ-

---

569 Film „Crimea: Road to the motherland" – Putin text.
570 FAZ. 2015, 17.3., S. 8.
571 FAZ. 2015, 28.2., S. 8.

land auf solche Flüge. Im Jahr 2007, vor Duma- und Präsidentschaftswahlen, wurden sie wieder aufgenommen. Im Jahr 2014, dem Jahr der Krimannexion und des Kriegs um das Donbass, stiegen insgesamt einhundertfünfzigmal Nato-Abfangjäger auf, um russische Militärmaschinen zu identifizieren und zu begleiten - viermal so oft wie im Jahr davor. In zwei Fällen wären russische Kampfflugzeuge um ein Haar mit Passagiermaschinen kollidiert.[572] Mitte April 2016 flogen zwei russische Kampfflugzeuge vom Typ Su-24 an zwei Tagen insgesamt 31mal über den US-Zerstörer "USS Donald Cook" hinweg. Dies geschah in der Ostsee, 130 Kilometer vom russischen Kaliningrad entfernt. Mehrfach sollen die Su-24 in weniger als 30 Meter Höhe an dem Zerstörer vorbei geflogen sein. Ein Flugzeug soll sich dem Schiff sogar bis auf neun Meter genähert haben. Die Flugzeuge waren aber nicht bewaffnet.[573] Zwei Tage darauf kam ein Kampfflugzeug vom Typ Su-27 einem amerikanischen Aufklärungsflugzeug auf gefährliche Weise bis auf wenige Meter nahe.[574] Am selben Tag strahlten die russischen Fernseh- und Radiosender die jährliche Sendung „Direktverbindung mit Wladimir Putin" aus, in der sich Putin fast vier Stunden lang Dutzenden ausgewählter Fragen stellte, seine Innen- und Außenpolitik vor der russischen Öffentlichkeit erläuterte und verteidigte. Legte es Putin im unmittelbaren Vorfeld dieser Marathonsendung auf einen militärischen Zwischenfall mit den USA an, um den Schwerpunkt der Sendung von innenpolitischen Themen wie der Wirtschaftskrise auf die Außenpolitik, genauer: die bösen Amerikaner verschieben zu können?

5.4.8   Die Auswirkungen eines irredentistischen Kurses auf die Innenpolitik des betreffenden Staates

Verfolgt eine Regierung infolge in dieselbe Richtung weisender instrumenteller und emotionaler Faktoren einen irredentistischen Kurs, so wird sie unter anderem versuchen, die eigene Innenpolitik gleichzuschalten.[575]

---

572 FAZ. 2015, 25.1., S. 1.
573 FAZ. 2016, 15.4., S. 1.
574 FAZ. 2016, 18.4., S. 6.
575 Weiner 1971, S. 676 f.; Rothschild 1981, S. 198.

Russland: Eine solche Gleichschaltung der Innenpolitik war vor allem in den ersten Monaten nach der Besetzung der Krim und während der Hochphase des (verdeckten) russisch-ukrainischen Krieges zu beobachten. Putin selbst hatte dafür die Atmosphäre geschaffen, als er gegen Ende seiner Rede zum Anschluss der Krim Mitte März 2014 in stalinistischer Manier von der Möglichkeit der Lancierung einer „fünften Kolonne", d.h. von „National-Verrätern" durch westliche Staaten gesprochen hatte:

„Einige westliche Politiker drohen uns bereits nicht nur mit Sanktionen, sondern auch mit der Perspektive einer Verschärfung der inneren Probleme. Es wäre interessant zu erfahren, was sie dabei im Sinn haben: Aktionen einer gewissen fünften Kolonne, von ‚National-Verrätern' unterschiedlicher Art – oder bauen sie darauf, dass sie die sozial-wirtschaftliche Lage Russlands verschlechtern und dadurch Unzufriedenheit der Menschen provozieren können?"[576]

Putin schuf damit ein innenpolitisches Klima, in dem er mögliche innere Kritik an seinem außenpolitischen Kurs als Verrat bezeichnen und dem Westen die Schuld an den zukünftigen wirtschaftlichen Problemen seines Landes zuschieben konnte. Schon Mitte April stellte Swetlana Alexijewitsch, die weißrussische Trägerin des Literaturnobelpreises in einem Artikel in der FAZ fest: „Wer nicht jubelt, ist ein Volksfeind."[577] Im selben Monat wurde am Haupthaus des „Moskauer Haus des Buches" an der Hauptverkehrsstraße Nowyj Arbat ein großes Banner mit den Konterfeis der beiden bekannten Rock- bzw. Popmusiker Jurij Schwewtschuk (DDT) und Andrej Makarewitsch (Maschina Wremeni, d.h. Zeitmaschine) sowie dreier Politiker, nämlich des Rechtsanwalts, Korruptionsbekämpfers und Bloggers Aleksej Nawalny und der beiden liberalen Oppositionspolitiker Boris Nemzow und Ilja Ponomarjow angebracht. Sie alle hatten Zweifel an der Rechtmäßigkeit des Anschlusses der Krim an Russland geäußert. Ponomarjow hatte als einziger der Dumaabgeordneten am 18. März dagegen gestimmt. Nawalny hatte am 20. März in einem Gastbeitrag in der „New York Times" sogar zu Sanktionen gegen die Verantwortlichen aufgerufen und diese benannt. Am unteren Ende des Plakats stand: „Die

---

576 Putin 2014, Obraschtschenije ...
577 Alexijewitsch 2014.

Fünfte Kolonne. Fremde unter uns".[578] Die Abgebildeten wurden damit praktisch zum Abschuss freigegeben; andere Kritiker des außenpolitischen Kurses der Putin-Führung, ja auch nur potentielle sollten massiv eingeschüchtert werden. Dagegen wurde einem russischen imperialen Nationalisten wie dem Chefredakteur der Zeitung *Sawtra*, Aleksandr Prochanow, der vor dem russisch-ukrainischen Konflikt in Opposition zu Putin gestanden hatte und eher marginalisiert gewesen war, in den staatlichen Medien nun im Unterschied zu früher Platz eingeräumt. Der der Neuen Rechten zuneigende und imperialistische „Eurasier" Aleksandr Dugin konnte im Zusammenhang mit dem russisch-ukrainischen Konflikt seine Präsenz in den russischen und westlichen Medien noch einmal deutlich steigern. In der Folge hielten ihn einige westliche Beobachter fälschlicherweise für den Ideengeber Putins.[579] Tatsächlich waren Prochanow und Dugin aber (nur) „politische Waffen, die in den Dienst des Staates gestellt wurden." Der Kreml stellte sie lauter – und wieder leiser, als ihre ideologische und mobilisierende Funktion nicht mehr so gefragt war.[580] Eine Regierung kann die Richtung der öffentlichen Diskussion und die öffentliche Stimmung stark beeinflussen – dies vor allem, wenn sie den Großteil der landesweiten Medien kontrolliert, wie das in Russland der Fall ist.

Immerhin wurden am 15. März in Moskau ein „Friedensmarsch" gegen die Krim-Politik der russischen Führung sowie am 13. April Demonstrationen für Pressefreiheit zugelassen. Im selben Monat forderten die Behörden aber auch Pawel Durow, den Gründer des sozialen Netzwerks „VKontakte" („In Kontakt") auf, Seiten von Mitgliedern der Opposition zu sperren und ihre persönlichen Informationen weiterzuleiten. Durow weigerte sich, trat als Vorstandsvorsitzender zurück und setzte sich aus Russland ab. Blogger, deren Seiten täglich von mehr als 3.000 Personen aufgerufen wurden, mussten sich bei der Medienaufsicht registrieren lassen.[581] Anfang April 2014 bestätigte das Verfassungsgericht auch das Gesetz über die Registrierung von NGOs als „ausländische Agenten". Laut

---

578 FAZ. 2014, 17.4., S. 2.
579 Vgl. so Holm 2014, Politguru.
580 Hill/Gaddy 2015, S. 373 f.
581 Der Neue Fischer Weltalmanach 2015, S. 374.

diesem Gesetz musste sich jede Organisation als ein solcher Agent registrieren lassen, wenn sie für „politische Aktivität" ausländische Mittel erhielt. Darunter fiel jede Aktion, die wahrscheinlich „die öffentliche Meinung beeinflussen wird, um die Politik zu verändern".[582] Die Ermordung des liberalen Oppositionspolitikers Boris Nemzow Ende Februar 2015 war auch dem innenpolitischen Klima geschuldet, das im Zusammenhang mit dem russisch-ukrainischen Konflikt entstanden war. Nemzow hatte einen Bericht über die Verwicklung russländischer Truppen in der Südostukraine vorbereitet. Das Attentat verübten Mitglieder des tschetschenischen Bataillons „Sewer" („Norden"), das in Grosny in Tschetschenien stationiert ist und dem russischen Innenministerium nur formal untersteht. Nach Darstellung der regierungskritischen Zeitung „Nowaja Gaseta" gaben sich die Attentäter keine Mühe, ihre Spuren zu verwischen oder sich zu verstecken. Offenbar glaubten sie, ein „Auftrag des Vaterlandes" werde verhindern, dass sie verfolgt würden. Sie schienen eher Orden erwartet zu haben. Sechs Tage nach dem Mord wurden die Verdächtigen verhaftet. In ihrer Verblüffung legten sie zunächst Geständnisse ab; erst später behaupteten sie, zu den Aussagen gepresst worden zu sein.[583]

Bedrohte Eliten können, wenn die breitere Bevölkerung in das politische System integriert ist, marginale neofaschistische Parteien als Teil ihrer Konfliktstrategie benutzen. Ein Vorteil, Neofaschisten Platz in den Medien einzuräumen und sie im Extremfall mit Waffen zu versorgen besteht darin, dass rechtsstehende Parteien, „durchschnittliche" Nationalisten damit zum „Zentrum" werden. Eine Aussage, die fünf Jahre davor noch als sehr nationalistisch, rassistisch oder autoritär und damit als inakzeptabel gegolten hat, kann dann im Zuge einer solchen Strategie als nicht mehr extrem wahrgenommen werden. Mit dem Auftauchen(lassen) von Faschisten rücken auch diejenigen, die in wirtschaftlichen Fragen konservativ sind, d.h. nichts ändern wollen, ins politische Zentrum.[584]

---

582 Strategic Survey 2014, S. 170.
583 FAZ. 2016, 29.2., S. 3.
584 Gagnon 1994/1995, S. 138 f.

Als faschistoid können die wild und verwegen anmutenden, dunkel bis schwarz gekleideten Mitglieder des russischen Motorrad- und Rockerclubs „Nachtwölfe" (notschnye wolki) angesehen werden, zu denen Putin offiziell seit dem Juli 2009 Beziehungen unterhält. Am 7. Juli hatten der damalige Regierungschef Putin und Präsident Obama in gespannter Atmosphäre ein Frühstück eingenommen. Obama hatte bei seinem ersten Staatsbesuch viel Zeit mit dem neuen Präsidenten Medwedew verbracht. Nach dem Frühstück fuhr Putin in schwarzer Kluft zu einem Treffen mit den „Nachtwölfen" und ihrem Anführer in einen Moskauer Vorort und überreichte ihnen eine russländische Fahne für ihre Fahrt nach Sewastopol auf der Krim.[585] Die „Nachtwölfe" vertreten nationalistisch-antiwestliche, pro-Stalinsche, russisch-orthodoxe und schwulenfeindliche Auffassungen. 2010, 2011 und 2012 nahm Putin an ihren Fahrten in Sewastopol und im russischen Noworossijsk, das an der nordöstlichen Schwarzmeerküste liegt, teil. Der Verein soll von staatlichen russischen Stellen jährlich mit ca. einer Million Euro unterstützt worden sein. Der Club organisierte „Anti-Majdan"-Veranstaltungen in Russland. Mitglieder des Clubs nahmen an der Besetzung der Krim teil; einige von ihnen kämpften auch in der Südostukraine.[586]

In Ansätzen faschistisch, zumindest stark nationalistisch sind Elemente der Reden, die Putin zu Beginn der militärischen Auseinandersetzungen in der Südostukraine hielt. So las Putin in der am 17. April 2014 landesweit auf mehreren Fernseh- und Hörfunkkanälen gesendeten Fragestunde „Direktverbindung mit Wladimir Putin" abschließend die Frage einer Frau aus St. Petersburg vor: „Was ist für Sie der russische Mensch, das russische Volk? Was sind Ihrer Meinung nach … seine starken und schwachen Seiten?" Putin bezeichnete dies als eine „philosophische Frage" – dies vielleicht, um vom knallharten politischen Inhalt seiner Antwort, nämlich der Wertschätzung des Todes für das Vaterland abzulenken:

„Mir scheint, dass der russische Mensch oder breiter der Mensch der russischen Welt vor allem daran denkt, dass es eine bestimmte höchste

---

585 Wood 2016, S. 115 f.
586 Ebd., S. 117 f.; „Night Wolves", https://en.wikipedia.org/wiki/Night_Wolves, Seite besucht am 10.1.2017.

moralische Vorherbestimmung des Menschen selbst, ein bestimmtes höchstes moralisches Prinzip gibt. Und deshalb ist ... der Mensch der russischen Welt nicht mehr in Eigenliebe auf sich konzentriert.

Obwohl wir alle im Alltagsleben natürlich daran denken, wie wir reicher und besser leben, gesünder sein, der Familie helfen können, aber trotzdem sind nicht hier die Hauptwerte, er ist ins Außen geöffnet. Die westlichen Werte bestehen gerade darin, dass der Mensch für sich selbst, in sich selbst ist und der Maßstab des Erfolgs ist der persönliche Erfolg und die Gesellschaft erkennt das an. Je erfolgreicher der Mensch selbst ist, desto besser ist er.

Das ist für uns zu wenig. Selbst sehr reiche Leute sagen trotz ihres Reichtums: ‚Gut, ich habe Millionen und Milliarden verdient, aber was jetzt?' Ganz egal, das ist ins Außen, in die Gesellschaft geöffnet. Mir scheint es so, denn nur bei unserem Volk konnte die bekannte Redensart entstehen: ‚In Gemeinschaft (*na miru*[587], eigentl.: in der Dorfgemeinde – F.P.) ist auch der Tod schön'. Wie das? Der Tod – was ist das? Das ist der Horror. Nein, es stellt sich heraus, dass in Gemeinschaft auch der Tod schön ist. Was bedeutet ‚in Gemeinschaft'? Damit ist der Tod für seine Freunde (*sa drugi swoja*[588]), für sein Volk, modern ausgedrückt für das Vaterland gemeint.

Darin liegen auch die tiefen Wurzeln unseres Patriotismus. Von daher kommen auch der massenhafte Heroismus während militärischer Konflikte und Kriege und sogar die Selbstaufopferung in Friedenszeiten. Von daher die Tuchfühlung, unsere Familienwerte. Natürlich sind wir weniger pragmatisch, weniger kalkulierend als die Vertreter anderer Völker, aber

---

587 Manfred Quiring übersetzt das nicht richtig mit „auf der Welt", dem aber „w mire" oder „na swete" entsprechen würde. Vgl. Quiring 2017, S. 162. Das russische Wort „mir" hat mindestens drei Bedeutungen: Frieden, Welt(all) und Dorfgemeinde. Ein russisches Wörterbuch umschreibt die von Putin angeführte Redensart „Na miru i smert krasna" („In Gemeinschaft ist auch der Tod schön") folgendermaßen: „Es ist nicht schrecklich, unter Leuten zu sterben, zusammen mit anderen ist alles leicht zu ertragen." Vgl. Oschegow, S.I: Slowar russkogo jasyka. 18-e isdanie. Moskwa: Russkij Jasyk, 1987, S. 303. Auf die hier gewählte Übersetzung verweist auch der Ausdruck „(wsem) mirom", was „gemeinschaftlich, mit vereinten Kräften, zusammen" bedeutet.

588 Dieser Ausdruck, der grammatisch nicht dem modernen Russisch entspricht, geht wahrscheinlich auf das Kirchenslawische zurück. In Kapitel 15, Vers 13 des Johannesevangeliums heißt es: „Eine größere Liebe hat niemand als die, dass er sein Leben für seine Freunde hingibt." Vgl. Die Bibel. Die Heilige Schrift des Alten und Neuen Bundes. Freiburg im Breisgau: Herder-Bücherei, 21. Auflage, 1976, S. 115 (Die Heilige Schrift des Neuen Bundes).

dafür sind wir an Seele etwas weiter. Vielleicht spiegeln sich darin auch die Größe unseres Landes wider, seine unüberschaubaren Ausmaße. Wir sind an Seele freigebiger.

Ich möchte dabei niemanden beleidigen. Schließlich haben viele Völker ihre Vorzüge, aber das sind zweifellos unsere. In der modernen globalen Welt geschieht ein intensiver Austausch: sowohl ein genetischer Austausch, als auch ein informationeller, als auch ein kultureller und wir können ohne Zweifel etwas Wertvolles und Nützliches von anderen Völkern nehmen, aber wir haben uns immer, jahrhundertelang auf unsere Werte gestützt, sie haben uns niemals im Stich gelassen und sie werden uns noch von Nutzen sein. Ich danke Ihnen vielmals."[589]

Moral und der Tod für das Vaterland – diese Schlagworte sind von anderen politischen Führern, anderen Zeiten nur zu gut bekannt. Mit seinen Ausführungen am Ende der mehrstündigen Fragestunde schwor Putin das Land auf Opfer, auf Tote ein und bezeichnete solche nicht als Grund für Trauer, sondern in extrem nationalistischer, (prä)faschistischer Manier als potenzielles Glück für die Angehörigen – dies wenn ein solcher Tod dem Volk, dem Vaterland diene. Und ob dies der Fall sei, würde natürlich Putin, würde die Führung Russlands festlegen.

In extremen Fällen kann die Gleichschaltung der Innenpolitik das Ende des rationalen Diskurses bedeuten. Die Eigendynamik kann die Regierung dann zu fehlkalkulierten militärischen Abenteuern verleiten. Ein Beispiel hierfür ist der Angriff Bulgariens auf Serbien im Mai 1913, der den 2. Balkankrieg auslöste. Im Ergebnis verlor Bulgarien Mazedonien und die Dobrudsch.[590] Möglich ist bei gescheiterten oder allzu gefährlichen irredentistischen Unternehmungen auch ein Militärputsch gegen die Irredentisten, d.h. gegen die unverantwortlichen Abenteurer an der Spitze des Staates, wie es ihn 1934 ebenfalls in Bulgarien gab.[591]

Zu einer solchen extremen Entwicklung ist es im russischen Fall nicht gekommen.[592] Zum einen trat Russland im Hinblick auf die Südostukraine

---

589 Putin 2014. Prjamaja linija .... Auf diese Schlussworte Putins folgte Applaus.
590 Weiner 1971, S. 677 f.
591 Rothschild 1981, S. 198 f.
592 Immerhin berichtete der Russlandexperte Johannes Grotzky in der Radiosendung „Der Tag" (hr2, 20.1.2016) von kritischen Bemerkungen eines Angehörigen des russischen Generalstabs bezüglich der Kosten des Anschlusses der Krim und der

nicht eindeutig als irredentistische Macht auf. Die Signale waren widersprüchlich: Einerseits sprach Putin im Frühjahr und Sommer 2014 von den östlichen und südlichen Landesteilen der Ukraine als „Neurussland", andererseits behauptete er vor allem im Frühjahr aber auch, dass Russland abgesehen von der Krim, die zu Russland gehöre, kein Interesse an einer Aufteilung der Ukraine habe (was im Hinblick auf das Donbass, ja darüber hinaus eine Lüge war). Zum anderen erreichte die Putin-Führung mit dem Anschluss der Krimhalbinsel und der Etablierung zweier sezessionistischer Gebilde in der Südostukraine ihre Minimalziele. Nach Minsk I im September 2014, spätestens nach Minsk II im Februar 2015 hatte der Kreml daher keinen Bedarf mehr an dem rabiaten Nationalismus, wie er für die Monate nach dem Machtwechsel in Kiew, die Phase des Anschlusses der Krim und der heftigen militärischen Auseinandersetzungen in der Südostukraine typisch gewesen war. In der zweiten Hälfte des Jahres 2015 wurde es in den staatlichen Medien um das Thema Südostukraine daher vergleichsweise ruhig. Schon im Herbst 2014 hatten sich die Schaffung eines Landkorridors zur Krim, ganz zu schweigen von der Etablierung eines „Neurussland", das die Ost- und die Südukraine umfasst hätte, als nicht durchführbar bzw. zu teuer, vor allem was die außenpolitischen Kosten betroffen hätte, herausgestellt.[593]

Auch gab es in Moskau und anderen Städten gesellschaftlichen Widerstand gegen eine eindeutig kriegstreiberische Politik gegenüber der Ukraine. Wenige Tage nach dem Brand des Gewerkschaftshauses in Odessa am 2. Mai 2014 mit 42 toten prorussländischen Aktivisten, Folge nicht zuletzt einer Provokation prorussländischer Gewalttäter, erklärte Aleksandr Dugin, der Ideologe eines eurasischen Imperiums, im Internet, alle Ukrainer müssten Vertreter der "Kiewer Junta" "töten, töten, töten – ich sage das als Professor!"[594] Daraufhin wurde an der Moskauer Staatlichen Universität (MGU) eine Unterschriftenaktion gegen ihn gestartet, so dass er im Juli

---

Nachteile infolge der westlichen Sanktionen in Reaktion auf die Politik Russlands in der Südostukraine. Kritik an den Kosten der Putinschen Ukrainepolitik ist vor allem im russischen Internet verbreitet.
593 FAZ. 2014, 31.10., S. 3.
594 Holm 2014, Putins Stellenbeschreibung.

seinen Posten als Leiter des dortigen Lehrstuhls für die Soziologie der Internationalen Beziehungen der Soziologischen Fakultät verlor.[595]

Trotzdem hat sich das politisch-gesellschaftliche Klima in Russland infolge des gewaltsamen Konfliktes mit der Ukraine tiefgreifend verändert. Ein Symptom des nationalistischen „Fiebers" ist die kremlnahe Gruppe SERB (South-East Radical Group), die im März 2014 in der ostukrainischen Stadt Charkiw entstand und die „Föderalisierung" des Ostens und Südens der Ukraine unterstützte. Im Spätsommer 2014 setzten sich ihre Aktivisten nach Russland ab. Seitdem unternimmt die Gruppe Aktionen gegen Kritiker der Ukrainepolitik Putins. So griffen Mitglieder Oppositionelle wie Aleksej Nawalnyj mit gefährlichen Substanzen an, ohne dafür strafrechlich zur Verantwortung gezogen zu werden.[596] Die Abkürzung SERB ist kein Zufall; sie ist ein Verweis auf den großserbischen Nationalismus Miloševićs, der möglichst viele Serben in einem mächtigen, orthodoxen und dem liberalen Europa abgeneigten Staat vereinen wollte.

---

595 „Aleksandr Dugin", https://en.wikipedia.org/wiki/Aleksandr_Dugin, Seite besucht am 9.5.2016.
596 „SERB", https://ru.wikipedia.org/wiki/SERB, Seite besucht am 16.9.2017.

5.5 Resümee zu Russland als irredentistischem Staat

Wie die bisherigen Ausführungen zeigen, sind Russland eine Vielzahl der Attribute eigen, die Irredentismus begünstigen: seine machtpolitische Überlegenheit gegenüber den Nachbarstaaten mit russischer bzw. russischsprachiger Bevölkerung, seine relative ethnische Homogenität, d.h. die zahlenmäßige und politische Dominanz der ethnischen Russen (insbesondere in der Zentralregierung), eine unter Putin noch weniger kontrollierte Exekutive im Verein mit einer Gleichschaltung der landesweit zu empfangenden Fernseh- und Radiosender sowie ein zunehmender Nationalismus. Hinzu kamen sehr enge Beziehungen zwischen Russland bzw. Moskau und der Hafenstadt Sewastopol, dem Stationierungsort der russischen Schwarzmeerflotte, des Weiteren der Krim insgesamt. Aus historischen und symbolischen Gründen galten und gelten die Russen auf der Krim als „richtige" Russen – anders als zum Beispiel die Zentraleuropa näheren Russischsprachigen im historisch protestantisch geprägten Estland und Lettland.

Saideman und Ayres erklärten in ihrer vergleichenden Studie über Irredentismus, die im Jahr 2008 erschien, noch das *Fehlen* von Irredentismus von Seiten Russlands. Nach zwei militärischen Interventionen, nämlich in Georgien im August 2008 zum Schutz russländischer Staatsbürger vor einem „Genozid", vor allem aber nach dem Anschluss der Krim und dem verdeckten Krieg Russlands in der Südostukraine ab März 2014 scheint aber eher der Irredentismus Russlands erklärungsbedürftig. Angesichts des Krieges, geführt angeblich zum Schutz von „Russen" und „Russischsprachigen" vor ukrainischen „Nationalisten" und „Faschisten", stellt sich die Frage: Haben Saideman und Ayres in ihrer Analyse etwas übersehen?

Die beiden Autoren vertraten in ihrer Untersuchung die These, dass die Variable „Art des Nationalismus" am besten erklären kann, ob eine Regierung eine irredentistische Politik verfolgt. Im Falle Russlands sei vor allem unklar gewesen, wer „Russe" sei, d.h. wer zu Russland gehöre: alle ehemaligen Angehörigen des (sowjetischen) Imperiums, alle Ostslawen, d.h. auch die Ukrainer und die Weißrussen, alle Russischsprachigen oder „nur" alle ethnischen Russen? Die Optionen „Russland als das frühere Imperium" und Russland als „Ostslawien", d.h. als Vereinigung von Russland, der Ukraine und Weißrussland seien aus realpolitischen und anderen Gründen bald ausgeschlossen worden.[597] Was die anderen Optionen betraf, habe die schwache Organisation der ethnischen Russen bzw. (breiter) der Russischsprachigen in den Nachbarstaaten dazu geführt, dass Russland „über keine kohärente Verbindung zu Verwandten (kin) im Ausland verfügte".[598]

Als Ausnahme führten Saideman und Ayres des Öfteren die ethnischen Russen auf der Krim an, bei denen es in der ersten Hälfte der 1990er Jahre Tendenzen zu einem Anschluss an Russland gegeben habe, auf die Russland aber nicht eingegangen sei. Gleichzeitig gingen die beiden Autoren kaum auf den Transnistrienkonflikt des Jahres 1992 ein, obwohl sich hier eine sowjetrussisch geprägte und russischsprachige Region gewaltsam von der Republik Moldau abspaltete – mit Unterstützung ex-sowjetischer bzw. russländischer Streitkräfte sowie russisch(sprachig)er Freiwilliger und Söldner aus Russland und anderen postsowjetischen Staaten.[599]

Saideman und Ayres führten Russlands nichtirredentistische Politik bis 2007 vor allem auf seine unklare nationale Identität und das Fehlen einer Beziehung zu anzuschließenden „Verwandten" außerhalb des Landes zurück. Ihr starker Hang zu einer konstruktivistischen Erklärung der nichtirredentistischen Politik Russlands vor dem Jahr 2008 verleitete sie aber dazu, etliche der von ihnen untersuchten Faktoren unterzubewerten.[600] So führte das Autorenpaar unter anderem aus, dass Russland weder in die NATO

---

597 Saideman/Ayres 2008, S. 193-195.
598 Ebd., S. 197. Vgl. den ähnlichen Befund bei King und Melvin 1999, S. 122-124
599 Kaufman 1996.
600 Vgl. auch ihren Artikel in der *Washington Post* vom 6.3.2014. An genau diesem Tag stimmte das nicht freie Parlament der Krim für den Anschluss an Russland und beraumte in diesem Zusammenhang für den 16. März eine Volksbefragung an. In dem Artikel vertraten sie die These, dass sich Russlands Irredentismus höchstens auf die Annexion der Krim beschränken werde. Das von Putin in der Folge vertretene „Neurussland"-Konzept und das gewaltsame Vorgehen Russlands in der Südostukraine widersprachen dem dann etwas. Saideman und Ayres zufolge war die Krimkrise „nicht sehr populär ... in Russland." Des Weiteren schrieben sie von einer „Minderheit der Russen (in Russland – F.P.), die die Annexion der Krim unterstütze". Diese Einschätzung wurde spätestens nach einigen Tagen von der Wirklichkeit widerlegt. Immerhin schrieben sie auch: "In unserem Buch (Saideman/Ayres 2008 – F.P.) stach die Krim hervor, da sie nationale Interessen (die Schwarzmeerflotte) mit einer Gruppe von Verwandten kombinierte, die stärker als andere am Großrussland-Projekt interessiert war." Vgl. Saideman/Ayres 2014.

noch in die EU strebte, d.h. an keinem Beitrittsprozess teilnahm, dessentwegen es etwaige irredentistische Neigungen hätte zügeln müssen. Des Weiteren habe Russland im Inneren zwei Tschetschenienkriege geführt, obwohl diese international auf heftige Kritik stießen. Da Russland somit über Handlungsfreiheit verfügt habe, trotzdem aber nicht irredentistisch war, schließen sie, dass die Gründe hierfür nicht in externem Druck lagen. Hier erscheint folgende Einschränkung angebracht: Russland war, dies vor allem in den 1990er Jahren, in seinem *Außen*verhalten nicht völlig frei. Russlands Position als (zu sozialisierendes) neues Mitglied der Staatengemeinschaft, seine wirtschaftliche und militärische Schwäche (siehe die Niederlage in einem *inneren* Krieg, nämlich im ersten Tschetschenienkrieg 1994-1996) und sein Angewiesensein auf internationale Kredite legten vielmehr eine gewisse Zurückhaltung gegenüber benachbarten Völkerrechtssubjekten nahe. Insofern war Russland in den 1990er Jahren unter anderem deshalb nicht irredentistisch, weil es *ziemlich schwach* war.

Eine Rolle spielte des Weiteren wahrscheinlich auch die *politische* Identität des neuen Russland unter Boris Jelzin: Russland hatte sich von der imperialistischen Politik der Sowjetunion losgesagt (siehe die schnelle Anerkennung der Unabhängigkeit der baltischen Staaten im August 1991). Jelzin und seine russischen Mitstreiter hatten mit einer antikommunistisch-liberalen und demokratischen Programmatik und gemeinsam mit national-demokratischen, teilweise nationalistischen Kräften aus den baltischen Unionsrepubliken sowie der Georgischen, Armenischen und Ukrainischen SSR den autoritären Sowjetkommunismus demontiert – und dabei die Auflösung des sowjetischen Imperiums hingenommen, ja bewerkstelligt. Diese ideologisch-programmatische Ausrichtung stand einem russisch-ethnonationalistischen, d.h. tendenziell irredentistischen Projekt sowie auch einem russländisch-imperialen im Weg.[601] Hinzu kam ein externer Faktor: Als die Sowjetunion Ende 1991 entlang der Grenzen zwischen den Unionsrepubliken aufgelöst wurde, wirkten auch die beginnenden Kriege in Jugoslawien als abschreckendes Beispiel.

Angesichts antidemokratischer Praktiken sowohl unter Jelzin als auch unter Putin stellten Saideman und Ayres in Abrede, dass Wahlen oder Rechts-

---

601 Praisler 2009, S. 46 f., 51 f., 70.

staatlichkeit Russland (bis 2007) von Irredentismus abhielten.[602] Tatsache ist aber, dass eine freie und kritische Presse unter Jelzin in den Jahren 1995/96 zu Unterbrechungen bzw. zu einem Ende des ersten Tschetschenienkriegs beitrug. 1998/1999 strengten Fraktionen in der Staatsduma unter anderem wegen dieses Krieges noch ein Impeachmentverfahren gegen Präsident Jelzin an (es sollte dann aber nicht dazu kommen). Umgekehrt wurde Russlands Verhalten gegenüber der Ukraine ab Ende 2013 auch durch die Gleichschaltung der landesweiten Medien in den Jahren davor ermöglicht. Und noch ein anderer Faktor ermöglichte bzw. erleichterte Russland eine interventionistische, die territoriale Integrität von Nachbarstaaten verletzende Politik (2008 gegenüber Georgien, 2014 gegenüber der Ukraine): Russland war in Gestalt der Republik Tschetschenien nicht mehr mit einem eigenen sezessionistischen Problemfall konfrontiert, sondern diese Teilrepublik war zumindest de jure in die Russländische Föderation integriert.

Saideman und Ayres stellten mit einer gewissen Berechtigung fest, dass wirtschaftliche Überlegungen des Öfteren gegen eine irredentistische Politik sprechen.[603] Mit ihrer Behauptung, dass jeder erfolgreiche Fall von Irredentismus einen ähnlichen Effekt wie eine massive Einwanderungswelle zu haben pflege[604], gingen sie aber zu weit: Die im Zuge von Irredentismus in einen Staat neu Hinzukommenden bringen anders als Arbeitsmigranten oder Flüchtlinge bereits eigenes Land, Häuser, wirtschaftliche Werte und nicht zuletzt dieselbe Sprache mit. Im Falle der Krim geht die Angliederung zwar mit Mittelzuweisungen aus dem russischen Staatshaushalt einher (Renten, wirtschaftliche Entwicklung, Brückenbau usw.); der strategische und symbolische Wert der Halbinsel, insbesondere des Marinehafens in Sewastopol schien dies aber wert gewesen zu sein. Da die Kosten eines Anschlusses auf die gesamte Bevölkerung umgelegt werden können[605], erschienen sie für die kleine Gruppe der russländischen Entscheidungstäger, die von dem Anschluss politisch und wirtschaftlich profitierte, auch tragbar. Und in der Ost- und Südukraine winkten nicht geringe wirtschaftliche Wer-

---

602 Saideman/Ayres 2008, S. 227.
603 Ebd., S. 244.
604 Ebd., S. 243.
605 Ebd., S. 246.

te, deren Übernahme die wirtschaftliche Basis der Ukraine deutlich geschwächt hätte. Das sollte dann aber in Form eines Krieges geschehen.

Zusammenfassend ist damit festzustellen, dass Russlands irredentistischer Kurs im Jahr 2014 weniger mit der „Natur des Nationalismus" und seiner Rolle im politischen System zu tun gehabt haben dürfte. Das kanadische Autorenpaar zog aus seinen Einzelstudien den Schluss, dass sich Politiker dann für einen gefährlichen irredentistischen Kurs entschieden, „wenn ihre Wählerschaft aus Personen mit starken Interessen an den Verwandten (kin) im Ausland und Leuten, die fortgesetzte oder verstärkte internationale Isolation vorzuziehen pflegten, bestand."[606] Für Letzteres gibt es durchaus Anhaltspunkte:

„Russland ist ein zerrissenes Land. Es kann sich nicht entscheiden, ob es sich an die große Welt anschließen oder sie bekämpfen soll ... Der Hauptgrund für diese Unentschlossenheit ist die Tatsache, dass Russland noch eine große Wählerschicht (constituency) hat, die Angst vor Integration hat ... Das ist eine Wählerschicht, die vom sowjetischen Industriekern abhängt, der nur mit großzügiger staatlicher Unterstützung existieren kann und Wladimir Putins Machtbasis ist. Die gute Nachricht ist, dass dies nicht die einzige Wählerschicht ... ist."[607]

Gleichzeitig erscheint es zweifelhaft, dass die Wählerschaft der Putin-Führung „aus Personen mit starken Interessen an den Verwandten im Ausland bestand".[608] Abgesehen von Sewastopol und eventuell der Krim insgesamt dürften sich die „starken Interessen" vieler russischer WählerInnen eher auf andere, *innere* Themen erstreckt haben.

---

606 Ebd., S. 229 f.
607 Trudolyubov 2016, S. 93 f. In einer Umfrage sprachen sich 2015 47 Prozent dafür aus, dass Russland eine Großmacht ist; 49 Prozent entschieden sich für eine Nation, deren Hauptanliegen das Wohlergehen ihrer Bürger ist (2005 waren dies noch 62 Prozent gewesen). Angesichts der „Intensität der Informationsoffensive", d.h. der staatlichen Propaganda, sieht Trudolyubov in diesen Zahlen „ein Zeichen relativer geistiger Gesundheit". Wegen Putin sei aber die Waage in Richtung Expansion ausgeschlagen. Der Öffentlichkeit gefalle die Idee, der Welt die militärische Macht Russlands zu beweisen; sie wolle aber nicht in diese Macht investieren. Vgl. ebd., S. 92 und 91 (Umfrage von 2005). Letzterer Aussage ist hinzuzufügen, dass es kaum Widerstand gegen die weitreichenden Aufrüstungsprogramme der russischen Führung gibt. Zur Gespaltenheit („fifty-fifty") der russischen Bevölkerung in der Frage Macht- oder Wohlfahrtsstaat vgl. auch Ennker 2017, S. 103.
608 Saideman/Ayres 2008, S. 230.

Ausschlaggebend für die gewaltsame Destabilisierungspolitik, d.h. den Bruch des Völkerrechts durch die russische Führung im Jahr 2014 dürfte daher vielmehr gewesen zu sein, dass Russland unter Putin stärker, undemokratisch und nationalistisch geworden war[609] – und das Regime sich einer großen externen Herausforderung gegenübersah: dem auf der Straße herbeigeführten Ende eines russlandfreundlichen Regimes im wichtigsten Nachbarstaat, der in Zukunft stärker in Richtung EU (und vielleicht auch NATO) als in Richtung Russland gehen und in dem eine Mehrheit der Bevölkerung Demokratie und Rechtsstaatlichkeit verwirklicht sehen wollte – mit allen sich daraus für Russland und das Putinregime ergebenden außenpolitischen, außenwirtschaftlichen, sicherheitspolitischen und innenpolitischen Konsequenzen.

Der zentrale Konfliktgegenstand zwischen Russland und der Ukraine waren und sind damit natürlich nicht der Status und die Rechte der „Russischsprachigen" im Osten (und Süden) der Ukraine, sondern die außenpolitische (darunter mittelfristig auch sicherheitspolitische) und außenwirtschaftliche Orientierung der Ukraine, ihre relative Macht (eine von inneren Konflikten zerrissene Ukraine ist schwächer als eine national geeinte) sowie die Art ihres politischen Systems: „postsowjetisch"-autoritär-korrupt-plebiszitär oder eher „europäisch"-rechtsstaatlich-liberal. Ob die Ukraine stärker mit Russland und von ihm dominierten Staatenzusammenschlüssen des postsowjetischen Raums oder mit EU-Europa zusammenarbeitet, entscheidet auch über die Machtverteilung zwischen Russland und der EU in den kommenden Jahrzehnten. Auch dieser Aspekt der Ukrainekrise geht damit über die russische Innenpolitik hinaus.

---

609 Auf diese innerstaatlich-innenpolitischen Faktoren gehen Interpretationen der Ukrainepolitik Russlands, die vom (Neo-)Realismus ausgehen, nicht ein. Vgl. als Beispiele Mearsheimer 2014 und Götz, Elias 2015. Auch im Buch von Krone-Schmalz, die großes Verständnis für die Politik Putins hat („Russland verstehen"), fehlt dieser Aspekt. Vgl. Krone-Schmalz 2015.

5.6 Faktoren, die den Irredentismus einer Minderheit befördern

Irredentismus ist nicht nur eine Sache des Mutterlandes, sondern es kommt auch auf die Einstellungen und Ziele der Minderheit, hier vor allem ihrer Führungsfiguren an. Es gibt verschiedene Faktoren, die bei einer Minderheit eine irredentistische Haltung begünstigen, so dass sie nach Anschluss an ihr Mutterland strebt.

5.6.1 Nichtbeachtung der Rechte und zentralen Interessen der Minderheit?

Ein wichtiger Faktor ist hier ihre Situation, insbesondere die Beachtung bzw. Nichtbeachtung ihrer Rechte und Grundinteressen. Chazan zufolge existiert eine enge Beziehung „zwischen innenpolitischer Stabilität (im Minderheitenstaat – F.P.), die auf dem Festhalten an einigen grundlegenden Vorstellungen von Pluralismus sowie der Achtung für Minderheitenrechte beruht und der Unterdrückung irredentistischer Neigungen. Kulturelle, sprachliche, religiöse und staatsbürgerliche Politiken spielen folglich eine wichtige Rolle bei der Förderung oder Vermeidung irredentistischer Ausbrüche."[610] Regionale Autonomie oder Dezentralisierung kann irredentistischen Neigungen daher vorbeugen.[611] Des Weiteren entscheidet sich eine Minderheit mit größerer Wahrscheinlichkeit für ein Verbleiben in dem Staat, in dem sie wohnt, wenn es dafür klare wirtschaftliche Vorteile gibt. Dasselbe ist der Fall, wenn die Minderheit die Aussicht auf Irredentismus als Druckmittel in Verhandlungen benutzen kann, um ihre Position zu verbessern.[612] Nehmen die Vertreter einer Minderheit eine irredentistische (oder sezessionistische) Position ein, so sollte diese daher nicht unbedingt für bare Münze genommen werden – sie kann nämlich auch taktischer Natur sein.

Ethnische Russen auf der Krim: Die Ausprägung dieser Variablen im Falle der ethnischen Russen auf der Krim hilft, die Entwicklung im Februar und März 2014 zumindest teilweise zu verstehen: Die Entscheidung des Kiewer

---

610 Chazan 1991, S. 148.
611 Ebd., S.145.
612 Horowitz 1985, S. 285 f.

Parlaments am Tag nach dem politischen Ende von Janukowitsch, das Gesetz über Regionalsprachen aus dem Jahr 2012 auszusetzen, wurde auf der Krim dahingehend interpretiert, dass es in der neuen, stark westukrainisch-nationaldemokratisch, teilweise nationalistisch geprägten Ukraine mit dem „Festhalten an einigen grundlegenden Vorstellungen von Pluralismus sowie der Achtung für Minderheitenrechte" (s.o.) vorbei sein würde. Die Anzeichen für eine neue Sprachpolitik (und vielleicht noch weitere Veränderungen) beförderten daher den irredentistischen „Ausbruch" in Sewastopol[613] – und wahrscheinlich auch in anderen Städten der Krim.

Vor allem aber hatten die russischen Staatsmedien die Protestbewegung auf dem Majdan in den Wochen davor in schlechtestem Licht dargestellt, sie auf die gewalttätigen, „ultranationalistischen Kämpfer" des „Rechten Sektors" reduziert. Die Gewalt der Bereitschaftspolizei Berkut, der Truppen des Innenministeriums und bezahlter Schlägertrupps gegen die Demonstranten und Aktivisten, d.h. die vielen Fälle von brutalen Misshandlungen, Entführungen und teilweise Folterungen sowie die mindestens fünf Entführten, die bis zum 18. Februar 2014, als die Gewalt auf dem Majdan erneut eskalierte, tot aufgefunden wurden, wurde dagegen verschwiegen. Viele ethnische Russen auf der Krim standen daher der neuen Übergangsregierung in Kiew ablehnend gegenüber.[614] All dies trug dazu bei, dass nicht wenige Krimbewohner die von einer bewaffneten Minderheit eingeleitete Loslösung der Halbinsel von der Ukraine und ihren Anschluss an Russland zumindest hinnahmen. Tatsächlich bedroht waren aber die Rechte und Interessen der ethnischen Russen auf der Krim nicht, wie die UN und die OSZE in ihren Berichten feststellten (vgl. hierzu Abschnitt 5.2.10). Nachdem Russland die Halbinsel besetzt und nach einem nicht freien Referendum angeschlossen hatte, wurde in einem UN-Bericht die Menschenrechtslage auf der Krim, hier vor allem von Krimtataren und Gegnern des Anschlusses, moniert.[615]

Russische und russischsprachige Ukrainer in der Ostukraine: Fühlten die Menschen in der russischsprachigen Ostukraine (sowie auch Südukraine)

---

613 FAZ. 2014, 25.2., S. 2.
614 taz. 2014, 21.2., S. 3; Wood 2016, S. 13.
615 Office of the United Nations High Commissioner for Human Rights (2014), S. 4, 20-23. Vgl. ausführlich Abschnitt 5.2.10 der vorliegenden Arbeit.

ihre Rechte und Interessen missachtet? Die Aufhebung des Regionalsprachengesetzes durch das Kiewer Parlament einen Tag nach der Flucht und dem politischen Ende Janukowitschs löste verständlicherweise Unmut und Befürchtungen unter vielen der dortigen Russischsprachigen aus. Der entsprechende Parlamentsbeschluss wurde aber vom Übergangspräsidenten nicht unterzeichnet. Von vielleicht größerer Bedeutung war aber, dass kaum Politiker aus der Ostukraine der neuen Übergangsregierung angehörten. Des Weiteren gab es Sorgen und Unmut über einen erstarkten russlandkritischen bis -feindlichen (west)ukrainischen Nationalismus, der sich auf dem Majdan das Porträt Stepan Banderas, der Symbolfigur der während der deutschen Besatzung im 2. Weltkrieg entstandenen antisowjetischen (und antipolnischen) Aufstandsbewegung UPA auf seine Fahnen gedruckt hatte.[616] Russland, d.h. nicht zuletzt die staatlichen russischen Fernseh- und Radiosender, die in den östlichen Gebieten der Ukraine über eine breite Zuschauer- und Zuhörerschaft verfügten, verstärkte und instrumentalisierte mit Beginn der Proteste auf dem Majdan diese Befürchtungen vor dem westukrainischen Nationalismus, der oft mit Faschismus gleichgesetzt wurde.

Ein Mitte April 2014 veröffentlichter UN-Bericht über die Lage der Menschenrechte in der Ukraine, der die Entwicklungen bis Anfang April berücksichtigte, sprach im Hinblick auf die Ostukraine von einer besonders gespannten Situation in der Region; die ethnischen Russen befürchteten, dass die Zentralregierung ihre Interessen nicht repräsentiere. Gleich im

---

616 Stepan Bandera verbrachte die Zeit von Juli 1941 bis 1944 im deutschen Konzentrationslager Sachsenhausen, dies allerdings als Ehrenhäftling. Er war verhaftet worden, da der von ihm geleitete Flügel der antipolnischen OUN (Organisation ukrainischer Nationalisten) am 30. Juni 1941, d.h. acht Tage nach dem Angriff NS-Deutschlands auf die UdSSR im von der Wehrmacht besetzten Lemberg die „Unabhängige Ukrainische Republik" ausgerufen hatte. Das in der Zwischenkriegszeit zu Polen gehörende Ostgalizien mit Lemberg als Zentrum war 21 Monate davor, d.h. im September 1939 von der Roten Armee besetzt und der UdSSR einverleibt worden. Die OUN/UPA (Ukrainische Aufständische Armee) bekämpfte ab 1942 sowohl sowjetische Partisanen und die Rote Armee, als auch die polnische Untergrundarmee und je nach Lage die deutsche Besatzungsmacht. Des Weiteren ermordete sie 1943/44 im bis 1939 ostpolnischen, mehrheitlich ukrainisch besiedelten und unter NS-Herrschaft stehenden Wolhynien und Ostgalizien zehntausende Polen und Juden. Gloger 2015, S. 183.

Anschluss war von "zahlreiche(n) Behauptungen" die Rede, dass einige der Teilnehmer an den gegen die Übergangsregierung in Kiew gerichteten Protesten und Zusammenstößen in der Ostukraine „nicht aus der Region und dass einige aus der Russischen Föderation gekommen sind".[617] Im Hinblick auf Sorgen der Russischsprachigen angesichts des nationalistischen "Rechten Sektors" wurde festgestellt, dass es keine bestätigten Hinweise auf Angriffe dieser Organisation, einschließlich irgendwelcher physischer Schikanen gegenüber Minderheiten, aber zahlreiche Berichte über ihre gewaltsamen Handlungen gegen politische Gegner und Vertreter der ehemaligen Regierungspartei gebe.[618]

Letzteres – von Toten oder Schwerverletzten war dabei aber nicht die Rede – war angesichts der Repression und Gewaltanwendung des Janukowitschregimes gegen die Menschen auf dem Majdan mit Dutzenden von Toten nicht völlig überraschend, aber trotzdem inakzeptabel. Von einer Bedrohung der russischen bzw. russischsprachigen Ukrainer im Osten der Ukraine nach dem Regimewechsel in Kiew konnte aber laut dem UN-Bericht nicht gesprochen werden.

Laut einer Umfrage lehnten in der zweiten Aprilwoche 2014 70 Prozent der Befragten im Donezker Gebiet die bewaffneten Besatzer öffentlicher Gebäude ab, nur knapp über 20 Prozent befürworteten sie.[619] Viele russische und russischsprachige Ukrainer in der Südostukraine wurden ab April 2014 nicht Opfer von ukrainischen Nationalisten, sondern der neuen, zu nicht geringen Teilen aus Russland kommenden und von russischen Regierungsstellen stark unterstützten Herren, die im Vorfeld des Referendums über die Selbständigkeit am 11. Mai zu Einschüchterung, Folter, Entführungen und Morden griffen, um ihre Herrschaft durchzusetzen.[620] Eine deutsche Journalistin beschrieb die Stimmungslage der Bevölkerung Anfang Mai 2014 so:

> „In der Ostukraine ist bis heute kaum eine Parteinahme der Bevölkerung für oder gegen die Separatisten zu erkennen, stattdessen herrscht eine

---

617 Office of the United Nations High Commissioner for Human Rights (2014), S. 4.
618 Ebd., S. 19.
619 FAZ. 2014, 24.4., S. 5, Keine Mehrheit. Ein Ukraineexperte gibt einen Wert von 18 Prozent an. Vgl. Wilson 2014, S. 132.
620 SZ. 2014, 10.5., S. 9.

Mischung aus Fassungslosigkeit, Phlegma und nackter Angst: Ob nun Kiew oder Moskau die Geschicke der ... Region lenken, was macht das schon für einen Unterschied, fragen viele schicksalsergeben. ... Die Sehnsucht nach Ruhe und Ordnung, nach einem Ende des Chaos ... wächst – und damit die Wahrscheinlichkeit, dass sich die Menschen im Donbass mit einer Abspaltung des östlichen Landesteils abfinden ..."[621]

Eine Mehrheit der Einwohner des Donbass fühlte sich von der neuen Kiewer Regierung nicht repräsentiert, war aber nicht sezessionistisch und schon gar nicht irredentistisch eingestellt. Wahrscheinlich war sie auch nicht in erster Linie gleichgültig-unentschieden, wie obiges Zitat zum Teil nahelegt, sondern eingeschüchtert und machtlos. Die dortige Bevölkerung wurde zu einer Verfügungsmasse in einem zynischen zwischenstaatlichen (Russland vs. Ukraine), aber auch innerukrainischen Machtkampf (Reste des Janukowitschregimes und prorussländische Kräfte im Südosten vs. die neue, westukrainisch geprägte Kiewer Regierung). Und mit den militärischen Auseinandersetzungen entfremdeten sich viele Menschen im Donbass Kiew noch mehr. Distanz und Skepsis verwandelte sich in Empörung, Ablehnung und Hass. Die nach dem Kiewer Machtwechsel gewünschte regionale Autonomie innerhalb der Ukraine, d.h. ein Zusammenleben in einem *gemeinsamen* Staat stieß nun auf geringere Zustimmung, ja erschien angesichts der von einer Vielzahl von Akteuren geschaffenen Tatsachen zunehmend unrealistisch. Dies dürfte genau das (gewesen) sein, was die aus Russland eingedrungenen Besatzer, die anti-Kiewer und prorussländischen Kräfte vor Ort und nicht zuletzt die russische Regierung selbst wollten.

5.6.2 Mutterland attraktiv?

Eine weitere Variable, die das Verhalten der Minderheit beeinflusst, ist die wirtschaftliche, militärische usw. Stärke und Attraktivität des Mutterlandes. Minderheiten wollen lieber von einem reichen und mächtigen als von einem armen Nachbar „heimgeholt" werden. Beispielsweise war für viele Sudetendeutsche von Bedeutung, dass Deutschland in den 1930er Jahren wie-

---

621 SZ. 2014, 2.5. Vgl. in diese Richtung auch Wilson 2014, S. 124.

der zu einer Großmacht aufstieg. Mitte des Jahrzehnts wurden sie daher zu Hitlers treuesten Anhängern und wandten sich von den auf Ausgleich bedachten sudetendeutschen Parteien ab.[622]

Krimrussen – Russland: War für viele Einwohner der Krim, mehrheitlich ethnische Russen, Russland attraktiver als die Ukraine? Man könnte dies vermuten, denn schließlich hatte Russland Georgien (und implizit den USA) im August 2008 eine Lektion erteilt. Und trotz des tiefen wirtschaftlichen Einbruchs ab Mitte 2008, d.h. nach dem Beginn der weltweiten Banken- und Finanzkrise stand Russland bald wieder besser da als die seit über einem Jahrzehnt von Auseinandersetzungen zwischen den Eliten politisch zerrissene Ukraine.

Daraus aber auf einen verbreiteten Wunsch nach Trennung von der Ukraine und Anschluss an Russland zu schließen, wäre unzulässig. Eine Mehrheit der Einwohner der Krim stimmte in den 2000er Jahren bei Wahlen *nicht* für die postkommunistsch-prorussländische Gruppierung „Union" („Sojus") (Ergebnis bei den Regionalwahlen 2010: 5,3 Prozent) oder die russisch-nationalistische Partei „Russkoje Jedinstwo" („Russische Einheit") (2010: 4 Prozent), sondern für die „Partei der Regionen" von Wiktor Janukowitsch (2010: 48,9 Prozent), die zwar als russlandfreundlich galt, aber trotzdem einer der Pole auf dem Feld der *ukrainischen* Politik war und von Sezessionismus nichts wissen wollte, auch nicht im Falle der Krim.[623] Stattdessen verstand sie sich als Repräsentantin des starken Regionalbewußtseins in vielen östlichen und südlichen Gebieten der Ukraine. Zu dem hier gezeichneten Bild gehört aber auch folgender Tupfen: Die genannte Gruppierung „Sojus" errang bei den ukrainischen Parlamentswahlen im Jahr 2012 ein Abgeordnetenmandat: Ihr Kandidat Myrymsky setzte sich mit 36,45 Prozent der Stimmen im Wahlkreis Simferopol, der Hauptstadt der Krim, durch.[624]

---

622 Horowitz 1985, S. 286.

623 Wilson 2014, S. 109.

624 Vgl. „Soyuz (political party), https://en.wikipedia.org/wiki/Soyuz_(political_party) #cite_ref-12, Seite besucht am 30.1.2018. Weitere 9,1 Prozent der Stimmen wahrscheinlich im selben Wahlkreis (Simferopol, Wahlkreis 1) erzielte die bereits erwähnte „Russische Einheit". Vgl. „Russian Unity", https://en.wikipedia.org/wiki/Russian_Unity, Seite besucht am 16.4.2018.

Im Zuge der Protestbewegung auf dem Majdan und der russländischen Propaganda gegen diese mehrheitlich von Menschen aus der West- und Zentralukraine getragene Bewegung dürften sich die politischen Einstellungen der Menschen auf der Krim etwas geändert haben. Die Ukraine schien Anfang 2014 wirtschaftlich vor dem Abgrund zu stehen. Vielleicht stieg auf der Krim schon vor, vor allem aber nach dem Kiewer Machtwechsel die Zahl derjenigen, die sich von Moskau wegen des strategischen und symbolischen Werts der Halbinsel für die russländische (Großmacht-)Identität mehr Zuwendung erwarteten als von einem nun eindeutig nach EU-Europa orientierten Kiew.[625]

Trotzdem gibt es Indizien dafür, dass sich beim Referendum am 16. März 2014 weniger als die Hälfte der stimmberechtigten Bewohner für einen Anschluss an Russland aussprach. Laut einem Anfang Mai 2014 veröffentlichten Bericht von Mitgliedern des Rates für Fragen der Entwicklung der Bürgergesellschaft und der Menschenrechte beim Präsidenten der RF beteiligten sich am Referendum auf der Krim (im Gegensatz zur Stadt Sewastopol) nur 30–50 % der Wahlberechtigten; 50–60 % der Teilnehmenden stimmten demnach für den Anschluss der Republik an Russland.[626] Allerdings stellt sich bei diesen Werten die Frage, warum die Höhe der Beteiligung am Referendum nicht genauer bestimmt wurde bzw. werden konnte. Bei einer Umfrage in der zweiten Februarwoche 2014, d.h. noch vor dem Sturz Janukowitschs hatten 41 Prozent der Befragten auf der Krim einen Bund („union") mit Russland unterstützt.[627] Die Zustimmung der Bevölkerung der Krim zu einem Anschluss an Russland dürfte daher deutlich unter den offiziellen Zahlen (Beteiligung: 83,1 Prozent; für Anschluss an Russland: 96,77 Prozent)[628] gelegen haben. Wahrscheinlich machten sich viele ethnische Ukrainer und auch nicht wenige ethnische Russen – die meisten Krimtataren boykottierten das Referendum ohnehin – Sorgen um ihre poli-

---

625 Jobst 2015.

626 Jilge 2015, S. 5. Gerhard Simon nennt jeweils nur die untersten Werte: Ihm zufolge beteiligten sich am Referendum nur etwa 30 Prozent, von denen nur etwa die Hälfte für den Anschluss votiert habe. Vgl. Simon 2014, S. 33.

627 Wilson 2014, S. 112. Ob in der Umfrage das Wort *sojus* verwendet wurde, entzieht sich der Kenntnis des Autors. *Sojus* hat auch die Bedeutung von Bündnis, Allianz, Union (s. Sowjetskij Sojus – Sowjetunion), Vereinigung oder Verband.

628 Simon 2014, S. 32.

tische Freiheiten, vor allem aber um die wirtschaftliche Zukunft der Halbinsel, deren Versorgung mit Wasser und Strom ja über das ukrainische Festland läuft. Viele kleinere und mittlere Unternehmen auf der Krim fürchteten
für den Fall des Anschlusses an Russland um die engen Verbindungen
zum südukrainischen Hinterland, auf die sie angewiesen sind.[629] Im Jahr
1994 hatte auf der Krim schon einmal ein nationalistischer ethnischer Russe, nämlich Jurij Meschkow, regiert. Dies hatte die Beziehungen mit Kiew
belastet und zu einem deutlichen Rückgang der Touristenzahlen geführt.
Im Ergebnis hatten die wirtschaftlichen Probleme zugenommen.[630]

Die Hast, mit der das Referendum durchgeführt wurde, die Hinweise auf
die nicht hohe Beteiligung und die nicht überwältigende Zustimmung zum
Anschluss an Russland deuten im Verein mit der Einschüchterung von und
Anwendung von Gewalt gegen Gegner (bis hin zur Entführung und Ermordung eines krimtatarischen Aktivisten) darauf hin, dass der Anschluss in
erster Linie infolge sicherheitspolitisch-strategischer Interessen Russlands
sowie innenpolitischer Überlegungen der russischen Führung erfolgte. Um
die Wünsche und Interessen der Bevölkerung der Krim ging es dabei weniger. Russland schrieb den Bewohnern der Krim vor, was sie zu wollen hatten.

In der stark von russländischem Militär geprägten Hafenstadt Sewastopol
lagen die Dinge wahrscheinlich anders. Dort dürfte es angesichts der Kiewer Entwicklungen und der nicht auszuschließenden Aufkündigung des
2010 geschlossenen ukrainisch-russischen Abkommens über die Verlängerung des Pachtvertrags eine „autochthone" Bewegung hin zu einem Anschluss an Russland gegeben haben. Mit einer solchen Entwicklung hatten
führende Vertreter Sewastopols schon in den Wochen vor dem Machtverlust Janukowitschs sowie auch in den Jahren 2008 sowie 2004 gedroht.
Anfang 2008 hatte die Ukraine versucht, Anwärter auf eine NATO-Mitgliedschaft zu werden und im August dann den Einsatz von Schiffen der russischen Schwarzmeerflotte im Georgienkrieg kritisiert. Ende 2004 gefährde-
ten die Proteste gegen das offiziell bekanntgegebene Ergebnis der zweiten
Runde der ukrainischen Präsidentschaftswahlen den Machtantritt von Vik-

---

629 Jilge 2015, S. 5.
630 Kuzio 2007, S. 161.

tor Janukowitsch. Sewastopoler Offizielle drohten damals mit Sezessionismus, um dies abzuwenden. Der zweite Wahlgang wurde aber wiederholt und Janukowitsch verlor. Er wurde dann aber 2010 zum Präsidenten gewählt (vgl. hierzu die Abschnitte 4.1.4 und 5.6.5 in vorliegender Studie). Russische und russischsprachige Ukrainer in der Südostukraine: In der Südostukraine, hier vor allem im Donbass war und ist eine positive Einstellung zu Russland verbreitet. Auf die wirtschaftliche Attraktivität Russlands deutete hin, dass in der zweiten Aprilwoche 2014 auf die Frage „Was zieht Sie an Russland am meisten an?" knapp 42 Prozent der Befragten im Gebiet Donezk „die Stabilität der Wirtschaftslage" nannten. Im Gebiet Luhansk waren es knapp 35 Prozent. Knapp 40 Prozent der Befragten im Gebiet Donezk nannten „hohe Gehälter und Renten", knapp 38 Prozent „die Stabilität der Regierung". Die zweithöchsten Attraktivitätswerte gab es im ganz östlich gelegenen Gebiet Luhansk. Diese Zahlen deuten aber darauf hin, dass Russland selbst im Gebiet Donezk nicht bei der Mehrheit der Befragten, sondern nur bei einer starken Minderheit als wirtschaftlich und politisch attraktiv gesehen wurde. Interessanterweise zog die Kultur Russlands im Gebiet Donezk nur knapp 15 Prozent der Befragten stark an; im Gebiet Luhansk waren es sogar nur knapp acht Prozent. Für die Einwohner der Kohle- und Stahlregion, von denen etliche ihr Geld als Arbeitsmigranten in Russland verdienten, waren und sind die wirtschaftliche Lage in Russland und die politische Stabilität dort anscheinend viel wichtiger als dessen Kultur. Die Umfrage zeigte auch erneut die Unterschiede in den Einstellungen in den Gebieten der Ost- und Südukraine: So gaben im (schwer)industriell geprägten, westlich vom Gebiet Donezk gelegenen Gebiet Dnipropetrowsk, in dem mehrheitlich Russischsprachige leben, 55 Prozent der Befragten an, dass sie „nichts" an Russland anziehe. In den südlichen Gebieten waren dies zwischen 47 und 37 Prozent, in Donezk dagegen nur 20 Prozent.[631]

Wie wichtig für viele Menschen im Osten der Ukraine Russland als Arbeitsort und Handelspartner ist, zeigte sich in einer Umfrage in der dritten Septemberwoche 2014.[632] Selbst nach den schweren militärischen Auseinan-

---

631 Ukraine-Analysen. 2014, Nr. 133 (27.5.), S. 18.
632 Ukraine-Analysen. 2014, Nr. 138 (15.10.), S. 22.

dersetzungen in den Monaten und Wochen davor wünschten sich damals knapp 78 Prozent der Befragten in den östlichen Gebieten[633] offene Grenzen ohne Visa- und Zollkontrollen zwischen der Ukraine und Russland. In der Ukraine insgesamt (ohne das Gebiet Luhansk) waren das nur 44 Prozent der Befragten (Befragte in Russland: 62 Prozent). Gleichzeitig wünschten sich aber selbst im Osten der Ukraine nur 13 Prozent der Befragten die staatliche Vereinigung mit Russland (Russland: sieben Prozent).[634] Hierbei handelte es sich um die Werte der Makroregion „Osten". Aber auch im Donbass selbst sprachen sich 2014 in Umfragen höchstens ca. 30 Prozent, d.h. nur eine starke Minderheit für einen Anschluss an Russland aus. Insofern war das „Neurussland"-Projekt der russ(länd)ischen Nationalisten bzw. richtiger Imperialisten und der Putin-Führung entweder eine Schimäre, ein Hirngespinst oder von den russischen Entscheidungsträgern nur (zynisch) mit dem Ziel lanciert worden, über eine Destabilisierung, Schwächung und Verkleinerung der europäisch gewendeten Ukraine ihre Annäherung an EU und/oder NATO zu verhindern (bzw. zumindest zu erschweren und zu verzögern) und die neue, zu einem beträchtlichen Teil russischsprachige Ukraine zu keinem positiven Rollenmodell für die Gesellschaft Russlands werden zu lassen.

5.6.3   Mutterland wahrscheinlich irredentistisch?

Eine weitere Variable für das Verhalten der Minderheit ist die Einstellung des Mutterlandes, hier insbesondere seiner Regierung. Unerwiderter Irredentismus ist häufig.[635] Existiert dagegen die Erwartung, dass das Mutterland einen in die Arme schließen wird, so erhöht dies die Bereitschaft, auf

---

633 Welche Gebiete der Osten genau umfasste, ging aus den Grafiken nicht hervor. Es dürfte sich auf jeden Fall um Donezk und Charkiw, vielleicht auch noch Saporischschja (nordöstlich der Krim am Asowschen Meer, von daher aber eventuell auch zum Süden gehörend) und Dnipropetrowsk (im Westen des Gebiets Donezk gelegen) gehandelt haben. Diese Makroregion ging damit eventuell deutlich über die Ostukraine im üblichen (kleinen) Sinn hinaus.

634 Vgl. ebd. Weitere 8,4 Prozent der Befragten im Osten der Ukraine wünschten sich geschlossene Grenzen, Visa- und Zollkontrollen. In Russland waren das immerhin 26 Prozent. Vgl. ebd.

635 Horowitz 1985, S. 286.

es zuzugehen. Umgekehrt erhöht eine zurückhaltend-abstinente Haltung der Regierung des Mutterlandes die Wahrscheinlichkeit, dass eine Minderheit sezessionistischen oder autonomistischen Zielsetzungen den Vorzug gibt. Insbesondere bei einem Entgegenkommen der Zentralregierung wird die Minderheit bei Zurückhaltung des Mutterlandes bereiter zur Anpassung sein.[636] Letzteres war 1995 im Dreieck Krimparlamentarier – Kiew – Moskau der Fall, wenngleich hier auch die Schwäche des Krimparlaments nach der Instabilität unter dem bereits genannten russischen Nationalisten Meschkow eine Rolle spielte. Geht die Regierung des Mutterlandes auf irredentistische Avancen nicht ein, kann dies bei Vertretern der Minderheit auch zu Enttäuschung und Ärger führen; diese suchen dann eventuell Kontakt zu und Unterstützung bei Vertretern der (nationalistischen) Opposition im Mutterland. Genau dies war in den Jahren 1992/1993 bei nationalistischen ethnischen Russen auf der Krim zu beobachten. Eine sehr aktive Rolle spielten dabei aber auch nationalistische Parlamentarier in Russland.[637]

Ethnische Russen auf der Krim bzw. in Sewastopol: Die Ausprägung dieser Variable, nämlich der wahrscheinliche Irredentismus Russlands im Hinblick auf die Hafenstadt Sewastopol im Südwesten der Halbinsel, wies vor allem für deren Einwohner in Richtung Irredentismus, dies im Zusammenhang mit dem Georgienkrieg, d.h. ab dem Jahr 2008.[638] Der latente Konflikt um die Zugehörigkeit Sewastopols hatte sich im August 2008 intensiviert, als der damalige nationaldemokratisch-westlich orientierte Präsident Juschtschenko den Einsatz von Schiffen der russischen Schwarzmeerflotte im Georgienkrieg heftig kritisiert und angekündigt hatte, seine Regierung werde das Stationierungsabkommen mit Russland nicht verlängern. Der entsprechende Pachtvertrag sollte 2017 auslaufen.[639] Als Janukowitsch im Februar 2010 zum Präsidenten gewählt wurde, einigten sich die Ukraine und Russland aber in weniger als zwei Monaten auf eine Verlängerung des Pachtvertrags bis mindestens zum Jahr 2042. Im Gegenzug gewährte Russland der Ukraine für zehn Jahre einen Rabatt in Höhe von 30 Prozent

---

636 Horowitz 1992, S. 122 f.
637 Stewart 2005, S. 64 f.
638 FAS. 2008, 31.8., S. 6.
639 Der Spiegel. 2008, Nr. 40 (29.9.), S. 116-118.

auf den im Jahr davor abgeschlossenen, für die Ukraine ungünstigen Gas-
lieferungsvertrag. Der Gaspreis stieg bis 2013 trotzdem deutlich an – die
Ukraine zahlte unter allen europäischen Abnehmern schließlich den höchsten Preis. Die nationalukrainisch-russlandkritische Opposition hatte die Verlängerung des Pachtvertrags um mindestens 25 Jahre heftig kritisiert. Bei
dessen schneller Ratifizierung flogen im ukrainischen Parlament Eier und
Rauchbomben. Die Oppositionsführerin Julia Timoschenko, die während
des Georgienkriegs durch Zurückhaltung gegenüber Russland aufgefallen
war, sprach von „Verrat" und kündigte an, den Vertrag im Falle eines Re-
gierungsantritts zu kündigen.[640] Für Russland war damit klar, dass es in der
Frage der Benutzung des Hafens in Sewastopol keine Gewissheit gab: die
Stationierung der Flotte dort hing davon ab, wer in Kiew das Sagen hatte.
Dies verstärkte die irredentistischen Neigungen Russlands.[641] Und aus diesem Grund hatten vor allem die ethnischen Russen in Sewastopol keinen
Zweifel am *potentiellen* Irredentismus der russischen Führung, dies in Ab-
hängigkeit von den Umständen.

Darüber hinaus hatten russische Spitzenpolitiker wie der damalige Regierungschef Putin[642] oder der Nationalist Dmitrij Rogosin (letzterer war ab
2008 ständiger Vertreter Russlands bei der NATO in Brüssel und ab Dezember 2011 stellvertretender Regierungschef mit Zuständigkeit für den
Rüstungssektor) nach dem grundsätzlichen Beschluss der NATO vom April
2008 über eine Aufnahme Georgiens und der Ukraine eindeutig erklärt,
dass Russland die Halbinsel in einem solchen Fall an Russland anschließen werde. Rogosin hielt im Juni 2008 in einem *Iswestija*-Interview auch
einen „Volksaufstand" im Osten der Ukraine für möglich und fuhr fort: „Die
Ukraine wird anfangen, aus den Fugen zu geraten, sobald die ‚Orangenen'
(das proeuropäische bzw. -westliche Lager – F.P.) tatsächlich versuchen
werden, das Land in die Nato hineinzuziehen."[643]

---

640 FAZ. 2010, 28.4., S. 6.
641 Vgl. hellsichtig Kuzio 2010.
642 Kommersant. 2008, 7.4. Vgl. das Zitat am Ende von Abschnitt 4.1.4.
643 Rogosin 2008; FAZ. 2008, 19.6., S.5. In der FAZ wurde dies nicht ganz richtig mit
„an den Säumen zerfransen" wiedergegeben. Das russische Wort *schow* bedeutet
Naht, Fuge. Die umgangssprachliche Redewendung „treschtschat po vsem
schwam" hat die Bedeutung von „in allen Fugen krachen", „aus den Fugen gehen".
Indem Rogosin das Wort „vsem" („allen") weglieẞ und dem Verb „treschtschat'"' ein

Ab Ende 2013 vermittelten die Propaganda des russischen Staatsfernsehens in Bezug auf die Proteste auf dem Majdan sowie etliche Treffen zwischen hochrangingen Politikern Russlands und der Krim den Eindruck, dass Russland einen irregulären Machtwechsel in Kiew nicht tatenlos hinnehmen und „seinen" ethnischen Russen „beistehen" würde – was deren irredentistische Neigungen verstärkte, hier wiederum vor allem die der ethnischen Russen in Sewastopol.[644] Bei Tausenden, vielleicht Zehntausenden von ihnen (Offiziere und ihre Familienangehörigen, Zeitsoldaten) handelte es sich ohnehin um Staatsbürger Russlands.

2014 war damit einer der begünstigenden Faktoren für Irredentismus unter den ethnischen Russen auf der Krim, hier vor allem in Sewastopol gegeben: eine wahrscheinlich irredentistische Haltung des Mutterlandes Russland. Und am aktivsten beim Anschlussprozess war dann auch Russland in Gestalt der „grünen Männchen", d.h. Spezialkräften des Militärgeheimdienstes GRU und wahrscheinlich auch des FSB, ehemaligen Angehörigen der Sewastopoler und Krimer (ukrainischen) Berkut, die wegen ihrer Brutalität auf dem Kiewer Majdan mit Strafverfolgung rechnen mussten, des Weiteren russländische Marineinfanterie und Luftlandetruppen, die die Halbinsel unter ihre Kontrolle brachten. Russland griff nach der Krim, schlug seine Arme um die Halbinsel – und nicht wenige ethnische Russen auf der Krim waren begeistert. Vielleicht mehr ließen es eher geschehen. Offener Widerspruch bzw. Gegenwehr zog auch Repressalien nach sich.

Russische bzw. russischsprachige Ukrainer in der Südostukraine, insbesondere in den Gebieten Luhansk und Donezk: Präsident Putins Formulierung in seiner Ansprache zum Anschluss der Krim, dass nämlich die Bolschewisten „beträchtliche Territorien des historischen südlichen Russlands" der Unionsrepublik Ukraine angeschlossen hätten, vor allem aber seine Ausführungen vor Dutzenden von Millionen Fernsehzuschauern einen Monat später, dass das in zaristischer Zeit „Neurussland" genannte Gebiet – er nannte die großen Städte in der Nordost-, Ost-, Südost- und

---

„sa" davorstellte (was dann „anfangen zu krachen" bedeutet), schwächte er die Drastik der Redewendung etwas ab. Die Überschrift des Artikels enthielt aber gerade die Formulierung Rogosins („Ukraina satreschtschit po schwam", d.h.: „Die Ukraine wird anfangen, aus den Fugen zu geraten"). Vgl. Rogosin 2008.
644 Wood 2016, S. 13-15; FAZ. 2014, 25.2., S. 2.

Südukraine – damals nicht Teil der Ukraine gewesen sei, konnten, ja mußten bei den Menschen der betreffenden Regionen den Eindruck hervorru-
fen, dass Russland vielleicht auch im Hinblick auf diese Gebiete irredentistische Ziele verfolgte, sie an Russland anschließen wollte. Selbst nach einigen Monaten heftiger militärischer Auseinandersetzungen, d.h. bis in den
Sommer 2014 hinein gab es in der Südostukraine aber keine Mehrheit für
eine Sezession von der Ukraine, von einem Anschluss an Russland ganz
zu schweigen.[645] Dass sich das Donbass doch von der Ukraine abspaltete
(bzw. abgespalten wurde), war deshalb in erster Linie eine Folge der Einmischung und Destabilisierung durch Russland, der militärischen Auseinandersetzungen dort, der Interessen der Mächtigen in den beiden „Volksrepubliken" und der Schwierigkeiten eines Ausgleichs zwischen ihnen und
der Zentralregierung in Kiew. Im Jahr 2008 hatte ein Experte zum Donbass
noch gefragt, ob es „das letzte Grenzgebiet Europas" sei und betont, dass
es dort keinesfalls eine sezessionistisch gestimmte Mehrheit gebe.[646]
2014/15 wurde das Donbass dann infolge eines Krieges zum letzten
Grenzgebiet der „Russischen Welt" *zu* Europa.

Im Donbass sprachen sich in der zweiten Märzhälfte 2014 18 Prozent der
Befragten für eine unabhängige Südostukraine aus; 54 Prozent waren dagegen und 21 Prozent taten sich mit einer Antwort schwer. Für den Anschluss an einen anderen Staat – damit konnte nur Russland gemeint sein
– waren ebenfalls nur 18 Prozent. 56 Prozent waren dagegen und 26 Prozent fiel eine Antwort schwer. Bei einer ähnlichen, konkreteren Frage nach
einem Anschluss der Südostukraine an Russland war das Verhältnis der
Antworten im Donbass schon 27, 52 und 11 Prozent.[647] In der zweiten Aprilwoche 2014 sprachen sich im östlichsten Gebiet Luhansk ca. 30 Prozent
(Gebiet Donezk: 27,5 Prozent) für einen Anschluss an Russland aus, zwölf
Prozent waren unschlüssig und 52 Prozent dagegen.[648] In beiden Gebieten

---

645 Vgl. hierzu und zum Folgenden auch die in dieselbe Richtung weisenden Ausfüh-
    rungen bei Jilge 2014, insbesondere S. 4 f., die eine notwendige Dekonstruktion
    (und Destruktion) des Konzepts einer „Russischen Welt" und vor allem des „Neu-
    russland"-Projekts (bzw. -Mythos) darstellen.
646 Kuromiya 2008, insbesondere S. 108-111.
647 Ukraine-Analysen. 2014, Nr. 132 (14.5.), S. 17 f.
648 Ebd., S. 19.

unterstützten nur knapp 20 Prozent einen Einmarsch russländischer Truppen; 53 Prozent (Gebiet Luhansk) bzw. 66 Prozent (Gebiet Donezk) waren dagegen und 23 bzw. 13 Prozent unentschlossen.[649] Das klarste Indiz dafür, dass sich die Menschen im Donbass vor Beginn der gewaltsamen Eskalation des russisch-ukrainischen Konflikts trotz aller Ängste und der Unzufriedenheit über die neue Führung in Kiew nicht von der Ukraine abspalten wollten, lieferte eine in der zweiten Märzhälfte duchgeführte Umfrage. 90 Prozent der Befragten im Donbass bezeichneten die Ukraine dabei als ihre Heimat. Nur 2,6 Prozent der dortigen Befragten verneinten dies.[650] Infolge der militärischen Auseinandersetzungen im Frühjahr und Sommer 2014 veränderten sich diese Zahlen bis September 2014 etwas: die Zahl der Unabhängigkeitsbefürworter nahm etwas zu, die der Gegner etwas ab. Vor allem aber wuchs die Zahl derer, die sich über ihre Präferenzen im Unklaren waren.[651] So sprachen sich in der dritten Septemberwoche 2014, d.h. nach den heftigen militärischen Auseinandersetzungen bis dahin, im Donezker Gebiet[652] schon 32 Prozent für einen eigenen unabhängigen Staat aus. Nur mehr 38,6 Prozent waren dagegen und knapp 30 Prozent taten sich mit einer Antwort schwer. Wie bei den Umfragen im Frühjahr waren weniger (23 Prozent) für die irredentistische Variante, d.h. dafür, dass sich das Donbass abspaltete und an einen anderen Staat – dafür kam nur Russland in Frage – anschloss. Fast 47 Prozent waren dagegen und auch hier taten sich 30 Prozent mit einer Antwort schwer.[653] Ob der hohe Anteil derjenigen, denen eine Antwort schwer fiel, darauf zurückzuführen war, dass viele nicht offen für eine Abspaltung von der Ukraine, ganz zu schweigen einen Anschluss an Russland plädieren wollten, ist unklar – dagegen spricht eher, dass sich ja 38,6 Prozent explizit gegen eine Abspaltung und 47 Prozent explizit gegen einen Anschluss an Russland aussprachen. Insofern kam in diesen Zahlen zum Ausdruck, dass im September 2014 fast einem Drittel der Befragten im Donezker Gebiet nicht

---

649 Ebd., S. 20.
650 Ebd.
651 Ukraine-Analysen. 2014, Nr. 138 (15.10.), S. 32 f.
652 Die Umfrage wurde im Donbass, nicht aber im Gebiet Luhansk durchgeführt, weshalb hier vom Donezker Gebiet gesprochen wird.
653 Ukraine-Analysen. 2014, Nr. 138 (15.10.), S. 32 f.

mehr klar war, wohin die Reise gehen sollte bzw. konnte. Es ist nicht auszuschließen, dass bei den Menschen im ganz östlich gelegenen Gebiet Luhansk die Zahl derer, die für eine Sezession oder einen Anschluss an Russland waren, noch höher war.

Bei einer weiteren Frage konnten bzw. mußten die Befragten zwischen dem Status quo vor dem 22. Februar 2014, einem Donbass als Teil der Ukraine mit mehr Unabhängigkeit von Kiew, Unabhängigkeit und als vierte Möglichkeit einem Anschluss an Russland wählen. Eine relative Mehrheit von 42 Prozent der Befragten im Donezker Gebiet war hier für eine Autonomie des Donbass innerhalb der Ukraine (Ukraine gesamt: 32 Prozent), 26 Prozent, d.h. ein Viertel der Befragten für die Unabhängigkeit (Ukraine gesamt: 7 Prozent) und nur 16 Prozent, d.h. ein Sechstel für einen Anschluss an Russland (Ukraine gesamt: 5 Prozent). Sieben Prozent plädierten für den Status quo, wie es ihn vor dem Sturz Janukwytschs gegeben hatte (Ukraine gesamt: 46 Prozent).[654]

Dies bedeutete gleichzeitig, dass sich im Donezker Gebiet Autonomisten (42 Prozent) auf der einen Seite und Sezessionisten bzw. Irredentisten (26 + 16 Prozent = 42 Prozent) auf der anderen Seite bei dieser Art der Frage und zu diesem Zeitpunkt schon die Waage hielten. Dass sich seitdem das Abspaltungsszenario durchgesetzt hat und zumindest das Gebiet der „Luganser Volksrepublik" infrastrukturell (Energieversorgung etc.) immer stärker an Russland angeschlossen wird, geht vor allem auf die Unterstützung (Einmischung) Russlands und die Macht- und ökonomischen Interessen der Herrschenden in den beiden „Volksrepubliken" zurück. Daneben dürfte auch die Schwierigkeit einer Kompromißfindung zwischen Kiew und Donezk bzw. Luhansk eine Rolle gespielt haben.

Wahrscheinlich spielten bei der genannten Entwicklung aber auch die Erwartungen der Menschen im Donbass eine Rolle. Obwohl es in der Region lange Zeit eine absolute Mehrheit gegen eine Sezession der Region von der Ukraine gab (eine relative Mehrheit befürwortete stattdessen einen Autonomiestatus innerhalb der Ukraine), stimmten schon in der zweiten Märzhälfte 2014, d.h. *vor* Beginn der militärischen Auseinandersetzungen 58 Prozent der Befragten aus dem Donbass (und 48 Prozent, d.h. eine re-

---

654 Ebd., S. 33.

lative Mehrheit der Befragten in den südlichen Gebieten der Ukraine) der These zu, dass „zwischen den westlichen und den östlichen Regionen der Ukraine so umfassende politische Widersprüche, sprachliche und kulturelle Unterschiede oder wirtschaftliche Ungleichgewichte (existieren), dass sie sich auf lange Sicht voneinander trennen werden, eigene Staaten gründen oder sich anderen Staaten anschließen könnten." Nur eine Minderheit von 27 Prozent (Süden: 38 Prozent) der Befragten im Donbass widersprach dieser These.[655] Diese pessimistischen Erwartungen trugen vielleicht dazu bei, dass sich nicht genug Menschen den Entwicklungen, die schließlich zu einer Trennung des Donbass von der Ukraine führten sollten, entgegenstellten.

Eine Mehrheit im Donbass wollte im Frühjahr 2014 keine Unabhängigkeit, d.h. Abspaltung der Region. Im Laufe des Jahres 2014 entwickelten sich die Einstellungen einer Mehrheit der Menschen im Donbass und die der Mehrheit in den anderen Teilen der Ukraine aber immer stärker auseinander. So führten in einer Umfrage des Rasumkow-Zentrums vom 5. bis zum 10. September 2014 die Befragten im Donbass den Separatismus in der Südostukraine in erster Linie[656] auf den Machtwechsel in Kiew im Februar 2014 (44,5 Prozent; Ukraine gesamt: 28 Prozent) sowie auf Fehler der neuen ukrainischen Regierung zurück (35 Prozent; Ukraine gesamt: 20 Prozent). In der Ukraine insgesamt sah man mehrheitlich andere Ursachen hinter dem gewaltsamen Konflikt im Donbass: 60,6 Prozent der Befragten machten vor allem Provokationen und subversive Aktivitäten Russlands für den Separatismus verantwortlich (im Donbass deutlich weniger, aber immerhin noch 26 Prozent der Befragten). 38 Prozent der Befragten in der Ukraine führten den Separatismus in der Südostukraine auf die prorussländische Stimmung eines beträchtlichen Anteils der Bevölkerung dieser Region zurück. Auch im Donbass selbst wurde dieser Faktor von immerhin 30 Prozent der Befragten und am dritthäufigsten genannt.[657] Die genannten 38 Prozent der Befragten in der Ukraine hatten damit Zweifel an der Loyalität

---

655 Ukraine-Analysen. 2014, Nr. 132 (14.5.), S. 19.
656 Bei dieser Frage konnten die Befragten bis zu drei Antworten geben.
657 Ukraine-Analysen. 2014, Nr. 138 (15.10.), S. 30.

eines großen Teils der Einwohner des Donbass gegenüber dem ukrainischen Staat.

Gut 30 Prozent der Befragten im Donbass nannten als Hauptschuldige an
der Situation die neue ukrainische Regierung (Ukraine gesamt: 14 Prozent), immerhin knapp 19 Prozent die vorherige Regierung Janukowitsch
(24 Prozent), 15 Prozent die russländische Regierung (40 Prozent) und 10
Prozent die ukrainischen Nationalisten ("Bandera-Treue") (3,6 Prozent). 14
Prozent taten sich mit einer Antwort schwer (7 Prozent).[658]

Klar wird aus diesen Zahlen, dass die Einschätzungen der Rolle, die Russland in der Südostukraine spielte, auseinandergingen. Die Einstellungen im
Donbass waren dabei oft denen in Russland ähnlich. Während in der dritten Septemberwoche 2014 im Donezker Gebiet[659] immerhin 44 Prozent (in
Russland: 50 Prozent) der Behauptung zustimmten, dass Russland die
prorussländischen Kräfte in der Südostukraine aktiv unterstütze (7,2 Prozent "auf jeden Fall", 36,7 Prozent "eher ja"), waren das in der gesamten
Ukraine über 74 Prozent (49,3 Prozent "auf jeden Fall"). Im Donezker Gebiet verneinten 31 Prozent der Befragten eine solche Unterstützung (in
Russland knapp 30 Prozent), in der Ukraine insgesamt nur 15 Prozent.[660]

51 Prozent der Befragten im Donezker Gebiet (in allen östlichen Gebieten
ohne das Gebiet Luhansk waren es 34 Prozent) stimmten der These zu,
dass Russland das Recht habe, die Interessen der russischsprachigen Bevölkerung in der Ostukraine zu schützen. Nur 18 Prozent (gesamte Ostukraine ohne Luhansker Gebiet: 53 Prozent) verneinten dies.[661] Nur 19 Prozent der Befragten im Donezker Gebiet machten Russland für das Blutver-
gießen und die Toten in der Südostukraine verantwortlich (in Russland 16,5
Prozent; Ukraine gesamt dagegen knapp 63 Prozent); knapp 63 Prozent
verneinten eine Verantwortung Russlands. Nur knapp 20 Prozent sahen
einen Krieg zwischen der Ukraine und Russland (in Russland 26 Prozent;

---

658 Ebd., S. 29.
659 In der Umfrage des Fonds demokratischer Initiativen (DIF) zusammen mit dem
     Kiewer Internationalen Institut für Soziologie (KMIS) war vom Donbass die Rede.
     Da das Luhansker Gebiet aber ausgespart wurde, wird hier vom Donezker Gebiet
     gesprochen.
660 Ukraine-Analysen. 2014, Nr. 138 (15.10.), S. 25.
661 Ebd.

Ukraine gesamt demgegenüber 70 Prozent).[662] Die deutlichen Unterschiede in den Einstellungen im Donezker Gebiet einerseits, der Ostukraine insgesamt (ohne das Gebiet Luhansk) andererseits brachten die Ausdifferenzierung dieser Makroregion zum Ausdruck: Das Donbass ging zunehmend eigene Wege (bzw. wurde vom Rest der Ukraine getrennt).

Dabei wurde „die aktuelle Situation im Donbass" im Donbass selbst nicht einheitlich interpretiert: In der Umfrage des Rasumkow-Zentrums vom 5. bis zum 10. September 2014, d.h. unmittelbar nach wochenlangen schweren militärischen Auseinandersetzungen, bezeichneten 23 Prozent der Befragten im Donbass (bei dieser Umfrage einschließlich des Gebiets Luhansk) die Lage als Krieg mit Russland (Ukraine gesamt: 57 Prozent). Ungefähr ebenso viele, nämlich 22,5 Prozent der Befragten interpretierten sie als Kampf um die Unabhängigkeit der beiden „Volksrepubliken" (Ukraine gesamt: 6,7 Prozent), 21 Prozent als Bürgerkrieg (13 Prozent), 15 Prozent als Protestaktionen der dortigen Bevölkerung gegen die neue ukrainische Regierung (10 Prozent) und 7,5 Prozent als Kampf gegen Terroristengruppen (7 Prozent). 10 Prozent (5 Prozent) taten sich mit einer Antwort schwer.[663] Bedroht fühlten sich im Donbass 44,5 Prozent der Befragten von ukrainischen Nationalisten („Bandera-Treue") (Ukraine gesamt: 15 Prozent), 41,3 Prozent von den ukrainischen Sicherheitsbehörden (Ukraine gesamt: 13 Prozent) und immerhin jeweils knapp ein Drittel von prorussländischen Extremisten bzw. russländischen Sicherheitsbehörden (Ukraine gesamt: 66 bzw. 71 Prozent).[664]

Angesichts dieser gegensätzlichen Einschätzungen überrascht auch nicht, dass die Antworten auf die Frage nach dem Umgang mit der entstandenen Situation weit auseinander gingen. So sprachen sich in der genannten Umfrage des Razumkow-Zentrums in der zweiten Septemberwoche 2014 im Donbass 64,4 Prozent der Befragten dafür aus, dass die ukrainische Regierung die Militäroperationen einstelle und mit Vertretern der beiden „Volksrepubliken" verhandle. In der gesamten Ukraine plädierten nur 34 Prozent dafür. 19 Prozent waren für einen Mix aus Verhandlungen und

---

662 Ebd., S. 26 f.
663 Ebd., S. 28.
664 Ebd., S. 31.

Militäroperationen (Ukraine gesamt: 34 Prozent). Nur knapp fünf Prozent der Befragten im Donbass waren schließlich dafür, dass die ukrainische Regierung bis zu einem Sieg weiterkämpfte (Ukraine gesamt: 21 Prozent).[665]

Zusammenfassend ist festzuhalten, dass im Jahr 2014 höchstens 30 Prozent der Befragten im Donbass einen Anschluss an Russland wollten – über die Hälfte war dagegen. Insofern gab es nie eine Basis für Irredentismus von Seiten Russlands. Aber die führenden Besatzer aus Russland, Igor Girkin und Aleksandr Borodai waren eben russische Imperialisten, die sich nicht um die Meinung der Mehrheit im Osten und Süden der Ukraine, ja nicht einmal im Donbass scherten. Borodai, der frühere „Premier" der „DNR", erklärte im Juni 2016: „ Alle haben Parallelen zur Krim gesehen, alle hielten es für real." Er fügte an: „Aber leider mussten wir einen Krieg führen." In demselben Interview erklärte er auch, das Wort Ukraine sei lächerlich; er sei eher für den Begriff „Kleinrussland": „Die eigenständige ukrainische Staatlichkeit ist eine unnatürliche Sache."[666] Stärker noch als Putin lebten diese Personen „in einer anderen Welt", nämlich der imperialen, machtstaatlichen, gewalttätigen, orthodoxen und autoritären „Russischen Welt" („Russkij mir"). Und die russische Führung, russische Regierungsstellen unterstützten hinter den Kulissen tatkräftig deren Tun. Das „Neurussland"-Projekt Putins und anderer war daher über seine Völkerrechtswidrigkeit hinaus auch ethisch höchst zweifelhaft, ja verwerflich. Dass die Spannungen zwischen der Südostukraine und Kiew ab April 2014 zu militärischen Auseinandersetzungen eskalierten, kann ohne den externen Faktor, den Einfluss und die Aktivitäten Russlands und russländischer Staatsbürger nicht erkärt werden.

Die Entstehung der beiden „Volksrepubliken" bestätigt die These, dass „relative Macht ... einen kritischen Einfluss auf die Extremität der Forderungen hat, die Gruppen gegen ihre Regierungen vorbringen." Zu dieser „strategi-

---

665 Ebd., S. 30. Vgl. dort auch die Umfrage auf S. 34, bei der sich 54 Prozent der Befragten im Donbass zur Herbeiführung eines Friedens für einen Abzug der ukrainischen Armee aus der Region aussprachen (Ukraine gesamt: 24 Prozent). Über ein Drittel der Befragten, d.h. keine Mehrheit nannte des Weiteren die Gewährung einer Sonderautonomie (Ukraine gesamt: 18 Prozent).
666 Die Welt. 2016, 23.6., S. 8.

schen Macht" können unter anderem „eine Geschichte der Autonomie, äußere militärische Unterstützung und territoriale Konzentration" beitragen.[667] Die Südostukraine und enger das Donbass können (aber) kaum auf eine Geschichte der Autonomie verweisen.[668] Und auch der Faktor der territorialen Konzentration ist nicht eindeutig: Im Jahr 2001 betrug der Anteil der ethnischen Russen in den beiden Gebieten Donezk und Luhansk unter 40 Prozent. Zwar war der Anteil derjenigen, die Russisch als Muttersprache angaben, deutlich höher; er betrug knapp 75 bzw. 69 Prozent. Die übergroße Mehrheit konnte und kann als im Alltag Russisch sprechend bezeichnet werden. Ihre politischen Vorstellungen gingen aber auseinander: Laut der weiter oben angeführten Umfrage sprachen sich im September 2014 jeweils gut 40 Prozent der Befragten im Donbass für eine Autonomie einerseits, Abspaltung oder gar Anschluss an Russland andererseits aus. Dass es zu dieser „forty-forty"-Situation aber überhaupt gekommen war (die Einwohner des Donbass hatten im Frühjahr 2014 keine Abspaltung gewollt) und dass das Donbass schließlich abgespalten wurde, kann ohne die „äußere militärische Unterstützung", ja die verdeckte Intervention Russlands zugunsten der dortigen russischen Imperialisten/Besatzer und ihre Helfershelfer vor Ort nicht erklärt werden.

5.6.4 Den politischen Führern des Gebiets, das sich ans Mutterland anschließen will, droht keine Marginalisierung, kein Machtverlust?

Grundsätzlich ist Irredentismus in der zwischenstaatlichen Politik ein seltenes Phänomen. Einer der Gründe dafür ist, dass die politischen Vertreter der Gruppe, die „heimgeholt" werden soll, bei einem Aufgehen im Mutterland vor der Aussicht stehen, marginalisiert zu werden, zumindest mit verstärkter politischer Konkurrenz aus dem Mutterland rechnen müssen. Aus diesem Grund ist Sezessionismus oder eine Autonomie innerhalb des bisherigen Staates für sie oft die attraktivere Option.[669]
Krim: Hohe Politiker der Krim waren sich vor der Flucht Janukowitschs aus Kiew nicht über die zukünftige Verortung der Halbinsel einig. So hatte der

---

667 Jenne/Saideman/Lowe 2007, S. 539.
668 Wilson 2014, S. 124.
669 Chazan 1991, S. 145 f.

Vorsitzende des Regionalparlaments, Wladimir Konstantinow, der der „Partei der Regionen" von Janukowitsch angehörte, bei einem Besuch in Moskau am 20. Februar 2014 erklärt, dass der Beschluss der sowjetischen Parteiführung vom 19. Februar 1954, die Krim an die Ukrainische SSR zu übertragen, hinfällig sei, wenn die Regierung in Kiew dem Druck der Demonstranten nachgebe. Er machte damit ein Verbleiben der Halbinsel bei der Ukraine davon abhängig, dass Janukowitsch seine Macht verteidigte. Wahrscheinlich stand hinter Konstantinows Äußerung nicht in erster Linie Irredentismus, sondern sie dürfte vor allem taktisch-instrumenteller Natur gewesen sein, sollte Druck auf Janukowitsch ausüben. Der Regierungschef der Krim, Anatoli Mogiljow, auch er von der „Partei der Regionen", erklärte dagegen, die Krim sei ein untrennbarer Teil der Ukraine. Und ein weiterer Politiker derselben Partei, der (zusammen mit anderen) für die Krim im ukrainischen Parlament saß, kommentierte Konstantinows Äußerungen so: „Dem fehlt es an Verstand".[670] Dieser Politiker musste für den Fall einer Abspaltung der Krim mit dem Verlust seines Abgeordnetenmandats im Kiewer Parlament rechnen, weshalb er sich dagegen aussprach.

Russland kam möglichen Problemen bei einem Anschluss der Halbinsel zuvor, indem es die politische Führung der Republik Krim am 27. Februar kurzerhand stürzte. Die Entwicklung nahm von Sewastopol ihren Ausgang: Schon am 22. Februar – in der Nacht davor war Janukowitsch aus Kiew geflohen – trafen die Angehörigen der Krimer Berkut in Sewastopol ein und wurden in der Stadtmitte als Helden begrüßt. Ihre Sturmhauben nahmen sie dabei aber nicht ab. Diese Spezialeinheit des ukrainischen Innenministeriums war ab Ende November 2013 gewaltsam und schließlich mit Schusswaffen gegen die Demonstranten auf dem Majdan vorgegangen. Nach der Implosion des Janukowitschregimes setzten sich vor allem diejenigen Berkut-Angehörigen, die von der Krim und aus den südöstlichen Regionen der Ukraine stammten bzw. dort stationiert waren, dorthin oder nach Russland ab, da sie wegen ihrer Gewalttaten mit Strafverfolgung rechnen

---

670 FAZ. 2014, 22.2., S. 2.

mussten. Am 25. Februar sollte die neue ukrainische Übergangsregierung dann auch die Auflösung der Berkut bekanntgeben.[671]

Am 23. Februar erklärten in Sewastopol mindestens zehntausend Demonstranten in Gegenwart nicht weniger bewaffneter „Selbstverteidigungskräfte" durch Handheben einen stadtbekannten Unternehmer mit russländischer Staatsbürgerschaft zum „Volksbürgermeister". Dessen Unternehmen hatte seinen Sitz in Moskau. Der alte, von Janukowitsch eingesetzte Bürgermeister legte daraufhin sein Amt nieder und zog sich in seine Heimatstadt Dnipropetrowsk zurück.[672] Am 25. Februar blockierten einige hundert prorussländische Aktivisten das Parlamentsgebäude in der Hauptstadt Simferopol. Sie forderten ein Referendum über die Unabhängigkeit der Krim von der Ukraine. Daraufhin mobilisierte die Versammlung der Krimtataren für ein Verbleiben der Krim in der Ukraine. Bei Zusammenstößen zwischen ihnen und Mitgliedern der „Russischen Gemeinde der Krim" vor dem Parlament kamen am 26. Februar zwei Personen ums Leben; ca. 30 wurden verletzt.[673]

In der Nacht auf den 27. Februar besetzten dann Bewaffnete ohne Hoheitszeichen, überwiegend (ehemalige) Angehörige der auf der Krim stationierten Berkut sowie einer russischen Spezialeinheit unter Führung des Kommandeurs der Sewastopoler Berkut und des im März 2013 aus dem aktiven Dienst ausgeschiedenen russländischen FSB-Obersten Igor Girkin das

---

671 Wilson 2014, S. 108-111.
672 FAZ. 2014, 25.2., S. 2.
673 „Prisojedinenije Kryma k Rossijskoj Federazii", https://ru.wikipedia.org/, Seite besucht am 4.7.2016. Im „Weißbuch" des russischen Außenministeriums zur Menschenrechtslage in der Ukraine im Zeitraum November 2013 bis März 2014 hieß es hierzu: „Am 26. Februar 2014 sanktionierte das ‚Kiewer Regime' die Erstürmung des Gebäudes des Obersten Sowjet der Autonomen Republik Krim. An dem Angriff nahmen Aktivisten ukrainischer rechtsradikaler Gruppierungen („Rechter Sektor"), Kämpfer der terroristischen Organisationen ‚Al-Kaida' und ‚Chisb ut-Tachrir' sowie mit ihnen sympathisierende wahhabitische Krimtataren (krymskie tatary-wachchabity) teil. Infolge der massiven Attacke kamen friedliche Bürger um, die sich zur Verteidigung des Verwaltungsgebäudes gegen den Angriff der Kämpfer erhoben hatten." Vgl. MID RF. 2014, Belaja kniga, S. 16. Laut dem lesenswerten Artikel über den Anschluss der Krim in der russischsprachigen Wikipedia starb bei den Auseinandersetzungen vom 26. Februar eine Person an einem Herzinfarkt; eine Frau wurde von der Menge erdrückt. Vgl. „Prisojedinenije Kryma k Rossijskoj Federazii", https://ru.wikipedia.org/, Seite besucht am 4.7.2016.

Parlament sowie den Sitz der Regionalregierung in Simferopol. In Gegenwart dieser Bewaffneten stimmte eine unbekannte Zahl von Abgeordneten in einer nichtöffentlichen Sondersitzung für die Abwahl der Regierung Mogiljow, wählte Sergej Aksjonow zum neuen Regierungschef und beraumte für den 25. Mai die Abhaltung eines Referendums über den zukünftigen Status der Halbinsel an.[674] Igor Girkin, der spätere „Verteidigungsminister" der „Donezker Volksrepublik" erklärte im Januar 2015 in einem Interview, es habe damals von Seiten der Behörden auf der Krim keine Unterstützung gegeben. „Es waren die Kämpfer, die die Abgeordneten zusammengetrommelt und zum Abstimmen gezwungen haben. Ja, ich war einer der Kommandeure dieser Kämpfer."[675] Um den Eindruck größerer öffentlicher Unterstützung hervorzurufen, ließen die neuen Machthaber um die tausend prorussländische Personen mit Bussen aus Sewastopol nach Simferopol bringen.[676]

Der neue moskautreue Regierungschef Sergej Aksjonow hatte in den 1990er Jahren ein Firmenkonglomerat aus Immobilien-, Bau- und Tourismusunternehmen geschaffen und war verdächtigt worden, hinter mehreren Auftragsmorden gestanden zu haben. Seine russisch-nationalistische Splitterpartei „Russische Einheit" hatte bei den Wahlen zum Parlament der Krim

---

674 Wilson 2014, S. 110; „Prisojedinenije Kryma k Rossijskoj Federazii", ... In diesem Artikel über den Anschluss der Krim in der russischsprachigen Wikipedia heißt es lapidar: „Am frühen Morgen des 27. Februar besetzte eine russländische Spezialeinheit (rossijskij speznas) die Gebäude der Machtorgane der AR (Autonomen Republik – F.P.) Krim und nahm sie unter ihren Schutz, ...". Vgl. ausführlicher Quiring 2017, S. 182 f., dem zufolge am 27. Februar unter Vortäuschung einer Notsituation auch ein Vorauskommando des russischen Militärgeheimdienstes GRU auf dem Flughafen Simferopols, d.h. der Hauptstadt der Krim landete.

675 FAZ. 2015, 27.1., S. 5. In dem Artikel über Igor Girkin („Strelkow, Igor Iwanowitsch") in der russischsprachigen Wikipedia wird dessen Rolle bei der Besetzung des Parlaments der Krim, beim Sturz der Regierung und bei der Besetzung der Halbinsel interessanterweise völlig ausgespart. Wahrscheinlich gibt es hier einen starken, auch offiziellen Druck, nicht an der Mär von der freiwilligen Wiedervereinigung der Krim mit Russland zu rühren. Trotzdem gibt es in dem Wikipedia-Artikel einen Link zu dem betreffenden Interview, dessen Überschrift dabei angegeben wird – und da klingen Girkins Ausführungen noch radikaler als in der FAZ: „Girkin: ‚Wir trieben mit Gewalt die Abgeordneten der Krim zusammen, für das Referendum über die Abtrennung von der Ukraine zu stimmen'." Vgl. „Strelkow, Igor Iwanowitsch", https://ru.wikipedia.org/.

676 taz. 2014, 1.3., S. 3.

im Jahr 2010 nur vier Prozent der Stimmen erhalten. Das machte ihn von den neuen Moskauer Herren sehr abhängig. Das eilig angesetzte Referendum über den Status der Republik Krim wurde innerhalb einer Woche zweimal vorgezogen: vom 25. Mai – das Parlament in Kiew hatte für diesen Tag ukrainische Präsidentschaftswahlen anberaumt – auf den 30. März, dann am 6. März auf den 16. März.[677] Alles sollte schnell über die Bühne gehen, Russland wollte vollendete Tatsachen schaffen. Aksjonow war zum Teil eine Schaufensterfigur; im Hintergrund hatten Leute aus Russland das Sagen. Aber es gab auf der Krim durchaus viele Russland und Putin gegenüber loyale russische Nationalisten, so dass die Annexion der Halbinsel ohne größere Schwierigkeiten verlief.

Südostukraine/Donbass: Die vor allem im Donbass, d.h. regional verankerte nationale Elitefraktion mit Janukowitsch als politischem Repräsentanten erfuhr durch die Majdanrevolution einen Machtverlust. Den möglichen Konsequenzen für ihre Freiheit und eventuell Sicherheit entzog sie sich durch die Flucht auf die Krim bzw. nach Russland.[678] Janukowitsch rief in Russland Putin zum Einsatz der russländischen Streitkräfte gegen die Ukraine auf, vorgeblich zum Schutz der Ukrainer vor der neuen, ihm zufolge illegalen Kiewer Regierung, d.h. er verhielt sich wie ein Irredentist. Die bald einsetzende Unterstützung bestimmter Rebellenführer in der Südostukraine durch Angehörige der Janukowitsch-„Familie" war als Abwehrstrategie gegen die neue Regierung in Kiew und als Rache zu interpretieren.

Für einen Anschluss der Südostukraine und auch enger des Donbass an Russland gab es keine gesellschaftliche Basis. Die dortige Bevölkerung wollte auch nach dem Kiewer Machtwechsel keine Abspaltung der Region von der Ukraine. Selbst im ganz östlich gelegenen, im Norden, Osten und Süden von Russland umgebenen Gebiet Luhansk befürworteten in der ersten Aprilhälfte 2014 42 Prozent der Befragten einen (ukrainischen) Einheitsstaat; genau so viele sprachen sich für eine Föderalisierung des Staates aus. 70 Prozent der Befragten im (süd)westlich davon gelegenen Donezker Gebiet lehnten die bewaffneten Besatzer öffentlicher Gebäude ab, nur knapp über 20 Prozent befürworteten sie. Gut ein Viertel stimmte ei-

---

677 SZ. 2014, 8.3., S. 6.
678 SZ. 2014, 16.4., S. 7.

nem möglichen Einmarsch Russlands zu; mehr als 50 Prozent waren dagegen.[679]

Über die Geschicke des Donbass entschied nicht die Mehrheit der Bevölkerung der Region und auch nur zum Teil die dortigen verbliebenen Eliten. Von größerer Bedeutung waren externe Akteure, die unterschiedliche „Projekte" verfolgten: Einige der Akteure bei der Besetzung und dem Anschluss der Krim, die im Verein mit russländischen Regierungsstellen gehandelt hatten, wollten diesen ihren Erfolg im Osten und Süden der Ukraine wiederholen. Russland sandte wie im Falle der Krim nicht gekennzeichnete Soldaten in die Region, die dort prorussländische Aktivisten, Unzufriedene und Kriminelle gegen die schwache ukrainische Staatsmacht organisierten. Tausende von Nationalisten-Imperialisten, Söldnern, Kriminellen und Abenteurern kamen aus Russland. Mitglieder der schon genannten, nach Russland geflüchteten Janukowitsch-„Familie" unterstützten diese Gruppen. Hinzu kamen schließlich noch regional verwurzelte Oligarchen wie Rinat Achmetow, der eng mit Janukowitsch verbunden gewesen war (bzw. letzterer mit ihm) und die nun scheinbar separatistische, zumindest autonomistische Gruppierungen organisierten, um ihre Verhandlungsposition gegenüber der neuen Kiewer Regierung zu stärken.[680]

Russlands Destabilisierungsstrategie im Hinblick auf die Südostukraine erreichte ihr Ziel: Nennenswerte Teile der Gebiete Luhansk und Donezk werden nicht mehr von Kiew regiert.[681] Durch den Krieg wurden nicht geringe

---

679 FAZ. 2014, 24.4., S. 5, Keine Mehrheit.

680 Wilson 2014, S. 126. Mit dem taktischen Separatismus Achmetows machten aber Kämpfer der „Donezker Volksrepublik" schon im Mai 2014 Schluss.

681 Herfried Münkler vertritt in seinem Buch über die Evolution der Gewalt seit dem 1. Weltkrieg im Hinblick auf jüngere Entwicklungen die These von veränderten Raumvorstellungen der Politik, „in denen Territorien und Grenzen an Relevanz verloren haben und Strömungskontrolle zum zentralen Imperativ geworden ist." Vgl. Münkler 2015, Kriegssplitter, S. 18. Viele militärische Auseinandersetzungen der letzten Jahre scheinen aber dieser These entgegenzustehen, so der russländisch-ukrainische Krieg um das Donbass, die territoriale Expansion des „Islamischen Staats" im Irak und in Syrien und der Krieg gegen ihn (d.h. seine territoriale Zurückdrängung), der syrische Bürgerkrieg, der israelisch-palästinensische Konflikt im Westjordanland, die Konflikte zwischen China und seinen Nachbarstaaten im Südchinesischen Meer, der Georgienkrieg sowie weitere Konflikte. In all diesen Kriegen und Konflikten wurde/wird um die Kontrolle strategischer Punkte wie Verkehrsknotenpunkte, Anhöhen, Inseln und/oder natürliche Grenzen wie Flüsse oder

Teile der dortigen Bevölkerung (wenn sie nicht flohen) Kiew weiter bzw. endgültig entfremdet. Eine Umsetzung wichtiger Bestandteile von Minsk II wie die Kontrolle der Grenze zu Russland durch die ukrainischen Behörden, der Abzug schwerer Waffen von der Kontaktlinie und die Abhaltung freier Kommunal- und Gebietswahlen ist nicht in Sicht. Die Entwicklung des Südostukrainekonflikts bestätigt eine These in der theoretischen Literatur: Wenn sich die Vertreter einer Minderheit stark fühlen, z.b. infolge externer Unterstützung, werden sie kaum kompromissbereit sein, sondern zu radikalen Positionen neigen.[682]

5.6.5 Rückblende 2: Ostukrainischer *Separatismus* als (untaugliches) Druckmittel in der innerukrainischen Auseinandersetzung über das Ergebnis der Stichwahl bei den Präsidentschaftswahlen im November 2004

In Abschnitt 5.2.2.4 wurde darauf hingewiesen, dass die Frage der Krim und der Südostukraine früher durchaus als Druckmittel in russisch-ukrainischen und innerukrainischen Konflikten benutzt wurde. Der erste Fall, die Drohung Präsident Jelzins mit Territorialansprüchen, als der Oberste Sowjet der Ukraine am 24. August 1991 die Unabhängigkeit der Republik erklärt hatte, wurde oben schon dargestellt.

Zum zweiten Fall, ein überwiegend innerukrainischer, nämlich der Drohung mit ostukrainischem *Separatismus*, kam es Ende November 2004 nach der Stichwahl bei der Präsidentschaftswahl vom 21. November. Offiziellen Angaben zufolge hatte sich bei dieser Wahl der dem Donbass entstammende Regierungschef Wiktor Janukowitsch, der der Wunschnachfolger des noch amtierenden Präsidenten Leonid Kutschma war, knapp gegen seinen Herausforderer Wiktor Juschtschenko, der aus der Nordukraine stammte und einige Jahre davor unter Kutschma schon einmal Regierungschef gewesen war, durchgesetzt. Nachwahlbefragungen deuteten aber auf einen deutlichen Vorsprung Juschtschenkos hin. Die Wahlbeobachter der OSZE stell-

---

Berge, manchmal um jeden Quadratmeter Boden erbittert, bis auf die letzte Patrone, die letzte Granate gekämpft. Münkler selbst distanziert sich an anderer Stelle unter Verweis auf einige der genannten Kriege von seiner These vom Primat des Fluiden. Vgl. Münkler 2015, Chamäleon Krieg, S. 178.
682 Jenne/Saideman/Lowe 2006.

ten fest, der zweite Wahlgang habe viele der OSZE gegebenen Zusagen
sowie Standards des Europarats verletzt. Juschtschenko rief auf dem Kiewer Unabhängigkeitsplatz mehrere zehntausend Menschen zum staats-
bürgerlichen Widerstand auf. Die Revolution von 1991 müsse vollendet
werden.[683] Sein Kontrahent Janukowitsch hatte verständlicherweise kein
Interesse daran, dass die Auszählung der Stimmen überprüft wurde. Infolge des zunehmenden gesellschaftlichen Drucks und wegen der offensichtlichen Unregelmäßigkeiten bei der Stichwahl lavierte Präsident Kutschma
einige Tage lang zwischen den beiden Lagern.

In dieser Situation verlegte sich sein Wunschkandidat Janukowitsch auf eine ganz besondere Strategie: Janukowitsch ließ seine Anhänger mit einem
separatistischen Kurs der Südostukraine drohen, um so Präsident
Kutschma unter Druck zu setzen, es zu keiner Wiederholung der Stichwahl
kommen zu lassen. Dieser Schuss sollte aber nach hinten losgehen.
Am 27. November 2004 erklärte das ukrainische Parlament die Stichwahl
für ungültig. Am Sonntag, dem 28. November versammelte sich Janukowitschs Machtbasis – 3.500 Mandatsträger aus den Regionalparlamen-
ten der Ost- und Südukraine sowie aus dem ukrainischen Parlament – in
Sewerodonezk („Norddonezk") im ganz östlich gelegenen Gebiet Luhansk.
Janukowitsch ließ sich dort als zukünftiger Präsident feiern und heizte die
Stimmung an. Die Ukraine stehe „nur noch einen Schritt vor dem Abgrund",
warnte er.

Der Vorsitzende des Donezker Gebietsparlaments schlug vor, im Falle eines Wahlsiegs von Juschtschenko die Ukraine in eine Föderation umzu-
wandeln und eine südöstliche Republik auszurufen. Das Gebietsparlament
hatte davor beschlossen, am 5. Dezember eine Volksabstimmung über die
Forderung nach einer Verfassungsänderung hin in Richtung Föderation,
d.h. einen Bundesstaat und die Bildung einer Republik Donezk abzuhalten.
Das Gebietsparlament im nordostukrainischen Charkiw hatte sich auf
Drängen des dortigen Gouverneurs der Forderung nach Autonomie angeschlossen, ebenso das Gebietsparlament von Luhansk. In Donezk war sogar die Forderung nach Bildung einer Heimwehr erhoben worden.

---

683 FAZ. 2004, 23.11., S. 1.

An der Großveranstaltung in Sewerodonezk nahmen auch ein Vertreter der russischen Botschaft in Kiew sowie der Moskauer Oberbürgermeister Jurij Luschkow teil. Letzterer hatte seit Mitte der 1990er Jahre regelmäßig die Hafenstadt Sewastopol auf der Krim für Russland beansprucht. Im russischen Fernsehen bezeichnete Luschkow die Proteste in Kiew als „Hexensabbat in Orange". Orange war die Farbe des Juschtschenko-Lagers.[684]

In Sewastopol auf der Krim erklärte Oberbürgermeister Schunko gegenüber der *Frankfurter Allgemeinen Sonntagszeitung*, es sei bedauerlich, dass Präsident Kutschma in Kiew nicht Ordnung schaffe. Die Bürger von Sewastopol verstünden nicht, dass die Regierung nichts unternehme, um sie vor der Kiewer "Pöbelherrschaft" zu schützen. Jetzt bestehe in der Ukraine eine reale Gefahr der Spaltung. Sewastopol habe schon beim Zerfall der Sowjetunion nur widerwillig hingenommen, dass es zur Ukraine geschlagen wurde. Wenn jetzt in Kiew die Nationalisten aus dem Westen an die Macht kämen, werde niemand die Bürger daran hindern können, zu Russland zurückzukehren.[685]

Die Gefahr eines aufkeimenden Separatismus in der Ostukraine schreckte allerdings das Kutschma-Lager, das bis dahin Janukowitsch unterstützt hatte, auf. Schon einen Tag nach dem „Separatistenkongress" bestellte Präsident Kutschma die Verwaltungschefs der ostukrainischen Gebiete Donezk, Luhansk und Charkiw zum Rapport. Die ukrainische Generalstaatsanwaltschaft und der Inlandsgeheimdienst SBU beabsichtigen, Ermittlungen gegen die Wortführer der separatistischen Bestrebungen einzuleiten. Diese distanzierten sich daraufhin von ihren Äußerungen. Verteidigungsminister Kusmuk hatte sogar angekündigt, notfalls mit Soldaten gegen die Anhänger der Donezker Pläne vorgehen, sollten diese versuchen, sie umzusetzen. Der Leiter von Janukowitschs Wahlkampfteam trat wegen der „separatistischen Stimmungen" zurück und gestand dabei ein, dass dessen Wahlkampagne zur Spaltung des Landes beigetragen habe. Das Team hatte im Wahlkampf gemeinsam mit „Polittechnologen" aus Russland ganz bewusst den Osten gegen den Westen des Landes aufgehetzt, um

---

684 FAZ. 2004, 29.11., S. 1 f.; FAZ. 2004. 30.11., S. 1 f.
685 FAS. 2004, 28.11., S. 1.

möglichst viele Wähler für Janukowitsch zu mobilisieren.[686] So hatte die Wahlpropaganda Juschtschenko in einer SS-Uniform, ihn als vom Westen unterstützten Faschisten dargestellt. Tatsächlich war er unter Kutschma zeitweise Regierungschef gewesen. Sein Vater hatte stalinistische Zwangsarbeit und als Kriegsgefangener Auschwitz überlebt.[687] Mit dem Wink mit Separatismus wollte Janukowitsch offenbar Präsident Kutschma unter Druck setzen, mit Gewalt gegen die DemonstrantInnen vorzugehen bzw. zumindest eine Überprüfung und mögliche Annullierung der umstrittenen Stichwahl nicht zuzulassen. Janukowitschs Schuss ging aber nach hinten los: Sein separatistisches Spiel diskreditierte ihn sogar in Teilen des eigenen Lagers. Vor allem entfremdete es ihn Präsident Kutschma. Dieser ließ den Obersten Gerichtshof des Landes seines Amtes walten, welcher entschied, dass es bei der Stichwahl zu großen Unregelmäßigkeiten gekommen und sie deshalb zu wiederholen sei. Aus der Wiederholung der Stichwahl ging Juschtschenko dann am 26. Dezember als deutlicher Sieger hervor.[688]

Kritische Stimmen in Russland erklärten den Einsatz der Putin-Führung für Janukowitsch weniger mit wirtschaftlichen Interessen, als vielmehr politisch, nämlich mit der Angst, dass eine demokratische, rechtsstaatliche, stärker nach Europa ausgerichtete und wirtschaftlich erfolgreiche Ukraine zumindest mittelfristig eine Herausforderung für das russländische Herrschaftssystem und für die Regierenden in anderen Staaten der GUS werden könne.[689] Nicht von ungefähr geht seitdem im postsowjetischen Raum ein Gespenst um – das Gespenst der „Farbrevolutionen". Die Angst vor einer Volkserhebung und vor der Verbreitung von Demokratie und Rechtsstaatlichkeit in den Staaten der GUS wurde nach der „Orangenen Revolution" von Ende 2004 konstitutiv für Putins Herrschaft. So postulierte Putin in seiner Rede zum Anschluss der Krim vom 18. März 2014 „eine ganze Reihe gesteuerter ‚bunter' Revolutionen". Im Anschluss führte er zu den arabischen Staaten aus: „Diesen Ländern wurden Standards aufgezwängt, die weder ihrer Lebensweise, noch ihren Traditionen, noch der Kultur dieser

---

686 FAZ. 2004, 30.11., S. 3.
687 Frankfurter Rundschau. 2004, 11.12.
688 FAZ. 2004, 28.12., S. 1.
689 FAZ. 2004, 7.12., S. 7; FAZ. 2004, 28.12., S. 3.

Völker entsprachen. Im Ergebnis gab es statt Demokratie und Freiheit Chaos, Gewaltausbrüche und eine Reihe von Umstürzen." Aus dem Arabischen Frühling sei der Arabische Winter geworden. Von dort schlug Putin den Bogen wieder zurück zu Russlands unmittelbarer Umgebung: „Und ein ähnliches Szenario wurde auch in der Ukraine realisiert. Im Jahre 2004 dachten sie sich (die westlichen „Partner" Russlands mit den USA an der Spitze – F.P.) eine Art dritte Runde aus, um den benötigten Kandidaten bei den Präsidentschaftswahlen durchzudrücken. Einfach absurd und eine Verhöhnung der Verfassung. Und jetzt warfen sie eine im Voraus vorbereitete, gut ausgestattete Armee von Kämpfern in die Angelegenheit."[690]

In Wirklichkeit hatte aber im Jahr 2004 die regierende ostukrainische Elite versucht, ihren Kandidaten mittels Wahlfälschung durchzudrücken, war aber am breiten Widerstand der ukrainischen Gesellschaft und am europäischen Druck zu fairen Wahlen gescheitert. Der Kreml hatte sich massiv (auch finanziell) in die Wahlen eingemischt, auf den falschen Kandidaten gesetzt, die Zeichen der Zeit in der Ukraine, hier vor allem den Faktor der mobilisierten Massen nicht erkannt. Letzeres wiederholte sich 2013/2014. Der Wahlfälscher und separatistische Taktiker Janukowitsch sollte schon 2006 unter Präsident Juschtschenko wieder Regierungschef werden, nachdem sich dieser mit der Ikone der Orangenen Revolution, Julia Timoschenko, überworfen hatte. 2010 wurde Janukowitsch dann in überwiegend fairen Wahlen sogar zum Präsidenten der Ukraine gewählt.

Janukowitschs Spiel mit dem Separatismus Ende November 2004 war als Druckmittel im Machtkampf gedacht. Nachdem er die Macht im Februar 2014 infolge massiver Gewaltanwendung durch die Sicherheitskräfte und einen daraus resultierenden Legitimitätsverlust verloren hatte, gab er sich als Stichwortgeber für Putins sezessionistische, ja vielleicht sogar irredentistische Strategie gegenüber dem Osten und Süden der Ukraine her und unterstützte zumindest finanziell den dortigen Sezessionismus. Die Stadt Sewerodonezk, wo Ende 2004 der „Separatisten-kongress" stattgefunden hatte, war 2014 einige Monate besetzt und Teil der „Lugansker Volksrepublik". Mittlerweile steht sie wieder unter der Kontrolle Kiews, ja ist „Interim-Verwaltungszentrum", d.h. provisorische

---

690 Putin 2014, Obraschtschenije ...

Hauptstadt des Gebiets Luhansk – bis in Luhansk wieder die ukrainischen Gesetze gelten.[691] Das dürfte aber noch länger dauern.

Interessant ist ein Vergleich des Verhaltens Russlands gegenüber der „Orangenen Revolution" von Ende 2004 mit dem gegenüber der Majdanrevolution vom Februar 2014. Warum hielt sich Russland 2004 zurück und warum antwortete es 2014 mit einer umfassenden, auch vor Krieg nicht zurückschreckenden antiukrainischen Politik? Ende 2004 führten die Entschlossenheit und Stärke des Oppositionslagers unter Wiktor Juschtschenko, der eindeutige Befund der OSZE, dass es bei der Stimmenauszählung zu großen Unregelmäßigkeiten gekommen war, westlicher Druck auf das regierende Kutschma-Lager sowie die engen Beziehungen zwischen dem deutschen Bundeskanzler Gerhard Schröder und Wladimir Putin dazu, dass die Stichwahl wiederholt wurde, sich in ihr eindeutig das „orangene Lager", d.h. Wiktor Juschtschenko durchsetzte und dies sowohl vom Kutschma-Lager und seinem unterlegenen Kandidaten Janukowitsch als auch von Russland akzeptiert wurde. In Kiew kam damit ein nationalukrainisch-prowestlicher Kandidat an die Macht. Russland nahm das damals hin, weil der Machtwechsel gewaltlos, regelkonform und konsensual erfolgt war, weil es noch nicht um eine Grundsatzentscheidung zwischen europäischer oder russlandzugeneigter Orientierung der Ukraine ging, weil die politische Führung Russlands noch keiner nationalistisch-illiberal-antiwestlichen Ideologie anhing und weil bis dahin in Washington und Brüssel noch nicht von einer möglichen NATO-Mitgliedschaft der Ukraine die Rede gewesen war. Im Jahr 2014 sollten die Dinge in all diesen Punkten dann anders liegen.

---

691 FAZ. 2016, 17.8., S. 9.

5.7 Resümee: Handelte es sich beim Anschluss der Krim und der Intervention in der Südostukraine um Irredentismus?

Erfolgreicher Irredentismus, d.h. der tatsächliche Anschluss eines Gebiets mit seiner Bevölkerung an einen anderen Staat ist die Ausnahme. Eine Reihe von Faktoren, sei es auf Seiten des Mutterlandes, sei es auf Seiten der Minderheit, hier vor allem bei den Führungsfiguren letzterer, spricht in der Regel gegen eine solche Entwicklung.[692] Der Anschluss der Krim durch Russland in weniger als vier Wochen war ein erfolgreicher Fall von Irredentismus. Was waren die zentralen Faktoren – und was war und ist im Falle der Südostukraine anders?

Im Falle der Krim legten im Februar 2014 sowohl rationale, insbesondere sicherheitspolitisch-strategische, symbolische und innenpolitische Überlegungen als auch „ethnobrüderliche", d.h. nationale Zusammengehörigkeitsgefühle, die vor allem im Mutterland Russland, in Maßen aber auch auf der Krim verbreitet waren, der russischen Führung eine Besetzung und Annexion der Halbinsel nahe.

Stark erleichtert wurde dies durch den Zusammenbruch des Janukowitschregimes und das Fehlen einer ukrainischen Zentralregierung mit Durchgriffskapazität in allen Landesteilen nach dem Machtwechsel (dies insbesondere auf der Krim und im Südosten der Ukraine), durch die Tatsache, dass bereits russländische Streitkräfte auf der Krim, nämlich in Sewastopol, stationiert waren, die von dort aus die Halbinsel unter ihre Kontrolle bringen konnten sowie allgemein durch das militärische Übergewicht Russlands. Transnationale Bande zwischen Russland und der Krim erleichterten diesen Prozess. Wenngleich beim Anschluss der Krim in hohem Maße instrumentelle Interessen im Spiel waren, war es kein reiner Fall einer *Instrumentalisierung* dieser auswärtigen Minderheit(enfrage), sondern auch ein Fall von russländischem und teilweise auch krimrussischem Irredentismus. Wahrscheinlich erwartete die Putin-Führung, dass die Besetzung und der Anschluss der Halbinsel sowie bald darauf die Einmischung in der Südostukraine mit außenpolitischen und wirtschaftlichen Kosten einhergehen würden. Diese erschienen aber geringer als die Kosten eines Stillhaltens

---

692 Horowitz 1985, S. 281-288; Horowitz 1992, S. 123-127; Chazan 1991, S. 145 f.

gegenüber Kiew, was mit einer Aufkündigung des 2010 geschlossenen Abkommens über die 25jährige Pacht des Hafens ins Sewastopol durch die
russische Schwarzmeerflotte, d.h. mit dem mittelfristigen Verlust dieses sicherheitspolitisch und historisch-symbolisch wichtigen Hafens hätte einhergehen können. Darüber hinaus erwartete die Putin-Führung, dass die EU-
Assoziierung der Ukraine einen zunehmenden Einfluss der EU sowie wichtiger europäischer Staaten wie Deutschland und Polen (nicht zuletzt deren
großen Konzerne) in der Ukraine bedeuten würde. Russlands Einfluss sowie seine Autonomie gegenüber der Ukraine würden demgegenüber zu-
rückgehen. Stillhalten schien damit das Inkaufnehmen eines deutlichen
Einfluss-, Macht-, Autonomie- und wahrscheinlich auch Wohlstandsverlus-
tes, einer schlechteren Verhandlungsposition in der Zukunft zu bedeuten.
Schnelles, entschlossenes und hartes Handeln schien diese eindeutige
Positionsverschlechterung minimieren, ja die ungünstige Entwicklung vielleicht sogar ins Gegenteil, in einen deutlichen Machtzuwachs gegenüber
der Ukraine und im Schwarzen Meer insgesamt, einen Prestigezuwachs
zumindest im postsowjetischen Raum verwandeln zu können.
Hinzu kam ein wahrgenommenes Fenster der Gelegenheit: Nach der
Machtübernahme durch eine stark westukrainisch geprägte Regierung in
Kiew, die vor allem auf der Krim und im Donbass auf Ablehnung stieß, sowie der ziemlich problemlos verlaufenden Angliederung der Halbinsel vier
Wochen später schloss die Putin-Führung nicht aus (bzw. hegte die Erwartung), dass sich weitere stark russisch geprägte bzw. russischsprachige
Regionen im Osten und Süden der Ukraine von Kiew lossagen würden –
wozu man tatkräftig beitragen wollte.
Welche genauen Ziele verfolgte die Putin-Führung aber gegenüber der Ukraine, hier insbesondere mit ihrem Vorgehen in der (Süd-)Ostukraine? In
einem im Frühjahr 2015, d.h. nach den größeren Kampfhandlungen ver-
fassten Aufsatz hieß es, das Ziel der Aufständischen und auch Russlands
sei es gewesen, „entweder die ganze Ukraine oder Teile derselben mit
Russland zu vereinigen."[693] Ersteres erscheint völlig unwahrscheinlich und
auch letzteres ist nicht sicher. Im Weiteren wurde unter anderem ausgeführt, dass der Krieg im Donbass von Seiten der Führung Russlands „bis-

---

693 Jahn 2015, S. 25.

her noch kein Eroberungskrieg, sondern nur ein Interventionskrieg zur Änderung der ukrainischen Verfassung und Politik" sei – was einen Bürgerkrieg ausgelöst habe. Im Anschluss ist dann aber wieder von „militärischer Expansion" die Rede.[694]

Ob es der Putin-Führung im Falle der Südostukraine (und darüber hinaus) wie bei der Krim um einen Anschluss ging, ist nicht ausgeschlossen, aber auch nicht sicher. Auf das Ziel eines Anschlusses schien die These Putins in seiner Rede zum Anschluss der Krim hinzudeuten, dass die Bolschewiki „beträchtliche Territorien des historischen südlichen Russlands" der Unionsrepublik Ukraine angeschlossen hätten. Und vor Dutzenden von Millionen Zuschauern konkretisierte und erweiterte Putin diese indirekten Territorialansprüche einen Monat später in seiner „Fernsehsprechstunde" („Direktverbindung mit Wladimir Putin") mit seiner Rede von „Neurussland". Er erklärte auch, die ethnische Zusammensetzung der Bevölkerung der „Südostukraine" (Putin meinte damit höchstwahrscheinlich den gesamten Osten und Süden der Ukraine) sei „ungefähr fifty-fifty", d.h. Putin ging für diese Region von 50 Prozent ethnisch russischer Bevölkerung aus, was nicht den Tatsachen entsprach. Zwischen den Zeilen gab er damit zu verstehen: „Eine Entwicklung wie auf der Krim, d.h. ein Anschluss an Russland ist nicht sicher, aber auch nicht ausgeschlossen, durchaus möglich." Und Putin sprach sich dafür aus, alles dafür zu tun, „um diesen Leuten zu helfen, ihre Rechte zu verteidigen und ihr Schicksal selber zu bestimmen."[695] Wäre es im Osten und Süden der Ukraine zu einer irredentistischen oder auch nur sezessionistischen Welle gekommen, hätte sich auch die angestrebte Landverbindung zur Krim ergeben, was die wirtschaftlichen Kosten des Anschlusses der Halbinsel an Russland deutlich gesenkt hätte.

Andererseits deuteten aber die Umfrageergebnisse der ersten Monate des Jahres 2014 in der Südostukraine zwar auf Unzufriedenheit, auf (von den russischen Staatsmedien kräftig geschürte) Ressentiments gegen die neue, westukrainisch dominierte Regierung in Kiew und Befürchtungen, aber auf keine Mehrheit für eine tatsächliche Abspaltung – und schon gar nicht für einen Anschluss an Russland – hin. Putin dürfte daher, wenn er

---

694 Vgl. ebd.
695 Putin 2014, Prjamaja linija …

ein vorsichtiger und rationaler Politiker war, dort wohl kaum mit (starkem) Irredentismus gerechnet haben. Gleichzeitig war aber die Situation nach dem Machtverlust Janukowitschs jedenfalls in der Südostukraine eine besondere. Und schon seit dem Jahr 2008 gab es Äußerungen Putins, die auf geopolitisch begründete Ansprüche Russlands auf Teile der Ukraine hindeuteten.

Putins widersprüchliche Äußerungen im Hinblick auf die territoriale Integrität der Ukraine deuten darauf hin, dass die außenpolitischen Entscheidungsträger im Kreml grob gesprochen zwei Szenarien verfolgten:
„Szenario 1": „Teile der Ost- und vielleicht auch der Südukraine fallen überwiegend friedlich von Kiew ab (und wir werden das mit Propaganda, Einflussagenten usw. befördern). Nur im Falle einer breiten irredentistischen Welle im Osten und Süden der Ukraine, d.h. einer Realisierung von „Neurussland" oder im Falle einer nennenswerten Anschlussbewegung „nur" im Südosten der Ukraine werden wir diese Gebiete und ihre Industrien so wie auch die Krim Russland eingliedern (und uns dabei auf die deutsche Wiedervereinigung 1989/1990 berufen). Eine Abspaltung dieser Gebiete, vor allem aber ihr Anschluss an Russland wird wie im Falle der Krim zu einem dauerhaften Territorialkonflikt der Ukraine mit uns führen, was in der Zukunft eine Aufnahme der Ukraine in die NATO und die EU ausschließen wird. Des Weiteren wird die Ukraine durch diese territorialen Verluste wirtschaftlich, politisch und militärisch deutlich geschwächt werden. Vielleicht wird darüber sogar die neue Übergangsregierung stürzen. Und schließlich wird ein überwiegend friedlicher Anschluss von weiteren Teilen der Ukraine (nach der Krim) ein weiterer großer innenpolitischer, nationaler Erfolg für mich und meine Regierung sein."
"Szenario 2": „Im suboptimalen Fall kommt es zwischen dem Südosten der Ukraine, genauer: aus Russland eingeschleusten Kämpfern und ihren Helfershelfern vor Ort einerseits, der Zentralregierung in Kiew andererseits zu militärischen Auseinandersetzungen – und wir werden natürlich die Kräfte im Südosten unterstützen. Dann kann ich sagen: ‚Seht her, die wollen alle weg von Kiew, ich halte mich aber an das Völkerrecht, schließe diese Gebiete nicht an Russland an. Kiew und diese Region müssen ihr Verhältnis

klären!' (Das sollte dann auch die Politik Russlands werden, obwohl es in der Südostukraine keine eigenständige sezessionistische oder irredentistische Bewegung gab – F.P.). Das wird dann wie in Georgien nach einiger Zeit zu einem eingefrorenen Konflikt führen – was in der Zukunft einen Beitritt der Ukraine zur EU und zur NATO ausschließt und die Ukraine schwächen wird. Und ein Krieg Kiews im Südosten der Ukraine, gegen die Russen und Russischsprachigen dort, wird die russ(länd)ische Öffentlichkeit der neuen, nach Europa orientierten Ukraine und ihrer reformorientierten Gesellschaft entfremden."

Die russische Führung zielte damit ab dem Frühjahr 2014 auf jeden Fall auf eine breite Los-von-Kiew-Bewegung im Osten und Süden der Ukraine. Nur im Falle einer tatsächlichen starken Anschlussbewegung dort und bei überwiegend friedlichem Verlauf hätte Russland diese Gebiete vielleicht in die Russländische Föderation eingegliedert.[696] Russland ging es in erster Linie darum, die Spannungen zwischen der Südostukraine und der Zentralregierung in Kiew zu verschärfen, um erstens eigene Minimalziele im Hinblick auf die außenpolitischen Optionen der Ukraine zu erreichen (Ausschluss einer Annäherung an die NATO, ganz zu schweigen von einem Beitritt zu der Militärallianz sowie Ausschluss einer starken Anbindung an die EU), um zweitens die neue, stark westukrainisch geprägte, proeuropäisch, (national-)demokratisch bis nationalistisch ausgerichtete Regierung in Kiew unter Druck zu setzen, zu schwächen oder gar zu Fall zu bringen und um drittens die eigene Bevölkerung nationalistisch zu integrieren und auf diese Weise die eigene Machtposition und Legitimität für Jahre zu

---

696 Es kann trotz Krimannexion davon ausgegangen werden, dass Russland der Angliederung ausländischen Territoriums wegen der internationalen Reaktionen und der latenten Herausforderung für seine eigene territoriale Integrität eher skeptisch gegenübersteht. So hat Russland nach dem Georgienkrieg nicht einmal Südossetien in die Russländische Föderation aufgenommen, obwohl es dort entsprechende Bestrebungen gab und gibt und jenseits der Grenze, d.h. in Russland selbst auch Osseten leben, nämlich in der (im Nordkaukasus gelegenen) russischen Teilrepublik Nordossetien. Freilich: Die Aufnahme eines Gebiets mit überwiegend russisch(sprachig)er Bevölkerung dürfte in Russland populärer sein (vgl. die enorm hohe Zustimmung zur Annexion der Krim) als die eines Gebiets mit einer mehrheitlichen Bevölkerung, die in Russland selbst eine Minderheit darstellt.

sichern.[697] Die Herrschenden im Kreml waren entschlossen, die auf der Straße herbeigeführte Übernahme der Macht durch die Opposition in Kiew, die sie natürlich an die Demonstrationen gegen das „System Putin" ab dem Dezember 2011 erinnerte, aggressiv zu kontern. Das Kiewer Beispiel sollte in Moskau auf keinen Fall Schule machen.

In vielen östlichen und südlichen Gebieten der Ukraine erfolgte im März und April 2014 keine nennenswerte Mobilisierung der russischsprachigen und auch nicht der ethnisch russischen Bevölkerungsgruppe für eine Abspaltung von Kiew, ganz zu schweigen von einem Anschluss an Russland. Der gewaltsame Konflikt im Donbass wurde daher von Akteuren aus Russland mit einem FSB-, militärischen (Igor Girkin hatte beides) oder militärgeheimdienstlichem Hintergrund sowie von russ(länd)ischen Nationalisten bzw. Imperialisten und von Söldnern losgetreten[698] und von russländischen Regierungsstellen, hier vor allem im angrenzenden Gebiet Rostow, mit Waffen versorgt und logistisch, finanziell und nicht zuletzt propagandadistisch unterstützt. Hinzu kamen einheimische (regionale oder lokale) Gegner der neuen Kiewer Regierung, aber auch viele Personen, die für Geld Gebäude stürmten, demonstrierten oder Objekte blockierten.[699]

---

697 Zweifel sind an der These erlaubt, dass es zu den „strategischen Zielen" Russlands gehörte, dass die russische Sprache innerhalb der Ukraine einen gesicherten Status erhielt und das Land „föderal" gegliedert wurde. Vgl. so Wipperfürth 2015, S. 60 und S. 39. Die Annexion der Krim und die militärische Destabilisierung der Südostukraine führten vielmehr zu einer weiteren Aufwertung des Ukrainischen sowie zu einer stärkeren politischen Integration des Landes, das zwei Landesteile verloren hatte. Russland ging es nicht um die „Föderalisierung" der Ukraine, sondern um ihre Verkleinerung und Schwächung.

698 Vgl. die Interviewäußerung von Igor Girkin, von Mitte Mai bis Mitte August 2014 „Verteidigungsminister" der „Donezker Volksrepublik", in der russischen nationalistischen Zeitung *Sawtra* im November 2014: „Den Auslöser zum Krieg habe ich gedrückt. Wenn unsere Einheit nicht über die Grenze gekommen wäre, wäre alles so ausgegangen wie in Charkiw und in Odessa." Vgl. SZ. 2014, 22.11., S. 10. Girkin äußerte damit die Unterstellung, dass ohne die Besetzung vieler Städte der Südostukraine durch seine Kämpfer und die anderer Warlords pro-Donbass- bzw. prorussländische Aktivisten zusammengeschlagen, verhaftet oder wie in Odessa sogar getötet worden wären. Dass die Gewalt in der Südostukraine (und Anfang Mai 2014 auch in Odessa) laut Berichten der UN und der OSZE ab März 2014 überwiegend von prorussländischen Kräften ausgegangen war, verschwieg er geflissentlich.

699 Wilson 2014, S. 129 f.

Ein ethnischer bzw. „Nationalitäten"-Konflikt (ethnische Russen gegen ethnische Ukrainer) war der Krieg in der Südostukraine kaum. Dies unter anderem deshalb nicht, weil auf Kiewer Seite viele russischsprachige und ethnisch russische Ukrainer kämpften. Wegen der starken Einmischung von außen, ja der externen Auslösung war der militärische Konflikt auch nicht in erster Linie ein Bürgerkrieg. Er bekam höchstens nach einigen Monaten Züge davon. Die Menschenrechtsorganisation Amnesty International sprach im September 2014 von einem internationalen Konflikt.[700]

Nicht richtig liegt der Berliner Politikwissenschaftler Herfried Münkler mit seiner (wie auch im Falle des Jugoslawienkrieges) an einer Stelle stark ethnisch-kulturellen Interpretation des Krieges in der Südostukraine. Ihm zufolge gehört auch die Ukraine letzten Endes zu dem postimperialen Raum, „der aus dem Zerfall der alten Großreiche Mittel- und Osteuropas, dem Habsburgerreich und dem russischen Zarenreich, hervorgegangen ist und in dem es nicht zu einer konsolidierten Nationalstaatsbildung gekommen ist."[701] In der Ukraine wurden „die ethnisch, konfessionell und nicht zuletzt auch lingual zentrifugalen Kräfte" zum „Ansatzpunkt eines separatistischen Bürgerkriegs, der Russland die Gelegenheit zur Realisierung geopolitischer Projekte (Krim) bot."[702] Tatsächlich überwogen in der Ukraine aber die *politischen* und ökonomisch-schattenwirtschaftlich-kriminellen Gegensätze (dies vor allem nach dem Sturz/Machtverlust Janukowitschs)[703], die infolge der gewaltsamen Einmischung (Intervention)

---

700 Amnesty International: Ukraine: Mounting evidence of war crimes and Russian involvement, 7 September 2014, https://www.amnesty.org/en/latest/news/2014/09/ukraine-mounting-evidence-war-crimes-and-russian-involvement/, Seite besucht am 8.1.2018.

701 Münkler 2015, S. 11.

702 Ebd., S. 12. Münkler behauptet hier eine zeitliche Abfolge, die es nicht gab: Als Russland die Krim besetzte und anschloss, gab es in der Ukraine noch keinen „separatistischen Bürgerkrieg". Und bei den militärischen Auseinandersetzungen in der Südostukraine handelte es sich stärker um einen internationalen Konflikt, einen nicht erklärten Krieg Russlands gegen die Ukraine (einen Krieg um das Donbass) als um einen Bürgerkrieg.

703 An anderer Stelle seines Buches offeriert Münkler eine stärker politische Interpretation des Kriegs in der Südostukraine: „Im Unterschied zum Balkan und zum Kaukasus ist es hier weniger die ethnische oder die religiös-konfessionelle Diversität, aus der die Trenn- und Bruchlinien der politischen Ordnung erwachsen, sondern es stehen politisch-kulturelle Zugehörigkeitsvorstellungen und konkurrierende Ein-

einer *externen* Macht (und weniger infolge eines Bürgerkriegs) zur Abspaltung eines Teils des Landes führten. Und vielleicht noch wichtiger als das Hervorgehen aus alten Imperien bzw. Reichen war für die postsowjetische Ukraine, dass ihr westlicher Teil (das frühere Ostgalizien), der in den Jahrhunderten davor zum Königreich Polen(-Litauen), dann zum Habsburgerreich und in der Zwischenkriegszeit zur Republik Polen gehört hatte, im Zuge stalinistischer Macht-, Gewalt- und Terrorpolitik (1939-1941 und wieder ab 1944) Teil der Ukrainischen Sowjetrepublik geworden und deshalb antistalinistisch und antisowjetisch eingestellt war, während vor allem im Südosten der Ukraine, d.h. im sowjetrussisch geprägten Donbass, das wie viele andere Teile der Sowjetukraine ein Opfer der imperialistischen Gewaltpolitik NS-Deutschlands geworden war, sowjetnostalgische und „antifaschistische", d.h. insbesondere anti-Bandera-/anti-UPA-sowie prorussländische Einstellungen überwogen.

Erst nach dem Brand im Gewerkschaftshaus in Odessa Anfang Mai 2014 mit 42 toten prorussländischen Aktivisten sowie dem Beschuss der Wohnviertel südostukrainischer Städte durch die ukrainische Armee im Sommer des Jahres scheint in den am weitesten östlich gelegenen Gebieten Luhansk und Donezk eine Los-von-Kiew-Stimmung stärker geworden zu sein. Aber auch die Kampfhandlungen führten nicht dazu, dass sich unter der dortigen Bevölkerung, deren älterer Teil sowjetrussisch geprägt ist, eine größere Zahl dafür entschied, auf Seiten der militärischen Einheiten der „Separatisten" zu kämpfen.

Mittels Einschüchterung, Entführungen, Gewalt, Folter und Morden an Gegnern der neuen „Volksrepubliken", der Provozierung von Gewalt zwischen „Russ(ischsprachig)en" bzw. Donbassbewohnern einerseits, (ukrainischen) „Nationalisten", „Nationalradikalen", und „Faschisten" andererseits sowie infolge des zunehmenden Artillerieeinsatzes der ukrainischen Streitkräfte mit vielen zivilen Opfern, des Weiteren der Ersetzung der aus Russland eingedrungenen Gewaltakteure in führenden Positionen durch Ein-

flusssphären im Vordergrund. Im Westen und inzwischen auch in der Mitte der Ukraine fühlt sich die Bevölkerung eher dem Prosperitätsraum der EU zugehörig und möchte in ihn aufgenommen werden, während im Osten viele zu Russland gehören wollen und die westeuropäisch geprägte EU als eine fremde Kultur ansehen." Vgl. Münkler 2015, S. 294 f.

heimische im Sommer 2014 konnten zumindest die politischen Aushänge-schilder der „Donezker Volksrepublik" eine gewisse Loyalität, zumindest Hinnahmebereitschaft bei größeren Teilen der Bevölkerung erringen. Über eine Million Menschen flohen aber vor der um sich greifenden Gesetzlosig-keit und den Kampfhandlungen.

Während der Fall Krim damit starke Elemente von Irredentismus aufweist (dies vor allem auf der Seite des Mutterlandes Russland), handelt es sich beim militärischen Konflikt in der Südostukraine nicht um einen klassischen Fall von Irredentismus, sondern in hohem Maße um eine gewaltsame De-stabilisierung von außen, die in eine verdeckte militärische Intervention Russlands mündete. Es ist nicht ganz ausgeschlossen, dass die Putin-Führung ab April 2014 eine Chance sah, dass sich größere Teile der Ost- und der Südukraine („Neurussland") bei entsprechendem „Nachhel-fen" überwiegend friedlich von Kiew lossagen und eventuell sogar an Russ-land anschließen (wollen) würden. Diese Erwartung oder Hoffnung ging aber an der Wirklichkeit vorbei. Da sich die eventuell vorhandenen irreden-tistischen Träume nicht erfüllten, strebte die Putin-Führung zumindest die *Sezession* eines Teils von „Neurussland", d.h. eines deutlich kleineren Ter-ritoriums an.

Gleichzeitig ist nicht ausgeschlossen, dass Putin mit seiner Rede von „Neurussland" nie wirklich irredentistische Ziele verfolgte. Der russischen Führung ging es vielleicht vor allem darum, die Ukraine und ihre neue, prowestlich ausgerichtete Regierung zu destabilisieren und einen (nicht kleinen) Teil des Landes abzuspalten. Insofern wäre das „Neurussland"-Projekt als pseudoirredentistisch bezeichnen. Bekanntlich fallen ja in der russischen Innen- und Außenpolitik bei nicht wenigen Dingen Erscheinung und Wesen auseinander. Wenn man schon von Irredentismus spricht, überwogen jedenfalls die strategisch-zweckrationalen (und zynischen) die nationalistisch-ideellen Motive deutlich. Auch scheiterte dieses Projekt, wenn es denn existierte: ein Anschluss von Territorium erfolgte nicht. Es handelte sich um eine nicht selten vorkommende zynische Instrumen-talisierung von Angehörigen einer auswärtigen Minderheit (in diesem Fall nicht nur der Minderheitenfrage), d.h. überwiegend auf Kosten der betreffenden Bevölkerungsgruppe für die außen- und innenpolitischen Interessen des „Mutterlandes" und seiner Führung. Der Krieg in der Südostukraine war das Ergebnis einer gezielten politisch-militärischen Strategie, in einem Landesteil Chaos zu verbreiten und ihn abzuspalten. Die übergeordneten Minimalziele bestanden in der Schaffung einer von Russland abhängigen und damit russlandfreundlichen Pufferzone im Südosten der Ukraine (was einen NATO- und EU-Beitritt in der mittleren und ferneren Zukunft praktisch ausschließt) und im Zusammenbruch, jedenfalls der Schwächung der neuen, proeuropäisch ausgerichteten Kiewer Übergangsregierung. Diese strebte, so zumindest der Eindruck unmittelbar nach dem Kiewer Machtwechsel, politische, wirtschaftliche und rechtsstaatliche Reformen an, mit denen in den Augen der russischen Führung die Gefahr verbunden war, dass sie mittelfristig nach Russland ausstrahlten. Insgesamt ging es also nicht um die "Russischsprachigen" bzw. die "Russen" in der Ukraine, sondern um russländische Macht-, Sicherheits- und Regimeinteressen.

Dem norwegischen Sicherheits- und Russlandexperten Olav Knudsen zufolge leitet eine Großmacht oft eine Aktion in die Wege, um eine Umorientierung eines benachbarten Staates zu verhindern oder ihr zuvorzukommen.[704] Hat Russland dieses Ziel erreicht? Oder trug Russland nicht gerade dazu bei, dass sich die Ukraine, zumindest der Großteil davon, von Russland abgewendet, d.h. Russland die Ukraine in hohem Maße „verloren" hat? Vieles deutet darauf hin. Immerhin dürfte Russland mit der Krimannexion und der Schaffung zweier „Volksrepubliken", d.h. zweier russländisch kontrollierter, zumindest protektierter Zonen in der Südostukraine ausgeschlossen haben, dass die Ukraine mittel- oder langfristig in die NATO oder die EU aufgenommen wird. Ersteres war aber seit spätestens 2008 innerhalb der NATO nicht konsensfähig und letzteres stand für die EU in den Jahren vor dem russisch-ukrainischen Konflikt ohnehin nicht zur Debatte. Das zugegebenermaßen weitreichende Assoziierungs- und Freihandelsabkommen mit der Ukraine war ja auch als Kompensation dafür gedacht, dass die EU der Ukraine keine Aufnahme in die EU in Aussicht stellen wollte und konnte. In sicherheitspolitischer

---

704 Knudsen 1999, S. 8-10.

Hinsicht dürfte Russland mit seiner Ukrainepolitik in etwa dasselbe wie im Falle Georgiens erreicht haben. Aber die Kosten für Russland sind sehr hoch. Am höchsten sind die Kosten der Politik Russlands natürlich für die Ukraine.

Was den möglichen Ausgang eines irredentistischen Konflikts angeht, so wird in der Literatur zwischen folgenden Ergebnissen unterschieden: 1. die Eroberung des betreffenden Gebiets, sein Anschluss an den irredentistischen Staat, 2. die Zurückweisung des irredentistischen Anspruchs. Wenn es zu keinem Anschluss des betreffenden Gebiets an das „Mutterland" kommt, verbleiben drei Optionen: a) seine Abspaltung vom bisherigen Staat, b) eine regionale Autonomie innerhalb dieses Staates oder c) seine Integration in den Staat, 3. eine Grenzanpassung/Zu(er)teilung nach wirtschaftlichen und ethnischen Kriterien, 4. Verhandlungen, womit anerkannt wird, dass der irredentistische Anspruch zumindest teilweise berechtigt ist. Am Ende solcher Verhandlungen fand dann manchmal ein Bevölkerungsaustausch statt.[705]

Der russisch-ukrainische Konflikt in der Südostukraine hat zur Variante 2 a) geführt – dies obwohl eine Mehrheit der dortigen Bevölkerung bis in den Sommer 2014 hinein eigentlich eine regionale Autonomie, d.h. 2 b) präferierte. Es haben kriegerische militärische Auseinandersetzungen und internationale Verhandlungen unter Einbeziehung der „Separatisten" stattgefunden, Verhandlungen nicht über eine irredentistische „Lösung", sondern über einen Waffenstillstand und eine Trennung der Konfliktparteien. Im Ergebnis wurden große Teile des Donbass von der Zentralregierung in Kiew abgespalten. Eine Wiederheranführung der Region an Kiew durch freie Wahlen in den beiden Zonen und die Sicherung der Grenze zu Russland durch die ukrainischen Behörden ist nicht in Sicht. Eine Reintegration der beiden Gebilde in den ukrainischen Staat ist auch weder das Ziel der Machthaber in den beiden „Volksrepubliken" noch Russlands. Am wahrscheinlichsten ist daher ein weiterer nicht wirklich „eingefrorener Kon-

---

705 Chazan 1991, S. 148. Vgl. auch S. 6, wo Chazan zwischen erfolgreichem Anschluss eines Gebiets an das Mutterland, Abspaltung und Autonomie innerhalb des bisherigen Staates unterscheidet. Des Weiteren nennt sie noch die Zurücknahme der irredentistischen Forderung.

flikt" im postsowjetischen Raum, der die Ukraine im Innern schwächen und seine außenpolitischen Optionen begrenzen soll.

6 Exkurs zum serbisch-kroatischen Krieg 1991-1995

In Serbien verfolgten die konservativen Kommunisten Ende der achtziger Jahre die Strategie, einen Machtverlust infolge liberaler Reformen durch verstärkten jugoslawischen Zentralismus und, als das zunehmend scheiterte, großserbischen Nationalismus abzuwenden. Slobodan Milošević verdankte seinen Aufstieg an die Spitze der serbischen Kommunisten der Kosovo-Frage. Er präsentierte sich ab 1987 als starker Mann, der den „letzten Völkermord des 20. Jahrhunderts" beenden werde. Mit dieser Formulierung meinte er die Tatsache, dass die Serben im Kosovo infolge einer niedrigeren Geburtenrate zu einer immer kleineren Minderheit wurden. Des Weiteren beschuldigte er Josip Broz Tito, Serbien durch sein föderales Konzept „zerrissen" zu haben und überhaupt antiserbisch orientiert gewesen zu sein. Tito war kroatisch-slowenischer Abstammung, im 2. Weltkrieg kommunistischer Partisanenführer und von 1953 bis 1980 Staatspräsident Jugoslawiens gewesen.

Mit der neuen serbischen Verfassung wurde im März 1989 die Autonomie der serbischen Provinzen Kosovo und Vojvodina praktisch aufgehoben.[706] Am 28. Juni 1989 hielt Milošević, nun bereits Präsident Serbiens, bei der Großkundgebung zum sechshundertsten Jahrestag der Schlacht auf dem Amselfeld (Kosovo) von 1389 vor rund einer Million Serben die Hauptrede. Infolge der Schlacht, bei der die südslawischen Völker eine Niederlage erlitten, hatten die Osmanen ihre Herrschaft über den Balkan für Jahrhunderte befestigt; der serbische Adel wurde vernichtet. Auch heute, so Milošević in der damaligen Rede, stünden die Serben „wieder in Schlachten und sehen kommenden Kämpfen entgegen."[707] Kritik an der serbischen Repressionspolitik im Kosovo und am zentralistischen Kurs Serbiens kam vor allem aus der Teilrepublik Slowenien. Die dortigen Reformkommunisten setzten immer stärker auf marktwirtschaftliche Reformen, einen Verzicht auf das Machtmonopol, d.h. freie Wahlen, Menschenrechte und die Umwandlung des Gesamtstaates in eine Konföderation. Die KP in Kroatien schloss sich

---

706 Stiglmayer 1992, S. 12.
707 FAZ. 1995, 23.11., S. 3.

diesen Positionen mit Verzögerung an. Ihr Bestehen auf Titos Erbe, nämlich dem Föderalismus, konterte Milošević mit dem Vorwurf der Serben-
feindlichkeit. Belgrader Emissäre erzählten den Serben in etlichen der Gebiete Kroatiens, dass ihre Lage schlimmer sei als die der Serben im Kosovo.

Im Wahlkampf setzte die „Kroatisch-Demokratische Gemeinschaft" (HDZ)
von Franjo Tudjman neben Demokratie und Marktwirtschaft auf den kroatischen Nationalismus. Tudjman war antifaschistischer Partisan, hoher Offi-
zier der Jugoslawischen Volksarmee, Politikwissenschaftler und Politik-
berater und schließlich kroatisch-nationaler Dissident, der Anfang der
1980er Jahre im Gefängnis saß, gewesen. Tudjman sprach von der Staatlichkeit Kroatiens; Kroatien müsse seine „natürlichen und historischen
Grenzen" erhalten. Ein Fingerzeig auf die Landkarte, die Kroatien als
Halbmond rund um Bosnien zeigte, ließ die Vermutung aufkommen, er
strebe die Eingliederung zumindest der kroatisch, eventuell sogar auch von
muslimisch besiedelten Teilen Bosniens an. Der Wahlkampfnationalismus
der HDZ löste bei der serbischen Minderheit in Kroatien, die 12 Prozent der
Bevölkerung ausmachte, historisch unterfütterte Ängste aus. In dem von
der faschistischen Ustascha getragenen und unter NS- und italienischem
Protektorat stehenden „Unabhängigen Staat Kroatien" (1941-1945) waren
neben Juden und Roma ca. 500.000 Serben ermordet worden. Viele Serben befürchteten daher, in dem neuen kroatischen Staat ausgegrenzt zu
werden, wenn nicht gar noch Schlimmeres. Die Belgrader Presse schürte
diese Ängste systematisch. „Der totgeglaubte kroatische Faschismus ist
wieder zu neuem Leben erwacht", schrieb die Belgrader *Politika* während
des Wahlkampfs in Kroatien. Fast täglich wurde den kroatischen Serben
geraten, sich durch Schaffung autonomer Provinzen vor der „Ustascha-
Regierung" zu schützen. Bei den Parlamentswahlen in Kroatien im Mai
1990 setzte sich dann eindeutig die HDZ durch.[708]
Angesichts des Zerfalls des Bundes der Kommunisten Jugoslawiens und
der Wahlergebnisse in Slowenien und Kroatien setzte Milošević ab dem
Frühjahr 1990 auf die Schaffung eines Großserbiens: Im Falle einer Konföderation werde „das Thema der Grenzen Serbiens eine offene politische

---

708 Stiglmayer 1992, S. 14.

Frage" – Serbien sei überall dort, wo serbische Gräber seien. Die gleichge-schalteten serbischen Medien agitierten permanent gegen die „nationalisti-schen, separatistischen, faschistischen und genoziden" Albaner und Kroa-ten. In Kroatien verlangte die „Serbische Demokratische Partei" (SDK) die Schaffung autonomer serbischer Provinzen, was die Regierung in Zagreb ablehnte. Am 25. Juli verabschiedete das kroatische Parlament einige Ver-fassungsergänzungen, nach denen das kyrillisch geschriebene Serbisch nur in Gemeinden, wo Serben die Mehrheit stellten, erlaubt sein sollte. Da-raufhin erklärte die SDK in dem Gebiet um Knin die „Souveränität und Au-tonomie des serbischen Volkes" und rief die Kniner Serben zu einem Auto-nomiereferendum auf, das von der kroatischen Regierung verboten wurde. Am 17. August stürmten in Knin Hunderte von Serben die Polizeistation und bewaffneten sich. Dasselbe geschah in den folgenden Monaten in an-deren Ortschaften Kroatiens. Die Aufständischen wurden von der serbisch dominierten Jugoslawischen Volksarmee (JVA) mit Waffen versorgt. Die Führung in Zagreb, die über noch keine Armee, sondern nur über eine im Aufbau befindliche Nationalgarde und Polizeikräfte verfügte, hielt sich zu-rück. In Slowenien stimmten am 23. Dezember 1990 bei einem Referen-dum mit 94 Prozent Beteiligung 88 Prozent für die Unabhängigkeit der Re-publik.[709]

Im Januar 1991 begannen zwischen Vertretern der einzelnen Republiken Verhandlungen über die Zukunft Jugoslawiens. Slowenien und Kroatien verlangten die Konföderalisierung des Gesamtstaates; Milošević erklärte dagegen, dass die Republikgrenzen rein „administrativ" seien und nicht ein-fach zu Staatsgrenzen erklärt werden könnten. Über die Zukunft Jugosla-wiens müssten die Völker entscheiden, wobei das serbische Volk nicht hin-nehmen werde, auf „verschiedene souveräne Staaten" verteilt zu werden. In Kroatien und Slowenien wurden Miloševićs Äußerungen als Ausdruck ungehemmter Aggressivität bewertet. Die Europäische Gemeinschaft (EG) hielt aber noch eher zu Gesamtjugoslawien: Ende Dezember 1990 erklärte der italienische Außenminister, Kroatien und Slowenien seien „Extremis-

---

709 Ebd., S.15.

ten" und hätten allein keine Aussichten, in das gemeinsame Europa aufgenommen zu werden.[710]

In den folgenden Monaten wurde das Verhältnis zwischen Serbien und Kroatien immer gespannter. Mitte Februar beschlossen die Parlamente Sloweniens und Kroatiens den Austritt aus dem jugoslawischen Staatsverband, schlossen in Zukunft den Beitritt zu einer Konföderation aber nicht aus. Die serbischen Medien agitierten hemmungslos. Serbische Nationalisten demonstrierten für einen „Vorbeugeschlag gegen den kroatischen Faschismus". Der serbische Kampf gegen die kroatischen Unabhängigkeitsbestrebungen wurde damit unter anderem mit dem angeblichen Wiederaufleben der faschistischen Ustascha-Ideologie begründet. Im März 1991 brach nördlich der Krajina ein neuer serbischer Aufstand los. Weitere Aufstände, die von der JVA unterstützt wurden, folgten. In den betreffenden Dörfern wurde die kroatische Bevölkerung schikaniert und vertrieben.[711]
Im jugoslawischen Staatspräsidium blockierte der „serbische Block" aus (Kern-)Serbien, der Vojvodina, Kosovo und der Teilrepublik Montenegro die am 15. Mai fällige Ablösung des Staatspräsidenten durch den Kroaten Stipe Mesic. Am 19. Mai fand in Kroatien eine Volksabstimmung über die Unabhängigkeit Kroatiens statt. Im neuen Staat sollten den Serben und anderen Minderheiten „kulturelle Autonomie und alle bürgerlichen Rechte" gewährleistet sein. Das Land könne einem Bund souveräner jugoslawischer Staaten beitreten. 94 Prozent stimmten für die Unabhängigkeit.
Am 25. Juni 1991 erklärten Slowenien und Kroatien gleichzeitig ihre Unabhängigkeit. Aus der ganzen Welt kamen Protestnoten. Zwei Tage später rückten Panzer der JVA in Slowenien ein. Der Krieg kostete 67 Menschen das Leben, dauerte aber nur kurz. In Slowenien lebten auch kaum Serben. Bereits am 28. Juni wurde auf Intervention der EG ein Waffenstillstand geschlossen und am 8. Juli ein Abkommen unterschrieben, das die Aussetzung der Unabhängigkeitserklärungen für drei Monate, die Anerkennung

---

710 Ebd.
711 Ebd., S. 15 f. Zur Organisation und Unterstützung radikaler serbischer Gruppen in Kroatien und Bosnien-Herzegowina durch Serbien, seine Einmischung in diesen Republiken s. Saideman/Ayres 2008, S. 55 f.

Mesics als jugoslawischem Staatspräsidenten und Verhandlungen vorsah.[712]
Nach dem jugoslawisch-slowenischen Abkommen verlagerten sich die Kampfhandlungen sofort nach Kroatien.[713] Mitte Juli 1991 wurden aus vielen Orten, in denen überwiegend Serben lebten, Bombenexplosionen, Gefechte und Raketenbeschuss gemeldet. Am 1. August rollte ein aus der serbischen Vojvodina kommender Panzerverband der JVA östlich von O-sijek auf kroatische Dörfer zu und nahm sie unter Beschuss. Auch die Donau-Marine griff auf der Seite der aufständischen Serben ein. Tudjman ordnete eine Teilmobilmachung an. Die vierte Vermittlungsrunde der EG-Troika scheiterte Anfang August endgültig. Trotz Bemühungen des Staatspräsidiums und der Führer der sechs Teilrepubliken kam es weiterhin zu heftigen Kämpfen zwischen serbischen Freischärlern (unter anderem sogenannten Tschetniks) und der kroatischen Polizei, in die die JVA wiederholt auf Seiten der Serben eingriff. Die EG-Außenminister drohten den Konfliktparteien Ende August mit „weiteren Maßnahmen einschließlich internationaler Aktionen", falls es zu keinem Waffenstillstand komme. Die Minister kritisierten die Unterstützung der JVA für die serbische Seite. Anfang September unterzeichneten der amtierende EG-Ratsvorsitzende, Spitzenpolitiker Jugoslawiens sowie Vertreter der Teilrepubliken eine Übereinkunft zur Beendigung des serbisch-kroatischen Krieges. Das Abkommen legte fest, dass die überwiegend von Serben befehligte JVA in ihre Kasernen zurückkehren und die serbischen Milizen entwaffnet und aufgelöst werden sollten. Kroatien akzeptierte die Entwaffnung und Demobilisierung seiner Reserveeinheiten sowie die Beteiligung von Vertretern der serbischen Minderheit an einer EG-Beobachtermission (600-700 Personen). Trotzdem flammten die Kämpfe in der Nacht zum 3. September wieder auf.
Auf der Eröffnungssitzung der vereinbarten Friedenskonferenz in Den Haag am 7. September 1991 billigten die Präsidenten der sechs Teilrepubliken in Gegenwart der 12 EG-Außenminister den Grundsatz, „niemals Veränderungen der Grenzen zu akzeptieren, die nicht auf friedlichem Weg

---

712 Stiglmayer 1992, S.16.
713 Vgl. zum Folgenden die Bände des Fischer Weltalmanachs der Jahre 1991 bis 1996.

und mit gegenseitiger Übereinstimmung erreicht worden sind." Während der kroatische Präsident Tudjman auf 2.200 Tote und Verletzte sowie 140.000 Flüchtlinge in Kroatien, des Weiteren auf die von der „kommunistischen" Volksarmee geführten Aggressionen verwies, erklärte der serbische Präsident, dass es in Jugoslawien bisher nur „Verwaltungsgrenzen" gegeben habe – für „Völker", die aus dem bisherigen Gesamtstaat ausscheiden wollten, müssten die künftigen Staatsgrenzen erst definiert werden.

Trotz der Friedenskonferenz besetzten serbische Freischärler, unterstützt von der JVA, nach blutigen Kämpfen mit der kroatischen Nationalgarde und Polizei bis Mitte September 1991 angeblich zum Schutz der serbischen Minderheit fast ein Drittel von Kroatiens Territorium. Über 10.000 Menschen kamen ums Leben, 260.000 wurden vertrieben, 700.000 flohen ins kroatische Hinterland und nach Ungarn. Mehrere von der EG zwischen den politischen Führungen Serbiens und Kroatiens vermittelte Waffenstillstandsvereinbarungen wurden nicht beachtet. Mesic, der einflusslose Vorsitzende des jugoslawischen Staatspräsidiums bezeichnete das Verhalten der JVA am 12. September als „Militärputsch". Im Oktober 1991 wurde die Adriastadt Dubrovnik mit Granaten und Raketen beschossen, nachdem sie am Anfang des Monats von JVA-Einheiten und serbischen Freischärlern eingeschlossen und der Hafen blockiert worden war. Am 8. November kündigten die EG-Außenminister daraufhin das Handels- und Kooperationsabkommen mit Jugoslawien und froren eine zugesagte 200-Millionen-DM-Finanzhilfe ein. Am 15. November beschoss die JVA den Adriahafen Split. Am 18. November wurde die bereits zu 90 Prozent zerstörte Donaustadt Vukovar in Ostslawonien, in der zu Friedenszeiten 45.000 Menschen gelebt hatten (37 Prozent davon Serben), nach dreimonatiger Belagerung von serbischen Milizen und Einheiten der JVA eingenommen. Die gesamtjugoslawischen Institutionen zerbrachen nun endgültig. Am 27. November verlangte der UN-Sicherheitsrat die Einhaltung des vier Tage davor ausgehandelten 14. Waffenstillstands. Er sah die Aufhebung der Blockade von Kasernen der JVA durch die kroatische Territorialverteidigung und den Abzug des JVA-Personals samt Ausrüstung aus Kroatien vor. Am 17. Dezember beschloss die EG die Anerkennung Sloweniens und Kroatiens zum 15. Januar 1992. Zwei Tage darauf proklamierten Vertreter der serbischen

Minderheit Kroatiens die „Republik Serbische Krajina" (RSK). Am 30. Dezember griff die JVA nach kroatischen Angaben an nahezu allen Frontabschnitten mit Kampfflugzeugen und Artillerie an. Rund 550.000 Menschen befanden sich bereits auf der Flucht, ca. 300.000 davon stammten aus den von Serben besetzten Gebieten Kroatiens. Am Tag darauf stimmten die politischen Führer Jugoslawiens und der kroatische Präsident Tudjman dem UN-Plan zur Beendigung des Bürgerkriegs zu. Die JVA räumte alle Kasernen in Kroatien.

Am 3. Januar 1992 trat ein von den UN vermittelter 15. Waffenstillstand in Kraft. Am 8. Januar beschloss der UN-Sicherheitsrat die Entsendung von 50 Militärbeobachtern nach Kroatien. Am Tag darauf erklärte Milošević den Bürgerkrieg für beendet: Mit der geplanten Stationierung von UN-Friedenstruppen sei die serbische Minderheit in Kroatien vor kroatischen Angriffen geschützt. Ab März 1992 erfolgte die Stationierung von ca. 15.000 Soldaten der UN-Schutztruppe UNPROFOR in den weitgehend von Serben bewohnten und serbisch besetzten Gebieten Kroatiens. Die UNO richtete dort die „Schutzzonen" Ost (Ostslawonien und Baranja), West (Westslawonien), Nord (Banija) und Süd (Krajina) ein. Den „Blauhelmen" gelang es aber nicht, die paramilitärischen Verbände in den Schutzzonen zu entwaffnen. Selbsternannte serbische Verwaltungsorgane konnten ihre Macht festigen. Ungeachtet des Friedensprozesses beschoss die JVA am 10. April 1992 mehrere kroatische Städte mit Artillerie.

Mit der Entstehung der neuen Föderativen Republik Jugoslawien im April 1992 (FRJ, bestehend aus Serbien und Montenegro) und der Unabhängigkeitserklärung Bosnien-Herzegowinas zog die JVA offiziell auch aus dieser Teilrepublik ab, überließ aber der neu aufgestellten Armee der bosnischen Serben schwere Waffen, darunter Panzer, und unterstützte sie auch weiterhin mit Waffen und Material. Der UN-Sicherheitsrat verhängte daraufhin am 30. Mai 1992 gegen Serbien und Montenegro ein Handels- und Ölembargo, verfügte den Stopp des gesamten Flugverkehrs mit Belgrad sowie das Einfrieren aller Auslandsguthaben. Die Wirtschaftslage in Serbien verschlechterte sich daraufhin noch mehr: Die Verbraucherpreise stiegen in einem Monat um 80 Prozent an (in den zwölf Monaten davor um 1915 Prozent), die Fluggesellschaft JAT entließ ihr gesamtes Personal und in der verarbeitenden Industrie wurden Zehntausende arbeitslos. Breite Schichten der Bevölkerung stürzten im folgenden Jahr in absolute Armut. Die politische Isolierung der Bundesrepublik Jugoslawien verstärkte sich noch: Die UN-Generalversammlung beschloss am 22. September 1992 mit 127 gegen sechs Stimmen bei 26 Enthaltungen den Ausschluss der FRJ aus dem Gremium. Später wurde der Staat auch noch aus anderen UN-Organisationen ausgeschlossen.

Während Serbien und Montenegro vor allem unter den Sanktionen litten, wurde Kroatien von dem von Serbien gesteuerten Krieg und seinen Folgen getroffen. Als Folge der Kriegshandlungen und des Verlusts der innerjugoslawischen, aber auch der osteuropäischen Märkte ging die kroatische Industrieproduktion um fast die Hälfte zurück. Die Preise stiegen auf das Zehnfache und die Reallöhne halbierten sich. Mehr als eine halbe Million Menschen verloren ihren Arbeitsplatz. Zusätzlich belasteten ca. 700.000 Flüchtlinge aus den serbisch besetzten Gebieten Kroatiens und Bosniens die Staatsfinanzen. Wie auch in der FRJ ließ eine Hyperinflation ein geordnetes Wirtschaftsleben nicht mehr zu.

Im Anschluss an die Unabhängigkeitserklärung der multiethnischen jugoslawischen Teilrepublik Bosnien-Herzegowina, die von den EG-Staaten anerkannt wurde, entwickelte sich dort ein Bürgerkrieg zwischen den Serben, Muslimen und Kroaten, der von allen Seiten mit großer Grausamkeit geführt wurde (sogenannte „ethnische Säuberungen", d.h. Vertreibungen). Die bosnischen Serben wandten dabei systematisch die Vergewaltigung von muslimischen Frauen und die Zerstörung von Kulturstätten als Mittel der Kriegsführung an. Kroatien unterstützte die bosnischen Kroaten im Rahmen seines Plans, ein Großkroatien zu schaffen. Die bosnischen Kroaten kämpften daher phasenweise nicht nur gegen die Serben, sondern auch gegen die Muslime Bosniens. Kriegsverlierer wurden letztere, da sie über keine schlagkräftige Armee verfügten. Allein bis September 1993 wurden in der Republik 2,8 Millionen Menschen aus ihren Heimatorten vertrieben bzw. flohen; fast 200.000 wurden getötet.

Am 30. September 1992 unterzeichneten die Präsidenten Tudjman und Cosic in Genf eine Erklärung über die Konsolidierung und Normalisierung der kroatisch-jugoslawischen Beziehungen. Darin erkannten sie die Unverletzlichkeit der bestehenden Grenzen an und vereinbarten die Beendigung der Feindseligkeiten auf der Prevlaka-Halbinsel, von der aus die JVA monatelang die kroatische Hafenstadt Dubrovnik beschossen hatte.

Im Jahr 1993 stand die Wiedererlangung der Kontrolle über die Ende 1991 proklamierte „Republik Serbische Krajina" (RSK) sowie der Krieg um Bosnien-Herzegowina im Mittelpunkt der kroatischen Politik. Im Januar begann eine kroatische Offensive gegen serbisch besetzte Gebiete im Hinterland der dalmatinischen Küstenstadt Zadar. Der UN-Sicherheitsrat verurteilte in einer Resolution einstimmig den kroatischen Vorstoß, bei dem auch zwei französische UN-Soldaten getötet wurden. Mehrere Waffenstillstandsvereinbarungen zwischen Vertretern Kroatiens und der „Republik Serbische Krajina" (RSK) blieben erfolglos. Kroatien verlangte als Vorbedingung für einen Rückzug die Unterstellung der schweren Waffen der Serben unter UN-Kontrolle. Eine Mitte Mai in dem Gebiet errichtete Behelfsbrücke wurde Anfang August durch serbischen Artilleriebeschuss zerstört. Tudjman erklärte daraufhin bisherige Vereinbarungen für nichtig.

Am 29. Mai hatten die Serbenrepubliken der RSK und Bosniens (SR) vereinbart, sich schrittweise zu vereinigen. Mitte Juni fand in der RSK ein Referendum zu folgender Frage statt: „Sind Sie für eine souveräne Republik Serbische Krajina und ihre Vereinigung mit der Serbischen Republik und danach auch mit den übrigen serbischen Ländern?" 98,6 % der Teilnehmer antworteten mit Ja. Die beiden Serbenrepubliken verzichteten aber auf die geplante Vereinigung, unter anderem da gemäßigte Krajina-Serben für eine lose Konföderation der RSK mit Kroatien eintraten.

Nach Monaten relativer Ruhe unternahmen kroatische Streitkräfte im September 1993 einen erneuten Vorstoß. Im Gegenzug beschossen serbische Einheiten vor allem die Stadt Karlovac. Der UN-Schutztruppe UNPROFOR gelang ab Mitte September eine Entflechtung der Kriegsparteien: Die Kroaten zogen sich aus drei besetzten Dörfern zurück und die Serben verlegten ihre schweren Geschütze in Richtung Knin. In den UN-Schutzzonen waren inzwischen über 10.000 Soldaten und 173 Militärbeobachter stationiert. Anfang November erklärte der kroatische Präsident Tudjman, die serbische Minderheit könne eine lokale Autonomie in denjenigen Gebieten erhalten, in denen sie vor dem Krieg die Mehrheit besaß, d.h. in Knin und Glina, sowie kulturelle Autonomie in ganz Kroatien, wenn sie einem dauerhaften Frieden zustimme und die territoriale Integrität und Souveränität Kroatiens anerkenne. Die Krajina-Serben gingen aber nicht darauf ein. Im Dezember flammten die Gefechte wieder auf.

Ende Februar 1994 erklärte der kroatische Außenminister vor der UN-Menschenrechtskommission in Genf, dass ein Drittel des Staatsgebiets besetzt, fast 7.000 Menschen im Krieg mit Serbien getötet und 26.000 verletzt worden seien. 7.600 Menschen würden noch vermisst. Die Kriegsschäden betrügen 26 Mrd. US-$ und der Unterhalt der 250.000 Flüchtlinge koste die Regierung monatlich 46 Millionen US-$. Der Regierungschef der FRJ wiederum hatte schon im Juni 1993 in einem Bericht zur Wirtschaftslage erklärt, die Bundesrepublik Jugoslawien sei mit der UN-Resolution 820 vom April 1993 von der Außenwelt hermetisch abgeriegelt worden, wodurch alle Entwicklungsprozesse gestoppt und die sozialen Probleme beträchtlich vergrößert worden seien. Die Regierung habe deshalb erneut eine Abwertung des Dinar beschlossen. Unabhängige Wirtschaftswissenschaftler sahen die Hauptursache für den Kursverfall der Währung und die Hyperinflation dagegen darin, dass die Industrieproduktion gegenüber dem Vorjahr um 37 % eingebrochen war und das Miloševićregime massiv Geld drucken ließ – dies vor allem für Rentenzahlungen und die serbischen Soldaten in Kroatien und Bosnien-Herzegowina. Im Herbst 1993 wurde der Nennwert des Dinar um sechs Nullen und dann noch einmal um drei Nullen reduziert. Infolge des dramatischen Kursverfalls war die Währung kaum noch in Gebrauch. Zahlungsmittel war vor allem die D-Mark. Im Januar 1994 wurde der Neue Dinar eingeführt.

Im Jahr 1994 erfolgte eine Normalisierung der Beziehungen zwischen Kroatien und der RSK: Ende März wurde unter maßgeblicher Mitwirkung russischer Diplomaten ein Waffenstillstandsabkommen unterzeichnet, das den dreijährigen Krieg auf dem Gebiet beenden sollte. Die Waffenruhe an der 1.500 km langen Demarkationslinie trat am 3. April in Kraft. Bis zum 5. April mussten die Kriegsparteien ihre schweren Waffen abziehen und unter UN-Kontrolle stellen, bis zum 8. musste sich auch die Infanterie zurückziehen. In die frei werdenden Stellungen rückten UN-Soldaten ein. Anfang Dezember wurde ein Wirtschaftsabkommen unterzeichnet. Es sah unter anderem die Wiederinbetriebnahme von Straßen- und Bahnverbindungen vor, die durch serbisch kontrolliertes Gebiet verliefen. Politische Fortschritte wurden aber nicht erzielt.

Die FRJ, d.h. das neue, verkleinerte Jugoslawien aus Serbien und Montenegro war seit der Verhängung der EG- und UN-Sanktionen stark isoliert, zumal auch Russland deren Politik nicht vorbehaltlos unterstützte. Im Januar 1994 unternahm daher auch Milošević den Versuch, durch eine Normalisierung der Beziehung zu Kroatien (sogenannter Normalisierungsvertrag) die außenpolitische Isolation zu durchbrechen sowie die Spannungen zu Slowenien und Ungarn abzubauen. Auch die Politik gegenüber Bosnien-Herzegowina änderte sich: Im August 1994 gelang es mit russischer Unterstützung, den serbischen Präsidenten zur Sperrung der Grenzen zum serbisch kontrollierten Teil Bosniens durch die FRJ zu bewegen. Im Monat davor hatten die bosnischen Serben den internationalen Friedensplan abgelehnt. Milošević distanzierte sich offiziell vom bosnischen Serbenführer Radovan Karadzic. Der UN-Sicherheitsrat stimmte im Gegenzug einer Lockerung der Sanktionen gegen die FRJ zu. Unter anderem wurden der zivile Flugverkehr von und nach Belgrad und der Fährbetrieb zwischen Montenegro und Italien wieder zugelassen. Das Gremium hielt aber an dem 1992 verhängten Wirtschaftsembargo fest. Der Staatspräsident der FRJ führte Anfang November in Zagreb Gespräche über eine mögliche Anerkennung Kroatiens, das aber auf einer Anerkennung „in seinen bestehenden Grenzen", d.h. auf einer Wiedereingliederung der serbisch besetzten und abgespaltenen Gebiete, d.h. der RSK bestand. Ende 1994 wurde die Autobahn Belgrad-Zagreb wieder für den Verkehr freigegeben.

Im Januar 1995 legte eine internationale Kontaktgruppe der kroatischen Regierung einen Friedensplan vor, der aber vom „Präsidenten" der RSK abgelehnt wurde. Im Februar bot die aus Vertretern der USA, Russlands, Frankreichs, Großbritanniens und Deutschlands bestehende Internationale Kontaktgruppe die Aussetzung der Sanktionen an, wenn die Bundesrepublik Jugoslawien zuvor alle ehemaligen jugoslawischen Teilrepubliken anerkenne. Die Führung der FRJ bestand jedoch auf der völligen Aufhebung der Zwangsmaßnahmen.

Anfang Mai und Anfang August 1995 besetzte die kroatische Armee in zwei Blitzoperationen alle von Serben besetzten Territorien (und gleichzeitig UN-Schutzzonen) in Kroatien mit Ausnahme Ostslawoniens. Die kroatische Seite setzte dabei 120.000 Soldaten, 120 Panzer und 300 Geschütze ein. Auf kroatischer Seite starben über 100, auf serbischer Seite 760 Soldaten. Das militärische Vordringen der kroatischen Armee löste die größte Massenflucht seit Beginn des Krieges im ehemaligen Jugoslawien aus: Mindestens 120.000 Serben flüchteten – zum Teil von kroatischen und bosnischen Truppen beschossen und von der Zivilbevölkerung ausgeplündert – in serbisch beherrschte Gebiete Nordbosniens, nach Ostslawonien oder weiter nach Serbien, unter anderem in die Vojvodina (im Norden, serbischer Bevölkerungsanteil: 54 %). Zum Teil wurden die Flüchtlinge auch in das zu 90 Prozent von Albanern bewohnte Kosovo ganz im Süden weitergeleitet. Angesichts fortgesetzter Artillerieangriffe der bosnischen Serben begann am 30. August eine gemeinsame Aktion von NATO und „Schneller Eingreiftruppe" der UN gegen serbische Ziele in Bosnien. Nach dem Inkrafttreten eines Waffenstillstands im Oktober unterzeichnete Präsident Milošević für die bosnisch-serbische Seite am 14. Dezember 1995 den in Dayton/Ohio ausgehandelten Friedensvertrag zwischen Serbien, Kroatien und Bosnien. Der Vertrag sah die Stationierung einer internationalen Friedenstruppe (IFor), die die UNPROFOR ablösen sollte, in Kroatien und Bosnien-Herzegowina vor. Zur IFor gehörte auch ein Kontingent der Bundeswehr. In einem Teilabkommen einigten sich Milošević und Tudjman auf die friedliche Wiedereingliederung Ostslawoniens in den kroatischen Staat. Schon im Monat davor hatten der UN-Sicherheitsrat und die EG die Sanktionen gegen die Bundesrepublik Jugoslawien aufgehoben.

7 Gesamtresümee und Ausblick

"Länder, die sich von demokratischen Normen und
menschlichen Freiheiten distanzieren, werden in der Regel zu Quellen der Gefahr für ihre Nachbarn werden, weil
sie dazu neigen, militärische und politische Spannung zu
provozieren."
Der russische Verteidigungsminister Sergej Iwanow im
Juli 2004 im Hinblick auf Lettland und Estland[714]

"Die entschiedensten Befürworter der ‚Weltpolitik' waren
die aufsteigenden Mittelschichten, die nichts sehnlicher
wünschten, als zu einem großen und machtvollen
Staatsgebilde zu gehören und damit wenigstens indirekt
an den großen politischen Entscheidungsprozessen teil-
zunehmen, die aktiv mitzugestalten ihnen durch die
halbkonstitutionelle Verfassungsstruktur verwehrt wurde."[715]

Akteure aus Russland und die russländischen Streitkräfte spielten im Südosten der Ukraine ab April, spätestens Sommer 2014 dieselbe Rolle wie
Nationalisten, Söldner und Kriminelle aus Serbien und die jugoslawische
Volksarmee in bestimmten Gebieten Kroatiens ab dem Jahr 1991. In beiden Fällen ging es darum, in Grenzgebieten von Nachbarländern bzw. -
republiken einen Aufstand zu provozieren bzw. zu inszenieren und deren
Abspaltung von deren Zentralregierungen herbeizuführen.

Der serbisch-kroatische Krieg zeigt, dass solche Auseinandersetzungen
auch bei günstigen Bedingungen, nämlich den internationalen Sanktionen
gegen die Föderative Republik Jugoslawien (FRJ) und seine weitgehende

---

714 Baltic News Service. 2004. July 13. Iwanow sagte dies in einer Rede vor dem Internationalen Institut für Strategische Studien in London. Iwanow kritisierte darin die
Stationierung von NATO-Personal und militärischer Hardware in den baltischen
Staaten. Ende März 2004 waren diese in die NATO aufgenommen worden. I-
wanow verlangte in seiner Rede, diese Staaten sollten den Vertrag über die Begrenzung konventioneller Streitkräfte in Europa unterzeichnen. Dieser war aber nur
von wenigen Staaten ratifiziert worden, d.h. nicht in Kraft getreten. Vgl. ebd.
715 Mommsen, Wolfgang 1990, S. 8.

Isolierung, länger dauern können. Im russisch-ukrainischen Konflikt sind die Bedingungen für eine Regelung noch ungünstiger: Russland ist viel mächtiger als Serbien, es ist UN-Sicherheitsratsmitglied und kann daher jede Regelung, die seinen Interessen zuwiderläuft, blockieren. Russland ist wirtschaftlich auch viel stärker und weniger verletzlich als Serbien. Was 1994 für die EG-Politik gegenüber Restjugoslawien galt, nämlich die Kampfhandlungen in Bosnien-Herzegowina selbst um den Preis eines ungerechten Friedensschlusses möglichst rasch zu beenden[716], dürfte auch für die Vereinbarungen von Minsk II vom Februar 2015 gelten. Russländische Politologen visierten schon im Herbst 2014 für die Ukraine eine Regelung wie für Bosnien-Herzegowina in Dayton an – die Ukraine sollte nicht mehr ein Einheitsstaat, sondern nur noch eine Konföderation sein.[717] Die Entwicklung ging über diesen Euphemismus schon weit hinaus: von einem gleichberechtigten Zusammenschluss der „Volksrepubliken" und der (Rest-)Ukraine kann keine Rede sein. Vielmehr hängen erstere in immer mehr Bereichen immer stärker an Russland.

Zu denken gibt, dass die Sozialistische Partei Serbiens unter Milošević trotz einer schlechten bis katastrophalen Wirtschaftslage in mehreren serbischen bzw. (rest)jugoslawischen Präsidentschafts- und Parlamentswahlen teilweise eine Zweidrittelmehrheit errang. Präsident Milošević verstand es, die internationale Isolation propagandistisch auszuschlachten und sein nationalistisch-plebiszitär-autoritäres Regime in Wahlen zu festigen. Die Regierung hatte in den sozial schwachen und weniger gebildeten Schichten, welche die Sanktionsfolgen am schmerzlichsten zu spüren bekamen, die größte Anhängerschaft. Die Empörung der Bevölkerung über die Wirtschaftssanktionen, d.h. über die vermeintliche Verschwörung des Westens gegen Serbien stärkte dabei die noch nationalistischeren Kräfte. Stärkster Herausforderer Miloševićs war keine liberale, sondern die Serbische Radikale Partei (Vorsitzender Vojislav Šešelj). Im Mai 1992 erhielt diese 24,2 Prozent der Stimmen. Šešeljs Freischärler („Tschetniks") waren an den ethnischen Vertreibungen in Kroatien und Bosnien, an Kriegsverbrechen (Massakern) und Verbrechen gegen die Menschlichkeit (Morde, Folter und

---

716 Calic 1994, S. 154.
717 Markedonov 2014.

Vergewaltigungen) beteiligt. Trotz der politischen Radikalisierung in Serbien waren die Wirtschaftssanktionen für den Westen aber „der wichtigste Hebel der internationalen Gemeinschaft". Da die Aufhebung des drückenden Embargos immer wichtiger wurde, war die Regierung in Belgrad schließlich zu Konzessionen bereit.[718]

Wie aber hatte es in der Sozialistischen Föderativen Republik Jugoslawien überhaupt zum Kriegführen und Morden kommen können? Angesichts der Liberalisierungs- und Demokratisierungsprozesse in den anderen sozialistischen Ländern befand sich Jugoslawien Ende der 1980er Jahre vor einem umfassenden gesellschaftspolitischen und wirtschaftlichen Wandel. Konfrontiert mit dieser Herausforderung führten vor allem die Belgrader politischen und wirtschaftlichen Eliten an der serbischen Peripherie gewaltsame Konflikte entlang ethnischer Linien herbei, um die gesellschaftliche Dynamik in Richtung eines demokratisch-rechtsstaatlich-marktwirtschaftlichen Wandels zu torpedieren. Historisch verfügbare Feindbilder, Gräuelpropaganda, Lügen in den staatlichen Medien und ethnische Gewaltaktionen dienten dazu, um zu verhindern, dass Reformkräfte die Massen gegen die herrschenden Eliten mobilisieren konnten.[719] Herausgefordert durch die

---

718 Calic 1994, S. 152 f. (Zitat); Saideman/Ayres 2008, S. 59, 71.
719 Gagnon 2004. Gagnon stellt in Abrede, dass die serbischen und abgeschwächt auch die kroatischen Eliten ethnische Identitäten instrumentalisierten, um eine Mehrheit der Gesellschaft nationalistisch zu integrieren und zu mobilisieren. Ihm zufolge ging es diesen Eliten vor allem um *Demobilisierung*, darum, die vorhandenen ethnischen Identitäten durch den gezielten Einsatz von ethnisch gefasster Gewalt an der Peripherie so zu verwandeln, dass sie den politischen Zwecken und Interessen der Herrschenden, nämlich politischer Homogenisierung entsprachen. Vgl. Gagnon 2004, S. XV-XIX. Gagnons erste Idee, d.h. der Einsatz von Gewalt, um politische Reformkräfte abzuwehren, ist interessant. *Allein* von Demobilisierung zu sprechen erscheint aber zweifelhaft – man denke nur an die ca. eine Million versammelten Serben auf dem Amselfeld im Kosovo Mitte 1989 und weitere nationalistische Massenversammlungen in Serbien in den Folgejahren. Insofern erscheint es richtiger zu sagen, dass die Sozialistische Partei Serbiens unter Milošević auch auf nationalistische *Mobilisierung* setzte, um einem demokratisch-reformerischen Aufbruch in der serbisch(-montenegrinisch)en Gesellschaft zuvorzukommen bzw. diesen zurückzudrängen. Die nationalistische Mobilisierung begünstigte die ethnische Gewalt in der Peripherie (war vielleicht sogar eine Voraussetzung), wurde durch diese Gewalt aber auch verstärkt. Bei Herfried Münkler findet sich sowohl eine politische als auch eine stark ethnische Interpretation der Jugoslawienkriege. So heißt es an einer Stelle, dass „ein aggressives serbisches

Volksrevolution in Kiew einerseits, den drohenden „Verlust" der Ukraine an die EU (und eventuell sogar die NATO) andererseits und vor dem Hintergrund eines autoritär-korrupten politischen Systems sowie eines latenten inneren Legitimitätsdefizits startete auch das Putinregime eine umfassende Propagandakampagne, besetzte und annektierte die Krimhalbinsel, schickte russländische Geheimdienstler, Angehörige der Berkut (der aufgelösten Spezialeinheit des ukrainischen Innenministeriums), russische Nationalisten, Söldner und Kriminelle in Städte der Südostukraine, die dort die Kontrolle übernahmen, was bald zu Auseinandersetzungen mit militärischen Einheiten Kiews führte, die schließlich kriegerisch eskalierten.[720] Am Ende wurde es ein nicht zu verdeckender Krieg Russlands auf ukrainischem Territorium, kämpften reguläre russländische Einheiten gegen ukrainische.

Die serbische Historikerin Latinka Perovic bezeichnete die Ende der 1980er Jahre in Serbien einsetzende nationalistische Mobilisierung als „historische Niederlage", als fatale, destruktive Reaktion auf eine gescheiterte Modernisierung. Durch das irredentistische, nach außen gerichtete Projekt Miloševićs seien Reformen, welche die innere Entwicklung betroffen hätten und die Gesellschaft in eine freiheitliche Ordnung hätten überführen können, abgelehnt worden.[721] Diese Interpretation dürfte in nicht geringem

---

Vormachtstreben sowie der ... Widerstand der anderen Nationen ... gegen eine großserbische Hegemonie" zu einem Krieg geführt hätten. Vgl. Münkler 2015, S. 266. An anderer Stelle stellt Münkler fest, dass die nationalen Gemengelagen auf dem Balkan (anders als im nördlichen Teil Mitteleuropas) nach dem 2. Weltkrieg fortbestanden. Er fährt dann fort: „Diese führten zu Beginn der neunziger Jahre in den Zerfall Jugoslawiens, der von Vertreibungen und Massakern begleitet wurde." Vgl. ebd., S. 292, vgl. ähnlich S. 294 f. Waren es also die serbischen (und im Falle Bosnien-Herzegowinas die kroatischen) politischen Eliten und ihre Strategien oder waren es „die nationalen Gemengelagen", d.h. die ethnisch-nationale und religiös-konfessionelle (S. 295) Heterogenität Kroatiens bzw. Bosnien-Herzegowinas, die zu diesen Verbrechen führten? Dass es nicht allein an der kulturell-nationalen Heterogenität lag, dürfte die relativ gewaltlose Auflösung der Sowjetunion zeigen, in deren Republiken es ja auch viele „nationale Gemengelagen" gab. Eine historisch-institutionlle Antwort auf die beiden Fragen gibt Veljko Vujačić, der in einem umfangreichen Aufsatz die Unterschiede in der historischen Staatlichkeit von Russen und Serben, in den politischen Erfahrungen mit dem „eigenen" Staat sowie in den institutionellen Gegebenheiten Serbiens und der russischen Unionsrepublik in den Jahren bis 1990 herausarbeitet. Vgl. Vujačić 1996.

720 Babtschenko 2015.
721 NZZ. 2004, 2.3., S. 5.

Maße auch auf Russlands Kurs spätestens seit April 2014 zutreffen, als Putin sein „Neurussland"-Konzept lancierte. Der seit 1994 in Berlin lebende russische Komponist Sergej Newski schrieb Anfang April 2014, d.h. zwei Wochen nach der Annexion der Krim und unmittelbar vor der gewaltsamen Einmischung Russlands in der Südostukraine: „Was wir in Russland zurzeit erleben, ist ein beispielloser Aufstand gegen die Modernisierung." Der zu beobachtende „Aufstand des Archaischen" erinnere, so Newski, an das Serbien der frühen neunziger Jahre.[722] Ein Symptom des nationalistischen „Fiebers" seit der Krimannexion ist die gewalttätige Gruppe SERB (South East Radical Bloc), die im März 2014 in der ostukrainischen Stadt Charkiw entstand. Im Spätsommer 2014 setzten sich ihre Aktivisten nach Russland ab. Seitdem unternimmt die Gruppe Aktionen gegen Kritiker der Ukrainepolitik Putins, greift Oppositionelle wie Aleksej Nawalny mit gefährlichen Substanzen an, ohne dafür strafrechlich zur Verantwortung gezogen zu werden.[723]

Das Putinregime redet nicht einmal mehr von Modernisierung (höchstens von militärischer), sondern propagiert offen das mit Abschottung einhergehende antiliberale, nationalistische und antiwestliche Projekt einer „Russischen Welt". Eine ähnliche slawisch-„eurasische", gegen den liberalen Westen gerichtete Ideologie war im Serbien der 1990er Jahre dominant. Seit Mitte der 2000er Jahre werfen russländische Offizielle vor allem den Regierungen der USA, Großbritanniens und Frankreichs den Bruch des Völkerrechts (Luftkrieg gegen Serbien und Montenegro 1999, Irakkrieg 2003) sowie den Bruch gegebener Zusagen in der Frage einer Erweiterung der NATO nach Osteuropa vor. Seit 2013 wird diese Kritik am Westen auch auf dessen Gesellschaften ausgeweitet: Die „euroatlantischen" Länder werden nun von führenden russländischen Politikern und in den staatlichen Medien Russlands als dekadent, unmoralisch, unchristlich, permissiv, ja verkommen, „verschwult" und pervers dargestellt. Damit versuchen das Putinregime und nicht geringe Teile der Gesellschaft, möglichst viele Menschen in Russland den liberalen westlichen Gesellschaften zu entfremden

---

722 Newski 2014.
723 „SERB", https://ru.wikipedia.org/wiki/SERB, Seite besucht am 16.9.2017.

und sowohl die wenigen Liberalen in Russland als auch den Einfluss des Westens zurückzudrängen.

Diese Abwertung der westlichen Länder und Gesellschaften stellt eine Putinsche bzw. breiter russisch-nationalkonservative und nationalistische Variante des Okzidentalismus[724] dar, in der der Westen als moralisch minderwertig, ja gefährlich dargestellt wird, um Russland gegen ihn in Stellung bringen, sich zumindest von etlichen seiner Aspekte abgrenzen zu können. Es handelt sich dabei um einen Neuaufguss konservativ-slawophilen Denkens aus dem 19. Jahrhundert, welches eine moralische usw. Überlegenheit traditioneller russischer Lebens- und Herrschaftsweisen über die westeuropäischen postulierte. Die Darstellung des Westens bzw. der euroatlantischen Länder als unmoralisch, dekadent und materialistisch weist dabei Überschneidungen mit der westlichen konservativen Kulturkritik, Elementen der faschistischen und nationalsozialistischen Ideologie sowie fundamentalistisch-islamistischen Positionen auf.[725]

Die russische Führung hätte entspannter mit der nationaldemokratischen Revolution in der Ukraine umgehen können, wenn sie nicht einem autoritären, korrupten und in hohem Maße intransparenten politischem System vorgestanden hätte und vorstehen würde. Zwar vertritt ein Experte für russische Außenpolitik die These, dass ein direkter Zusammenhang zwischen autoritärer Herrschaft und konfliktivem Außenverhalten angesichts anderer plausibler Erklärungen schwer zu beweisen sei:

„Die Verhärtung der russischen Außenpolitik im vergangenen Jahrzehnt kann genauso leicht als eine logische, wenn auch unkluge Reaktion auf wahrgenommene *äußere* Bedrohungen dargestellt werden: den Verlust der Ukraine als einem strategischen Puffer und einer Einflusssphäre;

---

724 Während mit Orientalismus nach Edward Said eine einseitige Konstruktion „des Orients" durch europäische bzw. westliche Wissenschaftler, Literaten usw. gemeint ist, versteht man unter Okzidentalismus einseitige Konstruktionen „des Westens" durch nichtwestliche Regierungen, Gruppen und/oder Personen, ja „eine Ideologie des Hasses ... gegen westliche Gesellschaftsstrukturen und Werte." Vgl.: „Okzidentalismus", https://de.wikipedia.org/wiki/Okzidentalismus, Seite besucht am 17.10.2017.

725 Vgl. ebd. Zum konservativ-slawophilen Denken in Russland vgl. Rywkin 2001, S. 653.

westliches ‚Vordringen' in die postsowjetische Nachbarschaft via EU- und NATO-Erweiterung; die US-Raketenabwehrpläne."[726]

In der vorliegenden Studie wird aber die These vertreten, dass die Angst vor einem Machtverlust im Innern ab dem Jahr 2012 zu einer Verhärtung der russischen *Innen*politik und einer ideologischen Neufassung des Verhältnisses zum liberalen Westen führte, was beides zu einer Verschärfung der Reaktion auf die nationaldemokratisch-liberale Revolution in der Ukraine mit ihren außenpolitischen Implikationen, darunter auch für die mittel- und langfristige Stabilität des Putinschen Herrschaftsssystems, beitrug. Gleichzeitig gilt aber auch: Die russische Führung hätte entspannter mit den ukrainischen Entwicklungen umgehen können, wenn es nach zwei NATO-Erweiterungsrunden (und dem von Russland durchkreuzten, d.h. gescheiterten Vorhaben im Jahr 2008, eine dritte Runde, die Georgien und die Ukraine umfassen sollte, einzuleiten) nicht die *hypothetische* Möglichkeit einer mittelfristigen Aufnahme der politisch nun eindeutig nach Europa ausgerichteten Ukraine in das Bündnis gegeben hätte.

Die Annexion der Krim ist als Positions- und Prestigeverteidigung zu interpretieren: Ein Konflikt über die langfristige Stationierung der russischen Schwarzmeerflotte in Sewastopol und deren Modalitäten sollte ausgeschlossen werden. Durch die Annexion der Halbinsel, d.h. die Schaffung eines langfristigen Territorialkonflikts Kiews mit Moskau und über erhöhte Abschreckungsmöglichkeiten durch eine Aufrüstung der Halbinsel soll(te) ein NATO-Beitritt der Ukraine praktisch ausgeschlossen werden.

Auch die Politik Russlands in der Südostukraine ist *zum Teil* als Streben nach Positionsverteidigung, sei es gegenüber der Ukraine, im regionalen Umfeld und/oder auf internationaler Ebene zu verstehen. Putin hatte schon am 4. April 2008, einen Tag nach dem Bukarester NATO-Gipfel damit gedroht, dass die Ukraine mehr als die Krim verlieren würde, sollte die NATO versuchen, sie aufzunehmen. Nach dem Machtantritt einer stark westukrainisch geprägten Regierung im Februar 2014 schien eine Annäherung der Ukraine an die NATO zumindest mittelfristig nicht ausgeschlossen werden zu können. Ohnehin mußte die russische Führung ab März 2014 mit der

---

726 Lo 2015, S. 15 (Hervorhebung im Original).

Möglichkeit rechnen, dass sich die Ukraine nach der Besetzung und Annexion der Halbinsel Krim durch russische Streitkräfte in Zukunft umso stärker
nach Europa und nach Westen orientieren und westliche Sicherheitsgaran-
tien anstreben würde.

Trotzdem: Regierungen intervenieren bei Machtwechseln in Nachbarstaaten mit außenpolitischen Implikationen nicht immer und nicht so gewaltsam
in deren innere Angelegenheiten, wie dies Russland seit dem Frühjahr
2014 getan hat. Die russische Führung hatte nach dem politischen Ende
von Janukowitsch die Wahl. Sie entschied sich nicht schon in den Tagen
nach dem Machtwechsel in Kiew, sondern erst nach dem Anschluss der
Krim für einen noch weiter gehenden, extremen außenpolitischen Kurs: Putins „Neurussland"-Projekt implizierte den Verlust eines Drittels des Staatsgebiets der Ukraine. Es hätte, wäre es verwirklicht worden, aus der Ukraine
einen vom Schwarzen Meer abgeschnittenen Rumpfstaat gemacht. Mit einer solchen Politik setzte Putin bewußt die Beziehung zur Ukraine, diesem
wichtigsten Nachbarstaat Russlands aufs Spiel. Putin handelte wie ein
Machtpolitiker; ein Staatsmann hätte sich mit der Krim begnügt. Ein solcher
hätte eine rote Linie gezogen: „Eine Aufnahme der Ukraine in die NATO
lassen wir nicht zu!"

Ein Staatsmann hätte nach dem Anschluss der Halbinsel, d.h. diesem nati-
onalen Triumph versucht, mit der neuen Regierung der Ukraine zu Kom-
promissen zu gelangen. Denn er hätte erkannt: Eine Mehrheit in der Ukraine wollte einen grundlegenden innenpolitischen Wandel – und sie will die
EU-Assoziierung, bei Fortsetzung der wirtschaftlichen Zusammenarbeit mit
Russland. Er hätte sich eingestanden, dass es in der Ukraine einfach keine
Mehrheit für einen Beitritt zur russisch dominierten Zoll- bzw. Eurasischen
Wirtschaftsunion gab – selbst das Janukowitsch-Lager war nicht dazu bereit gewesen. Ein solcher Staatsmann wäre das Risiko eingegangen, dass
sich die Ukraine nach dem Verlust der Krim stark nach Westen, jedenfalls
nach Europa orientiert hätte. Denn die Alternative war: den Großteil der Ukraine ganz zu verlieren. Die Krim hätte den militärischen und symbolischen

Eckstein eines kleinrussländischen[727] Nationalstaats bilden können, für den die Ukraine mit Ausnahme einer Aufnahme in die NATO ein selbständiges, souveränes politisches Gebilde ist. Putin scheint aber nach dem erfolgreichen Anschluss der Krim richtig Appetit bekommen zu haben. Der deutsche Staat Preußen führte 1866 gegen den deutschsprachigen Staat Österreich einen Krieg um die Vorherrschaft im Deutschen Bund. Nach dem Sieg bei Königgrätz beschwörte Bismarck aber den preußischen König, auf eine militärische Ausnutzung des Sieges zu verzichten und drängte zu einem Vorfrieden, um französischen Gebietsforderungen gegenüber Süddeutschland zuvorzukommen. Diese Politik der Mäßigung, die realpolitisch motiviert war (Angst vor Frankreich) war eine der Voraussetzungen für den 1879 geschlossenen deutsch-österreichischen Zweibund. Denkt auch die politische Führung Russlands so langfristig? Kaum. Mitte April 2015 erklärte Putin in der jährlichen Sendung „Direktverbindung mit Wladimir Putin", er teile ziemlich den Ausspruch „unseres Kaisers" Alexanders III., dass „jeder von Russlands riesiger Weite in Angst versetzt" werde und dass das Land nur zwei Verbündete habe: seine Armee und seine Flotte.[728]

Dass die russische Führung den Weg des Ausgleichs und der Mäßigung nicht einschlug, dürfte auch innenpolitische, genauer: Regimegründe gehabt haben. Es ging und geht dem Putinregime – wie auch dem

---

727 „kleinrussländisch" hier in Analogie zur „kleindeutschen Lösung", d.h. ein Deutschland bzw. Deutsches Reich ohne die deutschsprachigen Gebiete Österreich-Ungarns.

728 TASS. 2015, 16.4. Putin verwies im Weiteren (aber) auf die guten Beziehungen Russlands innerhalb der BRICS und der Shanghai Cooperation Organisation. Hierbei handle es sich nicht um militärische Organisationen, aber sie seien, so Putin, Russlands Verbündete. Als militärisch-politische Allianz nannte er die Vertragsorganisation über Kollektive Sicherheit (CSTO), der neben Russland und Weißrussland einige mittelasiatische Nachfolgestaaten angehören. Alexander III. (1881-1894), der vorletzte Kaiser des Russländischen Reiches, stand für absoluten Herrschaftsanspruch, Polizeistaat, Industrialisierung/Eisenbahnbau und scharfe Russifizierung in den Grenzgebieten, darunter in den ukrainischsprachigen Gouvernements. Im November 2017 hielt Putin anläßlich der Einweihung einer überlebensgroßen, martialisch anmutenden Statue des „allrussländischen Kaisers" Alexanders III. auf der Krim eine Ansprache. Auf dem Sockel ist das Zitat über die Armee und die Flotte als Russlands einzigen Verbündeten eingraviert. Vgl. das Foto in: SZ. 2017, 4.12., S. 13.

Miloševićregime in Serbien ab spätestens dem Jahr 1990 – um den Erhalt
der Macht, auch wenn es die Menschen im Donbass, die ja ziemlich
russlandfreundlich eingestellt waren (und noch immer sind), ihr
„Brudervolk", d.h. die Ukrainer insgesamt sowie auch die Russen in
Russland sehr viel kostet. Putins Strategie der „präventiven Konter-
revolution"[729] in Russland wurde ab dem Frühjahr 2014 gewaltsam auf dem
Territorium eines benachbarten Staates durchgeführt: Es ging nicht zuletzt
darum, eine Revolution zu kontern, ein zivilgesellschaftliches, demokratisches, rechtsstaatliches, anarchistisches, ukrainisch-nationales und -
nationalistisches Feuer auszutreten bzw. es zumindest nicht zu groß und
stark werden zu lassen. Die Putin-Führung hat auch deshalb einen
gewaltsamen zwischenstaatlichen Konflikt vom Zaun gebrochen, um
Diskussionen über politische und wirtschaftliche Reformen in Russland
selbst für einige Jahre ausschließen zu können. Ein „Überspringen" des
demokratischen Virus von der Ukraine nach Russland, eine Ansteckung mit
Ideen der Kontrolle der politischen Entscheidungsträger durch das Volk
sollte ausgeschlossen werden. Insofern diente die Frage der
Russischsprachigen in der Ost- und Südukraine nicht nur der außenpolitischen Positionsverteidigung, sondern auch (wie Anfang der 1990er
Jahre die serbischen Minderheiten für das Miloševićregime) der
innenpolitischen Positionsverteidigung, der Regimeverteidigung, der Verteidigung des politischen und ökonomischen Status quo.
Ausschlaggebend für den Politikbruch der russischen Führung gegenüber
der Ukraine, hier insbesondere das weitreichende „Neurussland"-Projekt
und die in dessen Rahmen herbeigeführte gewaltsame Destabilisierung der
Südostukraine, d.h. den massiven Bruch des Völkerrechts dürfte gewesen
zu sein, dass Russland unter Putin in den zehn Jahren davor stärker, undemokratisch und nationalistisch geworden war – und das Regime sich einer großen externen Herausforderung gegenübersah: dem Sturz einer
russlandfreundlichen Regierung und der Verwandlung der Ukraine in ein
Land, das rechtsstaatlich, „europäisch" werden und in Zukunft eher in Richtung EU als Russland gehen wollte – mit allen sich daraus für Russland

---

729 Vgl. Horvarth 2013.

und das Putinregime ergebenden außenpolitischen, außenwirtschaftlichen, sicherheitspolitischen und innenpolitischen Konsequenzen.

Im Rückblick betrachtet beging die Putin-Führung bei ihrer Ukrainepolitik mehrere strategische Fehler: Der erste bestand darin, mittels einer Politik des massiven wirtschaftlichen Drucks zu versuchen, eine EU-Assoziierung der Ukraine zu verhindern – dies obwohl die Verhandlungen über die entsprechenden Verträge längst abgeschlossen waren. Die erpresserische Politik Russlands zwang die Janukowitschführung in der Frage einer EU-Assoziierung in die Knie, mobilisierte im Gegenzug aber eine Mehrheit der Bevölkerung der Ukraine dafür. Der zweite Fehler bestand darin, diese Druckpolitik nach dem politischen Scheitern Janukowitschs, d.h. nachdem klar geworden war, dass eine Mehrheit der ukrainischen Bevölkerung einen eindeutigen Politikwechsel, eine engere Beziehung mit der EU, nicht mit Russland wollte, noch zu verstärken, ja sie beflügelt durch den nationalen Erfolg in Gestalt der „Wiedervereinigung" mit der Krim zu einer gewaltsam-irredentischen Machtpolitik zu steigern, die sich zumindest rhetorisch („Neurussland") die Aufteilung der Ukraine zum Ziel setzte.[730] Dass Putin so weit ging, zeigt, dass er ein schlechter Verlierer ist.

William E. Pomeranz vom Washingtoner Kennan Institute fasste Putins strategische Wahlentscheidung der Jahre 2013/2014 so zusammen:

> „Putin zog Großmachtstatus geteilter Souveränität, eine Nullsummen- einer win-win-Einstellung im Handel, einen starken Staat wirtschaftli- chem Wohlergehen und symbolische Politik demokratischer vor."[731]

Russland hat infolge seiner Politik ab Mitte 2013 deutlich mehr an Einfluss und Wohlfahrt *verloren*, als es im Falle einer Hinnahme der EU-Assozi- ierung der Ukraine verloren hätte. Russland hat zwar die Krim gewonnen und in der Südostukraine eine russisch dominierte Zone geschaffen, dafür aber einen großen Teil seines Einflusses auf den Großteil der Ukraine ver- loren.[732] Darüber hinausgehend haben sich Russlands politische und Wirt- schaftsbeziehungen zu Deutschland, das seit 1991 innerhalb des Westens die Rolle eines Fürsprechers für Russland innehatte, sowie zur EU insge-

---

730 Trenin 2016, S. 58; Merry 2016, S. 42 f.
731 Pomeranz 2016, S. 132.
732 Vgl. so schon Mankoff 2014 unmittelbar nach der Annexion der Krimhalbinsel.

samt deutlich verschlechtert. Infolge dieser Entwicklungen setzt Russland auf vermehrte Zusammenarbeit mit China, was aber seine Autonomie gegenüber dieser benachbarten Groß-, ja zukünftigen Weltmacht verringert hat.[733]

Kurz- und mittelfristig hat Russland durch sein Vorgehen gegenüber der Ukraine Macht, Sicherheit und Autonomie gewonnen, dies in erster Linie gegenüber der Ukraine. Gewonnen hat das nationalistische russische Regime, nämlich an Zustimmung und Legitimität. Die Putin-Führung erklärt den wirtschaflichen Einbruch als den Preis für eine noble, gerechte Sache: den USA und auch der EU in der Ukraine, d.h. in der eigenen Interessen- und Einflusssphäre die Stirn geboten zu haben und den „Faschismus" in der Ukraine zu bekämpfen, d.h. die dortigen „Russen" bzw. „Russischsprachigen" zu retten.[734] Insgesamt dürfte für die Politik der Putin-Führung gegenüber der Ukraine das gelten, was der US-Politikwissenschaftler V.P. Gagnon über die politische Strategie Miloševićs geschrieben hat: Letztere war aus der Perspektive der herrschenden Partei- und Wirtschaftseliten erstaunlich erfolgreich, da sie ihnen erlaubte, weit über die Zeit hinaus die Kontrolle zu behalten, als kommunistische Eliten im Rest Osteuropas längst die Macht verloren hatten. Aus der Perspektive des Wohlergehens Serbiens und der Serben in ganz Jugoslawien war Miloševićs Politik dagegen desaströs.[735]

Ob das Thema der Russischsprachigen in Zukunft als Ablenkungs-, Integrations- und Mobilisierungsinstrument dienen wird, d.h. das Putinregime – wie Anfang der neunziger Jahre das Miloševićregime in Serbien – in eine Phase der Machtsicherung durch das Schüren von äußeren Konflikten eintreten wird, erscheint eher zweifelhaft, kann aber nicht ganz ausgeschlossen werden.[736] Tatsache ist jedenfalls, dass eine solche Konfliktstrategie

---

733 Trenin 2016, S. 58.

734 Trudolyubov 2016, S. 80.

735 Gagnon 2004, S. 88 f.

736 Obwohl die Idee der Verteidigung der Russischsprachigen in den Nachbarstaaten bei bestimmten Bevölkerungsgruppen populär sei, scheine sie nicht als nationale Idee zu taugen, so Maxim Trudolyubov, der für russische und US-Zeitungen schreibt. Die Idee sei zu offensichtlich instrumentell, werde vom Kreml benutzt, um wirtschaftliche Defizite zu kompensieren, was der öffentlichen Wahrnehmung nicht entgehe. „Viele Russen scheinen die große Illusion nationalistischer Expansion,

und die Instrumentalisierung von Feindbildern nur kurz- und mittelfristig machterhaltend sind.[737] Schon wenige Monate nach Beginn der massiven Einmischung Russlands in der Südostukraine zeichneten sich die hohen Kosten der von der Putin-Führung verfolgten Strategie ab, nämlich eine verstärkte Isolation in Europa sowie eine Verschärfung der wirtschaftlichen Probleme.

Zentral ist die schwierige Eindämmung der hauptsächlich von der russischen Führung zu verantwortenden Gewalt in der Südostukraine. Obwohl hier seit Minsk II (Februar 2015) Fortschritte erzielt wurden, sterben im Donbass trotzdem jedes Jahr noch Hunderte von Menschen durch Kampfhandlungen. Eine Lösung dieses zwischen- und innerstaatlichen Konflikts, dessen Intensität seit 2015/2016 zurückgegangen ist, erscheint fast ausgeschlossen. Die Gründe sind vielfältig. Zum einen werden die Vertreter (bzw. Anführer) einer Minderheit, wenn sie sich stark fühlen, z.B. infolge externer Unterstützung, kaum kompromissbereit sein, sondern zu radikalen Positionen neigen.[738] Das ist ein wichtiger Grund dafür, dass eine Umsetzung von Minsk II durch die Führungen der beiden russländischen De-facto-Protektorate in der Südostukraine nicht in Sicht ist.

Oftmals scheitert die Kooperation zweier Staaten, in unserem Fall eine Vereinbarung zwischen Russland und der Ukraine über die Südostukraine (genauer: die Umsetzung der beiden international zustande gekommenen Minsker Abkommen), an innenpolitischen Widerständen, d.h. an einflussreichen politischen Gruppen oder an der öffentlichen Meinung.[739] Während die ukrainische Regierung und die Gesellschaft auf bestimmte demokratische Mindeststandards wie freie Wahlen in der Südostukraine nicht verzichten können und wollen, ist die russische Führung auch aus innenpolitischen Gründen nicht bereit, ihre Hände von den Führungen der beiden „Volksrepubliken" abzuziehen, d.h. letztere zur Disposition zu stellen.

Eine weitere Schwierigkeit für eine Lösung des Konflikts besteht darin, dass die beiden „Volksrepubliken" für Russland zwar vor allem Instrumente

---

die auf ihren Fernsehbildschirmen für sie geschaffen wird, zu mögen, aber sie spüren noch, dass das eine Illusion ist." Trudolyubov 2016, S. 92.
737 Forndran 1986, S. 412.
738 Jenne/Saideman/Lowe 2006. Vgl. in dieselbe Richtung Gurses 2015.
739 Preissler 2014, S. 76-79; Schneckener 2002, S. 223.

sind, die russische Führung dort aber trotzdem nicht frei schalten und walten kann. Russland hat einen großen Beitrag zur Destabilisierung eines
großen Teils des Donbass geleistet, kontrolliert dort aber – siehe die Ge-
waltfehden zwischen „Separatisten" im Gebiet Luhansk – beileibe nicht alles. Das Führungspersonal der beiden von Russland protektierten Zonen
hat durchaus seine (nicht zuletzt: wirtschaftlichen) Eigeninteressen. Würde
Putin diese Führungen aus übergeordneten Überlegungen fallenlassen, so
dürften sie sich dagegen auflehnen, ja Front gegen ihn machen – und nicht
wenige politische Gruppen und Akteure in Russland selbst würden sie dabei zumindest moralisch und propagandistisch unterstützen.

Trotzdem: Ein zentraler Akteur in der Donbassfrage ist Russland. Vielleicht
führt hier eine Zuckerbrot- und Peitsche-Strategie weiter. Die Peitsche-
Komponente einer solchen Politik müßte sich auf folgende Erkenntnis stützen: Bei einer Strategie, die auf politische Gewalt zum Machterhalt setzt,
berücksichtigen die politischen Entscheidungsträger sehr genau die inneren und die internationalen Kosten.[740] Zwar diente die Destabilisierung des
Donbass nicht primär, nicht unmittelbar dem Erhalt der politischen Macht in
Russland, aber trotzdem kann diese Erkenntnis fruchtbar gemacht werden:
Russland ist weiter deutlich zu machen, dass es, sollte es im Donbass keine Schritte in Richtung der Umsetzung von Minsk II geben, keine Lockerung der Sanktionen geben wird.

Die Gründe für die Ukrainepolitik Russlands liegen aber nicht nur im
Innern. Auslöser war ein externer „Schock", nämlich der Sturz des Janu-
kowitschregimes mit seinen außenpolitischen Implikationen. Navaratna--
Bandara hat in seiner Studie über die Politik von Regionalmächten in
Sezessionskonflikten in benachbarten Staaten herausgearbeitet, dass
Druck von Drittstaaten, Vermittlung und „spezifische Garantien der strate-
gischen Interessen des Großen Nachbarn im betroffenen Staat" den
Großen Nachbarn vom Ziel der Sezession oder Annexion abbringen und
ihn für eine Regelung in Form der Übertragung von Kompetenzen an die
sezessionistische Region („'devolutionary' settlement") im betroffenen Staat

---

740 Gagnon 1994/1995, S. 139.

offen machen können.[741] Zu den strategischen Interessen Russlands gegenüber der Ukraine gehört vor allem deren Nichtaufnahme in die NATO.[742] Eine entsprechende Forderung wurde vom Autor vorliegender Studie schon in einem Interview zu Beginn der Besetzung der Krim, d.h. Anfang März 2014, erhoben: „Der Westen muss vertraglich zusichern, dass die Ukraine nicht in die Nato aufgenommen wird. Andernfalls wird Russland die Ukraine weiter destabilisieren."[743] Auch ein anderer Wissenschaftler sieht, da die westliche und russländische Einflusszone die Ukraine durchtrenne, nur zwei Möglichkeiten: Teilung des Landes oder seine Neutralisierung als Pufferzone, die die Großräume Europa und Russland zugleich trennt und verbindet.[744] Selbst im zweiten Fall, der ja auch eine Regelung über die beiden „Volksrepubliken" enthalten müßte, wird die russische

---

741 Navaratna-Bandara 1995, S. 174. Konzediert sei hier, dass der sezessionistische Konflikt in der Südostukraine von Russland aus instrumentellen Gründen aktiv herbeigeführt wurde. Trotzdem dürften Navaratna-Bandaras Erkenntnisse für eine Regulierung, zumindest Entschärfung dieses Konflikts von Bedeutung sein.

742 Zur Problematik der NATO-Osterweiterung insbesondere um Georgien und die Ukraine für Russland vgl. oben die Abschnitte 4.1.4 und 4.1.5.

743 Vgl. Preissler 2014, Krim. Einen identischen Vorschlag machte am selben Tag, d.h. am 5. März 2014, der frühere US-Außenminister Henry Kissinger. Er betonte in diesem Zusammenhang, dass die Ukraine mehr als Brücke zu Russland denn als ein Vorposten des Westens zu sehen sei. Vgl. Kissinger 2014. Ein Konzept für eine neue Sicherheitsarchitektur in Osteuropa entwickelte Michael E. O'Hanlon, Forschungsdirektor der Washingtoner Denkfabrik Brookings Institution. Es sieht einen vertraglich abgesicherten, dauerhaft neutralen Status für Finnland, Schweden, die Ukraine, Moldau, Belarus, die drei südkaukasischen Staaten (d.h. unter anderem Georgien) und Serbien vor. Im Gegenzug müßte Russland die „eingefrorenen" bzw. „kochenden" Konflikte in etlichen dieser Staaten einer Lösung zuführen. Vgl. O'Hanlon 2017 (Klappentext auf der Rückseite des Buches). Vgl. in Kurzform und auf deutsch O'Hanlon 2018. Skeptisch im Hinblick auf Bestrebungen (in) der Ukraine und Georgien, in die NATO aufgenommen zu werden, ist mittlerweile auch Andreas Umland, der unter anderem am Institut für Euro-Atlantische Kooperation Kiew arbeitet. Vgl. Umland 2017. Zwei Frankfurter Politikwissenschaftler forderten im Frühjahr 2017 in der Nummer 3-4 der Zeitschrift *Osteuropa* in einem Artikel mit der Überschrift „Leitideen für eine neue Russlandpolitik", „Russland glaubwürdig zu versichern, dass die Ukraine und andere Staaten der Region nicht in die EU und die NATO aufgenommen werden." Dembinski/Spanger 2017, hier S. 87 (Zitat), 94 f. Wenn diese Autoren auch die EU nennen, gehen sie deutlich über die anderen hier genannten Forderungen und Konzepte hinaus. Vgl. allgemein zu dieser Diskussion auch Huterer 2017.

744 Münkler 2015, Kriegssplitter, S. 295.

Regierung darauf bestehen, dass Sewastopol, ja wahrscheinlich die gesamte Krim zu Russland gehört.[745]

Grundsätzlich ist gegenüber dem Putinschen Russland ein Verständnis für dessen empfindliches Sicherheits- und Status- (darunter sicherheitspolitisches Status quo-) Bedürfnis, gleichzeitig aber auch abschreckende Entschlossenheit angebracht, denn Staaten werden mit größerer Wahrscheinlichkeit revisionistisch, wenn sie über größere Fähigkeiten und größere Entschlossenheit als ihre Gegner verfügen.[746] Gelegenheit macht Diebe – auch in der internationalen Staatenwelt.

Im Frühjahr 2017 sprachen sich zwei Frankfurter Politikwissenschaftler dafür aus, im Rahmen einer Strategie des „Pluralen Friedens" „die normativen Differenzen mit Russland" anzuerkennen.[747] Dass solche existieren, ist eine Binsenweisheit. Aber man muss genau formulieren: Die westlichen liberalen Demokratien, internationale Organisationen wie der Europarat und die OSZE sowie Menschenrechtsgruppen haben in erster Linie mit den politischen Entscheidungsträgern, mit bestimmten Institutionen und politischen Gruppen in Russland (und anderen Staaten) normative Differenzen. Auch viele Menschen in Russland haben „normative Differenzen" mit der Führung ihres Landes. Es geht nicht in erster Linie darum, solche Differenzen „anzuerkennen", sondern offensichtliche Mißstände zu kritisieren. Es gilt, nicht nur „die grundlegenden Menschenrechte"[748], sondern auch die politischen Freiheits- und Bürgerrechte offensiv einzufordern. Dies umso mehr, als die politische Führung Russlands einen „pluralen Frieden" mit den westlichen liberalen Demokratien kaum akzeptieren dürfte, sondern propagandistisch und finanziell rechts- und teilweise linkspopulistische, illiberale und nationalistische Kräfte in den europäischen Ländern unterstützt, sich in „Gegnerschaft zu uns im Westen" sieht.[749] Dass in den freien Staa-

---

745 Zumindest im Hinblick auf Sewastopol heißt es in einem Kompromissszenario: „Sevastopol' wird … auf Dauer russländisches Hoheitsgebiet und Marinestützpunkt." Vgl. Jahn 2015, S. 44. O'Hanlon schlägt vor, die russische Annexion der Krim nicht anzuerkennen, die Angelegenheit aber ansonsten ruhen zu lassen. Vgl. O'Hanlon 2018.
746 Davidson 2006, S. 2, 149.
747 Dembinski/Spanger 2017, hier S. 87, 91 f.
748 Ebd., S. 92.
749 So der deutsche Bundespräsident Walter Steinmeier. FAZ. 2017, 23.8., S. 1.

ten Europas möglichst viele BürgerInnen ihre Stimme für politische Freiheiten in Russland erheben, erwarten nicht zuletzt viele politisch wache BürgerInnen in Russland selbst. Denn Institutionen, in denen diese BürgerInnen zu ihrem Recht kommen können, gibt es in Russland immer weniger.[750]

In der Südostukraine wird eine Konfliktregulierung sehr schwierig werden, da die Entwicklung dort Auswirkungen auf die Entwicklung der Ukraine insgesamt und damit auch auf die Machtverteilung zwischen Russland und der Ukraine und darüber hinaus zwischen Russland und den zur EU gehörenden oder mit der EU assoziierten Staaten hat. Zusätzlich könnten bestimmte Formen der Lösung des Donbasskonflikts Auswirkungen auf das russische Herrschaftssystem haben. Für das Putinsche Russland und seine Führung hängt also sehr viel von der Entwicklung (in) der Ukraine ab. Notwendig ist jedenfalls auch eine weltweite und kreative Thematisierung der Defizite des politischen Systems Russlands, das außenpolitische Konflikte auch deshalb schürt (dies unter anderem mit Hilfe der Frage der russischsprachigen Minderheiten bzw. Angehörigen dieser Minderheiten selbst), um Spannungen im Inneren zu überdecken und die Fortdauer des Herrschaftssystems zu gewährleisten.

---

750 Zur Kritik an der Forderung von Dembinski und Spanger nach einem „Pluralen Frieden" zwischen dem Westen und Russland vgl. ausführlich die Beiträge in der Nr. 3-4 der Zeitschrift *Osteuropa*. Eine Antwort der beiden Autoren findet sich in der Folgenummer, d.h. in der Nr. 5 vom Mai 2017.

8 Literaturverzeichnis

(MID = Ministerstvo Innostrannych Del = Ministerium für Auswärtige Angelegenheiten, d.h. Außenministerium (der Russländischen Föderation); RF = Rossijskaja Federazija = Russländische Föderation)

"2014 Odessa clashes", https://en.wikipedia.org/wiki/2014_Odessa_clashes, Seite besucht am 11.6.2016.

„Aleksandr Dugin", https://en.wikipedia.org/wiki/Aleksandr_Dugin, Seite besucht am 9.5.2016.

"Détente without Illusions". http://www.aicgs.org/issue/detente-without-illusions/, Seite besucht am 10.2.2017.

„Donezbecken", https://de.wikipedia.org/wiki/Donezbecken, Seite besucht am 31.5.2017.

„Dugin,_Aleksandr_Gelewitsch", ttps://ru.wikipedia.org/wiki/%D0%94%D1%83%D0%B3%D0%B8%D0%BD,_%D0%90%D0%BB%D0%B5%D0%BA%D1%81%D0%B0%D0%BD%D0%B4%D1%80_%D0%93%D0%B5%D0%BB%D1%8C%D0%B5%D0%B2%D0%B8%D1%87, Seite besucht am 9.5.2016.

„Friedenssicherung statt Expansionsbelohnung" (Aufruf). Die Zeit, 11.12.2014. http://www.zeit.de/politik/2014-12/aufruf-friedenssicherung-statt-expansionsbelohnung, Seite besucht am 10.02.2017.

„Igor Strelkov (officer)", https://en.wikipedia.org/wiki/Igor_Strelkov_(officer), Seite besucht am 1.2.2017.

„Konstantin Walerjewitsch Malofejew", https://de.wikipedia.org/wiki/Konstantin_Walerjewitsch_Malofejew, Seite besucht am 1.7.2017.

„Naselenie Ukrainy", http://tinyurl.com/NaselenieUkrainy, Seite besucht am 10.10.2017.

„Night Wolves", https://en.wikipedia.org/wiki/Night_Wolves, Seite besucht am 10.1.2017.

„Novorossiya", https://en.wikipedia.org/wiki/Novorossiya, Seite besucht am 30.3.2017.

„Osteuropa – Konflikt (2014)" im Diercke Weltatlas, https://www.diercke.de/content/osteuropa-konflikt-2014-978-3-14-100800-5-281-4-1, Seite besucht am 11.3.2018.

„Prisojedinenije Kryma k Rossijskoj Federacii" [„Die Angliederung der Krim an die Russländische Föderation"], https://ru.wikipedia.org/wiki/%D0%9F%D1%80%D0%B8%D1%81%D0%BE%D0%B5%D0%B4%D0%B8%D0%BD%D0%B5%D0%BD%D0%B8%D0%B5_%D0%9A%D1%80%D1%8B%D0%BC%D0%B0_%D0%BA_%D0%A0%D0%BE%D1%81%D1%81%D0%B8%D0%B9%D1%81%D0%BA%D0%BE%D0%B9_%D0%A4%D0%B5%D0%B4%D0%B5%D1%80%D0%B0%D1%86%D0%B8%D0%B8, Seite besucht am 4.7.2016.

„SERB", https://ru.wikipedia.org/wiki/SERB, Seite besucht am 16.9.2017.

„Strelkow, Igor Iwanowitsch", https://ru.wikipedia.org/wiki/%D0%A1%D1% 82%D1%80%D0%B5%D0%BB%D0%BA%D0%BE%D0%B2,_%D0%98%D0 %B3%D0%BE%D1%80%D1%8C_%D0%98%D0%B2%D0%B0%D0%BD%D 0%BE%D0%B2%D0%B8%D1%87, Seite besucht am 1.2.2017.
„Traditionalismus", https://wiki.fernunihagen.de/zeitgeschichte/index.php/ Traditionalismus, Seite besucht am 26.1.2018.
„Wieder Krieg in Europa? Nicht in unserem Namen!" (Aufruf), http://www.zeit.de/politik/2014-12/aufruf-russland-dialog, Seite besucht am 9.2.2017.
Adomeit, Hannes (2012): Integrationskonkurrenz EU-Russland. Belarus und Ukraine als Konfliktfelder, in: Osteuropa, 62. Jg., Nr. 6-8, S. 383-406.
Alexijewitsch, Svetlana (2014): Wer nicht jubelt, ist ein Volksfeind, in: FAZ, 15.4., S. 9.
Allison, Roy (2014): Russian ‚deniable' intervention in Ukaine: how and why Russia broke the rules, in: International Affairs, Vol. 90, Nr. 6, S. 1255-1297.
Ambrosio, Thomas (2001): Irredentism: Ethnic Conflict and International Politics. – Westport: Praeger.
Ambrosio, Thomas (2002): Irredentism: Self-Determination and Interstate War, in: Beck, Robert J., and Ambrosio, Thomas: International Law and the Rise of Nations. The State System and the Challenge of Ethnic Groups. – New York, London: Chatham House Publishers, Seven Bridges Press, LLC, S. 284-312.
Amnesty International: Ukraine: Mounting evidence of war crimes and Russian involvement, September 2014. https://www.amnesty.org/en/latest/news/2014/ 09/ukraine-mounting-evidence-war-crimes-and-russian-involvement/, Seite besucht am 8.1.2018.
Approval ratings of government institutions. https://www.levada.ru/en/2017/09/26/ approval-ratings-of-government-institutions/, Seite besucht am 12.10.2017.
Babtschenko, Arkadi (2015): Putins schrecklichste Tat, in: Raabe, Katharina / Sapper, Manfred (Hrsg.): Testfall Ukraine. Europa und seine Werte. – Berlin: edition Suhrkamp, S. 119-131.
Baltic News Service. 1996, May 9: Nuclear war with West possible if Baltics join Nato, says Russian defense research institute employee. Zugriff über LexisNexis.
Baltic News Service. 2004, July 13: Russian DefMin: Moscow sees Estonia, Latvia as sources of threat. Zugriff über Nexis.
Baberowski, Jörg (2014): Zwischen den Imperien, in: Die Zeit, Nr. 12 (13.3.), S. 52.
Bartsch, Sebastian (1995): Minderheitenschutz in der internationalen Politik. Völkerbund und KSZE/OSZE in neuer Perspektive. – Opladen: Westdeutscher Verlag
Baylis, John / Smith, Steve / Owens, Patricia (2008): The Globalization of World Politics. An introduction to international relations. Fourth edition. – Oxford: Oxford University Press.

BBC Monitoring Europe – Political. 2013, 13.3.: Lithuanian paper examines fight between Russia, EU for influence in Ukraine. Zugang über Nexis.

Beissinger, Mark R. (1995): The Persisting Ambiguity of Empire, in: Post-Soviet Affairs, Vol. 11, Nr. 2, S. 149-184.

Berg-Schlosser, Dirk / Stammen, Theo (1995): Einführung in die Politikwissenschaft. 6. durchges. Auflage – München: C.H. Beck

Beschluss über die Wiederherstellung der Rechte der Bürger der Lettischen Republik und die Grundvoraussetzungen der Naturalisierung, 15.10.1991, in: Schmidt, Carmen (1993). Der Minderheitenschutz in den baltischen Staaten. – Bonn: Kulturstiftung der deutschen Vertriebenen, S. 71-73.

Blaschke, Olaf (2013): Der Beitrag der historischen Zeitschriften zur Wissenskommunikation im 19. und 20. Jahrhundert, in: Küster, Thomas (Hg.): Medien des begrenzten Raumes. Landes- und regionalgeschichtliche Zeitschriften im 19. und 20. Jahrhundert. Paderborn: Ferdinand Schöningh Verlag (Forschungen zur Regionalgeschichte, Bd. 73), S. 43-54.

Braun, Gerald / Rösel, Jakob (1988): Ethnische Konflikte im internationalen System. Freiburg: Arnold-Bergsträsser-Institut (= Aktuelle Informations-Papiere zu Entwicklung und Politik, Nr. 13).

Brockhaus. Die Enzyklopädie in 30 Bänden (2006). 21., völlig neu bearbeitete Auflage. – Leipzig und Mannheim: Brockhaus.

Bruusgaard, Kristin Ven (2016): Russian Strategic Deterrence, in: Survival, Vol. 58, Nr. 4 (Aug.-Sept.), S. 7-26.

Büscher, Klemens (2004): Transnationale Beziehungen der Russen in Moldova und der Ukraine. – Frankfurt am Main: Peter Lang.

Buzan, Barry / Waever, Ole (2003): Regions and Powers. The Structure of International Security. – Cambridge/U.K.: Cambridge University Press.

Calic, Marie-Janine (1994): Die „serbische Frage" in der internationalen Politik, in: Außenpolitik, Nr. 11, S. 146-155.

Carment, David / James, Patrick (1995): Internal Constraints and Interstate Ethnic Conflict: Toward a Crisis-based Assessment of Irredentism, in: Journal of Conflict Resolution, Vol. 39, Nr. 1 (March), S. 82-109.

Carment, David / James, Patrick (1997): Secession and Irredenta in World Politics. The Neglected Interstate Dimension, in: Carment, David / James, Patrick (Hrsg.): Wars in the Midst of Peace. The International Politics of Ethnic Conflict. – Pittsburgh: University of Pittsburgh Press, S. 194-232.

Cederman, Lars-Erik / Gleditsch, Kristian Skrede / Buhaug, Halvard (2013): Inequality, Grievances, and Civil War. – New York: Cambridge University Press.

Cederman, Lars-Erik / Gleditsch, Kristian Skrede / Salehyan, Idean / Wucherpfennig, Julian (2013): Transborder Ethnic Kin and Civil War, in: International Organization, Vol. 67, Nr. 2 (Spring), S. 389-410.

Chazan, Naomi (1991): Introduction. Approaches to the Study of Irredentism, in: Chazan, Naomi (Hrsg.): Irredentism and international politics. – Boulder, CO: Lynne Rienner, S. 1-8.

Chazan, Naomi (1991): Irredentism, Separatism, and Nationalism, in: Chazan, Naomi (Hrsg.): Irredentism and international politics. – Boulder, CO: Lynne Rienner, S. 139-151.

Clark, Victoria (1995): West panics at Yeltsin decline, in: The Observer, 29.10., S. 21.

Concept of the Foreign Policy of the Russian Federation (2013). Approved by President of the Russian Federation V. Putin on 12 February 2013. States News Service. Zugang über Nexis.

Creuzberger, Stefan (2015): Die Legende vom Wortbruch. Russland, der Westen und die NATO-Osterweiterung, in: Osteuropa, 65. Jg., Nr. 3, S. 95-108.

Current Digest of the Post-Soviet Press. 1996, Nr. 46, S. 21 f.: Russia is in no hurry to sign a border treaty with Estonia.

Das Nationale Sicherheitskonzept der Russischen Föderation, Januar 2000, in: Internationale Politik, 55. Jg., Nr. 5, S. 81-96.

Davidson, Jason (2006): The origins of revisionist and status-quo states. – New York, London: Palgrave Macmillan.

Dembinski, Matthias / Spanger, Hans-Joachim (2017): Pluraler Frieden. Leitideen für eine neue Russlandpolitik, in: Osteuropa, 67. Jg., Nr. 3-4, S. 87-96.

Der Fischer Weltalmanach. Zahlen, Daten, Fakten. Ausgaben von 1991, 1992, 1993, 1994, 1995, 1996. – Frankfurt am Main: Fischer.

Der Neue Fischer Weltalmanach 2013. Zahlen Daten Fakten. – Frankfurt am Main: Fischer.

Der Neue Fischer Weltalmanach 2015. Zahlen Daten Fakten. – Frankfurt am Main: Fischer

Der Neue Fischer Weltalmanach 2016. Zahlen Daten Fakten. – Frankfurt am Main: Fischer

Der Neue Fischer Weltalmanach 2017. Zahlen Daten Fakten. – Frankfurt am Main: Fischer

Der Spiegel. 2008, Nr. 40 (29.9.), S. 116-118: Die letzte Bastion.

Der Spiegel. 2014, Nr. 48 (24.11.), S. 26-33: Gipfel des Scheiterns.

Der Spiegel. 2015, Nr. 12, S. 90 f.: Am Auslöser.

Desch, Michael (2015): Technique Trumps Relevance. The Professionalization of Political Science and the Marginalization of Security Studies, in: Perspectives on Politics, Vol. 12, Nr. 2 (June), S. 377-393.

Deuber, Gunter (2014): Kein Endpunkt der Wirtschafts- und Finanzkrise in Sicht, in: Ukraineanalysen, Nr. 142 (26.11.), S. 2 f., www.laender-analysen.de/ukraine/pdf/UkraineAnalysen142.pdf, Seite besucht am 7.4.2015.

Deutsch, Karl W. (1980): External Involvement in Internal War, in: Eckstein, Harry (Hrsg.): Internal War. Problems and Approaches. – Westport/CT: Greenwood Press, S. 100-110.

Die Welt. 2014, 20.8., S. 6: Moskaus Stratege ist verschwunden.

Die Welt. 2016, 23.6., S. 8: „Leider mussten wir einen Krieg führen".

Die Welt. 2017, 26.8., S. 6: Mit den Methoden des 20. Jahrhunderts.

Die Zeit. 2013, Nr. 31 (25.7.), S. 6: Wir gegen euch! Mit Kreml, Kirche und Kosaken: Wladimir Putin schottet Russland vom Westen ab. Weniger aus Gründen
der Ideologie als zum Erhalt seiner Macht.

Die Zeit. 2014, Nr. 14 (27.3.), S. 9: „Putins Vorgehen ist verständlich". Helmut
Schmidt über Russlands Recht auf die Krim, die Überreaktion des Westens
und den Unsinn von Sanktionen.

Die Zeit. 2014, Nr. 21 (15.5.), S. 3: Ein Staat zerfällt. Im Osten der Ukraine rüsten
alle Lager auf, die Separatisten ebenso wie die Regierung. Jeder schießt auf
jeden.

Die Zeit (Archiv online). 2016, Nr. 41 (29.9.): Russland: Glückspropaganda und
Hass auf Befehl. Das Donezk-Leak: E-Mails zwischen den Separatisten in der
Ostukraine und Beratern aus Russland bieten Einblicke in die Medienmanipu-
lation des Kremls. Ihre Auswirkungen reichen bis nach Deutschland.
http://www.zeit.de/2016/41/russland-propaganda-ostukraine-separatisten-
e-mails, Seite besucht am 28.4.2017.

Die Zeit. 2017, Nr. 16 (12.4.), S. 17: Vorwärts zu alter Größe. Neues Machtstre-
ben und tief sitzende Ängste: Wie Präsident Erdogan die historischen Funda-
mente der Türkei untergräbt.

Donaldson, Robert H. / Nogee, Joseph L. (2009): The Foreign Policy of Russia.
Fourth Edition. – Armonk/New York, London: M.E. Sharpe.

Dorodnova, Jekaterina (2003): Challenging Ethnic Democracy: Implementation of
the Recommendations of the OSCE High Commissioner on National Minorities
to Latvia, 1993-2001. – Hamburg: CORE (CORE Working Paper 10).

Dunlop, John (1983): The Faces of Contemporary Russian Nationalism. –
Princeton: Princeton University Press.

Eitelhuber, Norbert (2015): Russland im 21. Jahrhundert. Reif für eine multipola-
re Welt? Eine Analyse der strategischen Kultur Russlands und das daraus ab-
geleitete Erfordernis einer konfliktsensiblen Außen- und Sicherheitspolitik gegenüber Russland. – Frankfurt am Main u.a.: Peter Lang Edition (Sicherheit in
der multipolaren Welt, Band 3)

Ennker, Benno (2017): Russlands außenpolitische Wende. Innere Voraussetzungen 2011-2013, in: Osteuropa, 67. Jg., Nr. 9-10, S. 89-108.

Evangelista, Matthew (1996): Historical Legacies and the Politics of Intervention
in the Former Soviet Union, in: Brown, Michael E. (Hrsg.): The International
Dimensions of Internal Conflict. – Cambridge/Mass., London/England: The
MIT Press, S. 107-140.

FAS. 2004, 28.11., S. 1: Ukraine: Orange erringt einen Teilsieg.

FAS. 2008, 31.8., S. 6: Jeder Stein ist hier blutbedeckt.

FAS. 2014, 9.3., S. 2: Sprungbrett ins Mittelmeer.

FAS. 2014, 23.3., S. 25: Der Anschluss der Krim wird für Russland richtig teuer.

FAS. 2016, 13.3., S. 61: Im Reich des bösen Denkens.

FAZ. 1994, 2.2., S. 1.: Kosyrew wirft baltischen Staaten „ethnische Säuberung" vor.

FAZ. 1995, 23.11., S. 3: Vor vier Jahren rollten die Panzer.

FAZ. 2004, 23.11., S. 1: Behörden erklären Janukowitsch zum Wahlsieger in der Ukraine.

FAZ. 2004, 29.11., S. 1 f.: Barroso droht den Machthabern in Kiew mit Konsequenzen.

FAZ. 2004, 30.11., S. 1 f.: Kutschma für Wahlwiederholung.

FAZ. 2004, 30.11., S. 3: Kurz vor dem Ausnahmezustand.

FAZ. 2004, 7.12., S. 7: Moskau sieht orange.

FAZ. 2004, 28.12., S. 1: Juschtschenko wird Präsident der Ukraine.

FAZ. 2004, 28.12., S. 3: Russische Bedenken.

FAZ. 2008, 12.4., S. 5: Russland droht Tiflis und Kiew.

FAZ. 2008, 19.6., S. 5: Russland droht der Ukraine. Nato-Botschafter Rogoschin (sic – F.P.): Bei Beitritt Verlust der Krim.

FAZ. 2008, 3.7., S. 10: Pulver in Sewastopol.

FAZ. 2008, 18.8., S. 1: Merkel in Tiflis: Georgien wird Mitglied der Nato – eines Tages.

FAZ. 2009, 20.4., S. 5: Partnerschaft auf Russisch.

FAZ. 2009, 12.5., S. 1: Kosmetik unter Medwedjew.

FAZ. 2009, 26.5., S. 6: Putin provoziert die Ukraine. Er nennt das Land "Kleinrussland". Warnung an die Nato.

FAZ. 2010, 28.4., S. 6: Flotten- und Gasabkommen ratifiziert.

FAZ. 2012, 8.5., S. 7: Putin: Nächste Jahre sind entscheidend für Generationen.

FAZ. 2013, 13.12., S. 5: Speerspitze des Wertkonservatismus.

FAZ. 2014, 22.2., S. 2: Wünsche und Nichtwünsche.

FAZ. 2014, 25.2., S. 2: Moskaus wehrhafter Hafen.

FAZ. 2014, 5.3., S. 3: Grenzgebiet mit ungewisser Zukunft.

FAZ. 2014, 15.3., S. 10: Die unwilligen Nachbarn.

FAZ. 2014, 13.4., S. 4: Das sowjetische Erbe lockt.

FAZ. 2014, 17.4., S. 2: Sowjetisches Erbe, lebendiger denn je.

FAZ. 2014, 24.4., S. 5: Eine Stadt in Angst.

FAZ. 2014, 24.4., S. 5: Keine Mehrheit für die Separatisten.

FAZ. 2014, 17.5., S. 5: UN werfen Separatisten Folter und Morde vor.

FAZ. 2014, 9.7., S. 10: Mystischer Stalinismus.

FAZ. 2014, 21.7., S. 10: Im Zwiespalt. Der russische Präsident zwischen kühler Rationalität und allrussischem Pathos.

FAZ. 2014, 25.7., S. 2: Männer mit viel Erfahrung.

FAZ. 2014, 3.8., S. 2: Russlands neue Helden.

FAZ. 2014, 16.8., S. 5: Moskaus kürzerer Arm.

FAZ. 2014, 27.8., S. 2: Putins Traum von der eigenen Wirtschaftsunion.

FAZ. 2014, 7.9., S. 8: „Ich denke dabei nicht nur an die Krim".

FAZ. 2014, 22.10., S. 5: Folter und Mord auf beiden Seiten.

FAZ. 2014, 31.10., S. 3: Normal ist anders.

FAZ. 2014, 4.11., S. 2: Der wilde Osten und die ukrainischen Indianer.

FAZ. 2014, 26.11., S. 2: Freundliche Ablehnung in Berlin, gereizte Reaktionen in Moskau. Die Ukraine strebt in die Nato.

FAZ. 2015, 25.1., S. 1: Atomwaffen wieder im Spiel
FAZ. 2015, 27.1., S. 5: „Votum über Krim unter Zwang".
FAZ. 2015, 28.2., S. 8: Russland feiert die "höflichen Menschen".
FAZ. 2015, 17.3., S. 8: Zum Kampf bereit.
FAZ. 2016, 29.2., S. 3: Punkt ohne Wiederkehr.
FAZ. 2016, 15.4., S. 1: Russische Bomber provozieren Amerikaner.
FAZ. 2016, 18.4., S. 6: Luftzwischenfall über der Ostsee.
FAZ. 2016, 17.8., S. 9: Die wunderbaren Menschen aus der Depressionszone.
FAZ. 2017, 23.8., S. 1: Steinmeier: Geschichte darf keine Waffe sein.
FAZ.NET. 2015, 9.4.: Menschenrechtler werfen Separatisten Exekutionen vor.
Film "Crimea: Road to the motherland" – Putin text. BBC Monitoring Former So-
viet Union – Political. March 17, 2015. Zugang über Nexis.
Fischer, Sabine (Hrsg.) (2016): Nicht eingefroren! Die ungelösten Konflikte um
Transnistrien, Abchasien, Südossetien und Berg-Karabach im Lichte der Krise
um die Ukraine. – Berlin: Stiftung Wissenschaft und Politik (SWP-Studie S13,
Juli 2016).
Forndran, Erhard (1986): Die Reichweite der Modelle der Friedensforschung in
der politischen Praxis: das Beispiel des griechisch-türkischen Konfliktes, in:
Orient, Nr. 3, S. 409 bis 422.
Frankfurter Rundschau. 2004, 11.12.: Mitunter verliebt.
Frankfurter Rundschau. 2009, 9.6., S. 35: Putins Blumen.
Frankfurter Rundschau. 2014, 26.7., S. 8: Putins Partnerschaft mit den Separa-
tisten.
Frankfurter Rundschau. 2016, 21.9., S. 6: Imperialist mit Leib und Seele. Der uk-
rainische Majdan-Feind und Russland-Freund Jewgeni Schilin wurde erschos-
sen.
Gagnon, V. P. (1994/1995): Ethnic Nationalism and International Conflict. The
Case of Serbia, in: International Security, Vol. 19, Nr. 3 (Winter 1994/1995), S.
130-166.
Gagnon, V. P. (2004): The Myth of Ethnic War: Serbia and Croatia in the 1990s.
– Ithaca: Cornell University Press.
Girkin [Strelkow], Igor (2014): „Kto ty, ,Strelok'?" (Intervju s Aleksandrom Pro-
chanowym), in: Sawtra, 20.11. http://zavtra.ru/blogs/kto-tyi-strelok, Seite besucht am 11.8.2017.
Girkin [Strelkow], Igor (2014): „Wer bist du, Schütze?" Gespräch mit Igor Strelkow. Übersetzung von „Kto ty, ,Strelok'?". Aleksandr Prochanow, Igor Strelkow. https://slavyangrad.de/2014/11/30/wer-bist-du-schutze-gesprach-mit-igor-
strelkow/. Veröffentlicht von OggJason, November 30, Seite besucht am
11.8.2017.
Gloger, Katja (2015): Putins Welt. Das neue Russland, die Ukraine und der Westen. 2. Auflage. – Berlin: Berlin Verlag.
Götz, Elias (2015): Its geopolitics, stupid: explaining Russia's Ukraine policy, in:
Global Affairs, Vol. 1, Nr. 1, S. 3–10.

Götz, Roland (2015): Handel im Wandel. Die Ukraine, die EU und Russland, in: Raabe, Katharina / Sapper, Manfred (Hrsg.): Testfall Ukraine. Europa und seine Werte. – Berlin: edition Suhrkamp, S. 191-204.

Gretskiy, Igor / Treshenkov, Evgeny / Golubev, Konstantin (2014): Russia's perceptions and misperceptions of the EU Eastern Partnership, in: Communist and Post-Communist Studies, Vol. 47, Nr. 3–4 (Sept.-Dec.), S. 375–383.

Grigas, Agnia (2016): Beyond Crimea: The New Russian Empire. – New Haven, CT, and London: Yale University Press.

Grundakte über Gegenseitige Beziehungen, Zusammenarbeit und Sicherheit zwischen der Nordatlantikvertrags-Organisation und der Russischen Föderation. Paris, 27 May 1997. http://www.nato.diplo.de/contentblob/1940894/Daten/189459/1997_05_Paris_DownlDat.pdf, Seite besucht am 2.12.2014.

Gurr, Ted Robert / Harff, Barbara (2004): Ethnic Conflict in World Politics. – Boulder u.a.: Westview Press.

Gurses, Mehmet (2015): Transnational Ethnic Kin and Civil War Outcomes, in: Political Studies Quarterly, Vol. 68, Nr. 1, S. 142-153.

Handelsblatt. 2014, 24.2., S. 1, 4: Putins Macht zerfällt. Mit dem Umsturz in der Ukraine schrumpft Moskaus politischer Einfluss auf ein historisches Tief.

Hebel, Christina (2016): Der Mann, dem Putin vertraut. Präsidentenberater Surkow in Berlin. http://www.spiegel.de/politik/ausland/wladislaw-surkow-wladimir-putins-umstrittener-berater-in-berlin-a-1117579.html, Seite besucht am 4.3.2018.

Heckmann, Friedrich (1992): Ethnische Minderheiten, Volk und Nation. – Stuttgart: Enke.

Hedenskog, Jakob / Larsson, Robert L. (2007): Russian Leverage on the CIS and the Baltic States. – Stockhom: FOI – Swedish Defence Research Agency.

Hellmann, Gunther (unter Mitarbeit von Rainer Baumann und Wolfgang Wagner) (2006): Deutsche Außenpolitik. Eine Einführung. – Wiesbaden: VS Verlag für Sozialwissenschaften.

Herd, Graeme P. / Rongelep, Ene / Surikov, Anton (1995): Crisis for Estonia? Russia, Estonia and a Post-Chechen Cold War. – London: Brassey's for Centre for Defence Studies, King's College London.

Héritier, Adrienne (2016): "Rigour versus Relevance"? Methodological discussions in political science, in: PVS (Politische Vierteljahresschrift), Nr. 1, S. 11-26.

Hettena, Seth (2009, Dec. 4): Who was Anton Surikov? (Updated). http://sethjhettena.wordpress.com/2009/12/04/who-was-anton-surikov/, Seite besucht am 2.12.2014.

Hill, Fiona / Gaddy, Clifford G. (2015): Mr. Putin. Operative in the Kremlin. New and Expanded. – Wash., D.C.: Brookings Institution Press.

Holm, Kerstin (2014): Lesen Sie Putins Stellenbeschreibung, in: FAZ. 12.9., S. 11.

Holm, Kerstin (2014): Politguru Alexander Dugin: Auf diesen Mann hört Putin, in: FAZ, 16.6, S. 9.

Holsti, Kalevi J. (1992): International Politics. A Framework for Analysis. Sixth Edition. – Englewood Cliffs, NJ: Prentice Hall.

Horowitz, Donald L. (1985): Ethnic Groups in Conflict. – Berkeley: University of California Press.

Horowitz, Donald L. (1992): Irredentas and Secessions: Adjacent Phenomena, Neglected Connections, in: International Journal of Comparative Sociology, Vol. 23, Nr. 1-2 (Jan.-Apr.), S. 118-130.

Horvarth, Robert (2013): Putin's Preventive Counter-Revolution. Post-Soviet Authoritarianism and the Spectre of Velvet Revolution. – London.

Huterer, Manfred (2017): Sicherheit mit und vor Russland. Anmerkungen zur aktuellen Russlanddebatte, in: Osteuropa, 67. Jg., Nr. 9-10, S. 109-115.

IA Regnum. 2013, 4.9., 11:06: Putin: Kuda by Ukraina ni poschla, wsjo rawno gde-to wstretimsja – my odin narod.

IAP (International Advisory Panel) 2015: Odesa Report. https://rm.coe.int/CoERMPublicCommonSearchServices/DisplayDCTMConten t?documentId=090000168048851b, Seite besucht am 10.6.2016.

Independent International Fact-Finding Mission on the Conflict in Georgia. Report, Vols. 1-3 (2009). https://web.archive.org/web/20091007030130/http:// www.ceiig.ch/pdf/IIFFMCG_Volume_I.pdf, Seite besucht am 7.4.2015.

International New York Times. 2014, 4.3., S. 1 und 3: Fears in east amid pro-Russia provocations.

ITAR-TASS. ENL-2. 2013, 4.9., 10:47: Putin predupredil Ukrainu o snatschitelnych problemach w ekonomike w slutschae jejo integrazii s Ewrosojusom. Zugang über Integrum.

Jahn, Egbert (2015): Neuauflage des Ost-West-Konflikts? Friedenspolitische Herausforderungen durch die neuen Kriege in Europa, in: Osteuropa, 65. Jg., Nr. 3, S. 25-45.

Jelzin, Boris (1996): „ … nicht einmal für eine halbe Stunde" (deutsche Übersetzung der estnischen Übersetzung des englischen Briefes des russischen Präsidenten Boris Jelzin an US-Präsident Bill Clinton vom Juni 1996, abgedruckt Mitte Juli in der estnischen Zeitung „Postimees"), in: Baltische Briefe, Nr. 7/8 (Juli/August), S. 3-4.

Jenne, Erin K. / Saideman, Stephen M. / Lowe, Will (2007): Separatism as a Bargaining Posture: The Role of Leverage in Minority Radicalization, in: Journal of Peace Research, Vol. 44, Nr. 5, S. 539-558.

Jilge, Wilfried (2014): Die Ukraine aus Sicht der »Russkij Mir«, in: Russland-Analysen, Nr. 278 (6.6.), S. 2-5.

Jilge, Wilfried (2015): Geschichtspolitik statt Völkerrecht. Anmerkungen zur historischen Legitimation der Krim-Annexion in Russland, in: Russlandanalysen, Nr. 291 (27.2.), S. 2-6.

Jobst, Kerstin S. (2015): Die symbolische Bedeutung der Halbinsel Krim für Russland, in: Russlandanalysen, Nr. 291 (27.2.), S. 6-8.

Joffe, Josef (2014): Der Regelbruch, in: Die Zeit, Nr. 12 (13.3.), S. 12.

Joint Statement on EU Enlargement and EU-Russia Relations, Brussels, 27 April 2004, eeas.europa.eu/russia/docs/js_eu-russia_2004_en.pdf, Seite besucht am 2.12.2014.

Jusin, Maksim (1998): Kreml naschol sebe wraga, in: Iswestija, 10.4., S. 3.

Kappeler, Andreas (1994): Kleine Geschichte der Ukraine. – München: C.H. Beck.

Kappeler, Andreas (2017): Ungleiche Brüder – Russen und Ukrainer. Vom Mittelalter bis zur Gegenwart. München: C.H. Beck.

Katz, Mark N. (2015): Aggression und Reaktion. Russland, die Ukraine und der Westen, in: Osteuropa, 65. Jg., Nr. 1-2, S. 57-64.

Kaufman, Stuart J. (1996): Spiraling to Ethnic War. Elites, Masses and Moscow in Moldova's Civil War, in: International Security, Vol. 21, Nr. 2 (Fall), S. 108-138.

Kazharski, Aliaksei / Makarychev, Andrey (2015): Suturing the Neighborhood? Russia and the EU in Conflictual Intersubjectivity, in: Problems of Post-Communism, Vol. 62, Nr. 6, S. 328-339.

Kegley, Charles W. / Blannon, Shannon L. (2012): World Politics: Trend and Transformation, 2012 – 2013 Edition (International Edition). – Florence, Ky.: Wadsworth Cengage Learning.

Kempe, Iris (2008): Die baltischen Staaten, Russland und die EU. Regionale Konflikte als europäische Aufgabe, in: Osteuropa, 58. Jg., Nr. 2, S. 53-63.

Khanna, Parag (2008): Das sanfte Imperium, in: Die Zeit, Nr. 38 (11.9.), S. 13.

King, Charles / Melvin, Neil (1999): Diaspora Politics. Ethnic Linkages, Foreign Policy, and Security in Eurasia, in: International Security, Vol. 24, Nr. 3, S. 108-138.

Kissinger, Henry A. (2014): To settle the Ukraine crisis, start at the end, in: The Washington Post, March 5. http://tinyurl.com/kissinger201403ukrainecrisis, Seite besucht am 24.10.2017.

Klimeniouk, Nikolai (2016): Der Glamour der Macht, in: FAZ, 20.3., S. 46.

Klimeniouk, Nikolai (2016): Im Reich des bösen Denkens, in: FAZ, 13.3., S. 61.

Knudsen, Olav F. (1992): Sharing Borders with a Great Power: An Examination of Small State Predicaments. – Oslo: The Norwegian Institute of International Affairs (NUPI-Report Nr. 159).

Knudsen, Olav F. (1999): Security on the Great Power Fringe: Dilemmas Old and New, in: Knudsen, Olav F. (Hrsg.). Stability and Security in the Baltic Sea Region. Russian, Nordic and European Aspects. – London and Portland/Oregon: Frank Cass, S. 3-19.

Kolstoe, Paul (1995): Russians in the former Soviet Republics. With a contribution by Andrei Edemsky. – London: Hurst & Company.

Kommersant. 2008, 7.4.: Blok Nato rasoscholsja w blokpakety [Der NATO-Block ging in Blockpakete auseinander]. http://www.kommersant.ru/doc/877224, Seite besucht am 7.10.2016.

Konzeption der Außenpolitik der Russischen Föderation. Bestätigt durch den Präsidenten der Russischen Föderation am 12. Juli 2008. – Dresden: Dresdener Studiengemeinschaft Sicherheitspolitik (DSS) e.v. (DSS-Arbeitspapiere, Heft 92 – 2008).

Kreikemeyer, Anna / Zagorski, Andrej V. (Hrsg.) (1997): Russlands Politik in bewaffneten Konflikten in der GUS. – Baden-Baden: Nomos.

Krone-Schmalz, Gabriele (2014): Russland verstehen. – München: C.H. Beck.

Kuromiya, Hiroaki (2008): The Donbas – The Last Frontier of Europe?, in: Schmidtke, Oliver / Yekelchyk, Serhy: Europe's Last Frontier? Belarus, Moldova, and Ukraine between Russia and the European Union. Palgrave Macmillan, S. 97-114.

Kuzio, Taras (2010): The Crimea: Europe's Next Flashpoint? – Washington, D.C.: The Jamestown Foundation (November 2010).

Latvia. Office of Citizenship and Migration Affairs (2014): Statistika: Naturalizācija, www.pmlp.gov.lv/en/statistics/citizen.html (Link am Ende der Webseite anklicken), Seite besucht am 27.11.2014.

Lebert, Andreas / Lebert, Stephan (2007): Anleitung zum Männlichsein. – Frankfurt am Main: Fischer

Lindhoff, Henning (2015): Separatismus und Geostrategie: Der Protostaat als Werkzeug. – CreateSpace Independent Publishing Platform.

List of people killed during Euromaidan. https://en.wikipedia.org/wiki/List_of_people_killed_during_Euromaidan, Seite besucht am 22.5.2017.

Lokshin, Pavel (2016. 30.5.): RLW #54: Dmitri Medwedews PR-Desaster. http://www.ostpol.de/beitrag/4579-rlw_54_dmitri_medwedews_pr_desaster, Seite besucht am 11.10.2016.

Malek, Martin (1999): Einführung: Reibungsflächen zwischen Russland und den baltischen Staaten, in: ders.: Die Beziehungen zwischen Russland und den Baltischen Staaten. – Wien: Landesverteidigungsakademie, S. 3-15.

Malek, Martin. (2015). Preissler, F. (2014). Bestimmungsfaktoren auswärtiger Minderheitenpolitik: Russland und die Frage der Russischsprachigen im Baltikum, 1991–2004 (unter besonderer Berücksichtigung Lettlands). Berlin: Lit Verlag, 452 S., ISBN: 978-3643123800, € 49,90. Zeitschrift für Außen- und Sicherheitspolitik, Nr. 3, S. 437 f.

Malmlöf, Tomas (2006): The Russian Population in Latvia – Puppets of Moscow? – Stockholm: FOI – Swedish Defence Research Agency (FOI-R--1975—SE).

Mankoff, Jeffrey (2014): Russia's Latest Land Grab: How Putin Won Crimea and Lost Ukraine, in: Foreign Affairs, Nr. 3 (May-June), S. 60-68.

Markedonov, Sergej (2014): Recognition Is Not a Dogma, in: Russia in Global Affairs, Nr. 4, S. 63-72.

Mearsheimer, John J. (2014): Why the Ukraine Crisis is the West's Fault. The Liberal Delusions that Provoked Putin, in: Foreign Affairs, Nr. 5, S. 77-89.

Meister, Stefan (2015): Politik der Illusionen. Ein Ausgleich mit Russland auf Grundlage einer EU-EWU-Partnerschaft ist irrig, in: Internationale Politik, Nr. 2, S. 76-81.

Melvin, Neil J. (1995): Russians Beyond Russia. The Politics of National Identity. – London: Pinter/Royal Institute of International Affairs (Chatham House Papers).

Merry, E. Wayne (2016): The Origins of Russia's War in Ukraine: The Clash of Russian and European 'Civilizational Choices' for Ukraine, in: Wood, Elizabeth A. u.a.: Roots of Russia's War in Ukraine. – Washington, D.C.: Woodrow Wilson Center Press; New York: Columbia University Press, S. 27-50.

MID RF. 1992, 7.5.: Memorandum o naruschenii praw tscheloweka w stranach Baltii, 7 maja 1992, in: Diplomatitscheskij Westnik, Nr. 9-10, S. 22 f.

MID RF. 1994, 22.6.: Sajawlenije MID RF, in: Diplomatitscheskij Westnik, Nr. 13-14, S. 52.

MID RF. 2003, 28.5.: O prawe russkojasytschnoj molodjoschi Latwii polutschat obrasowanije na rodnom jasyke. www.mid.ru, Seite besucht am 21.5.2004.

MID RF. 2004, 5.3.: O poloschenii russkojasytschnogo naselenija w stranach Baltii (sprawotschnaja informazija). Wtoroj Ewropejskij Departament MID RF. www.mid.ru, Seite besucht am 21.5.2004.

MID RF. 2014: Belaja kniga naruschenij praw tscheloweka i prinzipa werchowenstwa prawa na Ukraine (nojabr 2013 – mart 2014). – Moskwa: MID RF. http://tinyurl.com/y884nl96, Seite besucht am 20.4.2014.

Militärdoktrin der Russischen Föderation. Bestätigt durch Erlass Nr. 146 des Präsidenten der Russischen Föderation vom 5. Februar 2010. Dresdener Studiengemeinschaft Sicherheitspolitik (DSS) e.V. (DSS-Arbeitspapiere, Heft 99 – 2010).

Mitrokhin, Nikolay (2014): Infiltration, Instruktion, Invasion. Russlands Krieg in der Ukraine, in: Osteuropa, 64. Jg., Nr. 8, S. 3-16.

Mitrokhin, Nikolay (2014): Transnationale Provokation. Russische Nationalisten und Geheimdienstler in der Ukraine, in: Osteuropa, 64. Jg., Nr. 5-6, S. 157-174.

Mitrokhin, Nikolay (2015): Bandenkrieg und Staatsbildung. Zur Zukunft des Donbass, in: Osteuropa, 65. Jg., Nr. 1-2, S. 5-22.

Mommsen, Margareta (2017): Das Putin-Syndikat. Russland im Griff der Geheimdienstler. München: C.H. Beck.

Mommsen, Wolfgang J. (1990): Der autoritäre Nationalstaat. Verfassung, Gesellschaft und Kultur des deutschen Kaiserreiches. – Frankfurt am Main: Fischer Taschenbuch.

Morgenthau, Hans J. (1963): Macht und Frieden. Grundlegung einer Theorie der internationalen Politik. – Gütersloh: C. Bertelsmann.

Motyl, Alexander J. (2009): Kiew braucht ein Jawort, in: Rheinischer Merkur, Nr. 27, S. 6.

Mouritzen, Hans / Wivel, Anders (2012): Explaining Foreign Policy. International Diplomacy and the Russo-Georgian War. – Boulder: Lynne Rienner Publishers.

Münkler, Herfried (2015): Das Chamäleon Krieg und der Kampf um eine neue Weltordnung, in: Raabe, Katharina / Sapper, Manfred (Hrsg.): Testfall Ukraine. Europa und seine Werte. – Berlin: edition Suhrkamp, S. 177-190.

Münkler, Herfried (2015): Kriegssplitter. Die Evolution der Gewalt im 20. und 21. Jahrhundert. Berlin: Rowohlt Berlin.

NATO (1995): Entwurf des Sonderberichts der Arbeitsgruppe des Verteidigungs- und Sicherheitsausschusses der Nordatlantischen Versammlung über die Erweiterung der NATO vom Mai 1995 (Auszüge), in: Internationale Politik, 50. Jg., Nr. 8, D 78-91.

NATO (1995): Study on NATO-Enlargement, in: Pradetto, August (Hrsg.) (1997): Ostmitteleuropa, Russland und die Osterweiterung der NATO. Perzeptionen und Strategien im Spannungsfeld nationaler und europäischer Sicherheit. – Opladen: Westdeutscher Verlag, S. 343-366.

NATO (2008): Bucharest Summit Declaration, 3 April 2008. http://www.nato.int/cps/en/natolive/official_texts_8443.htm, Seite besucht am 4.10.2013.

Nato Defence College. 2008. A Review of Ambassador Rogozin's book "An enemy of the people". Nato Defence College, Research Division, November 2008. http://www.ndc.nato.int/research/research.php?icode=0 (dort auf "Reviews" klicken), Seite besucht am 15.7.2016.

Navaratna-Bandara, Abesinghe M. (1995): The Management of Ethnic Secessionist Conflict. The Big Neighbour Syndrome. – Aldershot u.a.: Dartmouth.

newsru.com. 2014, 16.5., 14:42: MID Rossii obwinil OON w neobjektiwnosti is-sa doklada po situazii na Ukraine i w Krymu. Zugriff über Integrum.

Nielsen-Stokkebye, Bernd (1995): Was „Feliks" zu sagen hat. Russisches Gruselszenario für eine Besetzung der baltischen Staaten, in: FAZ, 22.6., S. 4.

Nohlen, Dieter / Grotz, Florian (2011). Kleines Lexikon der Politik. – Bonn: Bundeszentrale für politische Bildung.

Nohlen, Dieter / Schultze, Rainer-Olaf (2002): Theorie, in: dies. (Hrsg.): Lexikon der Politikwissenschaft. – München: Beck, S. 987-993.

NZZ. 2004, 2.3., S. 5: Serbien und das autoritäre Syndrom.

NZZ. 2013, 24.9.: Rückkehr des Chefideologen. https://www.nzz.ch/rueckkehr-des-chefideologen-1.18155793, Seite besucht am 25.7.2017.

NZZ. 2014, 2.4.: Durchsichtige Forderungen aus Moskau. https://www.nzz.ch/durchsichtige-forderungen-aus-moskau-1.18275340, Seite besucht am 13.1.2017.

O'Hanlon, Michael (2017); Beyond NATO. A New Security Architecture for Eastern Europe. Washington, D.C.: Brookings Institution Press.

O'Hanlon, Michael (2018): Schluss mit der Erweiterung, in: SZ, 15.2., S. 12.

Office of the United Nations High Commissioner for Human Rights (2014): Report on the human rights situation in Ukraine, 15 April 2014. http://www.ohchr.org/EN/NewsEvents/Pages/DisplayNews.aspx?NewsID=14511&LangID=E, Seite besucht am 10.4.2015.

Oxford Advanced Learner's Dictionary of Current English (2005). – Oxford: Oxford University Press.

Ozhiganov, Edward (1997): The Crimean Republic: Rivalries for Control, in: Arbatov, Alexei u.a. (Hrsg.): Managing Conflict in the Former Soviet Union. Russian and American Perspectives. – Cambridge/Mass., London: The MIT Press, S. 83-135.

Pfetsch, Frank R. (1989): Indikatoren zur Messung nationalstaatlicher Macht, in: Bellers, Jürgen / Woyke, Wichard (Hrsg.): Analyse internationaler Beziehungen. Methoden – Instrumente – Darstellungen. – Wiesbaden: Opladen, S. 51-64.

Pomeranz, William E. (2016): Ground Zero: How a Trade Dispute Sparked the Russia-Ukraine Crisis, in: Wood, Elizabeth A. u.a.: Roots of Russia's War in Ukraine. – Washington, D.C.: Woodrow Wilson Center Press; New York: Columbia University Press, S. 51-73.

Portnov, Andrij (2014): Postsowjetische Hybridität und „Eurorevolution", in: Aus Politik und Zeitgeschichte, Nr. 47-48 (17.11.), S. 3-9.

Pradetto, August (2014): Die Krim, die bösen Russen und der empörte Westen, in: Blätter für deutsche und internationale Politik, Nr. 5, S. 73-78.

Praisler [Preißler], Franc [Franz] (2010): Usilenije funkzij russkogo etnonazionalisma: 1990-e gody, in: Nazionalism w nazionalnych gosudarstwach. Moskwa: ROSSPEN [= Rossijskaja Polititscheskaja Enziklopedija] (= Nazionalism w posdne- i postkommunistitscheskoj Ewrope, pod obschtsch. red. E. Jana. – Moskwa: ROSSPEN, Tom 2), S. 40-74.

Preißler, Franz (2007): Großmachtpolitik oder Wahlagitation? Russlands Außenpolitik in den Jahren 2007/2008. – Potsdam: Universitätsverlag Potsdam (WeltTrends-Papiere, Nr. 7)

Preißler, Franz (2009): Russischer (Ethno-)Nationalismus, in: Jahn, Egbert (Hrsg.): Nationalismus in den Nationalstaaten. – Baden-Baden: Nomos, S. 42-74 (= Jahn, Egbert (Hrsg.): Nationalismus im spät- und postkommunistischen Europa. Baden-Baden: Nomos, Band 2)

Preissler, Franz (2014): Bestimmungsfaktoren auswärtiger Minderheitenpolitik: Russland und die Frage der Russischsprachigen im Baltikum, 1991-2004 (unter besonderer Berücksichtigung Lettlands). – Berlin u. a.: LIT Verlag (Studien zu Konflikt und Kooperation im Osten, Bd. 20).

Preissler 2014 (Interview, 5. März): Die Krim ist Putins Rache, https://www.n-tv.de/politik/Die-Krim-ist-Putins-Rache-article12398991.html, Seite besucht am 6.3.2014.

Putin, Vladimir (2014): Die Krim war im Herzen immer untrennbarer Teil Russlands. Ansprache von Präsident Wladimir Putin vor der Föderalen Versammlung, 18. März 2014, in: Wostok, Nr. 1, S. 24-29.

Putin, Vladimir (2014): Direct Line with Vladimir Putin, April 17, 2014. http://en.kremlin.ru/events/president/news/20796, Seite besucht am 7.5.2014.

Putin, Wladimir (2014): Obraschtschenije Presidenta Rossijskoj Federacii, 18.3., Kreml. http://kremlin.ru/events/president/news/20603, Seite besucht am 7.5.2014.

Putin, Wladimir (2014): Prjamaja linija s Wladimirom Putinym, 17 aprelja 2014 goda. kremlin.ru/events/president/news/20796, Seite besucht am 13.4.2016.

Putin, Wladimir (2014): Rede des russländischen Präsidenten Vladimir Putin am 18. März 2014 im Kreml vor den Abgeordneten der Staatsduma, den Mitgliedern des Föderationsrats, den Leitern der Regionalverwaltungen und Vertretern der Zivilgesellschaft, in: Osteuropa, 64. Jg., Nr. 5-6, S. 87-99.

Reuter-Hendrichs, Irena (1992): Minderheitenkonflikte im Kontext zwischenstaatlicher Beziehungen auf dem Balkan, in: Seewann, Gerhard (Hrsg.). Minderheitenfragen in Südosteuropa. Beiträge der Internationalen Konferenz: The Minority Question in Historical Pespective 1900 – 1990). – München: Oldenbourg, S. 421-431.

RFE/RL (Radio Free Europe/Radio Liberty), Newsline. 2004, 11.2.: Latvian president to sign education amendments into law. http://www.rferl.org/content/-article/1143095.html, Seite besucht am 03.11.2014.

Risse, Thomas / Jetschke, Anna / Schmitz, Hans Peter (2002): Die Macht der Menschenrechte. Internationale Normen, kommunikatives Handeln und politischer Wandel in den Ländern des Südens. – Baden-Baden: Nomos.

Rogosin, Dmitri (2008) (Interview): Predstawitel Rossii w NATO Dmitri Rogosin: „Ukraina satreschtschit po schwam", in: Iswestija, 18.6.

Rothschild, Joseph (1981): Ethnopolitics. A Framework for Analysis. – New York.

Rühl, Lothar (2007): Unausgereifte Expansionsgedanken, in: FAZ, 2.10., S. 12.

Russian Press Digest. 1995, 17.5.: General Staff has its doubts. (Original in: Nesavisimaja Gaseta. 1995, 17.5., S. 1). Zugang über Nexis.

Russische Außen- und Sicherheitspolitik der Zukunft. Ein Szenario. Übersetzt und mit einer Einleitung versehen von Martin Malek, in: Osteuropa, 1996, Nr. 6, A 277-285 (Original in: Segodnja. 1995, 20.10.).

Russland-Analysen. 2014, Nr. 272 (28.2.), S. 3-8 (Die Ukraine in russischen Umfragen).

Russland-Analysen. 2014, Nr. 278 (6.6.), S. 7 (Umfrage: Wie sehen Russen die Situation im Donezbecken (d. h. in der Ostukraine)?)

Rywkin, Michael (2001): Russia and the Former Soviet Union, in: Encyclopedia of Nationalism, Vol. 1. – San Diego/Calif., London: Academic Press, S. 653-672.

Saideman, Stephen M. / Ayres, R. William (2008): For Kin or Country: Xenophobia, Nationalism, and War. – Columbia University Press.

Saideman, Stephen M. / Ayres, R. William (2014): For kin or country: Why the Crimea crisis is not about a Greater Russia project, in: Washington Post, March 6. http://tinyurl.com/saidemanayresnotgreaterRussia, Seite besucht am 7.6.2014.

Sajontschkowskaja, Schanna (1996): Russkij wopros, in: Migrazija, Nr. 1, S. 7-11.

Sasedanie meschdunarodnogo diskussiongo kluba "Waldai", 19.9.2013. http://kremlin.ru/events/president/news/19243, Seite besucht am 6.3.2017.

Schmidt, Manfred G. (2010): „Legitimität", in: ders.: Wörterbuch zur Politik. 3., überarbeitete und aktualisierte Auflage. – Stuttgart: Alfred Kröner Verlag.

Schneckener, Ulrich (2002): Auswege aus dem Bürgerkrieg. – Frankfurt am Main: Suhrkamp.

Schneider-Deters, Winfried (2014): Die Ukraine. Machtvakuum zwischen Russland und der Europäischen Union. 2. Auflage. – Berlin: BWV Berliner Wissenschafts-Verlag.

Schoch, Bruno (2015): Russische Märchenstunde. Die Schuld des Westens und Putins Kampf gegen den Faschismus, in: Raabe, Katharina / Sapper, Manfred (Hrsg.): Testfall Ukraine. Europa und seine Werte. – Berlin: edition Suhrkamp, S. 233-246.

Schröder, Hans-Henning (2008): Eine Chronologie des russisch-georgischen Konflikts. (Apr. – Okt. 2008), in: Pleines, Heiko / Schröder, Hans-Henning (Hrsg.): Der bewaffnete Konflikt um Südossetien und internationale Reaktionen. Arbeitspapiere und Materialien – Forschungsstelle Osteuropa, Bremen, Nr. 97 (September 2008), S. 15-19. https://www.forschungsstelle.uni-bremen.de/UserFiles/file/06-Publikationen/Arbeitspapiere/fsoAP97.pdf, Seite besucht am 9.1.2013.

Schröder, Hans-Henning (2013): Auf dem Boden der Tatsachen. Putins Rede zur Lage der Nation im Dezember 2013, in: Russlandanalysen, Nr. 269 (20.12.), S. 2-6.

Shuster, Simon (2014): Russia's Fifth Column, in: Time, Dec. 15, S. 20-25.

Shuster, Simon (2014): The Imperialist Vladimir Putin, in: Time, Dec. 29, S. 72-76.

Simon, Gerhard (2014): Zusammenbruch und Neubeginn. Die ukrainische Revolution und ihre Feinde, in: Osteuropa, 64. Jg., Nr. 5-6, S. 9-40.

Siroky, David S./Hale, Christopher W. (2017): Inside Irredentism: A Global Empirical Analysis, in: American Journal of Political Science, Vol. 61, Nr. 1 (January), S. 117–128.

Smith, Paul (1990): Introduction, in: Smith, Paul in collaboration with K. Koufa and A. Suppan (Hrsg.): Ethnic groups in international relations. – Dartmouth: New York University Press / European Science Foundation (= Comparative Studies on governments and non-dominant ethnic groups in Europe, 1850-1940, Vol. 5), S. 1-11.

Snyder, Timothy (2014): Putins Projekt, in: FAZ, 14.4., S. 6.

Snyder, Timothy (2015): Putins neokoloniales Projekt, in: FAZ, 16.3., S. 8.

Solchanyk, Roman (2000): Ukraine and Russia: The Post-Soviet Transition. – Lanham u.a.: Rowman & Littlefield

Sorokin, Wladimir (2014): Die Ukraine ist in uns eingedrungen, in: FAZ, 22.7., S. 11.

Spahn, Susanne (2014): Warum die ostslavische Gemeinschaft der Russen, Belarussen und Ukrainer gescheitert ist, in: Gasior, Agnieszka / Karl, Lars / Troebst, Stefan (Hrsg.): Post-Panslavismus. Slavizität, Slavische Idee und

Antislavismus im 20. und 21. Jahrhundert. – Göttingen: Wallstein Verlag, S. 258-272.

Spanger, Hans-Joachim (2014): Unheilige Allianz. Putin und die Werte, in: Osteuropa, 64. Jg., Nr. 1, S. 43-62.

Stent, Angela (2015): The Limits of Partnership. U.S.-Russian relations in the new twenty-first century. Fourth printing, and first paperback printing, with a new chapter by the author. – Princeton: Princeton University Press.

Stiglmayer, Alexandra (1992): Das Ende Jugoslawiens. Informationen zur politischen Bildung aktuell. – Bonn: Bundeszentrale für politische Bildung.

Stökl, Günther (1990): Russische Geschichte. Von den Anfängen bis zur Gegenwart. 5., erweiterte Auflage. – Stuttgart: Alfred Kröner.

Stranga, Aivars (1999): Baltic-Russian Relations 1998-1999, in: Atis Lejins (Hrsg.): Baltic Security Prospects at the Turn of the 21th Century. – Helsinki: Kikimora, S. 123-148.

Strategic Survey: The annual review of world affairs. 2014. The International Institute for Strategic Studies. – London: Oxford University Press.

Strategic Survey: The annual review of world affairs. 2015. The International Institute for Strategic Studies. – London: Oxford University Press.

Suppan, Arnold (1990): Conclusion, in: Smith, Paul in collaboration with K. Koufa and A. Suppan (Hrsg.): Ethnic groups in international relations. – Dartmouth: New York University Press / European Science Foundation, S. 331-341.

SZ. 2014, 4.3., S. 1: Russland setzt Krim-Invasion fort.

SZ. 2014, 4.3., S. 5: Staatlich verordnete Panikmache.

SZ. 2014, 8.3., S. 6: Szenen einer Angliederung.

SZ. 2014, 16.4., S. 7: Angriff auf das Fundament des alten Regimes.

SZ. 2014, 2.5., S. 4: Ein Land zerfällt.

SZ. 2014, 10.5., S. 9: Schreckensherrschaft in der Volksrepublik.

SZ. 2014, 24.6., S. 14: Das alte Neurussland

SZ. 2014, 22.11., S. 10: Wie der Krieg nach Donezk kam.

SZ. 2014, 29.11., S. 80-82 (Jahresrückblick, genaue Seite unklar): Alexanders Söhne

SZ. 2015, 9.1., S. 17: Quellen des Zorns.

SZ. 2015, 14.1., S. 2: Teurer Fehlstart.

SZ. 2015, 17.3., S. 6: „Putin hätte auch Atomwaffen aktiviert".

SZ. 2015, 24.3., S. 9: Gefangen in der Befehlskette. Die Separatisten in der Ostukraine haben nach dem Bericht eines ehemaligen Insiders nicht viel zu melden.

SZ. 2016, 5.11., S. 53: An den Grenzen des Herzens.

SZ. 2017, 20.10: Doktor Bologna.

SZ. 2017, 4.12., S. 13: Allrussischer Anspruch. Andreas Kappeler erklärt die Konflikte zwischen Moskau und Kiew – und entlarvt Putins Mythen.

TASS. 2015, 16.4.: Putin agrees with emperor that Russia's only allies are Army and Navy. http://tass.com/russia/789866, Seite besucht am 13.2.2018.

taz. 2014, 21.2., S. 3: Zurück unter Moskaus Obhut.

taz. 2014, 1.3., S. 3: Moskau lässt Muskeln spielen.

Terlinden, Ulf (1999): Die Erweiterung der NATO und ihr Verhältnis zu Rußland. – Berliner Informationszentrum für Transatlantische Sicherheit (BITS). Research Report 99.3.

The Guardian. 2013, 22.9.: Ukraine's EU trade deal will be catastrophic, says Russia. https://www.theguardian.com/world/2013/sep/22/ukraine-european-union-trade-russia, Seite besucht am 30.10.2017.

Torke, Hans-Joachim (Hrsg.) (1985): Lexikon der Geschichte Rußlands. Von den Anfängen bis zur Oktoberrevolution. – München: Beck.

Torke, Hans-Joachim (Hrsg.) (1993): Historisches Lexikon der Sowjetunion: 1917/22 bis 1991. – München: Beck.

Trenin, Dmitri (2011): Post-Imperium: A Eurasian Story. – Washington, D.C.: Carnegie Endowment for International Peace.

Trenin, Dmitri (2014): Why Russia Won't Interfere, in: The New York Times online, February 23. http://www.nytimes.com/2014/02/24/opinion/why-russia-wont-interfere.html?_r=0, Seite besucht am 10.3.2014.

Trenin, Dmitri (2016): Should we fear Russia? – Polity (Global Futures Series).

Troebst, Stefan (2000): „Großalbanien" – ein Trugbild, in: FAZ, 25.10., S. 15.

Trudolyubov, Maxim (2016): Russia's Grand Choice. To be feared as a Superpower or Prosperous as a Nation?, in: Wood, Elizabeth A. u.a.: Roots of Russia's War in Ukraine. – Washington, D.C.: Woodrow Wilson Center Press; New York: Columbia University Press, S. 75-96.

Tschislennost i sostaw naselenija Ukrainy po itogam Wseukrainskoj perepisi naselenija 2001 goda. http://2001.ukrcensus.gov.ua/rus/results/general/language/#, Seite besucht am 12.12.2017.

Tsygankov, Andrei P. / Tsygankov, Pavel A. (Hrsg.) (2005): New Directions in Russian International Studies. – Stuttgart: ibidem.

Ukraine-Analysen. 2007, Nr. 23 (8.5.), S. 7-11 (Grafiken zum Text).

Ukraine-Analysen. 2014, Nr. 132 (14.5.), S. 17-20 (Umfrage: Separatistische Bestrebungen in der ukrainischen Bevölkerung).

Ukraine-Analysen. 2014, Nr. 132 (14.5.), S. 27-31 (Umfrage: Positionen in der russischen Bevölkerung zur Krimkrise und den Ereignissen in der Ostukraine).

Ukraine-Analysen. 2014, Nr. 133 (27.5.), S. 17 (Umfrage: Einheitsstaat vs. föderaler Staat).

Ukraine-Analysen. 2014, Nr. 133 (27.5.), S. 18 (Umfrage: Sprachsituation).

Ukraine-Analysen. 2014, Nr. 133 (27.5.), S. 18-23 (Umfrage: Die Ansichten der Bürger in der Südost-Ukraine, April 2014).

Ukraine-Analysen. 2014, Nr. 138 (15.10.), S. 20-27 (Ukrainisch-Russische Beziehungen in Umfragen).

Ukraine-Analysen. 2014, Nr. 138 (15.10.), S. 28-34 (Der Militärkonflikt in Umfragen).

Ulam, Adam B. (1966): Lenin and the Bolsheviks. The Intellectual and Political History of the Trimph of Communism in Russia. – London: Secker & Warburg.

Umland, Andreas (2017): Ukraine: Sechs Szenarien für ihre künftige internationale Einbettung, in: Focus Online, 6.10., https://www.focus.de/politik/experten/umland/osteuropa-sechs-szenarien-fuer-die-kuenftige-internationale-einbettung-der-ukraine_id_7676282.html, Seite besucht am 6.3.2018.

unian.net. 2008, 18.4.: Wystuplenie Wladimira Putina na sammite NATO (Bucharest, 4 aprelja 2008 goda). http://www.unian.net/politics/110868-vyistuplenie-vladimira-putina-na-sammite-nato-buharest-4-aprelya-2008-goda.html, Seite besucht am 7.10.2016.

Van Evera, Stephen (1999): Causes of War: Power and the Roots of Conflict. – Ithaca: Cornell University Press.

Verkhovskii, Aleksandr / Pain, Emil (2015): Civilizational Nationalism. The Russian Version of the "Special Path", in: Russian Social Science Review, Vol. 56, Nr. 4 (July-August), S. 2-36.

Vujačić, Veljko (1996): Historical legacies, nationalist mobilization, and political outcomes in Russia and Serbia: A Weberian View, in: Theory and Society, Vol. 25, Nr. 6, S. 763-801.

Waltz, Kenneth (1979): Theory of International Politics. – Boston: McGraw-Hill.

Weiner, Myron (1970): The Macedonian Syndrome. An Historical Model of International Relations and Political Development, in: World Politics, Vol. 23, Nr. 1, S. 665-683.

Wek. 2006, 17.8.: Rogosin napisal o sebe knigu Vrag naroda. https://wek.ru/rogozin-napisal-o-sebe-knigu-vrag-naroda, Seite besucht am 23.5.2017.

Welzel, Christian (2016): Wissenschaftstheoretische und methodische Grundlagen, in: Lauth, Hans-Joachim / Wagner, Christian (Hg.): Politikwissenschaft: Eine Einführung. 8., überarbeitete Auflage. – Paderborn: Ferdinand Schöningh.

Wight, Martin (1978): Power Politics. Edited by Hedley Bull and Carsten Holbraad. – Royal Institute of International Affairs/Leicester University Press.

Wipperfürth, Christian (2015): Die Ukraine im westlich-russischen Spannungsfeld: die Krise, der Krieg und die Aussichten. – Barbara Budrich Verlag (WIFIS-aktuell)

Wood, Elizabeth A. (2016): A Small, Victorious War?, in: Wood, Elizabeth A. u.a.: Roots of Russia's War in Ukraine. – Washington, D.C.: Woodrow Wilson Center Press; New York: Columbia University Press, S. 97-129.

Wood, Elizabeth A. (2016): Introduction, in: Wood, Elizabeth A. u.a.: Roots of Russia's War in Ukraine. – Washington, D.C.: Woodrow Wilson Center Press; New York: Columbia University Press, S. 1-25.

Yagcioglu, Dimostenis (1996): Irredentism: An Inevitable Tendency of Ethnic Nationalism. http://www.academia.edu/1029408/Irredentism_An_Inevitable_Tendency_of_Ethnic_Nationalism, Seite besucht am 20.9.2015.

Zellner, Wolfgang (2015): Deutsche Verantwortung für den Frieden in Europa – das Beispiel der Ukraine, in: Friedensgutachten 2015 – Krisen, Kriege und Konflikte: Friedensmacht Deutschland? – Münster: LIT Verlag, S. 45-60.

Zevelev, Igor (2001): Russia and Its New Diasporas. – Washington, D.C.: United States Institute of Peace Press.

Zimmer, Kerstin (2004) (Leserbrief): Erbeuteter Osten, in: Frankfurter Rundschau, 3.12.

Zimmer, Kerstin (2014): Das kranke Herz, in: FAZ, 28.7., S. 8.

SOVIET AND POST-SOVIET POLITICS AND SOCIETY

Edited by Dr. Andreas Umland

ISSN 1614-3515

104 Ksenia Chepikova
„Einiges Russland' - eine zweite
KPdSU?
Aspekte der Identitätskonstruktion einer
postsowjetischen „Partei der Macht"
Mit einem Vorwort von Torsten Oppelland
ISBN 978-3-8382-0311-9

105 Леонид Люкс
Западничество или евразийство?
Демократия или идеократия?
Сборник статей об исторических дилеммах
России
С предисловием Владимира Кантора
ISBN 978-3-8382-0211-2

106 Anna Dost
Das russische Verfassungsrecht auf dem
Weg zum Föderalismus und zurück
Zum Konflikt von Rechtsnormen und
-wirklichkeit in der Russländischen Föderation
von 1991 bis 2009
Mit einem Vorwort von Alexander Blankenagel
ISBN 978-3-8382-0292-1

107 Philipp Herzog
Sozialistische Völkerfreundschaft,
nationaler Widerstand oder harmloser
Zeitvertreib?
Zur politischen Funktion der Volkskunst
im sowjetischen Estland
Mit einem Vorwort von Andreas Kappeler
ISBN 978-3-8382-0216-7

108 Marlène Laruelle (ed.)
Russian Nationalism, Foreign Policy,
and Identity Debates in Putin's Russia
New Ideological Patterns after the Orange
Revolution
ISBN 978-3-8382-0325-6

109 Michail Logvinov
Russlands Kampf gegen den
internationalen Terrorismus
Eine kritische Bestandsaufnahme des
Bekämpfungsansatzes
Mit einem Geleitwort von
Hans-Henning Schröder
und einem Vorwort von Eckhard Jesse
ISBN 978-3-8382-0329-4

110 John B. Dunlop
The Moscow Bombings
of September 1999
Examinations of Russian Terrorist Attacks
at the Onset of Vladimir Putin's Rule
Second, Revised and Expanded Edition
ISBN 978-3-8382-0388-1

111 Андрей А. Ковалёв
Свидетельство из-за кулис
российской политики I
Можно ли делать добро из зла?
(Воспоминания и размышления о
последних советских и первых
послесоветских годах)
With a foreword by Peter Reddaway
ISBN 978-3-8382-0302-7

112 Андрей А. Ковалёв
Свидетельство из-за кулис
российской политики II
Угроза для себя и окружающих
(Наблюдения и предостережения
относительно происходящего после 2000 г.)
ISBN 978-3-8382-0303-4

113 Bernd Kappenberg
Zeichen setzen für Europa
Der Gebrauch europäischer lateinischer
Sonderzeichen in der deutschen Öffentlichkeit
Mit einem Vorwort von Peter Schlobinski
ISBN 978-3-89821-749-1

114 Ivo Mijnssen
The Quest for an Ideal Youth in
Putin's Russia I
Back to Our Future! History, Modernity, and
Patriotism according to Nashi, 2005-2013
With a foreword by Jeronim Perović
Second, Revised and Expanded Edition
ISBN 978-3-8382-0368-3

115 Jussi Lassila
The Quest for an Ideal Youth in
Putin's Russia II
The Search for Distinctive Conformism in the
Political Communication of Nashi, 2005-2009
With a foreword by Kirill Postoutenko
Second, Revised and Expanded Edition
ISBN 978-3-8382-0415-4

116 Valerio Trabandt
Neue Nachbarn, gute Nachbarschaft?
Die EU als internationaler Akteur am Beispiel
ihrer Demokratieförderung in Belarus und der
Ukraine 2004-2009
Mit einem Vorwort von Jutta Joachim
ISBN 978-3-8382-0437-6

117 *Fabian Pfeiffer*
Estlands Außen- und Sicherheitspolitik I
Der estnische Atlantizismus nach der
wiedererlangten Unabhängigkeit 1991-2004
Mit einem Vorwort von Helmut Hubel
ISBN 978-3-8382-0127-6

118 *Jana Podßuweit*
Estlands Außen- und Sicherheitspolitik II
Handlungsoptionen eines Kleinstaates im
Rahmen seiner EU-Mitgliedschaft (2004-2008)
Mit einem Vorwort von Helmut Hubel
ISBN 978-3-8382-0440-6

119 *Karin Pointner*
Estlands Außen- und Sicherheitspolitik III
Eine gedächtnispolitische Analyse estnischer
Entwicklungskooperation 2006-2010
Mit einem Vorwort von Karin Liebhart
ISBN 978-3-8382-0435-2

120 *Ruslana Vovk*
Die Offenheit der ukrainischen
Verfassung für das Völkerrecht und
die europäische Integration
Mit einem Vorwort von Alexander
Blankenagel
ISBN 978-3-8382-0481-9

121 *Mykhaylo Banakh*
Die Relevanz der Zivilgesellschaft
bei den postkommunistischen
Transformationsprozessen in mittel-
und osteuropäischen Ländern
Das Beispiel der spät- und postsowjetischen
Ukraine 1986-2009
Mit einem Vorwort von Gerhard Simon
ISBN 978-3-8382-0499-4

122 *Michael Moser*
Language Policy and the Discourse on
Languages in Ukraine under President
Viktor Yanukovych (25 February
2010–28 October 2012)
ISBN 978-3-8382-0497-0 (Paperback edition)
ISBN 978-3-8382-0507-6 (Hardcover edition)

123 *Nicole Krome*
Russischer Netzwerkkapitalismus
Restrukturierungsprozesse in der
Russischen Föderation am Beispiel des
Luftfahrtunternehmens "Aviastar"
Mit einem Vorwort von Petra Stykow
ISBN 978-3-8382-0534-2

124 *David R. Marples*
'Our Glorious Past'
Lukashenka's Belarus and
the Great Patriotic War
ISBN 978-3-8382-0574-8 (Paperback edition)
ISBN 978-3-8382-0675-2 (Hardcover edition)

125 *Ulf Walther*
Russlands "neuer Adel"
Die Macht des Geheimdienstes von
Gorbatschow bis Putin
Mit einem Vorwort von Hans-Georg Wieck
ISBN 978-3-8382-0584-7

126 *Simon Geissbühler (Hrsg.)*
Kiew – Revolution 3.0
Der Euromaidan 2013/14 und die
Zukunftsperspektiven der Ukraine
ISBN 978-3-8382-0581-6 (Paperback edition)
ISBN 978-3-8382-0681-3 (Hardcover edition)

127 *Andrey Makarychev*
Russia and the EU
in a Multipolar World
Discourses, Identities, Norms
With a foreword by Klaus Segbers
ISBN 978-3-8382-0629-5

128 *Roland Scharff*
Kasachstan als postsowjetischer
Wohlfahrtsstaat
Die Transformation des sozialen
Schutzsystems
Mit einem Vorwort von Joachim Ahrens
ISBN 978-3-8382-0622-6

129 *Katja Grupp*
Bild Lücke Deutschland
Kaliningrader Studierende sprechen über
Deutschland
Mit einem Vorwort von Martin Schulz
ISBN 978-3-8382-0552-6

130 *Konstantin Sheiko, Stephen Brown*
History as Therapy
Alternative History and Nationalist
Imaginings in Russia, 1991-2014
ISBN 978-3-8382-0665-3

131 *Elisa Kriza*
Alexander Solzhenitsyn: Cold War
Icon, Gulag Author, Russian
Nationalist?
A Study of the Western Reception of his
Literary Writings, Historical Interpretations,
and Political Ideas
With a foreword by Andrei Rogatchevski
ISBN 978-3-8382-0589-2 (Paperback edition)
ISBN 978-3-8382-0690-5 (Hardcover edition)